权威·前沿·原创

皮书系列为
“十二五”“十三五”国家重点图书出版规划项目

中国社会科学院创新工程学术出版项目

药品流通蓝皮书

BLUE BOOK OF PHARMACEUTICAL DISTRIBUTION INDUSTRY

中国药品流通行业发展报告（2018）

ANNUAL REPORT ON CHINA'S PHARMACEUTICAL DISTRIBUTION INDUSTRY (2018)

中国医药商业协会

主　　编／邓金栋　温再兴

执行主编／朱恒鹏　唐民皓　付明仲

社会科学文献出版社
SOCIAL SCIENCES ACADEMIC PRESS (CHINA)

图书在版编目（CIP）数据

中国药品流通行业发展报告．2018 / 邓金栋，温再兴主编．－－北京：社会科学文献出版社，2018.8
（药品流通蓝皮书）
ISBN 978－7－5201－2938－1

Ⅰ.①中… Ⅱ.①邓… ②温… Ⅲ.①药品－商品流通－经济发展－研究报告－中国－2018 Ⅳ.①F724.73

中国版本图书馆 CIP 数据核字（2018）第 134108 号

药品流通蓝皮书
中国药品流通行业发展报告（2018）

主　　编 / 邓金栋　温再兴
执行主编 / 朱恒鹏　唐民皓　付明仲

出 版 人 / 谢寿光
项目统筹 / 邓泳红　吴　敏
责任编辑 / 吴　敏

出　　版 / 社会科学文献出版社 · 皮书出版分社（010）59367127
地址：北京市北三环中路甲 29 号院华龙大厦　邮编：100029
网址：www.ssap.com.cn
发　　行 / 市场营销中心（010）59367081　59367018
印　　装 / 三河市龙林印务有限公司

规　　格 / 开 本：787mm × 1092mm　1/16
印 张：26　字 数：434 千字
版　　次 / 2018 年 8 月第 1 版　2018 年 8 月第 1 次印刷
书　　号 / ISBN 978－7－5201－2938－1
定　　价 / 158.00 元

皮书序列号 / PSN B－2014－429－1/1

本书如有印装质量问题，请与读者服务中心（010－59367028）联系

高　毅　郭亚洲　郭俊煜　黄进兴　曹伟荣
曹庆恒　梁玉堂　蒋丽华　程俊佩　鲁　颖
谢子龙　解奕炯　樊　杰

编辑组　蔡雪妮　张　雷　范　晔　刘晶晶　孟　鑫
王　蛟

摘　要

本书系“药品流通蓝皮书”年度报告，即《中国药品流通行业发展报告（2018）》。全书共八大篇章，分别为总报告、行业发展篇、专题报告篇、智能化医药供应链篇、中国药店篇、智能化医药电商篇、区域篇及附录，围绕药品流通行业的发展及相关热点问题进行重点分析和研究。总报告分析了2017年药品流通行业的发展概况和主要运行特点，对行业未来发展趋势进行展望，并研究了促进药品流通行业发展的监管政策。除总报告外，其他篇章对国内外药品流通行业的相关政策、各业态智能化发展情况及企业转型创新趋势等问题进行了探讨。

行业发展篇主要探讨了新格局下药品流通行业转型发展的方向与对策，对行业关注的医改动态、药品批发企业的社会价值实现与转型发展等重大政策及行业发展趋势进行了研究，也包括对2017年行业改革与创新发展情况和上市公司运行状况的分析。专题报告篇通过调研及数据采集统计分别对药品追溯体系建设、临床短缺药品及药品批发企业销售品类等市场关注的热点问题进行分析及综述，并介绍了独立第三方的兴起、培育与规制，PBM商业模式和国药控股天津有限公司“一体两翼”的新业务模式。智能化医药供应链篇重点研究医药供应链及医药物流和中药材物流的发展现状及未来趋势，本篇还分享了九州通医药集团物流有限公司在技术驱动下的高效物流供应链和顺丰速运有限公司药品运输可视化应用。中国药店篇对中国整体药品零售市场的发展情况、特点及趋势进行分析，研究了社会药房药师专业化、特药专业药房及处方信息共享平台的发展情况，并探索药品新零售整体解决方案。智能化医药电商篇分析了发展中的中国医药商业，通过调研探究企业信息化发展水平，并介绍了国药控股北京有限公司和国药控股天津有限公司的“两票制”智能合规管理与实践成果，北京融贯电子商务有限公司打造的知名医药全产业链整合服务平台，以及康宁益生医药科技有限公司践行“互联网+药品流通”、推动行业转型升级的创新案例。区域篇分析了2017年上海市和四川省药品流通行业的发展情况。本报告附录的主要内容为药品流通行业相关统计数据。

本书是一部系列反映我国药品流通行业发展的年度报告，具有权威性、全面性、系统性、前瞻性及实用性等特点，资料丰富、内容翔实、数据准确，与行业现状和国际前沿结合紧密，是研究和指导药品流通行业发展的重要文献，具有较高参考价值。

关键词： 药品流通　“两票制”　临床短缺药品　医药供应链　专业药房

序 言

在商务部市场秩序司的指导下，“药品流通蓝皮书”已连续出版了五年，是一部系列反映我国药品流通行业发展的年度报告，已成为全面发布行业信息的知名品牌文献，具有权威性、系统性、全面性、前瞻性和实用性等特点。

2018 年是贯彻落实党的十九大精神、全面建成小康社会和落实“健康中国”战略目标的攻坚之年，也是药品流通行业全面向高质量及高效益发展的重要转型期。党的十九大报告提出，要深化医药卫生体制改革，全面取消以药养医，健全药品供应保障制度。近年来，在国家各项医改政策文件的指导下，药品流通行业加快改革步伐，调整行业结构，向大健康产业方向创新发展。大型药品流通企业不断跨地区兼并重组，做大做强；行业发展模式加速转型，业态重组持续推进，批零一体化发展成为主流；随着各种资本的注入，药品零售连锁率不断提高，DTP 药房、智慧药房、“药店 + 诊所”、中（国）医馆等新零售模式不断涌现；在“互联网 +”的助力下，医药电商不断创新 B2B、B2C、O2O、B2G、FBBC、S2B2C 等模式；第三方物流如中国邮政、顺丰、京东、UPS 等快递龙头企业加快在药品流通行业布局，同时，医药物流不断向智慧化、绿色化方向发展，医药供应链管理服务不断升级。

《中国药品流通行业发展报告（2018）》基于行业发展状况，以“智慧药品流通”为主题，对药品流通行业相关政策、各业态智能化发展情况及企业转型创新趋势等问题进行了探讨，并包含批发和零售百强排序、区域销售排序、各品类区域销售统计、企业数量统计等信息，数据准确、内容翔实，是研究和指导药品流通行业发展、推进医药供给侧结构性改革的重要文献，具有较高的参考价值。

社会科学文献出版社社长

中国社会学会秘书长

2018 年 5 月 15 日

目　录

Ⅰ　总报告

B.1　2017年药品流通行业运行统计分析报告
…………………………………… 中华人民共和国商务部市场秩序司 / 001

B.2　关于促进药品流通行业发展的监管政策研究
………………………………………………… 中国医药商业协会课题组 / 014

Ⅱ　行业发展篇

B.3　新格局下医药流通行业转型发展的方向与对策
………………………………………………………………… 朱恒鹏　蔡雪妮 / 022

B.4　2017年药品流通行业改革与创新发展综述………………… 温再兴 / 032

B.5　2017～2018年新医改的进展与展望……………………… 房莉杰 / 042

B.6　2017年医药流通行业上市公司运行情况分析………… 李文明 / 051

B.7　关于药品批发企业的社会价值实现与转型发展………… 叶　桦 / 064

Ⅲ　专题报告篇

B.8　独立第三方的兴起、培育与规制
——试论药品安全治理模式转型的一个切入点………… 唐民皓 / 075

B.9 2017年典型药品批发企业品类市场分析报告
…………………………………………………… 中国医药商业协会 / 083
B.10 临床短缺药品市场调研分析及对策建议
…………… 中国医药商业协会 中国药科大学联合研究课题组 / 111
B.11 药品追溯体系建设研究及第三方追溯平台试点成果
……… 中国药品监督管理研究会药品流通监管研究专业委员会 / 132
B.12 创新的中国版医药福利管理（C-PBM）模式
………………… 国家发展改革委经济体制与管理研究所课题组 / 151
B.13 打造以医生集团为主体、医疗服务和健康管理为两翼的新模式
…………………………………………………… 国药控股天津有限公司 / 165

Ⅳ 智能化医药供应链篇

B.14 2017年中国医药物流发展分析报告
…………………………………… 中国医药商业协会医药供应链分会 / 171
B.15 2017年全国中药材现代物流体系建设进展情况综述
…………………………………… 中国仓储与配送协会 中国中药协会 / 185
B.16 技术驱动高效物流供应链 ……… 九州通医药集团物流有限公司 / 191
B.17 基于“两票制”的全国可视化药品运输网络
…………………………………… 顺丰速运有限公司医药事业部 / 203

Ⅴ 中国药店篇

B.18 2017年中国药品零售市场分析 ……………… 中国医药商业协会 / 208
B.19 社会药房药师专业化发展趋势 ………………… 聂小燕 史录文 / 236
B.20 中国特药专业药房发展研究报告 ……………………… 夏小燕 / 245
B.21 建立处方信息共享平台 探索医药分开新模式
…………………………………………………… 百洋医药集团有限公司 / 259
B.22 构筑专业药房新生态 ………… 深圳市麦德信药房管理有限公司 / 272
B.23 药品新零售整体解决方案的创新探索与应用 ……………… 曾 昶 / 281

Ⅵ 智能化医药电商篇

B. 24 进化中的中国医药商业 …………………………………… 付 钢 / 288
B. 25 2017年药品流通行业信息化应用情况调查分析报告
………………………… 中国医药商业协会智能化应用分会 / 292
B. 26 融贯电商打造知名医药全产业链整合服务平台
…………………………………… 北京融贯电子商务有限公司 / 304
B. 27 好药商网践行“互联网 + 药品流通” 助力行业转型升级发展
…………………………………… 康宁益生医药科技有限公司 / 315
B. 28 “两票制”在企业中的智能合规管理与实践成果
…………………………………………………… 崔 勇 李 晟 / 323

Ⅶ 区域篇

B. 29 2017年上海市药品流通行业经济运行分析报告
………………………………………… 上海医药商业行业协会 / 333
B. 30 2017年四川省药品流通行业发展报告 …… 四川省医药商业协会 / 344

Ⅷ 附 录

B. 31 2017年药品流通行业相关数据 ……………… 中国医药商业协会 / 356

Abstract …………………………………………………………………… / 381
Contents …………………………………………………………………… / 383

皮书数据库阅读**使用指南**

总 报 告

General Report

B.1
2017年药品流通行业运行统计分析报告

中华人民共和国商务部市场秩序司

摘　要： 2017年药品流通市场销售规模稳步增长，大型批发企业市场销售增速有所放缓，零售市场销售额进一步增长。随着国家各项医改政策的逐步落实，以及“互联网+药品流通”的深入发展，新技术、新业态、新模式不断涌现，药品流通行业发展前景向好，预计2018年行业销售将继续保持稳定增长态势。

关键词： 药品流通市场　销售规模　零售市场

一　发展概况

2017年是全面落实“十三五”规划的重要一年，是供给侧结构性改革的关键之年。随着医药卫生体制改革的不断深入，国家有关部门相继出台《“十三五”深化医药卫生体制改革规划》《关于进一步改革完善药品生产流通使用政策的若干意见》等政策文件，着力推进医药行业提质增效、转型升级。药品流通行业积极顺应政策导向，配合落实“两票制”等医改政策要求，努力打造智慧供应链体系，完善药品流通现代网络，创新发展 DTP（Direct to Patient）药店等特色专业药房，探索三方信息共享服务模式，推动“三医联动”改革。行业呈现销售增长平稳、结构优化、质量升级的发展态势。

（一）整体规模情况

2017 年，全国药品流通市场销售规模稳步增长，增速略有回落。统计显示，全国七大类医药商品销售总额 20016 亿元①，扣除不可比因素同比增长 8.4%，增速同比下降 2.0 个百分点。其中，药品零售市场规模 4003 亿元，扣除不可比因素同比增长 9.0%，增速同比下降 0.5 个百分点。

截至 2017 年末，全国共有药品批发企业 13146 家；药品零售连锁企业 5409 家，下辖门店 229224 家，零售单体药店 224514 家，零售药店门店总数 453738 家②。

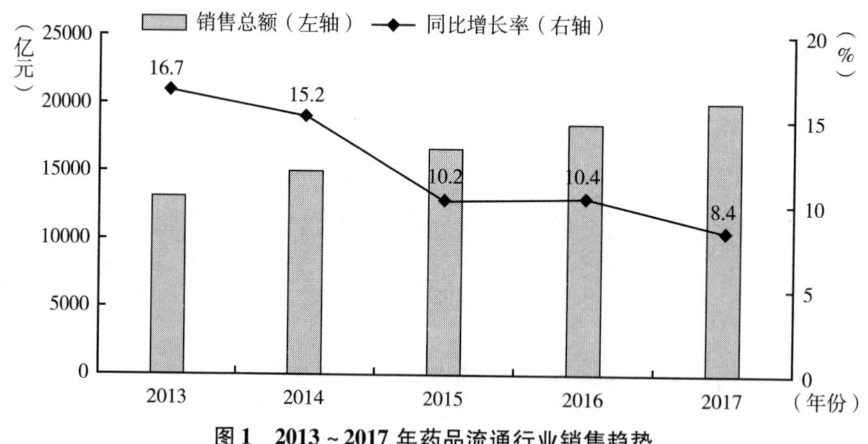

图 1　2013～2017 年药品流通行业销售趋势

---

① 销售总额为含税值。

② 数据来源于国家食品药品监督管理总局《食品药品监督管理统计年度报告（2017 年）》，数据报告期为 2016 年 12 月 1 日至 2017 年 11 月 30 日。

（二）企业效益情况

2017 年，全国药品流通直报企业主营业务收入 14620 亿元，扣除不可比因素同比增长 9.0%，增速同比下降 2.6 个百分点；利润总额 363 亿元，扣除不可比因素同比增长 10.9%，增速与上年持平；平均毛利率 7.2%，同比上升 0.2 个百分点；平均费用率 6.1%，同比上升 0.9 个百分点；平均利润率 1.7%，同比下降 0.1 个百分点；净利润率 1.5%，与上年基本持平。

（三）销售品类与渠道

按销售品类分，西药类①销售居主导地位，销售额占七大类医药商品销售总额的 73.2%，其次为中成药类占 15.0%，中药材类占 3.1%，医疗器材类占 4.7%，化学试剂类占 1.2%，玻璃仪器类占 0.1%，其他类占 2.7%。

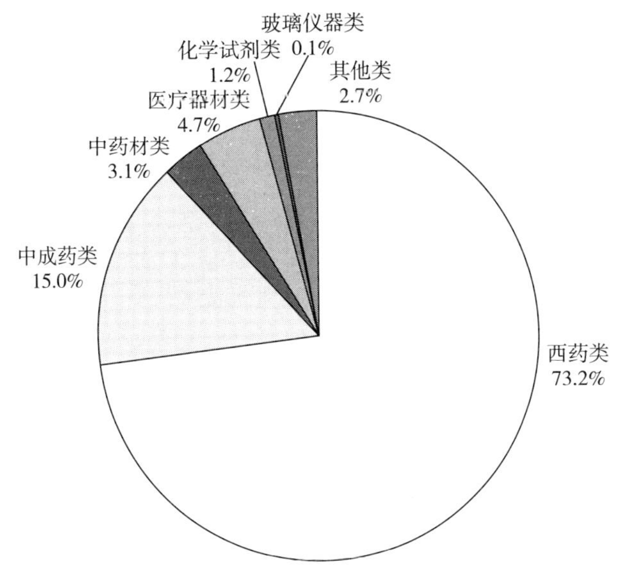

图 2　2017 年全行业销售品类结构

① 西药类包括化学药品制剂、化学原料药及其制剂、放射性药品、血清疫苗、血液制品和诊断药品等，但不包括化学试剂等。

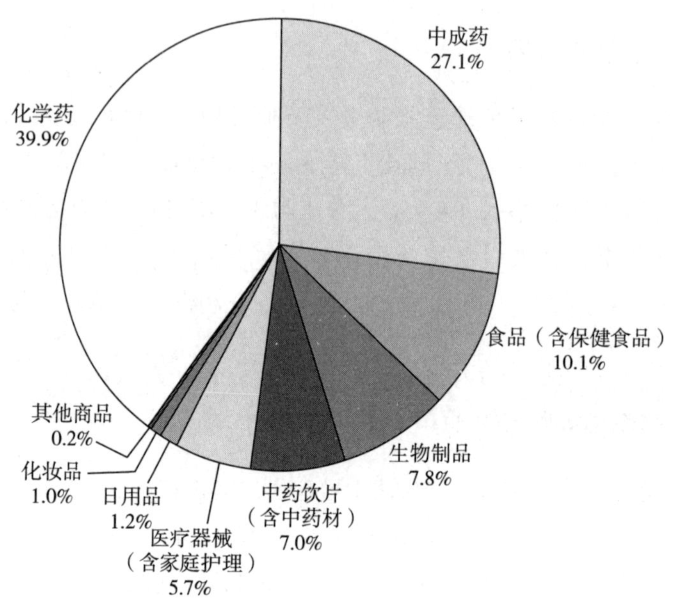

图 3　2017 年典型样本城市零售药店销售品类结构

据中国医药商业协会典型样本城市零售药店 2017 年品类销售统计，零售药店销售额中的药品类居主导地位，占零售总额的 81.8%，其中西药占 47.7%（化学药品占 39.9%、生物制品占 7.8%），中成药占 27.1%，中药饮片占 7.0%；非药品销售占比 18.2%，其中食品（含保健食品）占 10.1%，医疗器械（含家庭护理）占 5.7%，而药妆品、日用品、其他商品这三类占比不足 3%。

按销售渠道分类，2017 年对生产企业销售额 107 亿元，占销售总额的 0.5%，同比上升 0.2 个百分点；对批发企业销售额 7227 亿元，占销售总额的 36.1%，同比下降 4.8 个百分点；对终端销售额 12682 亿元，占销售总额的 63.4%，同比上升 4.6 个百分点。其中，对医疗机构销售额 8766 亿元，占终端销售额的 69.1%，同比下降 1.9 个百分点；对零售终端和居民零售销售额 3961 亿元，占终端销售额的 30.9%，同比上升 1.9 个百分点。

（四）销售区域分布

2017 年，全国六大区域销售额占全国销售总额的比重分别为：华东 37.3%，中南 24.8%，华北 16.3%，西南 12.7%，东北 4.6%，西北 4.3%。

其中，华东、中南、华北三大区域销售额占到全国销售总额的78.4%，同比上升1.1个百分点。

三大经济区药品销售额占全国销售总额的比重分别为：京津冀经济区13.9%，长江三角洲经济区22.8%，珠江三角洲经济区9.4%。

2017年销售额居前10位的省市依次为：广东、北京、上海、江苏、浙江、山东、河南、安徽、四川、云南。上述省份销售额占全国销售总额的65.3%，同比上升1.1个百分点。

（五）所有制情况

在全国药品流通直报企业中，国有及国有控股药品流通企业主营业务收入9396亿元，占直报企业主营业务总收入的64.3%；实现利润213亿元，占直报企业利润总额的58.6%。股份制企业主营业务收入3747亿元，占直报企业主营业务总收入的25.6%；实现利润110亿元，占直报企业利润总额的30.3%。此外，外商及港澳台投资企业主营业务收入占直报企业主营业务总收入的5.6%，实现利润占直报企业利润总额的6.7%；私营企业主营业务收入占直报企业主营业务总收入的3.4%，实现利润占直报企业利润总额的3.0%。

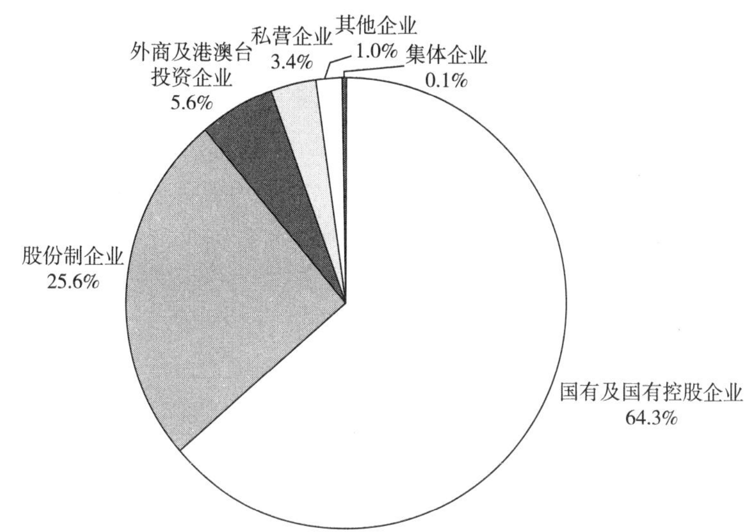

图4　2017年药品流通企业主营业务收入所有制结构

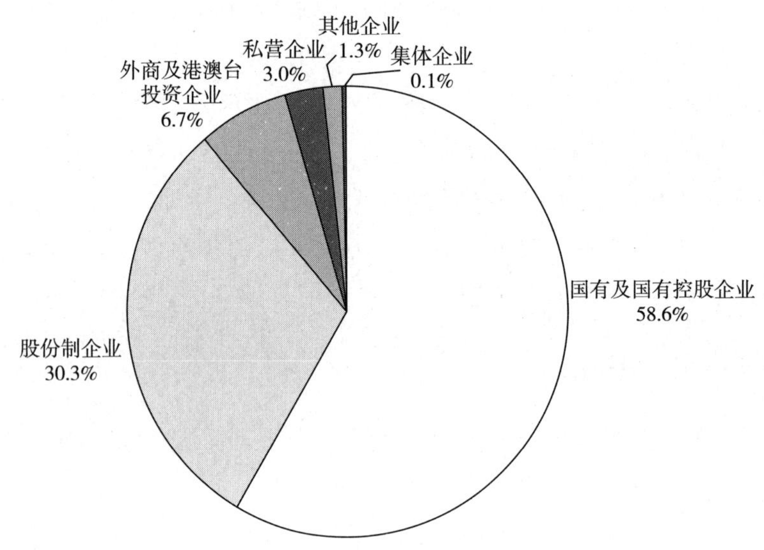

图5　2017年药品流通企业利润总额所有制结构

（六）医药物流配送

据不完全统计，2017年全国医药物流直报企业（417家）配送货值（无税销售额）11402亿元（具有独立法人资质的物流企业配送货值占72.4%）。配送客户数量约308万家，共拥有1115个物流中心，仓库面积约1065万平方米，其中常温库占25.7%、阴凉库占71.6%、冷库占2.7%；仓库存储标准托盘货位数约435万个，托盘数量约318万个；拥有专业运输车辆17714辆，其中冷藏车占14.0%，特殊药品专用车占2.4%。基本药物本省配送额占87.6%，对外省配送额占12.4%。

（七）医药电商

据不完全统计，2017年医药电商直报企业[①]销售总额达736亿元（不含A证），占同期全国医药市场总规模的3.7%。其中，B2B（企业对企业）业务

① 仅有B2B业务的企业为55家，仅有B2C业务的企业为64家，兼有B2B和B2C业务的企业为8家。

销售额693亿元，占医药电商销售总额的94.1%；B2C（企业对顾客）业务销售额44亿元，占医药电商销售总额的5.9%。B2B业务中移动端占8.2%，B2C业务中移动端占44.4%。订单总数3696万，其中B2B订单数1431万，订单转化率95.0%；B2C订单数2265万，订单转化率86.5%。B2B网站活跃用户量近30万，平均客单价51050元；B2C网站活跃用户量2042万，平均客单价184元，平均客品数约7个。B2B日出库完成率99.4%，B2C日出库完成率98.9%。B2B电商业务费用率12.6%，B2C电商业务费用率17.4%，均远超行业平均费用率。B2B与B2C销售结构差异较为明显，B2B业务主要集中在西药类，而B2C业务中占比最高的是西药类，其次是其他类①、医疗器材类。

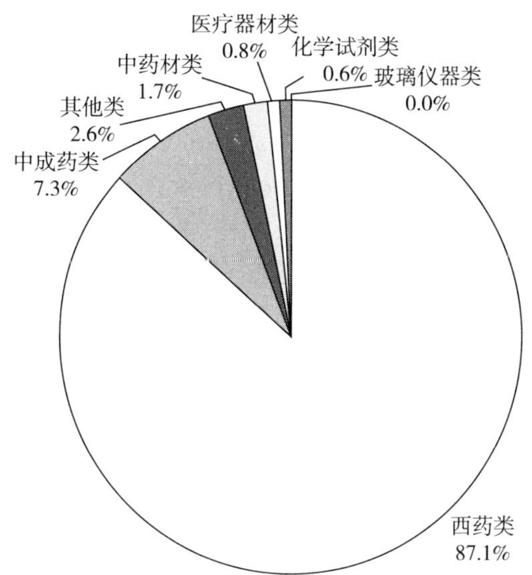

图6　2017年药品流通直报企业B2B业务销售结构

（八）企业上市

2017年，药品流通行业上市公司新增大参林医药集团股份有限公司1家。目前，全国药品流通行业24家上市公司2017年主营业务收入总和为9397亿

① 其他类中包含保健品类、化妆品及个人护理用品、计划生育及成人用品等。

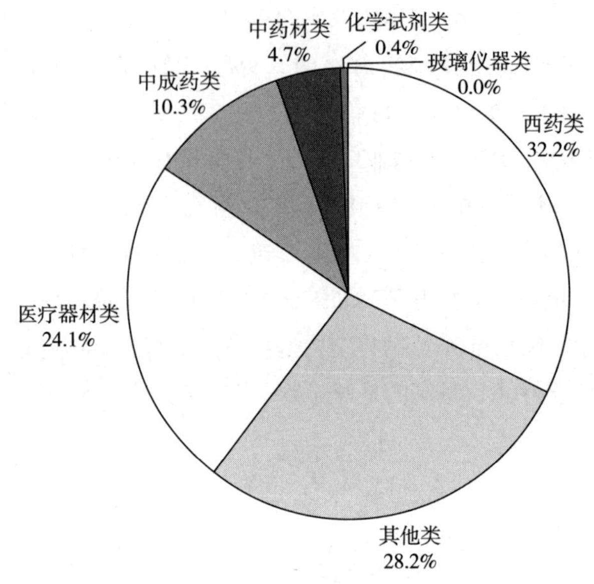

图 7　2017 年药品流通直报企业 B2C 业务销售结构

元，同比增长 10.3%。年终最后一个交易日市值总计 5117 亿元，平均市值为 213 亿元。市值 200 亿元以上的企业增加到 10 家，分别是国药控股、华润医药、上海医药、华东医药、九州通、中国医药、国药一致、国药股份、大参林和瑞康医药。其中，国药控股、华润医药、上海医药和华东医药市值均超过 500 亿元。年内，24 家药品流通行业上市公司披露的对外投资活动共有 183 起，涉及金额 126.5 亿元。

（九）注册执业药师

截至 2017 年 12 月底，全国注册执业药师总数达到 408431 人，同比增加 66322 人；执业药师注册率达 51.0%，同比下降 1.7 个百分点；全国每万人口注册执业药师数为 3 人，同比增长 20.0%。①

（十）社会经济贡献情况

2017 年全国药品流通行业全年销售总额占第三产业增加值的 4.7%，同比

① 数据来源于原国家食品药品监督管理总局执业药师资格认证中心。

下降0.1个百分点；药品零售总额占社会消费品零售总额的1.1%，与上年持平；占第三产业增加值的0.9%，同比下降0.1个百分点。①

2017年全国药品流通直报企业纳税额（所得税）为79.53亿元，扣除不可比因素同比增长8.2%。全行业从业人数约为563万人。

二　运行特点

（一）药品批发企业销售增长有所放缓

从销售增速看，大型药品批发企业销售增速明显放缓。2017年，前100位药品批发企业主营业务收入同比增长8.4%，增速下降5.6个百分点。其中，4家全国龙头企业主营业务收入同比增长9.3%，增速下降2.9个百分点；30家区域龙头企业（排名第5～34位）主营业务收入同比增长8.3%，增速下降9.8个百分点。

从市场占有率看，药品批发企业集中度略有下降。2017年，药品批发企业主营业务收入前100位占同期全国医药市场总规模的70.7%，同比下降0.2个百分点。其中，4家全国龙头企业主营业务收入占同期全国医药市场总规模的37.6%，同比上升0.2个百分点；30家区域龙头企业主营业务收入占同期全国医药市场总规模的24.5%，同比下降0.1个百分点；排序最后一位的企业主营业务收入由2016年的12.4亿元增长到2017年的13.6亿元。

当前，随着新医改政策的全面推行，药品流通行业竞争压力进一步加大。数据显示，“两票制”政策实施迫使末端分销企业短期内直接向药品生产企业采购，造成大型分销企业对中小分销企业销售下降；医保控费、药占比限制等政策实施推动药品招标价格和用量持续下降，造成分销企业对医疗终端销售下降，加上大型企业销售渠道整合及业态结构调整尚未完成，最终导致其销售增速放缓。在此背景下，大型药品批发企业也在通过兼并重组的外延式增长和积极开发终端市场的内生式增长方式，不断增强自身分销业务能力。

① 数据来源于国家统计局。

（二）药品零售企业连锁率进一步提高

2017 年，全国性和区域性药品零售连锁企业市场占有率较上年均有提升，零售市场集中度及零售连锁率不断提高。截至 2017 年 11 月，药品零售连锁率已达到 50.5%，同比提高 1.1 个百分点。2017 年销售额前 100 位的药品零售企业门店总数达到 58355 家，占全国零售药店门店总数的 12.9%；销售总额 1232 亿元，占零售市场总额的 30.8%，同比上升 1.7 个百分点。其中，6 家全国龙头企业的销售总额 510 亿元，占全国零售市场总额的 12.7%，同比上升 0.9 个百分点；30 家区域零售连锁企业（排名第 7～36 位）的销售总额 522 亿元，占全国零售市场总额的 13.0%，同比上升 1.5 个百分点；排序最后一位的企业销售额与 2016 年持平。

“十三五”期间，医保控费、公立医院药品零差率、药占比限制、医保支付方式改革等新医改政策陆续实施，间接推动了医疗机构处方外配进程；部分区域积极探索医院处方信息、医保结算信息和药店零售信息共享，开展了门诊特病、慢病定点药店医保结算试点，直接推动患者向零售药店流动。在此背景下，以国药控股国大药房有限公司、中国北京同仁堂（集团）有限责任公司及大参林、老百姓、益丰药房、一心堂等上市公司为代表的大型零售连锁企业，积极借助资本力量加速行业兼并重组，扩大自身市场网络。同时，随着政府监管强化和市场竞争加剧，部分单体药店被迫转型，选择被大型企业收购或退出市场，这也促进了零售连锁率的提升。

（三）医药电商开启资源整合的平台化发展之路

2017 年，随着“互联网＋药品流通”行动计划的深入推进，医药电商行业逐步进入转型升级的创新发展阶段。特别是互联网售药 A 证、B 证和 C 证审批的取消，为“互联网＋药品流通”带来重大利好，也给行业带来新的发展机遇。从总体销售规模看，2017 年全国医药电商直报企业销售总额 736 亿元，扣除不可比因素同比增长 22.5%，其中 B2C 业务同比增长 21.4%。部分企业的医药电商业务呈现爆发式增长态势，如九州通的医药电商业务因 2017 年 B2B 业务快速增长，销售额比 2016 年增长 73.2%。同时，一些有实力的医药电商企业利用大数据、云计算、人工智能等新技术，积极探索社会资源整合，纵深拓展平台化发展模式，为上下游企业提供新型供应链服务，为患者提供专业的药事服务和贴心的购药体验。如华润医药利用互联网打造“润药商城”，利用原有购销网、物流网、资金网、零售网的传统优势，构建集互联网电商、医药专业物流、供应链金融、药品新零售于一体的医药供应链智慧服务平台，实现工商协同、品规协同、医药协同、营销协同、物流协同，对内降低流通成本，对外扩大终端覆盖。上海医药大健康云商股份有限公司围绕电子处方流动，打造“益药”系列品牌，形成处方药新零售的价值链闭环，通过电子处方平台对接医院信息系统，药品数据平台将处方转化为订单，支持院内发药、药店自取、送药上门等多种购药方式，同时通过大数据分析为患者提供后续服务，2017 年电子处方流转终端实现对接各级医疗机构 214 家、处理超过 200 万张电子处方。

（四）医药物流市场竞争明显加剧

2017 年，全国医药物流基础设施规模持续扩大，医药物流仓储面积比 2016 年增加 14.6%，企业自有运输车辆比 2016 年增加 10.5%，这主要受“两票制”“第三方物流审批取消”等相关政策影响，传统药品批发企业和医药物流企业不断加快物流资源投入和网络布局。顺丰、中邮、京东物流等第三方物流企业也通过收购药品经营企业、与传统医药企业合作建设医药云仓等形式，参与医药物流仓储业务、干线运输及落地配送业务的争夺，医药物流市场竞争日趋激烈。

同时，药品流通企业积极利用医药物流信息技术创新，扩充物流服务范围，加快推动商业模式创新，提升服务质量和水平。如华润医药探索物流智能一体化增值服务，提高与医疗机构合作的黏性；上海医药启动“医院药品耗材智能互联网和物流网的管理模式创新”项目，自主开发信息系统，并使用射频识别技术、自动化设备、定数化管理流程，为医疗机构物流管理提供专业服务；华东医药打造全品种、全网络、全流程的医药供应链，从传统医药物流服务商向综合性健康服务商转型。

三　趋势展望

（一）药品流通市场销售规模稳步增长

随着国际国内医药产业链合作逐步深入，“互联网 + 医疗健康”体系不断完善，供应链服务持续创新，人工智能快速发展，药品流通行业将迎来新的更大发展空间。同时，随着疾病谱变化、人口老龄化加速、人民群众生活水平提高以及保健意识增强，全社会对医药健康的需求将不断提升，势必促使药品市场销售规模进一步扩大。预计 2018 年药品流通市场销售增速将有所回落，但销售规模在未来一段时期内保持稳步增长。

（二）药品流通行业发展进入结构调整期

随着国家各项医改政策的相继发布实施，药品流通行业将进入结构调整期。未来几年内，在政策驱动下，药品流通市场竞争更加激烈，两极分化日益明显。全国性药品流通企业跨区域并购将进一步加快，区域性药品流通企业也将加速自身发展；规模小、网络窄的药品流通企业将难以为继，行业集中度将进一步提高。预计全国范围将形成 4 家销售收入超千亿元的全国性龙头企业和 5 ~7 家销售收入超 300 亿元的区域性龙头企业。

（三）资本成为改变药品流通行业格局的重要力量

近年来，在资本的推动下，药品流通企业正在由传统的增加产品、拓展客户以及开拓新店等内生式成长方式向并购重组的外延式成长方式转变，行业竞争格局也随之发生变化。一些大型医药产业集团分拆流通业务板块单独发展，或通过并购进入药品流通行业，并逐渐作为主营业务进行开发；一些区域性批发企业为了渗透市场终端，不断向下游零售企业拓展；还有一些药品流通企业借助资本力量收购上游的中药饮片、制剂等生产企业，不断强化自身供应链优势。

（四）医药电商发展模式日新月异

在新技术、新动能的驱动下，“互联网 + 药品流通”将重塑药品流通行业的生态格局。一是 O2O 模式（线上到线下）。企业运用互联网新技术迅速抢占个人用户的移动终端市场，如阿里健康、京东健康、叮当快药等企业以边探索、边发展的方式吸引用户，培育用户线上支付、线下使用的购药习惯。二是 B2B 模式（企业到企业）。企业利用“医药分开”“两票制”等医改政策落地契机纷纷发力，借助供应链金融服务打造全新商业模式，如融贯电商已实现从医药厂商到流通企业的无缝对接。三是 B2C 模式（企业到顾客）。如 1 药网着力发展“B2C + 医疗服务”模式，在向患者售药的同时可提供健康咨询、用药提醒、资源共享等服务。四是 FBBC 模式（工厂—企业—顾客）。如九州通正在打造的链接医药全产业链的健康管理平台，将医药行业上下游的全部交易逐步纳入平台体系，帮助上游厂商监测药品库存、销售情况，助力下游药店做好客户管理、增加客户黏性。未来几年内，跨界融合将为医药电商注入新的活力，医药电商领域的竞争将日益加剧。

（五）智慧供应链服务水平不断提升

近年来，全国性医药集团和区域性药品流通龙头企业以云计算、大数据和物联网技术为支撑，积极整合供应链上下游各环节资源，促进“物流、信息流、资金流”三流融合，建立多元协同的医药供应链体系。大中型药品流通企业在医药物流拆零技术、冷链箱周转体系、物流全程可视化信息系统、客户查询和服务系统等方面持续优化升级，打造信息化智慧供应链。同时，“两票制”政策实施加快医药供应链扁平化进程，渠道重心下移已成为必然趋势。随着医药供应链智慧化和物流标准化的持续推进，预计医药供应链市场将呈现有序竞争、稳步发展态势。

（六）专业化服务成为药品零售企业核心竞争力

未来几年内，零售药店将不断向 DTP 专业药房、分销专业药房、慢病管理药房、智慧药房等创新模式转型。在互联网技术推动下，无人售药柜、人脸识别、AI 机器人等新科技应用也将逐步进入零售药店。预计零售药店将通过互联网、物联网、大数据、云计算等创新技术，为消费者提供更专业、更便捷的服务。

（七）药品流通行业和企业软实力日益增强

未来几年内，相关政府部门和行业组织将不断加强行业诚信体系和标准体系建设，指导企业依法经营、诚实守信和规范服务。药品流通企业将在市场竞争中主动承担更多保障药品供应和质量安全的社会责任，着力打造服务品牌，积极参与社会公益活动，用诚信创造价值，推动自身健康发展。同时，专业人才将成为药品流通企业应对当前医改政策落地、行业结构调整、模式衍变更新的重要资源。

B.2
关于促进药品流通行业发展的监管政策研究

中国医药商业协会课题组

摘　要：　随着医药经济供给侧结构性改革和“健康中国”战略的深入实施，特别是在医改进一步向纵深发展、一系列新政组合出台的强有力推动下，药品流通行业已进入历史性变革的新时代。本文通过分析我国药品流通行业现状、发展方向与面临的监管政策障碍，借鉴国际药品流通行业的发展经验，提出了促进我国行业发展的监管政策建议，为相关政府部门制定监管政策提供参考。

关键词：　异地建仓　分类分级　第三方机构

一　中国药品流通行业现状与发展方向

近年来，在国家产业政策与行业发展规划的推动下，药品流通行业实现了较快的发展，以“信息化、标准化、集约化、国际化”为方向的现代药品流通体系正在形成，有效地提升了药品供应保障能力和社会健康服务能力，行业的社会价值、商业价值和经济价值得到了进一步体现。展望未来，无论是服务人民健康事业还是推进医药供应链的发展，药品流通行业的价值与作用都将得到更大的提升与发挥。

（一）行业结构

近年来，药品流通行业通过一系列整合和优化，连锁率和集中度均有所提升，逐步形成了以全国性、区域性和地方性分销配送企业为主体的行业结构，有效地保障了药品供应。但无论是批发还是零售企业，集中度都偏低，长尾企业数量众多，平均规模小，行业结构调整力度亟待加大。截至 2017 年 11 月底，我国有 13146 家药品批发企业，零售药店门店总数 453738 家。2017 年，4 家全国批发龙头企业主营业务收入约占全国医药市场总规模的 37.6%，30 家区域批发龙头企业占 24.5%，6 家全国零售龙头企业占全国零售市场总额的 12.7%，30 家区域零售连锁企业占 13.0%。集中度低的行业格局以及“小、散、乱”的长尾企业给药品流通的监管带来了难度，用药安全存在潜在风险。

对标国际上拥有成熟药品流通体系的国家，无论是药品批发还是零售企业，均形成了精简集中的行业结构。企业数量不超过几十家到几百家，且高度集中于数家全国和区域龙头企业。如美国约有 35 家药品批发企业，前三大批发集团集中度高达 96%；日本有 80 家批发企业，前三大批发集团集中度高达 74%；欧盟约有 750 家批发企业，其中前三大集团约占 50% 的市场份额。美国零售药房总数约 67000 家，其中前三大药品零售连锁集团集中度高达 85%。

随着“两票制”等医改新政的深入实施，药品经营质量规范（GSP）过程监管的力度加大，政策推动与市场竞争的叠加效应进一步促进了药品流通行业转型。商务部制定的药品流通行业“十三五”发展规划提出目标，“力争到 2020 年，药品批发百强企业年销售额占批发市场总额的 90% 以上”，行业整合将广泛展开，行业结构将深入调整，大批代理型企业、非主流的中小企业将退出市场，行业“多、小、散、乱”的特征将大幅改变。药品批发未来将形成以数家全国性、数十家区域性龙头企业为主体，N 家地方性企业为延伸，专业性流通企业为补充的行业结构。药品零售将形成以一批全国性、区域性、地方性连锁企业为主体，专病特药药店和网上药店为配套的行业结构。与此同时，药品市场的生态环境将得到有效净化，流通秩序将得到积极改善。

（二）专业服务能力

近年来，药品流通行业数十年一贯制的发展模式发生了较大变化，向医药供应链上下游开展延伸服务、提升专业服务能力成为行业创新发展重点。国内大型批发企业纷纷致力于打造围绕供应链管理的专业服务能力，积极探索创新专业化服务内容。例如，以信息化为基础的供应链管理服务以及延伸至医院内部的物流服务（SPD）等。同时，积极推进批零一体化，尤其是涉足特药专业药房（DTP）领域，着眼于提升药事服务能力，为患者提供专业服务。然而，大多数药品批发企业仍处于营销配送基础服务阶段，缺乏供应链服务能力。大多数药品零售企业则缺乏专业药事服务能力和处方审核能力，尤其受限于药师数量的匮乏和资质欠缺。

对标美、欧、日等国家和地区，领先的药品分销企业均将产业链整体解决方案作为核心竞争优势。全产业链集成服务大大提升批发企业整体盈利性，从而可持续地优化服务能力，形成良性循环。例如，美国麦卡森通过专业化的信息服务平台，提供上游厂商和下游医疗终端“端到端”的信息系统解决方案，以此收取信息平台使用费和维护费。美国零售企业 CVS 建立了以患者为中心的价值链，为患者提供药品，还提供审核处方、统筹支付、送货上门、药事服务以及持续的疾病管理建议等。

“十三五”规划提出，“要推动流通企业向智慧型医药服务商转型，建设和完善供应链集成系统，支持流通企业向供应链上下游延伸开展服务”。展望未来，国内领先的批发和零售企业的探索与创新，将带动行业整体专业服务水平的提升。如信息化技术的进一步推广运用，医药产业链集成服务的优化完善，涵盖产业链上下游的综合解决方案的设计；以及药事服务能力的提升，特别是特药及专业用药方面的处方审核、医保支付、疾病管理能力的配备。

（三）新兴业态与商业模式

随着社会经济的发展，原有的医药流通模式已不能适应日新月异的行业变化。新兴业态与商业模式不断涌现，对药品流通监管提出了新的要求和挑战。例如，随着上市许可持有人制度（MAH）的试点和各省的逐步推广，持有人的权利义务和法律责任，尤其是在药品流通环节的药品追溯和质量安全监管责任尚待明确。随着 SPD、DTP、CSO 等新业态、新模式的发展，以及医院药房托管范围不断扩大，亟待解决流通企业与医疗机构在 GSP 应用上的监管协同问题。围绕供应链一体化管理而产生的新商业模式期待明确的监管责任。同时，为了规范互联网零售服务，推进线上线下融合发展的“网订店取”、“网订店送”等新型配送方式，亟待建立完善的互联网药品交易管理制度。

二　国际药品流通行业发展经验以及对中国的启示

对标发达国家，美国、欧洲和日本的药品流通行业发展都伴随着社会进步而不断迭代更新。药品流通企业既承担着保障药品供应可及与安全的责任，又在促进市场有序竞争中扮演着举足轻重的角色。不同国家的药品流通行业均经历了一系列市场整合，才形成了高度集中的市场格局。同时，随着药品流通企业向供应链服务商的转型，在领先企业不断探索的带动下，发展出各具特色、以专业化服务为核心的现代药品流通经营模式。这一过程对中国药品流通行业的发展，至少有以下两点重要启示。

（一）政策放开促进行业集中，市场化竞争加速行业集中

从发达国家药品流通行业高度集中化的进程看，关键在于构筑市场化的竞争环境，不设跨地区限制，鼓励领先企业不断兼并收购以提高行业集中度。

美国除通过《药品供应链安全法案》和《药房实践法》（PPA）规定的法律框架之外，没有额外的制度或监管程序制约行业的市场化发展。因此美国领先的药品流通企业均通过一系列的并购重组迅速实现由地方向区域乃至向全国发展的路径。以美国 CVS 为例，经过 20 年的兼并收购重组，其由一个仅有 1500 家门店的区域连锁发展为拥有上万家门店的美国最大药品零售集团。

欧盟在市场化竞争的基础上，通过法规和倾斜政策积极扶持区域龙头的发展。在确保运营规范性和安全性的基础上，欧盟积极出台政策打破各成员国间的壁垒，促进跨区域的市场化竞争。如《平行贸易法案》规定仅有符合公共服务责任（PSO）要求的全产品线经销商才能够开展平行进口贸易，制药企业按规定必须与全产品经销商合作，以保证药物可及性和安全性，这在极大程度上促进了市场化竞争下区域龙头的形成。

日本市场早年因经销商和药厂间通过转售价格协议固定出厂价，导致市场竞争不充分，小型经销商数量超过 600 家。1991 年日本政府出台《关于药品分销体系和行业行为规范的指导意见》，充分还原市场化价格竞争，逐步形成了现仅 80 家企业且前三家集中度达 74% 的市场格局。

（二）第三方机构积极推动，行业标准引领稳步发展

发达国家的第三方机构尤其是行业协会在行业集中方面发挥了至关重要的作用，而行业标准则为行业的稳步发展奠定了基础。

美国积极通过行业协会建立行业标准，结合支付方和医疗终端市场化的选择，通过社会共治的方式鼓励领先、淘汰落后。如第三方非营利协会制定的流通行业自愿遵守的药品流通规范（GDP）；专注于零售药房标准的第三方协会制定的包括特药药房标准在内的零售药店标准和认证项目，为支付方提供了有力的遴选标准，依靠市场化筛选和竞争机制促进行业服务水平的提升。日本药品批发商联合会（JPWA）制定的日本药品经营质量标准（JGSP）作为自愿遵守的行业标准，进一步推动了行业运营水平的提升。

三　我国药品流通行业发展面临的监管政策障碍

在药品流通行业发展进程中，受全国经济发展不平衡、不充分的影响，药品流通监管政策在推动行业发展的同时，也对行业未来的发展构成了较大障碍，主要有以下四点：一是异地多仓政策难以落地。虽然药监局对异地多仓有纲领性的政策文件，但在实际执行过程中，受地方保护主义和政策的桎梏，如要求企业在当地注册经营实体，对跨区域配送的资质审批设置障碍等，导致大型医药批发零售企业在全国性扩张中仍面临全国范围内的异地多仓和跨区域配送的限制。二是跨区域准入存在障碍。药品流通行业的政策监管在执行中以区域为主，而不同省份、地区间因差异大，地方割据与保护的现象十分严重。如零售连锁企业在新建和拓展城市药店中，面临距离、更名、经营范围等多方面的审批限制。三是针对落后企业的处置与淘汰力度不足。近年来，国家药监局出台了多项促进行业发展的政策，但因地方保护和税收政策的限制，对监督稽查过程中发现的违规落后企业，缺乏严格的惩罚与退出机制，导致行业整体规范水平与集中度的提升进程缓慢。四是未能引入第三方机构参与监管。因现有制度设计尚未明确第三方机构的地位与作用，药品流通行业监管未能引入第三方参与监管，不利于“放、管、服”政策的落地。

四 促进药品流通行业发展的监管政策建议

结合行业发展现状，借鉴国际对标经验，展望未来发展方向，在确保药品供应安全、消除药品流通风险的前提下，现就促进药品流通行业发展的监管政策提出以下建议。

（一）支持药品流通企业异地建仓、多仓协作、跨区域配送，推动医药第三方物流发展

进一步鼓励跨省、全国范围的多仓一体化运营。对网络体系全、质量信誉好、配送能力强、符合标准规范的全国性和跨区域经营的大型医药批发企业放开异地设仓资质审批限制；鼓励大型药品零售企业打破地区界限，实行集中统一配送。首先，落实省内多仓运营。推广部分省份成功的试点模式，如河南省允许以异地分公司的形式设立分仓，较好地解决了异地经营主体的问题。其次，逐步试行跨省异地多仓推广，建立跨省协调机制。如建立省际联席会议制度等，满足能带来集约化效益的跨省异地设仓需求。最后，零售企业集团在省内跨区域设立零售连锁企业分部可不设仓库，委托本集团所属药品配送中心或药品批发企业统一配送。

同时，支持具备现代医药物流条件的企业开展第三方物流业务。允许药品经营企业将药品储存、配送业务委托给具备现代医药物流条件的药品批发企业，取消对委托主体及委托范围的限制。在可追溯的前提下，无须办理《药品经营许可证》变更手续。

（二）鼓励药品流通企业兼并重组，构建统一开放、竞争有序的市场格局，破除地方保护

鼓励大型药品流通企业通过兼并收购方式，加速行业整合。简化并购过程中繁杂的行政手续，确保在法人变更的过程中无须停业等待，提高效率，真正实现集中度连锁化率进一步提升，减少监管压力与难度。例如，对前三年度商务部公布的全国主营业务收入前100位、具备多仓协同的药品批发企业，可在不低于被兼并药品批发企业原开办条件、依法注销被兼并企业《药品经营许

可证》的情况下，新核发《药品经营许可证》。

鼓励药品流通企业拓展零售覆盖，尤其在发展不平衡、供给紧缺的区域，如部分县级城市，引进特许经营模式，破除部分地区对药店经营范围、距离、更名等方面的限制，还原市场化竞争条件。

在资质审批流程上化繁为简，打破利益藩篱、破除地方保护，增加透明性和公开性。建议证件申请或变更由“审批制”改为“挂网备案制”，建立向全社会统一开放的信息登记和公示平台，明确申请需符合的标准要求、规范线上提交的信息和表格内容，企业可随时登录网站提交相应文件进行证照申请和变更，自挂网60天内若未收到否定或质疑意见即视为完成报备。

同时，搭建公开的信息公布平台，公开企业的监督、审查、认证等信息，对“飞检”黑名单实时上网公示，落实“四个最严”的惩处机制，进一步淘汰落后企业。

（三）完善落实零售药店分类分级标准，提高准入要求

细化并落实零售药店分级分类标准，从运营与服务能力上提高普通药房及医保定点药房的准入要求。建议在现有《关于推进零售药店分类分级管理的指导意见（征求意见稿）》的三大标准基础上，增设专业特药药房的分类原则。充分考虑其经营药品的种类与属性、服务人群对用药指导和监护的需求，以及对供应链冷链标准的要求与现有三大类别的差异，鼓励市场发展出一批专业化的特药专业药房。

同时，建议联合其他相关政府部门，鼓励与推进倾斜性的落地优惠政策，针对达到分级高标准（如AA级以上药店）的零售药店有条件地放开医保统筹报销，在最大限度地保障药品安全性及可及性的前提下，鼓励市场化竞争，促进行业优胜劣汰。

（四）鼓励第三方机构发挥积极作用，形成社会共治的监管体系

鼓励以药品流通行业协会或相关专业机构作为第三方机构，协助政府落实监管政策。首先，通过行业协会来推动零售药店分级分类标准的落实与认证，鼓励药品零售企业主动积极参与分类分级认证，构建社会监督网络。其次，伴随上市许可人制度的推行，鼓励第三方机构，对药品流通环节的相关企业进行

有效运营认证与审计，确保运营能力与资质，为上市许可人制度下的流通企业委托合作的模式提供法律保障依据。此外，鼓励第三方机构对新模式，如信息化供应链服务等进行认证与备案，协助监管，鼓励有序发展。

此外，对药品流通行业出现的新业态，如 SPD（医院内部物流）、DTP（专科直销药房）、“互联网 + 药品流通”、PBM（药品福利管理）等，可根据行业发展的不同阶段逐步开展监管。例如，药品首营资料电子化管理，在确保药品质量安全、可追溯的前提下，药品生产经营企业可运用国家部委认定的互联网电子认证技术平台实施药品首营资料交换和管理。对于未来发展方向尚待明确的新业态，建议药监总局联合相关医药行业协会进一步研究，在保障药品安全性的基础上出台相关监管政策，推动药品流通行业进一步健康发展。

行业发展篇

Industrial Development Chapter

B.3 新格局下医药流通行业转型发展的方向与对策

朱恒鹏　蔡雪妮*

摘　要： 本文从医保支付改革、医药分开以及创仿结合等本年度重要的医改政策切入，探讨了组合政策对于医药行业的综合影响以及行业发展面临的现实约束。基于此，本文提出了新格局下医药流通行业转型发展的机会以及实现长期发展的对策。

关键词： 医保支付　医药分开　医药产业　供应链

医药流通行业是联通生产研发与终端消费的交易中介，其集合商流、物流、信息流、资金流，撮合药品交易。而2017年以来，国家在医保、医疗以

* 朱恒鹏，中国社会科学院经济研究所副所长，中国社会科学院公共政策研究中心主任；蔡雪妮，中国社会科学院研究生院经济系博士生。

及医药领域的重大政策调整可能改变药品终端销售以及研发的格局，进而重塑医药流通行业，促使其向组织生产研发、引导消费的市场组织者角色转型。

本文首先概述包括医保支付方式改革、医药分开综合改革、医药创仿结合等在内的医改政策，进而分析以上政策的综合影响以及医药行业发展面临的现实约束，然后，探讨新格局下医药流通行业转型发展的机会所在，最后，进一步提出医药商业以及工业转型发展的治本之策。

一　主要医改政策

（一）医保支付方式改革

此前中国基本医疗保险对医疗服务供方的支付方式总体经历了从按项目付费到总额控制下的按项目付费，再至2017年，国务院办公厅出台《进一步深化基本医疗保险支付方式改革的指导意见》（国办发〔2017〕55号，以下简称《指导意见》），明确“进一步加强医保基金预算管理，全面推行以按病种付费为主的多元复合式医保支付方式”的改革目标。《指导意见》详细提出实行多元复合医保支付方式、重点推行按病种付费、探索按DRGs、完善按人头、按床日付费等改革内容。需要特别指出的是，《指导意见》在提及试点数法时，一改过去“总控指标应落实到每一个定点医疗机构”的说法，提出应“逐步使用区域（或一定范围内）医保基金总额控制”。

以上政策明确了基于医疗保险基金预算管理实行总额控制的管理思路；具体到支付方式上，旨在降低按项目支付比例，目前主推按病种支付，同时探索DRGs等方式，完善按人头、按床日等付费方式；在支付机制方面，形成协商谈判以及激励约束并重的原则；在监管方面，由注重费用逐渐转向费用与质量并重。

（二）医药分开综合改革

按照《关于全面推开公立医院综合改革工作的通知》（国卫体改发〔2017〕22号），2017年9月30日前，全面推开公立医院综合改革，所有公立医院全部取消药品加成（中药饮片除外）。

按照北京、江苏、福建等地的做法，公立医院并非仅仅取消药品加成，实质是涉及降低药价、增设医事服务费、调整医疗服务价格、差别化医保支付的综合改革。此外，为了满足基层用药需求，一些地市扩大基层医疗机构的用药范围（如北京）、广东则从2017年7月1日起明确取消基本药物使用限制，基层可根据诊疗需要自主配备药物。

如果按照同步调整医药—医疗—医保的医药分开综合改革思路，并且放宽甚至取消基层用药限制，在一定程度上会促进分级诊疗，尤其分流部分慢性病、常见病患者到基层开药，如此可能引致门诊用药格局的改变。

（三）创仿结合

2017年国家层面接连出台三份文件促进医药产业提质增效、转型升级。

第一，《关于进一步改革完善药品生产流通使用政策的若干意见》（国办发〔2017〕13号）提出了“提高质量疗效，促进医药产业转型升级”的总思路。

第二，促进仿制药发展的文件，即《关于改革完善仿制药供应保障及使用政策的意见》（国办发〔2017〕20号）。为淘汰落后产能，提升仿制药质量疗效，继续推进仿制药质量和疗效一致性评价，同时严格药品审评审批等。为促进仿制药研发，根据市场供求情况制定鼓励仿制的药品目录，同时加强仿制药技术攻关，并按照鼓励新药和仿制药并重的原则完善知识产权保护。因为制药企业研发的动力主要在终端，因此该意见还出台了支持政策，包括及时纳入采购目录、促进仿制药替代、发挥医保激励等。

第三，《关于深化审评审批制度改革鼓励药品医疗器械创新的意见》分别从临床试验、上市审评审批、促进新药创新与仿制药发展三个层面进行改革。对于临床试验管理，临床试验机构资格认定由审批制改为备案管理制；简化临床试验审批流程，规定时限内受理方无异议即视为同意。分类加速上市审评审批。为平衡新药创新与仿制药发展，意见提出建立上市药品目录集、探索建立药品专利链接制度、试点专利期限补偿制度、完善药品试验保护制度，此外还会定期发布可仿制药品的清单以促进药品仿制生产。促进医药创新的文件主要借鉴美国的经验，上市目录集类似FDA橙皮书，专利链接、专利期限补偿、数据独占期都是Hatch-Waxman法案的重要内容。

二　医改政策的综合影响以及现实约束

（一）消费端的综合影响

首先，支付改革提高了医保机构控费的能力。总控下以病种为主的多元付费方式可有效激励供方降低成本，住院服务控费尤为明显。2017 年国家发改委《关于推进按病种收费工作的通知》（发改价格〔2017〕68 号）遴选了 320 个按病种收费目录，人社部目前已经出台了 120 个付费推荐目录，按此趋势，将会大范围地实施按病种收付费。总体而言，以上政策组合强化了医疗服务供方的控费激励，尤其对于住院业务，总控下的按病种乃至点数法、DRGs 均会倒逼供方调整诊疗策略，有效控制成本；对于门诊业务，因仍以按项目付费为主，依然是控费短板。

其次，医药分开综合改革的全面推开可能促进分级诊疗。正如前文所言，取消药品加成并非单兵突进，而是三医联动，如若同时放宽甚至取消基层医疗机构的用药限制，并实施或者加大门诊统筹的力度，则可能引导患者尤其是慢性病、常见病患者基层就医购药。

以上改革可能带来当前药品零售格局的改变，高等级医院的门诊药房逐渐萎缩，其保留住院药房且有很强控费动力；社区门诊的用药种类扩大且用药比重提升，至于是否保留社区门诊药房则取决于对内部化管理成本以及交易成本的权衡。

此外，住院业务的激励约束机制已然清晰，但是对于分级诊疗后的门诊业务仍需探讨。门诊患者可大致分为慢病与普通患者两大类。对于慢病患者，其用药频次高且用药种类稳定，因而购药方式也比较灵活，药店、诊所均有可能，因此对于该类患者适合定额支付，是否定点不做限制。对于普通患者，可采用按人头付费，但是患者需定点到一家社区门诊。需要作如下补充：第一，普通患者定点在门诊，是希望将激励转到医疗服务供方，使供方注重健康管理，有效控制成本；与此同时，患者必须能够“用脚投票”，如此供方才能在降低成本的同时注重医疗服务质量，以获得未来更多的交易机会，即签约更多患者。第二，普通门诊患者在定点机构之外自行购买非处方药品，可使用个人账户支付；如若将来取消个人账户，则最好医保不予支付。第三，如果患者

（慢病或者普通患者）到互联网医疗平台/医院就诊，目前医保基本不支付，将来可探索向医生支付处方费，当然此模式的控费机制主要在于供方的竞争。

（二）研发端的现实约束

研发端整体看是创新仿制并重的发展思路，考虑到“中国制造 2025”以及国外贸易形势的不确定性，专注国内研发，提升治疗疗效，实现进口替代、仿制替代均是重要方向。

产业发展方向非常明确，国家层面也努力构建创新友好型制度体系，然而医药产业的创新发展受到畸形终端市场的现实约束，即当前的终端市场并不支撑国产药品的发展，包括高质量仿制药（器械）和创新药品的发展。

与其他产品不同，医药类产品的需求不是由最终使用者即患者决定，而是由具有信息优势的医生决定。在国内医疗市场中，公立医疗机构通过控制处方权掌握了 75% 以上的药品零售。换言之，公立医疗机构拥有针对患者的卖方垄断地位，以及针对医药企业的买方垄断地位。由于公立医疗机构受到医疗服务价格管制和药品购销价格管制，拥有双向垄断地位的公立医疗机构形成了通过药品（医疗器械、耗材）的隐性返利和回扣获得垄断收益的畸形药品（耗材、器械）购销模式。公立医院及其医生在购销药品（耗材、器械）时不仅考虑疗效，更考虑返利和回扣多少，从而形成了价格越高则返利和回扣越多继而公立医院购销量越大的畸形购销模式。分析过去 20 年公立医院的用药数据可以清晰地看出，在政府每一轮调整药价包括新一轮药品招标后，公立医院都会迅速调整用药结构，剔除降价药，替换为高价药，调整时间一般仅需要一个季度。公立医院的这种药品购销模式对进口原研药、独家品种中成药、国产仿制和国产创新药的影响截然不同。

简单来讲，进口自发达国家的原研药疗效确定、质量可靠，从技术上讲本就是临床首选，也在离退休干部、机关事业单位职工以及发达地区的城镇居民中形成了很强的品牌忠诚度。加之最近 20 多年国内医生的临床用药经验，很大程度上就是原研药企多年临床推广和临床教育培养的。尽管原研药给医生的回扣比率不高，但在满足医生的培训、科研以及出国进修方面，外资药企拥有独特优势。目前公立医院获得药品返利的主要方式是拖欠药品采购款形成的利息收益，而原研药的高价格满足了医院做大药品销售额进而做大利息收益的要求，因此原研药在三甲医院拥有很强的优势地位，占据了一半左右的市场份额。最近十年来原研药积极进入县级医院和基层医疗机构市场。

中成药独家品种主要是依靠高额回扣打开医院市场。

国产仿制药也是依靠回扣打开医院市场，其主要的竞争优势是各地区间支付能力的差异导致的市场分割，即欠发达地区三级医院、县级医院和基层医疗机构市场，由于患者以及当地医保的支付能力较低而被原研药放弃。如果允许各地区间差别定价，原研药是可以通过在欠发达地区低价销售来占领这部分市场的。但是由于担心欠发达地区低价会瓦解发达地区的高价，原研药并不采取这种差别定价策略。国内一些独家品种药品反而存在这种发达地区高价、欠发达地区低价的情况。但当前药品集中采购“全国联动”，一些地区“全国最低价”的政策已经迫使药企放弃了欠发达地区低价的策略，转而采取全国统一高定价策略。

公立医院及其医生涉及的上述这种药品购销处方模式，对国内药企的新药研发产生了很大的抑制效应。由于所处发展阶段这一根本原因，目前国内新药研发仍以模仿外资原研药为主，通常采用一些公知、成熟的理论和技术，研发与母体新药疗效相当或者更具治疗优势的新物质，但是治疗靶点或者治疗机制并未改变，业内称该类药物为 me-better 新药。从疗效上看，国内药企的 me-better 新药很难在短期内和原研药并驾齐驱，更不具有客户品牌忠诚度；从临床推广上看，在医学教育、出国进修、医生论文发表方面，内资药企很难和外资药企竞争；从成本上看，创新药研发成本高，反而不能像仿制药那样有很大的回扣空间；并且创新药最初的临床推广成本必然会高于仿制药，回扣空间进一步被压制。因此，国内创新药无论是和原研药比，还是和国产仿制药比，均缺乏竞争力。

三　新格局下医药流通行业转型发展的机会所在

（一）转型逻辑

传统模式中，医药流通行业是连通生产研发与终端消费的交易中介，其集合商流、物流、信息流、资金流，撮合药品交易的达成。然而近期医改政策密集出台，尤其是医保控费，以及压缩流通环节的“两票制”① 等政策，此外还

① 具体分析可参加 2017 年版医药流通行业蓝皮书中的分报告《浅析“两票制”对于医药行业的影响》。

受到贸易摩擦的外部冲击，内外部环境变化致使医药流通行业生存压力增大，必须寻求转型。鉴于流通在供应链中的重要地位，其应该向组织生产研发、引导消费的市场组织者角色转型，而信息技术的快速发展为其提供了技术可能性。具体而言，流通企业应充分利用上下游资源，从单纯的物流供应商向综合服务商转变。

（二）可能的转型方向

鉴于消费端以及研发端的改变，流通商大致有以下几个转型方向，包括：供方药房管理以及药房托管、医药电商、集团采购（GPO）、药品服务福利管理（PBM）、参与研发等，下文将具体阐述。

1. 供方药房管理、药房托管以及医药电商等相关业务

医改政策引致的消费端改变，需要流通端相应转变。住院服务预付制下，药品仅仅作为成本而非利润，流通商除了承担基本的配送服务外，还应拓展药房供应链管理的增值服务，减少住院药房的运营成本，提高效率。底层业务主要是供应链体系的优化升级；延伸业务则包括承接医院药库/药房的非核心业务，实现药库/药房的自动化管理；至于是否托管住院药房取决于医院自营以及外包的成本收益决策。

社区门诊药房的业务模式与住院药房类似。如果考虑药房外包或者完全剥离，在互联网医疗下，需要着重搭建电子处方流转信息平台，目前国内已有公司涉足该业务；与此同时，医药电商也会迅速发展。患者的处方可以上传至第三方医药平台或者网上药店，平台或者线上药店会对电子处方进行响应，后续配药、送药流程将会便捷高效。近期，“互联网＋医疗健康”意见提出“允许在线开具部分常见病、慢性病处方”。此外，2017 年国家层面陆续将互联网 B、C、A 证的审批制度改为备案制，这为医药电商的发展提供了政策便利。

需要指出的是，考虑到门诊医保支付的约束，医药电商针对慢性病、常见病用药的市场较大；普通患者网上购药市场取决于医保个人账户是否支付。

2. GPO 与 PBM

（1）GPO 业务

已组建的国家医疗保障局并入了药品集中采购职能，但是并未给出具体的集采方式。不管是采用类似福建的做法，即由医保方主导集采，还是由医保搭

建采购平台，买卖双方自由交易，降费都是明确的方向。若是后者，即医保仅搭建集采平台，那么在采购模式上 GPO 更为通行，流通企业可利用自身在上下游的资源优势，拓展 GPO 业务。

（2）PBM 业务

药品福利管理是一种专业化的第三方服务，其主要利用市场手段精细化管理门诊病人的药品费用。在美国，药品福利管理机构负责管理医疗保险计划中的处方药部分，其客户主要包括自我保险的雇主、保险公司等医疗保险机构，主要目标是推动以最低可能的成本提供高质量的药品保健。目前 PBM 已经为美国半数以上的参保者提供服务。

从行业特点讲，医药流通行业具备开展 PBM 业务的诸多优势，流通企业对医药供应链具有很强的把控能力，可利用上下游丰富的资源与药品制造商以及药店议价谈判。此外，医药供应链系统可上下延伸，具备用药目录以及用药过程管理的软硬件基础。

然而 PBM 在中国的发展面临多方面的现实约束。第一，中国医疗保险主要由政府经办，医保目录由政府制定，限制了 PBM 制定以及管理医保药品目录的权限；第二，中国主要的医疗服务供方公立医疗机构处于双边垄断的强势地位，医保方的控费能力不足，进而遏制 PBM 的控费能力；第三，“以药养医”的补偿模式下，PBM 难以对供方的处方进行有效审核和修改；第四，目前医疗信息依然处于碎片化、非标准化状态，医疗机构、医保、药店并未实现连通，致使 PBM 缺少设计处方信息系统的有效医疗数据。

尽管如此，国内已经有医药流通企业，如瑞康医药、嘉事堂布局 PBM 业务，当然两者的业务模式并不相同，瑞康医药通过控股或者参股方式整合负责医院信息系统管理、信息化采购管理、医院用药信息化管理以及保险理赔业务的四家公司，拓展 PBM 业务，嘉事堂则通过合作方式，联合中国人寿，托管蚌埠以及鄂州医保，为后者提供 PBM 服务。①

目前的医改格局给 PBM 发展提供了新的方向。第一，医保机构改革总体上强化医保方的制衡能力，微观层面看，城乡居民医保、城镇职工医保归口人

① 蔡雪妮、朱恒鹏：《浅析“两票制”对于医药行业的影响》，载《中国药品流通行业发展报告（2017）》，社会科学文献出版社，2017。

社部门，将来很可能走向“三保合一”，发展基于公民身份的普惠型基本医疗保险，然而考虑到老百姓医疗需求的多样性，必然需要多元的保险服务，因此在政府主导的普惠型医保外，还应有商业医保主导的多元化服务，如此为PBM目录制定与管理业务创造了可能。第二，随着分级诊疗、“互联网＋医疗健康”以及门诊医保支付改革的推进，慢性病、常见病购药可能日渐社会化，该领域正是PBM处方管理的重要方向。

3. 利用慢病、健康管理数据参与药物研发

传统的药物研发主要从治疗机制层面出发，而在互联网、大数据时代，也可以拓展需求导向的研发模式。药品需求可分为两个层面，一是市场供求变化，二是患者用药的具体数据，前者主要引导仿制药厂商有针对性地开展研发，后者则可从适用症、不良反应等角度辅助新药研发。

对于流通行业如何介入该需求导向的研发过程作简要分析。鉴于流通行业对于供应链的把控，发布产品供求相关信息容易实施，所以难点在于如何基于患者的用药数据指导研发。一种可能的路径是流通企业借助数字医疗参与慢病管理、健康管理进而积累海量用药数据传导到研发端。前面已经提及，流通企业拓展PBM业务必然需要整合诊疗数据，建立自身网络内的信息系统，而且主要面向慢病、常见病患者；在此基础上，流通企业应该借助智能医疗设备，记录患者的用药过程以及身体相关指标的变化数据，如智能软件可以监测癌症患者药物治疗的副作用，通过面部识别软件分类疼痛症状，并追踪认知表现等。

目前制药、医疗器械以及信息服务行业均有企业参与慢病管理，与制药、医疗器械企业相比，大型流通企业拥有更强的渠道和终端控制能力；考虑到互联网只是慢病管理的技术支撑，流通企业相较于信息服务企业掌握更核心的药品资源，概言之，流通企业参与慢病管理具有一定优势。

四　医药商业、工业转型发展的治本之策

诚然，医保支付改革以及医药分开综合改革等为流通行业的转型发展提供了机会，医药商业的发展又必然以医药工业的发展为前提，然而，目前国内畸形的终端市场并不支持国内高质量药品的研发，因此医药流通行业转型发展的根本在于改变畸形的终端市场，即理顺医疗、医药补偿机制，打破公立医疗机

构的行政垄断。

概言之，需要进行盘活存量、做大增量的医疗服务供方改革，并营造充分竞争的市场环境。存量改革主要是公立医疗机构去行政化。取消公立医疗机构的行政级别，消除事业单位编制或者进行事业单位分类管理改革，推进公立医院法人化治理；让医生由单位人转变为社会人，医院全员签订聘用合同，允许医生自由流动。然而，过去多年公立医院去行政化改革进展很慢，但是中国的医保、医药产业发展均到了关键节点，因此需要寻找爬坡过坎的新动力，可行的策略可能是增量改革。信息技术下的“互联网 + 医疗”提供了一个难得的契机，将这一机会用足，中国医疗和医药产业均会大概率实现弯道超车，具体建议如下。

第一，取消非公立医疗机构区域卫生规划，放开包括诊所、门诊部在内的小型医疗机构的举办权，符合资质的医生均可举办医疗机构和开展互联网医疗，无须卫生部门的前置审批，实施备案制并动态监管。此举意在分流公立医院的门、急诊业务，从而分流其处方和处方药零售。

第二，完全放开处方药网上销售，患者网上购买医保目录内药品纳入医保支付。实际上，放开处方药网上销售的政策，2014 年就已经通过国家食药监总局、国家发改委和商务部三部委（局）会签，并且列入国务院该年度出台政策计划，后因人事调整而意外搁置。现在应该借鼓励互联网医疗契机将这一政策落地。当然实施阶段，可由放开慢性病、常见病处方逐渐过渡到完全放开。

第三，对于开展互联网诊疗和网上开具处方的医生，鼓励医保部门探索向医生个人支付诊疗费的办法，引导医生自发放弃以大处方获取药品回扣收入的行为，引导药企放弃“高定价、大回扣”的畸形药品销售模式，进而转向比拼疗效、质量和低价的良性竞争模式。

第四，借助互联网医疗大发展的战略机遇期，搭建医疗基础信息平台，至少需要实现医保统筹区内医疗信息的互联共享，同时建立和完善医疗数据的标准化体系。

B.4
2017年药品流通行业改革与创新发展综述

温再兴*

摘　要： 2017年，全国药品流通行业在国务院出台的深化医改文件和进一步改革完善药品生产流通使用政策的实施意见指导下，加快改革步伐，促进行业结构调整，向大健康产业方向创新发展，取得了一定的成效。本文回顾总结了药品流通行业在2017年发展取得的主要成绩。

关键词： 药品流通行业　创新　大健康产业

2017年，全国药品流通行业在国家《"十三五"期间深化医药卫生体制改革规划》《国务院办公厅关于进一步改革完善药品生产流通使用政策的若干意见》，以及商务部发布的《全国药品流通行业发展规划（2016～2020年）》等纲领性政策文件的指导下，各项改革措施全面推行，有力地促进了药品流通行业创新发展，取得了显著的成果，主要表现在以下几个方面。

一　深化医改的新政策促进药品流通行业健康发展

2017年医改开始进入攻坚的关键阶段。政府出台了诸多医疗和药品生产流通改革政策，这些政策对药品流通行业的发展产生了深刻的影响。随着各项

* 温再兴，中国药品监管研究会药品流通监管专业委副主任委员，清华大学老科协医疗健康研究中心特聘教授，商务部市场秩序司原巡视员。

改革举措的全面推行，药品流通行业发展模式加速转型，业态重组持续推进，批零一体化发展逐渐成为主流。

2017 年初，国务院办公厅印发《深化医药卫生体制改革 2017 年重点工作任务》，明确全年的医改工作要围绕“十三五”医改规划提出的重点任务来部署，主要有：所有公立医院全部取消药品加成；分级诊疗试点和家庭医生签约服务将扩大到 85% 以上的地市；推进医疗联合体建设；推进按病种收费，到年底所有城市不少于 100 个病种。公立医院综合改革试点城市推行的“两票制”，将在 2018 年继续推进。

2017 年 1 月，国家卫计委发布《印发关于在公立医疗机构药品采购中推行“两票制”的实施意见（试行）的通知》，明确公立医疗机构药品采购中逐步推行“两票制”，鼓励其他医疗机构药品采购中推行“两票制”，争取到 2018 年在全国全面推开。

“两票制”是指药品生产企业到流通企业开具一次发票，流通企业到医疗机构开具一次发票。推行这个政策的目的是减少药品流通环节，以降低药价。截至 2017 年底，大多数省、自治区、直辖市都发布了关于开展药品采购“两票制”实施方案。“两票制”的实施将带来药品流通行业的“大洗牌”，由于“两票制”压缩了药品流通环节，有利于进一步淘汰不合规的小企业，提高行业的集中度，一些拥有终端医院资源和上游产品资源的大型医药企业更具竞争优势，分销网络不断扩大，销量明显增加。如据华润医药 2017 年年报显示（港币口径），该公司收入同比增长 10.1%，毛利率 16.4%，均高于行业平均增速。

2017 年 5 月，国务院办公厅印发《关于支持社会力量提供多层次多样化医疗服务的意见》，对个体诊所设置不受规划布局限制。在鼓励社会办医政策引导下，政府部门放宽对诊所和中医诊所的开办。2017 年 11 月 15 日，国家卫计委正式公布了《中医诊所备案管理暂行办法》，并于 12 月 1 日起施行。开办只提供中医药服务的中医诊所由审批制正式改为备案制。

政策的不断放开，促使有条件的药品流通企业陆续开办药店诊所或中（国）医馆。如国大药房已拥有 22 家药店诊所，同仁堂拥有约 300 家中医馆。另据有关机构不完全统计，其他登记在案的中医馆总数近 400 家，其中分布最多的区域分别是重庆、广东、四川等地。诊所和中医馆的开办有助于药店吸引

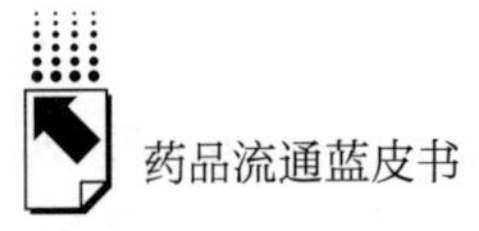

客流量，提高客单价及到店频次，可为患者和消费者提供便捷、高性价比的诊疗服务和相关的养生保健服务，未来可发展为分级诊疗和慢病管理、健康服务的重要载体之一。

二　落实各项改革政策，推动药品流通行业结构调整

2017 年 1 月 24 日颁布的《国务院办公厅关于进一步改革完善药品生产流通使用政策的若干意见》，提出了不少具体和可操作的措施及要求，对于加快药品流通行业结构调整、转型升级发展起到了重要的促进作用，带来了行业的新一轮变革。

文件要求打破医药产品市场分割、地方保护，推动药品流通企业跨地区、跨所有制兼并重组，培育大型现代药品流通骨干企业。整合药品仓储和运输资源，实现多仓协同，支持药品流通企业跨区域配送，加快形成以大型骨干企业为主体、中小型企业为补充的城乡药品流通网络。

在文件精神引导下，一些大型药品流通企业加快跨地区兼并重组，做大做强，并向现代医药智慧物流、绿色物流方向发展，医药供应链管理服务不断升级。例如，2017 年上半年华润医药营销网络覆盖 27 个省份，比上年增加 4 个。2017 年 11 月，上海医药集团以 5.76 亿美元收购康德乐中国，其资产包括外企进口药的全国总经销协议、近 15 万平方米的仓库和 30 余家 DTP 药房。

鉴于全国药品批发企业仍然处于多、散、小的状况，2017 年各级地方政府部门积极落实国务院办公厅文件精神，出台具体政策鼓励大中型药品批发企业做大做强，推动中小批发企业向专业化转型发展。如河南、安徽等省食药监局发布相关文件，对全国百强药批或年纳税额 1000 万元及以上的有实力的药品流通企业予以支持，或可在该省设立分公司；或在企业重组时，可以在原址或迁址进行新建、改建、扩建；或可多仓协同，共用药品成品仓库等。支持单体药店加入药品零售连锁企业，零售连锁企业可不设仓库，委托 1～2 家药批为其提供存储和门店配送业务。此外，一些省市鼓励中小型药品批发企业向专业配送、专业化经营模式转型，与专业化经营无关的经营范围，要求企业主动申请注销。

三　加快资源整合，推动第三方医药物流发展

商务部印发的《全国药品流通行业发展规划（2016～2020年）》提出，要构建遍及城乡的流通网络。

国家和地方层面都鼓励社会物流进入药品配送领域，快递龙头企业包括中国邮政、顺丰、UPS等已在药品物流行业布局，邮政已经进入宁夏、内蒙古等多个省份药品配送市场。一些地方药品批发企业还与邮政企业开展合作，利用邮政的车辆，解决药品基层和偏远地区的配送问题。

2016年2月，国务院印发《关于第二批取消152项中央指定地方实施行政审批事项的决定》（国发〔2016〕9号），取消了从事第三方药品物流业务批准等7项中央指定地方实施的食品药品行政审批事项。但各地理解和执行不一，有的地方暂停了企业从事药品第三方物流业务的备案工作。但随着推行"两票制"的影响，一些省份就放宽第三方物流在2017年出台了相关征求意见稿。据悉，目前全国已经取得了省级药监局"药品三方物流"批复件的社会物流企业有30多家，第三方物流进入医药物流领域的步伐在加快。

2017年10月，京东物流与陕西怡康医药合作，在西安共同打造"医药云仓"。怡康医药的连锁门店近1000家，业务覆盖医药零售、医药电商、医药物流三大板块，药品配送覆盖全省107个县。京东主要提供整套系统化的医药供应链解决方案，涵盖仓储、运输、配送等各个环节。怡康多年来依靠自有车辆给零售药店配货，补货时间需2～3天，与京东合作后可以做到补货一天两送，还降低了物流成本。

2017年2月7日，国务院办公厅印发《国务院办公厅关于进一步加强疫苗流通和预防接种管理工作的意见》（以下简称《意见》），明确提出"疫苗生产企业可采取'干线运输+区域仓储+区域配送'的分段接力方式配送疫苗，干线运输可委托专业冷链运输企业，区域仓储和区域配送可委托具备冷链储运条件的配送企业。这项政策给具有冷链物流实力的第三方物流企业进入医药物流领域带来很大商机。如顺丰医药供应链有限公司目前拥有冷藏车辆227辆，仓储面积27666平方米，下设4个子公司。顺丰医药干线运输网络覆盖全国26个主要城市，支线配送覆盖26个主要城市周边200公里范围区域。

四　推进医药分开多种形式承接医院处方外流

近两年国家加大推行医药分开的力度，特别是取消药品加成、医保控费、降低药占比、“两票制”等政策的实施，都促使医院的药品、医院处方外流，这对药品零售行业是利好消息。如处方外流成为趋势，将释放千亿元级的市场。2017 年 1 月 24 日颁布的《国务院办公厅关于进一步改革完善药品生产流通使用政策的若干意见》指出，“推进医药分开。医疗机构应按药品通用名开具处方，并主动向患者提供处方。门诊患者可以自主选择在医疗机构或零售药店购药，医疗机构不得限制门诊患者凭处方到零售药店购药。具备条件的可探索将门诊药房从医疗机构剥离”。其中，“具备条件的可探索将门诊药房从医疗机构剥离”，这是首次在国务院文件中提出的重大改革措施，为实现医药分业、切断医疗机构利益链条提供了政策的依据，具有开创性意义。文件还提出“探索医疗机构处方信息、医保结算信息与药品零售消费信息互联互通、实时共享”。这是为医院处方外流创造必要的互联网信息联通条件。

2017 年 2 月，国家卫计委发布《电子病历应用管理规范（试行）》，被视为政府推动医药分开和电子处方外流的重大举措。同年 11 月，商务部市场秩序司会同国家食品药品监督管理总局药化监管司起草了《关于推进零售药店分类分级管理的指导意见（征求意见稿）》，对药店服务能力的分类分级，也可视作为零售药店承接医院处方外流设立相关资质条件。一些地方政府和相关部门开始发文落实国务院改革精神，如安徽省政府于 2017 年 11 月 22 日公布的《关于进一步改革完善药品生产流通使用政策的实施意见》，以及之后的安徽食药监局发布的《关于推动药品流通企业转型升级创新发展的指导意见》，都提出鼓励有条件的零售连锁企业承接医院、社区等医疗机构药房服务。

目前，门诊药房从医疗机构剥离的案例不多，比较典型的是 2017 年 2 月广州妇女儿童中心医院的门诊药房剥离，由广州医药大众医药妇儿中心店承接。近两年，一些地方对处方自由流动积极进行了多种形式的探索，包括药房托管、DTP 药房、互联网 + 医药新零售模式、院外处方流转平台等，其中 DTP 模式较为引人关注。随着互联网的发展，互联网医疗合作模式和处方公共平台模式也成为医院处方外流的新渠道。

药房托管是基于公立医院取消药品加成后，门诊药房成为“成本中心”，一些医院为了减轻压力，通过契约形式，将药房的药品销售工作交给有实力的医药上市公司承接。有媒体初步统计，已有国药控股、华润医药、三九集团和康美药业等公司承接了数百家医院的药房托管。这种模式使医院获得了房屋租赁、利润分成等收入，不是真正意义的“医药分开”，应是一种过渡形式。

DTP 药房模式，即药店获得制药企业产品经销权，患者在医院获得处方后从药店直接购买药品并获得专业指导与服务的模式。DTP 药房模式的特点：产品以高毛利的专业药、新特药为主，提供专科药，如肿瘤、慢性病和罕见病等疾病用药，且多数属于自费药品；有专业的冷链配送服务和药事服务，可追踪病人用药情况和提供咨询服务。随着新医改的不断深化，高价药、原研药、辅助用药会逐渐流出院外，DTP 药房存在较好的发展机遇，受到一些有实力的医药企业重视。如国大药房在全国范围内拥有 45 家 DTP 药房。华润医药 DTP 药房达 81 家，覆盖 44 个城市。康德乐在 22 个城市布局 30 家 DTP 药房，拥有 150 名专业药师，活跃病人数最高达 30 万。平安证券提供的研报显示，目前国内 DTP 药房规模仍处于起步阶段，2016 年规模超过百亿元。到 2020 年 DTP 药房的市场空间约 6100 亿元。业内人士也普遍认为，DTP 模式可以满足患者、厂商、医院、流通企业四者的共同利益，是药品流通链的内生需求。对比 DTP 药房模式在美国的发展轨迹，专科药房将逐步兴起，药店将承接药事服务与慢病管理的职能。

此外，除互联网医院外，还有以下一些模式。一是通过与当地资源（政府部门、医疗机构等）共享合作，建立处方共享的平台，实现处方流出，即为社会药房试点处方外延模式。近两年，上海、成都、西安、海口、柳州等地都试点处方外流。据成都食药监局的数据，截至 2017 年 11 月，成都共有 4346 家药店参与电子处方试点工作，开具电子处方 504.3 万笔，未发生一例纠纷。2017 年 5 月，梧州百姓与梧州市红十字会医院启动处方信息共享平台，3 家药房开放 700 多种医院处方药品，并实现了医院、社保个人账户、药店三方信息的互联互通，实时共享，是比较成功的模式。二是通过药品零售企业与第三方医疗服务机构合作建立远程医师诊疗、电子处方应用平台，实现处方引流。如社区 580 平台已经与 6000 多家基层医疗机构（含卫生站）达成合作意向，有

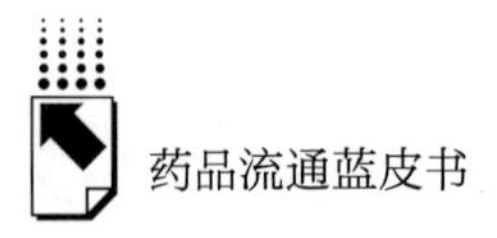

超过5万名家庭医生通过社区580平台向居民提供服务，服务覆盖居民达8000多万。同时，580社区的家庭医生等功能还可以提供零售药店所缺乏的专业服务和用药指导。

五　社会资本大举进入药品流通领域参与兼并重组

“十二五”时期，药品零售连锁率从2010年的33%提高至46%。商务部制定的药品流通行业“十三五”规划提出，药品零售百强企业年销售额要占药品零售市场总额的40%以上，药品零售连锁率在50%以上。目前，一些药品零售企业资本运作能力在不断提升。2017年7月31日，广东大参林医药集团股份有限公司正式在上交所A股主板挂牌上市。大参林公开发行新股4001万股，发行市盈率为22.99倍，募集资金总额9.89亿元，其中将有8亿元用于医药连锁营销网络建设，3年内拟新增1311家门店，分布在广东、广西、河南、浙江、江西和福建六省。

2017年，上市的一心堂、益丰、老百姓、大参林等药品零售连锁企业加快跨区域并购，仅上半年，四大企业已花费3.3亿元并购或控股298家药店，与上年同期相比，这四家业务均实现接近20%的增长。此外，山东漱玉平民、山东立健、甘肃众友、云南健之佳、河北新兴、湖南怀仁等药品连锁企业也加快了引进资本及IPO的进程。一些中小药品零售连锁企业相继登陆新三板。可见，近年来，资本市场持续看好药品零售企业，药品零售连锁企业的集中度将得到进一步提升。

最近几年，大举进入连锁药店重组市场的资本有多个资本体系。例如，全亿健康是2016年才成立的初创企业，就已获得弘毅投资领投、基石资本追投的数十亿元B轮融资，并展开新一轮大规模并购。2017年连续收购并整合了廊坊百和一笑堂、南通济生堂，以及四川巴中怡和药业、成都芙蓉大药房、宜宾天天康、成都乐源堂、成都宁丰堂等5家连锁药店，在一年半的时间里经历了从0增加到2000多家药店，营业额达60亿元。

随着各种资本的快速而强有力的注入，连锁药店的集中度将较快获得大幅度提升，逐步形成全国性连锁企业、省级龙头医药连锁企业、地区龙头企业三大格局。例如，国大药房已在全国19个省、自治区、直辖市建立了28家区域连锁公司，覆盖全国近70个城市，拥有3000余家零售药店，全国员工近2万名。2017年11月，国大药房40%股权拟被Walgreens Boots Alliance认购，增资27.67亿元，已收到上海联合产权交易所《增资结果通知》。国大获得注资后，并购必将提速，成为最大的全国药品零售连锁企业。

与此同时，加盟模式也开始盛行，一些大型药品零售连锁企业包括上市公司纷纷通过加盟形式实现规模化、集约化发展。如益丰大药房截至2017年9月已有加盟店90家；老百姓旗下的加盟品牌“老百姓健康药房”也在两年内发展到300多家。湖南的养天和大药房通过十年的发展，总门店数超过1000家，其中加盟店有700余家。

六 “互联网+药品流通”推动医药电商持续发展

2017年1月24日颁布的《国务院办公厅关于进一步改革完善药品生产流通使用政策的若干意见》指出，“引导‘互联网+药品流通’规范发展，支持药品流通企业与互联网企业加强合作，推进线上线下融合发展，培育新兴业态。规范零售药店互联网零售服务，推广‘网订店取’、‘网订店送’等新型配送方式”。2017年国家取消了网络售药A证、B证和C证的审批，医药电商特别是网上药店的准入放宽，仅在2017年第一季度，就新增《互联网药品交易服务资格证》54个，拥有电商运营资质的企业总数达到921家，再创行业新高。2017年以来，针对医药电商的投资仍然热火，如未名企鹅宣布数千万A轮融资、七乐康布局“互联网医疗综合体”并获融资、药师帮完成1.1亿元人民币融资。四大上市药品零售连锁企业均将医药电商发展列为重要工作。如一心堂和大参林均推出了各自的手机客户端APP，并参与第三方平台的推广与销售。大参林上半年完成了官网APP的改版与提升，整体上实现线上线下促销一致。

医药电商目前的主要模式有B2B、B2C、O2O、B2G等。据商务部不完全统计，医药电商直报企业销售年均增长速度超过15%，2017年销售总额736亿元（不含A证），其中B2B占94.1%，平均费用率12.6%，目前仍然处于亏损状态。但资本依然看好医药B2B的发展，2017年12月致力于打造服务医药全产业链的“S2B2C”平台的融贯电商公司完成C1轮5亿元人民币融资。

医药 B2C 方面，由于网上零售药店不得销售、展示处方药，今后还需配备执业药师，目前以 OTC 产品、保健品和部分家用医疗器械为主，这在很大程度上影响了其市场规模的增长，实现盈利也比较困难。网上药店在过去六年中实现 130% 的年均增速，随着网上药店准入的放开，有更多的药品零售企业涉足，预计未来几年内还将保持约 50% 以上的年均增长。据了解，一些中小连锁药店通过网上开店获得比线下店更好的业绩，发展也较快，主要是因为网店节省了房屋租赁及人工费用。

医药 O2O 方面，就“网订店送（取）”而言，单个的药品零售企业很难操作，主要是一些跨界企业在投资，如快方、叮当、送药 360 等，按类似外卖、团购的模式开展，但因药品的来源不畅、配送成本较高、盈利较难，大多还处于烧钱阶段。

就医药电商发展现状看，业务模式仍然处于探索阶段，但从长远来看，如果各项医改政策进一步落地，医药电商未来发展空间还是很大的。

七　零售药店适应新零售趋势，探索健康服务新模式

近两年，我国出现体验经济和新消费趋势。体验经济作为一种全新的经济形态，打破了过往线下商业实体以销售为核心目标的经营理念。这是未来商业模式的发展趋势，孕育着消费方式及生产方式的重大变革。在这样的趋势下，2017 年，药品流通领域也出现以消费者体验为中心的健康咨询、用药指导、慢病管理、数据检测、辅助诊断等专业药事服务等“新零售”模式。比如，蓝信康与金象大药房、医保全新等多家连锁合作，免费给患者测血压和血糖，同时患者也可以安装 APP，获得疾病预防、管理和用药信息。再如，一些药房还打造场景营销，根据消费者特性设置展示区、体验区、服务区、休闲区等。一些中医馆还与健康城融合，把中医文化展示、诊疗、特色体检、保健推拿、健康旅游等延伸服务结合起来。可以预料，适应消费升级的体验式场景营销新零售模式将逐渐改变零售药店的传统陈旧模式，进一步提升药店自我药疗和健康服务的水平。

此外，随着大数据、云计算、人工智能等信息技术的发展，一些药品零售连锁企业开始打造智慧药房，人工智能的应用也开始引入药店，服务于药品销

售、药事服务和会员管理等。康美药业是最早试水智慧药房的企业，2015 年与广东中医院合作开展中药饮片代煎及药品配送服务。之后，腾讯推出“微信智慧药店”，目前很多药店都是应用微信的工具服务会员企业，以期增加销量。2017 年下半年，仁和药业的叮当快药宣布全面启动 AI（人工智能）新零售实验。由其自主研发的“叮当大白”AI 机器人与乌镇互联网在线医生接通，可进行常见病远程问诊，开具电子处方，并在其智慧药房内的自助售药机上完成购药。而由北京药世界发展有限公司推出的“药师小乔”，则是一款集语音交互、症状分析、推荐用药、售后服务、自主学习于一体的药房定制化智能机器人，目前，已进入不少药房。患者点击该款机器人前部的触控屏，可以选择常见病和慢性病症状，之后，“药师小乔”会根据患者选择的症状推荐用药，可打印药方和扫码付款。整个购药流程在 3～5 分钟，与人工服务体验相差无几，这是可代替人工导购的药房辅助机器人。

B.5
2017 ~2018年新医改的进展与展望

房莉杰*

摘　要： 从2017年国家出台的医改文件来看，主要是延续2016年的工作思路，继续推进更加系统化的改革。药品制度改革、医联体建设、公立医院改革、医保支付制度改革是2017年的四个重点，而这四项改革又是彼此密切相关的。在下一步的医改中能否取得实质性进展，很大程度上取决于“三医联动”中的“医保”能否起到规范医疗机构行为和控制药品价格的基础性作用。而2018年3月的新一轮机构改革恰是在这一方向上的努力——新组建的“国家医疗保障局”将大大提高医保的作用，新的“国家卫生健康委员会”承担协调推进“大健康”战略的角色，以及取消医改办，医改由“运动式”改为“常态化”。

关键词： 三医联动　医联体　公立医院　“两票制”

一　2017年医疗卫生资源和服务情况①

在2016年《社会蓝皮书》的“医疗卫生事业发展报告”中呈现的2015年度的数据显示，个人卫生费用的上涨幅度低于城乡居民人均纯收入的涨幅，个人卫生费用占卫生总费用的比例降到了30%以下，“看病贵”问题有所缓

---

* 房莉杰，社会学博士，中国社会科学院社会学研究所副研究员，社会政策室副主任。

① 本文数据如无特殊说明，均来自历年《中国卫生统计年鉴》，以及《2017中国卫生和计划生育统计提要》。

解；但是与此同时，基层医疗机构服务量的上涨幅度仍然低于医院的涨幅，大医院依旧人满为患、一床难求。从 2016～2017 年的数据看，这一趋势依然没有明显改观。

从服务情况看，如表 1 中 2017 年上半年的情况所示，首先，从医院和基层医疗机构的对比情况看，医院的服务量涨幅仍然高于基层医疗机构，尤其是基层医疗机构门诊服务未增长，说明“首诊在基层”的目标仍未趋近；其次，按医院等级来看，三级医院的服务涨幅明显高于一、二级医院，门诊服务尤其如此，也就是说大医院虹吸病人的情况依然存在，而二级医院的服务量涨幅最小，说明专科和康复医院的服务上涨有限，但是这跟我国老龄化的服务需求是相悖的，应该予以重视；最后，从基层医疗机构的内部情况看，农村机构的门诊服务下降，而城市机构的住院服务下降，这暗示农村居民的就医可及性有可能在下降。

表 1　2017 年上半年全国医疗卫生机构医疗服务量

项目	诊疗人次数(万人次)		诊疗人次增长(%)	出院人数(万人)		出院人数增长(%)
	2016 年 1～6 月	2017 年 1～6 月		2016 年 1～6 月	2017 年 1～6 月	
医疗机构合计	384569.5	391698.5	1.9	10878.5	11474.1	5.5
医院	156870.4	163468.0	4.2	8379.4	8932.7	6.6
按医院等级分						
三级医院	76306.6	80991.8	6.1	3565.3	3915.9	9.8
二级医院	60313.2	61787.3	2.4	3755.6	3878.9	3.3
一级医院	10052.3	10452.9	4.0	473.4	517.2	9.2
未定级医院	10198.3	10236.0	0.4	584.7	620.7	6.2
基层医疗机构	213877.6	213786.5	0.0	2019.1	2032.8	0.7
社区卫生服务中心	32925.9	34215.9	3.9	170.2	157.8	-7.3
乡镇卫生院	50993.2	50371.5	-1.2	1830.4	1848.5	1.0
诊所(医务室)	29600	30520.0	3.1	—	—	—
村卫生室	94990	92590.0	-2.5	—	—	—
其他机构	13821.5	14444.0	4.5	480.0	508.7	6.0

资料来源：《2017 年 1～6 月全国医疗服务情况》，http：//www.nhfpc.gov.cn/mohwsbwstjxxzx/s7967/201708/d3e339644e394863ac6511bea41c7456.shtml，2017 年 8 月。

从卫生总费用情况看，2016 年个人卫生支出占卫生总费用的比例略有下降，从 2015 年的 29.2% 下降到 2016 年的 28.9%；从 2015 年到 2016 年，个人卫生支出的涨幅为 10.5%，而根据《中华人民共和国 2016 年国民经济和社会发展统计公报》的数据，2016 年城乡居民人均纯收入的涨幅为 8.4%，略低于个人卫生支出的涨幅。因此，至少在 2016 年度，“看病贵”问题并没有缓解。

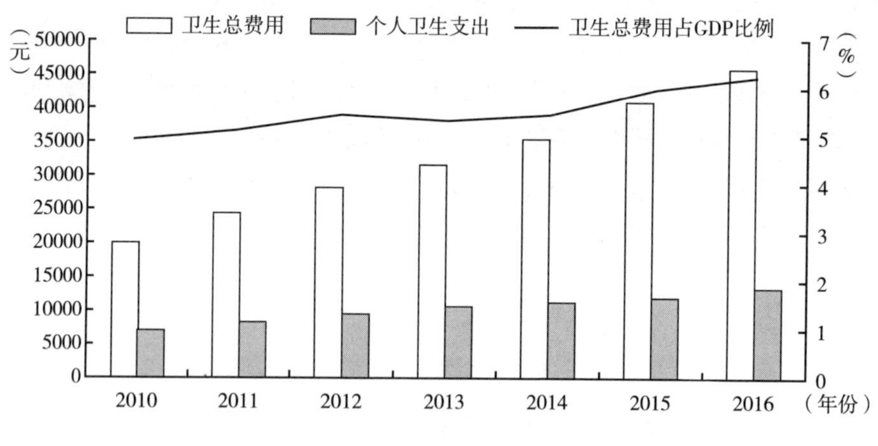

图 1　卫生总费用

从医疗机构的费用情况看，公立医院机构的药品费用占比持续下降，下降幅度与往年差异不大；而基层医疗机构的药品费用占比没有太大变化，这一趋势跟过去三年的情况也是比较一致的。

表 2　公立医院服务费用情况

单位：元，%

年份	次均门诊费用		人均住院费用	
	费用额	药费占比	费用额	药费占比
2010	167.3	48.5	6415.9	43.4
2011	180.2	51.5	6909.9	42.2
2012	193.4	51.3	7325.1	41.3
2013	207.9	50.2	7860.2	39.7
2014	221.6	49.3	8290.5	38.4
2015	235.2	48.3	8833.0	36.9
2016	246.5	46.7	9229.7	34.6

表3　基层医疗机构服务费用情况

单位：元，%

年份	社区卫生服务中心				乡镇卫生院			
	次均门诊费	药费占比	人均住院费	药费占比	次均门诊费	药费占比	人均住院费	药费占比
2010	82.8	70.9	2357.6	49.3	47.5	60.4	1004.6	52.9
2011	81.5	67.4	2315.1	45.8	47.5	53.3	1051.3	46.8
2012	84.6	69.1	2417.9	46.5	49.2	54.8	1140.7	48.2
2013	86.5	68.7	2482.7	45.5	52.7	54.5	1267.0	46.8
2014	92.3	68.7	2635.2	44.1	56.9	54.3	1382.9	45.8
2015	97.7	68.9	2760.6	43.1	60.1	54.2	1487.4	45.4
2016	107.2	69.6	2872.4	41.8	63.0	54.8	1616.8	44.0

从历年药品费用情况看，2015年药品费用占历年卫生总费用的比例较2014年略有下降。再从药品费用的构成情况看，尽管医疗机构的药品费用占卫生总费用的比例有所下降，但是药品零售店的费用有明显上升，这跟卫生机构“医药分开”为方向的改革相关，表明医生开药的动力下降，患者有更多的选择；不过也有可能存在医疗机构药品减少、满足不了需求的情况。但是值得注意的是，跟其他数据相比，关于药品费用的统计数据存在一定滞后性，其他数据反映的是2016年的改革情况，而最新的药品费用数据只到2015年，并不反映最新医改进展。尤其是2016年开始的公立医院“腾空间、调结构、保衔接”的改革路径，其效果如何，并没有药品费用的数据予以证明。

表4　药品费用情况

年份	2010	2011	2012	2013	2014	2015
药品总费用(亿元)	8835.9	9826.2	11860.5	13307.7	13925.0	16166.3
人均药品费用(元)	658.9	729.3	875.9	978.0	1018.0	1176.1
药品费用占卫生总费用比例(%)	41.6	38.4	40.4	39.8	37.8	37.7

二　2017年中央层面的改革进展

2016年底，中共中央办公厅、国务院办公厅转发《国务院深化医药卫生

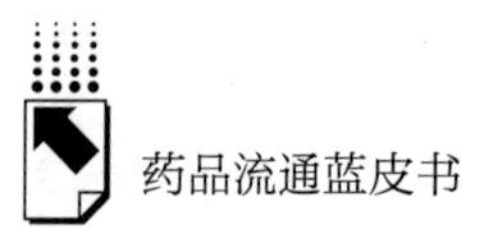

体制改革领导小组关于进一步推广深化医药卫生体制改革经验的若干意见》。该文件可以被认为是继2009年新医改启动以来，中共中央、国务院第二次重量级的表态，因此也意味着医改翻开了新的篇章。其核心内容是强调医疗、医保、医药“三医”联动工作机制，即系统性的改革。

在上述文件的整体规划下，2017年，国务院办公厅先后下发了四个文件，以推动四项重点工作的开展。这四个文件分别是《关于进一步改革完善药品生产流通使用政策的若干意见》《关于推进医疗联合体建设和发展的指导意见》《关于建立现代医院管理制度的指导意见》《关于进一步深化基本医疗保险支付方式改革的指导意见》。

在完善药品生产流通使用方面，作为“腾空间、调结构、保衔接”和“三医联动”的基础性环节，这部分改革是在2017年最先强调的。国务院办公厅的文件再次强调了“两票制”改革，要求公立医院试点城市全部实施两票制，争取到2018年在全国推开；同时强调，“严格控制医药费用不合理增长”，重申了“将医药费用控制情况与公立医院财政补助、评先评优、绩效工资核定、院长评聘等挂钩”；要求“强化医保规范行为和控制费用的作用，……坚持医疗、医保、医药联动，统筹推进取消药品加成、调整医疗服务价格、鼓励到零售药店购药等改革”。

在医联体建设方面，工作目标是，到“2017年，基本搭建医联体制度框架，全面启动多种形式的医联体建设试点，……到2020年，在总结试点经验的基础上，全面推进医联体建设，形成较为完善的医联体政策体系”。在以往的相关文件中，主要关注医联体在提高基层能力建设方面的作用，而2017年国务院办公厅的文件则更多强调制度层面的落实，其中不乏对原有问题的回应和修正。比如，要求“进一步发挥医保经济杠杆作用”、“完善人员保障和激励机制”，以及“建立与医联体相适应的绩效考核机制”。

在公立医院改革方面，2017年公立医院改革全面推开。根据文件要求，所有地市出台城市公立医院综合改革实施方案；全面推开公立医院综合改革，所有公立医院全部取消药品加成（中药饮片除外）；公立医院医疗费用平均增长幅度控制在10%以内；前4批试点城市公立医院药占比（不含中药饮片）总体下降到30%左右；前4批试点城市公立医院百元医疗收入（不含药品收入）中消耗的卫生材料降到20元以下；前4批试点城市实行按病种收付费的病种不少于100个；县级公立医院医疗服务收入（不含药品、耗材、检查、化验收入）占业务收入比重提升。

在医保支付方式改革方面，主要讨论医保如何发挥其调节医疗机构行为、引导医疗服务资源合理配置的杠杆作用。之前的改革在很大程度上以行政命令推动，但是在2017年国务院办公厅的文件中，认识到医保可以“激发医疗机构规范行为、控制成本、合理收治和转诊患者的内生动力”。文件中针对不同医疗服务特点，要求实行多元复合式医保支付方式，以有效规范不同医疗机构的诊疗行为。同时也在医疗服务资源配置中发挥工具作用：“结合分级诊疗模式和家庭医生签约服务制度建设，引导参保人员优先到基层首诊，……将符合规定的家庭医生签约服务费纳入医保支付范围”。

三　2017年地方层面的创新性实践

除了中央层面的改革进展，地方上也有诸多创新实践。正如笔者在2016年的医改报告中所述，从中央的文件中可以看到各项改革目标被指标化，体现了强力推动医改的决心。这些行政化指标是地方医改的外部压力，而解决医改过程中出现的问题、持续性推动医改则是地方政府的内在动力，在这种双重作用下，可以看到地方医改有许多颇具创新性的举措。跟中央层面的改革逻辑类似，这些创新实践既是对原有改革中出现的问题的修正，也在整体上探索如何系统性推进。

由于基层医疗机构过于行政化的薪酬和人事管理，其医务人员的服务动力不足是新医改以来一直存在的问题，从历年数据可以看出，基层医疗机构的服务量增长速度低于医院。在“首诊在基层”的指标压力和缓解大医院“看病难”的内在动力下，很多地区都开始探索基层医疗机构的绩效改革。比如，成都武侯区改革基层人事管理制度，不再以事业单位编制去管理人员，社区卫生机构落实独立法人地位，目前事业单位编制的社区医务人员只占18.08%，而社会聘用人员占81.92%，这样就建立了“能进能出”的灵活的用人制度。与此同时，改革绩效工资制度，岗位绩效工资占总收入的60%，根据医务人员的服务数量、服务质量、服务满意度等建立综合绩效评价指标。目前，不同机构之间的收入水平差距超过20%，这种分配制度可以有效调动基层医务人员的积极性。

医联体的探索也是重点之一。正如笔者在2015年《社会蓝皮书》中所言，当时南方某市对医联体的各种尝试颇具代表性，但是彼时其他地区也没有实质性的创新案例。但是在过去的两年，尤其是在依托医保金方面，出现了一些值得关注的案例。其中比较典型的是深圳罗湖和安徽天长的案例。这两个案例的共同性都在于，在区域内将不同级别的医疗机构打包建立医疗集团，按照服务区域的人口数由医保总额预付，医保金的结余可以用于绩效奖励。而罗湖与天长的不同在于，罗湖采取的是将整个区的所有医疗机构打包成一个医疗集团的方式，而天长采取的是以县医院、县中医院、一个民营医院分别牵头组建为三个医疗集团的方式，三个医疗集团可以互相竞争。依托医保金，可以激发医疗集团的经营者有效节约资源，这样自上而下的转诊、更多利用成本更低的基层医疗机构以及控制大处方和过度医疗就有了内在动力。目前这两个地区试点时间并不长，还没有足够的数据评估其结果。尽管从逻辑上看是可圈可点的创新经验，但在推广上仍存在问题与风险。比如，罗湖区域内只有一个医疗集团，这种医疗服务的垄断会否形成跟医保部门相抗衡的力量？而天长尽管有三个医疗集团，可以形成竞争，但是对于中国中西部绝大部分地区来说，县域内的医疗机构是否足够形成两个以上的医疗集团？

除了创新性案例之外，在行政目标的压力下，部分地区的行为也可能出现异化。比如，笔者在调查中发现，2017年要求试点地区公立医院的药占比要降到30%以下，但是有些地区的药品单价都没有实质性下降，因此公立医院只能通过少开药的方式降低药占比。这一方面当然可以使过度用药的问题有所缓解，但是另一方面，也出现让病人拿处方去药店买药的情况。

四　总结

2016年的数据主要反映的是2016年的改革实施情况。如上一个年度的报告中笔者提到的，2016年新医改的重点内容是“分级诊疗”和“公立医院综合改革”。其中“分级诊疗”是2015年政策的延续和强化，旨在将更多患者吸引到基层就诊；而“公立医院改革”是在2015年的药物制度改革之后的强化，其目标是实现“腾笼换鸟”。再与过去几年的更长时间相比，上述两项重点改革内容，在2016年都更明确和具体，各项实施路径、量化的目标，以及严格的考核规定都凸显了对改革的强力推动。然而，从2016年数据情况看，基层医疗机构的服务情况并没有明显改善，而尽管公立医院的药占比有所降低，但是降幅有限。

从2017年的文件来看，主要是延续了2016年的工作思路，继续推进更加系统化的改革。药品制度改革、医联体建设、公立医院改革、医保支付制度改革是2017年的四个重点，而这四项改革又是彼此密切相关的，从每个文件中都可以看出跟其他改革的关联。这些都意味着，新医改在系统性改革的路径上进一步推进。

2016年是系统性改革推进的第一年，从数据上看变化不大，在2017年虽有进一步细化和推进，但是两项基础性改革的效果仍不甚理想。一是药品制度改革方面，尽管2017年有对“两票制”的强调，但是除了福建等少数地区之外，药品单价的下降并不明显；二是基层医疗机构改革方面，2017年的创新经验主要出现在地方层面，如上述提到的基层医疗机构的绩效改革和医疗集团建设，尽管这些改革在方向上值得肯定，但是并没有达到可以全面地总结和推广的程度。因此可以预见2017年的数据不会有太大变化。

总之，新医改仍在不断试错中，在接下来的系统性推进中，能否取得实质性进展，很大程度上取决于“三医联动”中的“医保”能否起到规范医疗机构行为和控制药品价格的基础性作用。

2018年十三届全国人民代表大会第一次会议通过了《国务院机构改革方案》，提出组建“国家卫生健康委员会”，不再保留国家卫生和计划生育委员会，不再设立国务院深化医药卫生体制改革领导小组办公室；全国老龄工作委员会的日常工作由民政部转交给新成立的国家卫生健康委员会承担，国家中医药管理局也由国家卫生健康委员会代管；将人力资源和社会保障部的城镇职工和城镇居民基本医疗保险、生育保险职责，原国家卫生和计划生育委员会的新型农村合作医疗职责，国家发改委的药品和医疗服务价格管理职责，民政部的医疗救助职责整合，组建“国家医疗保障局”，作为国务院直属机构。

这一改革对医疗卫生事业发展的意义在于：一是医改将由原来的重点领域改革变为常态化、专业化；二是强调“国家卫生健康委员会”的规划和协调

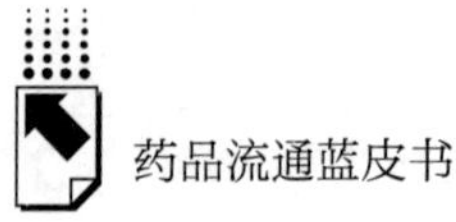

功能，以更有效地落实“健康中国 2030”战略；三是依托“国家医疗保障局”，现有的各项医疗保险制度将得到整合，再加上同时承担医疗服务价格管理的职责，这意味着对医疗卫生体系的治理手段，将由主要靠行政管控转向以医保为基础的“三医联动”；四是医疗救助功能也划归“国家医疗保障局”管理，意味着医疗保险和医疗救助的进一步整合，“健康扶贫”的效率有望提高。

B.6

2017年医药流通行业上市公司运行情况分析

李文明*

摘　要： 上市公司数据是反映行业发展情况的重要指标。本文深入研究24家医药流通行业上市公司公开披露的2017年年报资料，分析其收入增长、盈利能力、费用控制、资本运作和战略实施的情况，试图发现一些行业变迁的新趋势。

关键词： 上市公司　医药流通　运营能力

2017年中国经济运行总体平稳、稳中向好，GDP同比增长6.9%。经济活力、动力和潜力不断释放，稳定性、协调性和可持续性明显增强。中国经济已由高速增长阶段转向高质量发展阶段。

医药流通行业在推行"两票制"、医院控制药占比及零加成等政策的影响下，在业内外资本的推动下以及物联网、人工智能和大数据技术的驱动下，也在进行着深刻的结构调整和产业升级。由此带来了短期的阵痛和压力，突出表现为：分销企业增速同比下滑、在资本市场估值降低、资金压力进一步加大、零售企业竞争日趋激烈、并购成本升高等。

下面，笔者通过对24家医药流通行业上市公司2017年年报所公开披露的收入增长、盈利水平、费用控制以及资本运营等数据进行具体分析，揭示2017年国内医药流通行业上市公司的生存状况以及未来发展的一些趋势。

---

* 李文明，北京和君咨询有限公司合伙人，医药投资研究中心主任，中国医药商业协会副秘书长。

一　医药流通行业上市公司收入增长情况分析

从 24 家医药流通行业上市公司收入总和及增长情况来看，2017 年实现主营业务收入总和为9397 亿元，同比增长 10. 25%，与2016 年15. 06%的增速相比下滑明显。

从各家上市公司的收入规模来看，国药控股收入规模最大，达到 2777. 17 亿元，华润医药和上海医药分别以 1442. 21 亿元和 1308. 47 亿元位列第二和第三。

从各家上市公司的收入增速情况来看，海王生物增速最快，达到 83. 3%，其次是瑞康医药和嘉事堂，分别为 49. 14%和 29. 78%（见表 1）。

表 1　医药流通行业上市公司主营业务收入增长情况

单位：万元，%

序号	公司名称	股票代码	上市地点	2015 年主营业务收入	2016 年主营业务收入	同比增长	2017 年主营业务收入	同比增长
1	国药控股	01099	香港	22867293	25838769	12. 99	27771702	7. 48
2	华润医药	03320	香港	12279183	14017437	14. 16	14422139	11. 60
3	上海医药	601607 02607	上海/ 香港	10551659	12076466	14. 45	13084718	8. 35
4	九 州 通	600998	上海	4958925	6155684	24. 13	7394289	20. 12
5	国药一致	000028	深圳	3783059	4124843	9. 03	4126363	0. 04
6	国药股份	600511	上海	3173967	3461056	9. 05	3628475	4. 84
7	中国医药	600056	上海	2073039	2594571	25. 16	3010234	16. 02
8	华东医药	000963	深圳	2172738	2537967	16. 81	2783182	9. 66
9	南京医药	600713	上海	2481309	2672050	7. 69	2747345	2. 82
10	海王生物	000078	深圳	1111773	1360592	22. 38	2493964	83. 30
11	瑞康医药	002589	深圳	974996	1561867	60. 19	2329362	49. 14
12	英特集团	000411	深圳	1546644	1725733	11. 58	1890733	9. 56
13	嘉 事 堂	002462	深圳	819983	1097158	33. 80	1423890	29. 78
14	同 济 堂	600090	上海	794482	899657	13. 24	985535	9. 55
15	柳州医药	603368	上海	650766	755940	16. 16	944698	24. 97

续表

序号	公司名称	股票代码	上市地点	2015年主营业务收入	2016年主营业务收入	同比增长	2017年主营业务收入	同比增长
16	鹭燕医药	002788	深圳	662572	698288	5.39	833823	19.41
17	人民同泰	600829	上海	890932	900556	1.08	800888	-11.07
18	一 心 堂	002727	深圳	532115	624934	17.44	775114	24.03
19	老 百 姓	603883	上海	456848	609443	33.40	750143	23.09
20	大 参 林	603233	上海	526548	627372	19.15	742120	18.29
21	益丰药房	603939	上海	284552	373362	31.21	480725	28.76
22	浙江震元	000705	深圳	216528	244000	12.69	257792	5.65
23	第一医药	600833	上海	149096	151903	1.88	155615	2.44
24	华通医药	002758	深圳	121994	125798	3.12	136910	8.83
合计/平均				74081000	85235446	15.06	93969759	10.25

资料来源：上市公司年报，华润医药数据来自 Wind 和公司年报。

二　医药流通行业上市公司盈利情况分析

从盈利水平情况来看，2017 年 24 家医药流通行业上市公司的综合毛利率平均为 16.98%，与上年相比有所提升。

医药流通业主要有两种业态：分销（批发）和零售。盈利能力的差异主要是由业态组合的差异造成的。从上市公司的业务构成来看，零售业务毛利率较高，平均为 27.16%，分销业务毛利率较低，平均为 8.24%。分销又包括纯销、基药配送和调拨等，毛利率亦有所不同。受公立医疗机构药品采购推行“两票制”的影响，分销为主的上市公司的调拨业务增速普遍下滑，带动整个分销业务的增速下滑，由于调拨的毛利率较低，整个公司毛利率水平有所提升。在分销业务为主业的企业中，瑞康医药的毛利率最高，达到 18.41%，主要是因为瑞康医药整合了全国多个省份的医疗器械代理和配送业务，这类业务的较高毛利率提升了公司整个分销业务的毛利率水平。在零售为主业的企业中，一心堂和大参林的毛利率较高，超过或接近 40%，主要是由商品结构差异所造成的（见表 2）。

表2　医药流通行业上市公司业务构成及盈利能力情况

单位：%，万元

序号	公司名称	2017年综合毛利率	2016年综合毛利率	2017年分销业务收入	分销业务占比	分销业务毛利率	2017年零售业务收入	零售业务占比	零售业务毛利率
1	国药控股	8.31	8.00	26435223	95.19	—	1239221	4.46	—
2	华润医药	16.39	15.39	11855415	82.20	6.70	354724	2.46	17.50
3	上海医药	12.78	11.79	11614985	88.77	6.27	563970	4.31	16.69
4	九州通	8.44	7.84	7065561	95.55	7.81	187666	2.54	17.36
5	国药一致	10.77	11.15	3102297	75.18	5.51	989284	23.97	24.62
6	国药股份	7.81	7.07	3559103	98.09	7.14	—	—	—
7	中国医药	14.32	11.96	1992736	66.20	6.90	—	—	—
8	华东医药	26.12	24.27	2118993	76.14	7.43	—	—	—
9	南京医药	6.33	5.88	2610202	95.01	5.44	117044	4.26	20.50
10	海王生物	14.42	14.87	1954388	78.36	11.65	—	—	—
11	瑞康医药	18.44	15.67	2326070	99.86	18.41	—	—	—
12	英特集团	6.06	5.66	1883521	99.62	5.89	—	—	—
13	嘉事堂	9.70	10.91	1393870	97.89	9.22	14831	1.04	—
14	同济堂	15.09	13.80	844434	85.68	16.52	—	—	—
15	柳州医药	9.61	9.41	851519	90.14	7.85	86785	9.19	24.95
16	鹭燕医药	7.79	7.59	782072	93.79	6.69	39140	4.69	22.44
17	人民同泰	11.60	10.02	673028	84.04	8.12	116225	14.51	28.10
18	一心堂	41.52	41.28	26691	3.44	—	730379	94.23	40.83
19	老百姓	35.31	36.06	56332	7.51	—	681684	90.87	37.92
20	大参林	40.26	40.22	7903	1.06	—	717477	96.68	39.17
21	益丰药房	40.04	39.62	8883	1.85	—	457331	95.13	38.71
22	浙江震元	16.62	14.37	161597	62.69	6.36	48976	19.00	27.34
23	第一医药	15.86	15.69	83255	53.50	5.14	66384	42.66	22.39
24	华通医药	13.85	11.43	103950	75.93	7.55	20752	15.16	28.84
合计/平均		16.98	16.25	81512028	86.74	8.24	6431873	6.84	27.16

资料来源：上市公司年报。

三　医药流通行业上市公司费用控制情况分析

从费用控制指标来看，2017年24家医药流通行业上市公司销售费用率平均为8.39%，比上年提高0.5个百分点，主要是因为纯销市场竞争加剧带来

的销售投入增加；管理费用率平均为2.91%，与上年基本持平；财务费用率平均为0.53%，比上年增长0.12个百分点，三项费用率之和平均为11.82%，比上年提高0.63个百分点，主要是因为业务结构的调整带来了费用率相应的调整（见表3）。

表3　医药流通行业上市公司费用控制水平

单位：%

序号	公司名称	销售费用率		管理费用率		财务费用率		三项费用率之和	
		2017年	2016年	2017年	2016年	2017年	2016年	2017年	2016年
1	国药控股	2.66	2.56	1.51	1.59	0.91	0.75	5.08	4.90
2	华润医药	8.04	6.99	2.46	2.48	1.29	1.15	11.79	10.61
3	上海医药	5.66	5.02	3.15	2.95	0.52	0.49	9.33	8.46
4	九州通	3.08	2.65	2.21	2.06	0.96	1.08	6.25	5.79
5	国药一致	5.59	5.33	1.78	2.08	0.27	0.25	7.64	7.66
6	国药股份	1.91	1.38	1.06	1.03	0.41	0.32	3.38	2.73
7	中国医药	5.29	3.36	2.13	2.49	0.31	0.16	7.73	6.00
8	华东医药	13.40	13.00	3.84	2.99	0.17	0.37	17.41	16.36
9	南京医药	2.52	2.15	1.17	1.39	1.03	0.82	4.72	4.36
10	海王生物	5.00	5.18	2.66	3.37	1.27	1.19	8.94	9.73
11	瑞康医药	6.46	5.97	3.68	2.72	1.01	0.54	11.15	9.23
12	英特集团	2.09	1.67	1.66	1.63	0.72	0.66	4.47	3.96
13	嘉事堂	3.17	3.74	1.13	1.17	0.76	0.73	5.06	5.64
14	同济堂	5.01	3.47	1.34	1.26	0.15	0.19	6.49	4.91
15	柳州医药	2.04	2.01	1.66	1.71	0.15	-0.23	3.85	3.50
16	鹭燕医药	2.02	2.02	2.23	2.08	0.91	0.94	5.16	5.04
17	人民同泰	3.10	1.12	3.76	4.70	0.22	0.02	7.08	5.84
18	一心堂	27.83	28.01	4.58	5.10	0.72	0.52	33.12	33.64
19	老百姓	22.24	23.18	5.25	4.75	0.78	0.54	28.26	28.47
20	大参林	25.91	24.96	4.67	4.72	0.35	0.44	30.93	30.12
21	益丰药房	26.92	27.21	4.15	4.12	-0.08	-0.15	30.99	31.18
22	浙江震元	8.55	7.13	5.08	4.55	-0.32	-0.28	13.31	11.40
23	第一医药	7.84	7.63	4.68	4.83	-0.38	-0.43	12.14	12.02
24	华通医药	5.10	3.68	3.89	3.50	0.47	-0.12	9.46	7.06
合计/平均		8.39	7.89	2.91	2.89	0.53	0.41	11.82	11.19

资料来源：上市公司年报。

四　医药流通行业上市公司资本运作情况分析

医药流通业是资金驱动型行业，所以高效的资金使用效率和低廉的融资成本对医药流通企业的生存和发展尤为重要。

从相关的财务指标来看，大多数以分销业务为主业的企业，应收账款周转率与上年相比都有所下降，主要是因为其下游一些公立医院由于自身资金压力普遍提高了账期所致。其中有4家企业的应收账款周转率低于3，分别是海王生物、瑞康医药、柳州医药和人民同泰，这与它们的业务结构和所处区域的经营环境相关。而以零售业务为主业的几家企业，存货周转率均低于4。资产负债率高也是医药流通企业的一大特点，24家医药流通行业上市公司的平均资产负债率为56.01%，比2016年有所提高。这些指标充分反映了当前医药流通企业的资金使用效率情况。

2017年，资本市场对医药流通行业的估值下降幅度较大，从2016年的平均市盈率43.41倍下降为2017年的31.5倍，其中分销和零售有不同的表现。分销表现较差，以分销为主的20家企业平均市盈率为29.23倍，由于“两票制”对分销企业带来一系列的影响，资本市场对分销企业普遍调低了估值。零售表现较好，以零售为主业的4家企业（一心堂、益丰药房、老百姓和大参林）平均市盈率为42.88倍，明显高于分销企业的估值，主要是因为医院处方外流和药店整合加速带来了良好的资本市场预期。

2017年末，以零售为主业的大参林医药集团股份有限公司成功实施IPO（Initial Public Offerings，首次公开募股），募集资金净额9.51亿元，为医药零售行业的整合增添了新的力量。

2017年底，24家医药流通行业上市公司市值总和为5117亿元，平均每家公司市值为213亿元。市值200亿元以上的企业增加到10家，分别是国药控股、华润医药、上海医药、华东医药、九州通、中国医药、国药一致、国药股份、大参林和瑞康医药，其中国药控股、华润医药、上海医药和华东医药市值超过500亿元（见表4）。

2017年，24家医药流通行业上市公司披露的对外投资活动共有183起，涉及金额126.5亿元。一些增速较快的企业，如海王生物和瑞康医药等对外并

表4　2017 年医药流通行业上市公司资本运营指标

序号	公司名称	股票代码	2017 年应收账款周转率	2017 年存货周转率	2017 年资产负债率(%)	2017 年终市值(亿元)	PE(倍)
1	国药控股	01099	3. 84	9. 70	69. 76	782	14. 80
2	华润医药	03320	3. 13	6. 94	60. 72	532	18. 26
3	上海医药	601607/02607	4. 46	6. 78	57. 95	601	17. 07
4	九 州 通	600998	6. 38	6. 06	62. 46	356	24. 62
5	国药一致	000028	5. 41	9. 4	55. 57	258	24. 39
6	国药股份	600511	4. 22	12. 39	53. 11	213	18. 68
7	中国医药	600056	4. 27	5. 62	58. 07	266	20. 48
8	华东医药	000963	5. 95	6. 34	44. 90	524	29. 43
9	南京医药	600713	4. 14	9. 88	79. 99	65	27. 08
10	海王生物	000078	2. 35	8. 87	79. 05	156	24. 54
11	瑞康医药	002589	2. 31	6. 68	64. 15	202	21. 20
12	英特集团	000411	5. 42	9. 10	79. 03	41	49. 45
13	嘉 事 堂	002462	3. 10	10. 22	65. 27	65	24. 75
14	同 济 堂	600090	4. 33	17. 42	16. 17	114	22. 06
15	柳州医药	603368	2. 82	8. 60	52. 76	89	22. 07
16	鹭燕医药	002788	4. 42	8. 47	69. 48	38	29. 11
17	人民同泰	600829	2. 95	8. 33	66. 70	71	28. 79
18	一 心 堂	002727	15. 48	3. 02	48. 31	114	27. 00
19	老 百 姓	603883	10. 90	3. 87	53. 71	179	48. 41
20	大 参 林	603233	32. 74	2. 93	51. 87	207	43. 51
21	益丰药房	603939	16. 42	3. 86	33. 52	165	52. 62
22	浙江震元	000705	5. 89	6. 12	32. 26	27	44. 97
23	第一医药	600833	11. 37	5. 21	37. 14	31	71. 32
24	华通医药	002758	4. 57	5. 83	52. 24	22	51. 48
平均			6. 95	7. 57	56. 01	213	31. 50

注：市值按 2017 年最后一个交易日的收盘价计算。

资料来源：上市公司年报。

购比较活跃；另外以零售为主业的上市公司对外投资并购延续了过去几年的活跃态势，主要体现在上市公司对区域市场的布局方面。

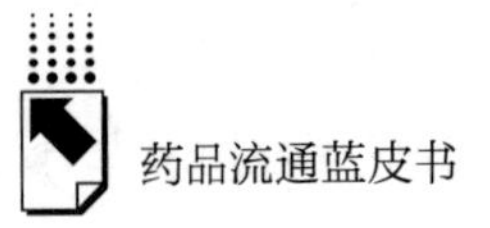

五　医药流通行业上市公司战略实施情况分析

分销和零售业态不同，所处的行业发展阶段不同，其战略实施的重心亦有所不同。下面分别予以分析。

（一）医药分销类企业

目前，国内医药分销业已经形成 4 家全国性医药分销巨头与 20 多家区域性分销龙头企业相并存的竞争格局。“十三五”期间，国内的医药分销企业仍将持续走布局整合、效率优化和创新升级之路，从 2017 年各医药分销上市公司披露的战略实施情况中可窥见一斑。

1. 区域和产品的布局整合

从医药行业价值链的现状来看，医药分销受到上下游的双重挤压，利润空间不大，资金占压严重。但随着规模不断增长、市场占有率不断提升，医药分销企业在产业链中的话语权会越来越高，最终将获得良好的生存空间。

全国性医药分销巨头凭借全国的网络和规模优势获得话语权，而区域性医药分销龙头则通过在特定区域的市场占有率和多品类供应链获得影响力。所以，全国性医药分销巨头的经营策略就是进行全国化布局。截至 2017 年末，国药控股覆盖省份 31 个，华润医药覆盖省份 27 个，上海医药通过收购康德乐马来西亚、四川神宇医药和徐州医药覆盖省份从 20 个拓展到 24 个，九州通覆盖省份 31 个。

而区域性医药分销龙头的战略选择分为两类。一类是点状布局，如海王生物建立了山东、苏鲁、河南、湖北、安徽和黑龙江 6 家区域医药商业集团；中国医药形成以北京、广东、江西、河南、河北、湖北、新疆为重点的分销体系。另一类是区域渗透，如瑞康医药在山东，柳州医药在广西，鹭燕医药在福建等。一些企业在建立根据地市场之后，选择某些品类向全国市场布局。如瑞康医药在做深做透山东市场之后，迅速布局全国多个省份的医疗器械和医用耗材业务；嘉事堂则以北京为大本营发展药品和医疗器械分销，同时向外埠整合多家医疗器械和耗材类流通企业。

2. 运营效率持续优化

面对不利的行业形势以及越来越激烈的市场竞争，大多数医药分销企业把“运营效率优化”作为制胜的关键。

如国药控股明确提出，“在财务、人力资源、多元融资、运营管理、信息化、采购等方面进一步加强管控，毛利率进一步上升，利润率进一步改善，运营效率进一步提升，经营风险进一步下降，企业竞争力进一步增强”。

华润医药在分销业务方面，“积极实施供应链管理，推动分销业务一体化运营，打造核心竞争优势；积极推进一体化、专业化物流建设，提升物流管理效率和管理水平”。

上海医药提升物流标准，进一步完善现代医药物流网络，在上海、北京等地建立全国物流中心的基础上，推进区域物流中心建设；为维护分销业务盈利水平，持续优化产品结构，推进精益六西格玛管理，加强费用控制。

九州通持续推进优质供应商服务，提升毛利水平；优化分销及采购业务组织，新设业务风险督察总部，完善业务管理，加强风险管控。

海王生物将工作重心放在区域集团公司的建设上，全面下放发展规划、市场开发和经营管理权，建立符合现期政策和公司实际情况的区域集团化运作模式。

瑞康医药深度渗透终端市场，完善阶梯式配送网络，全面铺开平台业务建设，兼收并蓄，在全国31个省份（含直辖市）销售网络联动，通过SAP信息管理创建盈利模式，实现企业科学有序的管理运营，稳步提升企业经营效率和经营效益，打造智慧型供应链模式。

嘉事堂建立全国集采机制，加强应收账款管理，提出改善销售回款措施，加强对民营医院的销售管控，完善采购管理系统，优化应付款管理，全面加强企业流动性和风险防控管理。

3. 业务模式不断创新

医药分销企业为了深化与上下游的关系，早已经不满足于单一的分销职能，开始了各种业务模式的创新。

国药控股发展医疗器械分销业务，并以器械联动为基础，大力发展洗涤、消毒、售后维修等医院医疗服务；金融服务方面，国药控股融资租赁引进投资者；医药电商方面，国药健康在线完成A轮融资；全国一体化冷链物流服务体系方面，国药控股全面开展冷链一体化信息系统部署，大幅提升第三方冷链物流服务能力。

华润医药从客户需求出发，通过对多种创新分销业务模式的推广，进一步加强对下游客户的增值服务能力，截至2017年末，已累计向超过200家医院提供医院物流智慧一体化服务，并累计实施数十个区域药品智慧化管理项目。

九州通积极尝试与行业内互联网医疗、大数据分析、人工智能以及健康保险公司开展合作，将相关业务进行有机整合，拟构建一个在互联网技术和信息技术支撑下的医疗服务、健康管理、合理用药审核、医药电子商务、健康保险以及相关服务的线上线下相结合数字化医疗医药健康服务平台。

海王生物通过探索发展医药电商、专业第三方物流、医疗机构托管运营、DTP专业药房等创新供应链服务模式进一步开拓医药商业业务，提升附加值和增强客户黏性。

瑞康医药积极探索新型业务，创造新的发展机会，公司由原来的单一药品配送业务新增医疗器械供应链服务、医疗后勤服务、移动医疗信息化服务、第三方物流等业务模式，增加多个新的利润增长点。

嘉事堂在现有优势业务基础上发展新业务，推动中药饮片全产业链业务发展，研究推动互联网+健康医疗切入点，利用公司零售药店拓展O2O、DTP业务等。

（二）医药零售类企业

过去几年，国内的药品零售业一直处于成长阶段，其特征表现为市场集中度不高但逐年提升，竞争方式灵活多样，模式创新不断出现，逐渐形成一些区域优势企业。然而，一心堂、老百姓、益丰药房和大参林的上市和并购效应，带动了一批药品零售企业的上市热潮和并购浪潮，客观上推动了中国医药零售行业进入并购扩张阶段。同时，医院处方外流已是大势所趋，领先的药品零售企业开始进行布局并创新经营模式。另外，随着互联网和移动互联网技术的快速发展，实体药店开始深化电商业务，期望实现线上线下的融合。但考虑到医药零售业的零售属性，决定其成败的仍然是管理效率。

1. 持续并购扩张

2017年大参林成功上市，迅速加入了中国医药零售行业并购扩张的战团。

以医药零售为主业的上市公司，老百姓、益丰药房、大参林和一心堂4家企业全年共完成54起并购整合，涉及金额约10亿元。

一心堂坚持少区域、高密度发展战略，进一步完善区域布局，完成重庆、四川、广西等地的13起收购工作。

老百姓持续推进“全国布局”和“全渠道布局”的发展战略，2017年共完成16起同行业并购业务。

益丰药房根据“区域聚集、稳健扩张”的发展战略，全年签约并购投资项目16起，涉及门店474家。

大参林上市后加快并购步伐，在江苏、河南、福建、江西等地完成9起并购投资项目。

通过持续的并购扩张，4家上市公司不断完善各自的市场布局，推进公司业绩的快速增长。

另外，由于上市连锁药店在资本市场上的不俗表现，各类资本纷纷介入到连锁药店的并购重组中，加剧了市场竞争，推高了并购成本。

2. 创新经营模式

随着医院控制药占比、零加成和医保控费等政策的推出，医院处方外流至院外销售渠道已是大势所趋，医药零售企业可能会成为医院处方外流接盘的最大受益者。所以，领先的药品零售企业针对医院处方外流的机会，开始进行布局并创新经营模式。另外，随着互联网技术的发展和普及，线上线下的融合变得越来越普遍，也催生出了很多经营模式。

一心堂为了应对医疗机构处方外流的情况，布局DTP药房、医院院边店，在社区开展慢病管理，并尝试推广“网订店取”“网订店送”等新型配送方式；电商业务方面，一心堂则继续推进一心堂APP、团购业务、跨境业务、同城服务业务等跨界B2C业务，同时利用自身优势品牌影响力以及区域服务优势，推出一心到家B2C业务等。

老百姓则继续推行慢病生活馆、微医问询、顾客APP、微信服务号用药咨询、疾病管理等专业服务项目。

益丰药房为了承接医院处方外流，强化医院院边店的选址布局，加强慢病和处方药的专业化管理，推动与处方药厂家的合作，打造DTP专业药房；同时，创新电商业务模式，PASS、微信公众号、微信商城、CRM小票促销、线

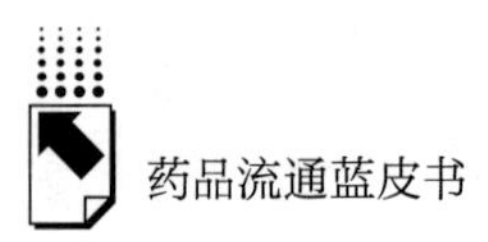

上药师咨询、用药提醒等产品陆续上线试点；通过现有会员资源发展自营电商，通过第三方引流做大O2O业务，通过开发纯互联网产品打造移动化业务平台。

大参林为了承接医院处方外流，开发新特药品种的渠道并引进相关品种，提升新特药房专业度，获取慢特门诊资质等；积极筹建坐堂医门店和中西医结合门诊，并在门店推行精品中药营销，为顾客提供更专业的服务等。

3. 提高运营效率

新零售时代，竞争的焦点集中在供应链之间的竞争，强大的供应链管理能让医药零售企业运营效率大大提高，从而提升消费者体验。

一心堂通过提升商品竞争力，建立差异化商品精品体系，利用CRM客户管理系统提供慢病管理、母婴管理等深度服务，提高服务黏性；通过规模效应提升议价能力、降低物流成本及管控成本，实现公司盈利能力的持续增长。

老百姓供应链管理工作以“顾客需求和医院中标品种”为导向，同时上线“自动请货和调剂”模式，提高了门店商品的配齐率；针对门店管理，一方面继续运用视频点检系统，加强对门店掌控；另一方面设立督导体系，确保标准制度、营销活动在门店的落地执行，督促总部各部门快速响应门店需求。

益丰药房推进商品精品战略，遴选精品商品和合作供应商，建立渠道和价格更优、差异化的商品壁垒；通过全员服务心态、专业技能和服务标准化训练及营销步骤培训和KPI考核，提升专业服务能力；通过技术与流程创新，完善信息系统，推进省级物流中心的升级。

大参林执行标准化基础建设，加强标准化管控，提升终端品牌竞争力和运营力；加强物流体系与信息化发展；推动人力资源体系的发展，加快公司人才梯队建设；加强工商联合，实施商品精细化管理。

六 小结

随着医改的不断深化，医药流通行业面临着剧烈的结构调整。为了适应新的结构调整，针对过往的产品结构、渠道结构和终端结构所形成的业务结构和商业模式必须做出改变。产品结构方面，除经营药品外，流通企业还积极向医疗器械、中药饮片、保健品等大健康产品拓展；渠道结构方面，分销企业不断提高纯销业务比例、降低调拨业务比例；终端结构方面，流通企业积极布局医院处方外流而催生的 DTP 药房、医院院边药房等新终端。

资本市场已经成为改变产业格局的重要力量。在资本的作用下，医药流通企业的成长方式已经发生改变，医药流通企业的竞争格局也在发生转向，并引发医药流通业的结构重组和产业价值链的整合。

另外，由物联网、大数据和人工智能在医药流通行业的不断应用所带来的产业升级也在悄无声息地进行着。

相信不远的将来，一个不同于传统医药流通的现代医药流通产业将出现在所有从业者的面前，焕发其强大生命力而再创行业辉煌。

B.7
关于药品批发企业的社会价值实现与转型发展

叶　桦*

摘　要： 药品批发企业在保证药品质量和保障药品供应方面起着不可或缺的作用。本文从社会对药品流通的需求出发，提出药品批发企业通过服务社会实现自身价值的途径。为此，要提升行业集中度，完善服务功能，坚持实施《药品经营质量管理规范》和加强信息化建设。此外，政府部门应当积极引导行业实现有序发展。

关键词： 药品批发企业　现代医药物流　社会价值

当前，中国的药品批发企业正面临着巨大的发展机遇和挑战，一方面来自社会对药品和健康服务的需求不断增长，另一方面也出于国家对药品流通行业转型升级的强烈要求。在《国民经济和社会发展第十三个五年规划纲要》正处于攻坚阶段的重要时刻，开展对药品批发企业在全面建成小康社会和落实"健康中国"战略目标、坚持积极推进供给侧结构性改革、大力拓展行业发展空间、充分发挥在服务医疗卫生事业与健康产业方面的功能和作用的深入研究，具有重要的意义。

---

* 叶桦，复旦大学药学院药事管理学副教授、理学硕士学位，多年从事药事管理法律法规及国家药物政策的研究与教学，现为中国药学会药事管理专业委员会委员、上海市药学会理事与药事管理专业委员会副主任委员。

一 药品批发企业的发展现状和存在的主要问题

随着医药卫生体制改革的不断深入和《全国药品流通行业发展规划（2016~2020年）》的稳步实施，我国药品批发行业积极探索创新发展之路，基础建设持续加强，结构调整取得初步成果，管理体系日益完善，服务模式不断转型创新，市场机制作用逐步增强，运营效率正在逐步提升，市场销售总额保持平稳增长态势，药品供应保障和供应链管理水平持续提高，促进了整个行业健康有序地发展，呈现出喜人局面。

药品批发企业不仅满足了全国98万余家医疗机构和44.8万家零售药店的药品需求，还带动了相关行业的医药物流和医药会展经济的快速发展，行业的社会作用得到进一步增强。

但是，在取得成绩的同时全行业仍然存在集中度偏低、企业结构有待优化，流通效率总体较低、现代化水平有待提升，行业服务能力不足、区域发展不平衡，信息化发展不均衡、物流系统现代化水平有待提高等问题。这些问题的产生，原因是多方面的，既有原始基础薄弱的因素，也有企业管理方面的因素，既有宏观政策的影响，也有市场环境的制约，需要认真加以梳理，提出解决对策。

二 药品批发企业的社会价值实现

药品流通的核心目标，就是维持质量保证的药品持续、稳定的供应，以满足临床的需求，并且能够确保资源得到最有效的利用，进而实现企业的社会价值。

（一）药品批发企业根据社会需求进行功能定位

药品批发企业通常称为药品流通企业（药品零售企业也算药品流通企业），它有过许多称谓，如药品物流企业、药品配送企业，过去还叫医药公司或医药商业公司，更早之前叫作药品采购供应站和药品批发站，在国外也称药品分销企业（药品分销商）。这些称谓作为旁证，说明药品批发企业的社会功能是根据社会的需求而不断调整的。当需要重点凸显销售数量和对象时，就有批发与零售之分；当希望表现在生产与使用中所处的地位时，叫作流通比较恰当；当需要突出仓储和运输功能时，可以叫物流企业；当要汇集上游企业的产品向下游流动时，称配送比较好；当要体现商业价值时，就有医药公司一说；当在计划经济时期，称为医药采购供应站和批发站；当要像国外那样，明确显示集中与分散的关系时，就称为分销企业。

自改革开放到20世纪末，药品批发企业商业功能强大，只要是在主渠道药品供应的框架之内，可以自主选择买方与卖方，并确定交易价格。从21世纪初开始，根据医药卫生体制改革的要求，各省纷纷组建公立医院药品集中采购的平台，用招投标的方式确定药品供应商和价格，供省内公立医院网上药品集中采购。药品批发企业也需要在这个平台上角逐配送权，以承担药品的配送业务。企业原有的商业价值尽失，它们不能自主选择和确定药品供应商，也无权决定药品销售价格。中标的药品批发企业只能向中标的药品生产企业采购药品，按照规定的价格销售给指定的公立医院。

药品批发企业的商业功能也不是与生俱来的。新中国成立初期，由于生产资料匮乏，在计划经济体制下，国家出于宏观调控、合理分配药品资源的目的，于1950年8月组建中国医药公司，作为全国医药商业的行政主管部门行使药品批发的管理职能，在北京、广州、上海、天津和沈阳五地设立一级药品采购供应站，在29个省、自治区、直辖市设立药品二级批发站（省级医药公司），在2500多个地级市和县设立药品三级批发站。药品的生产按照指令性计划执行，由批发企业统购统销，通过向各级医药站层层下达指标、层层调拨，批发给指定的下级机构或用户，也几乎没有商业功能。

实行社会主义市场经济体制以后，购销开放政策扩大了企业自主权，形成多渠道、多环节和跨地区的采购和供应药品的市场格局。日益激烈的市场竞争虽然大大加速了医药商业的改革与发展，但是也导致药品批发企业的无序竞争，从2000多家批发企业一下子变成了近1.7万家（2000年），之后，多年来至今仍保持在1.3万家左右。

社会的进步与科技的发展必然会迫使药品批发企业做出选择，作为中间商的批发商时代将不再存在，企业唯有依靠竞标、谈判、服务的方式购销药品，全心全意地为客户服务才是出路。发达国家的药品批发企业走过的历程，也证实了这一规律。

（二）药品批发企业在为社会服务中体现价值

在公立医院实施药品集中采购之初，有业内人士担心，药品生产企业中标后可以直接向提出采购请求的公立医院配送药品，用不着药品批发企业代劳了，还能够降低药品价格。但是，假如真的没有了药品批发企业，众多的医疗机构和零售药店要在短时间内向上千家药品生产企业采购药品是做不到的。药品批发企业充当两者之间的媒介，将药品从药品生产企业转售给医疗机构或零售药店。全国的医疗机构药房、零售药店数量庞大、规模小，经营品种多，分布于城乡各处，非常分散。与此同时，药品生产企业相对数量较少，比较集中，每个企业生产的药品品种较少，甚至仅数种。药品市场的供销只能由药品批发企业完成，这是社会大分工的必然结果。药品批发企业在促进药品流通、降低交易成本方面发挥了自身优势。

药品批发企业可以减少药品在流通过程中的交易次数，还具有药品集中与分散的功能。药品批发企业在沟通产销过程中，从各生产企业购进各种药品，又按照需要的品种、数量分销给医疗机构药房和零售药店，担任着繁重的集散任务，起着调节供求的蓄水池作用，减少了生产企业的库存，同时，也为医疗机构药房和零售药店服务，使它们能就近、及时采购到药品，减少了药房或药店的库存费用。

并且，部分大型国有药品批发企业还承担着国家药品应急储备的任务，保障在灾情、疫情和突发事件发生时的药品供应。

（三）药品经营质量保证是药品批发企业发挥社会价值的基础

《药品经营质量管理规范》是一部纳入法律范畴、强制推行的行政规章，要求在药品采购、储运、销售、运输等环节采取有效的质量控制措施，确保药品质量。近 20 年来，药品批发企业通过实施《药品经营质量管理规范》，质量管理水平明显提升，对于维护药品市场的正常秩序、规范企业的经营行为具有重要的作用，降低了药品批发企业的质量风险，增强了药品批发企业的市场竞争力，保障了人民的用药安全。药品批发企业的作用无可替代，并得到了全社会的公认。

2013 年，根据《国家食品药品监督管理总局主要职责内设机构和人员编制规定》（国办发〔2013〕24 号），将药品经营行政许可与药品经营质量管理规范认证两项行政许可逐步整合为一项行政许可。这是否可以理解为，开办药品批发企业应当依法申请，获得《药品经营许可证》，《药品经营质量管理规范》则演变为企业必须执行的保障药品经营质量的基本标准，是企业应当具备的基本条件之一，只是不再认证，也不发认证证书而已。

药品经营许可与药品经营质量管理规范认证同为行政许可事项，由同一个监督管理部门对同一个行政相对人为同一个申请事由作出两次行政决定，确实是有些烦冗繁复。当然，设置开办许可在前，设置强制认证是 1998 年以后的事情，此举正好解决了开办前的静态标准验收和开办后的动态标准检查之间的衔接问题，应该说“两证合一”的药品监管才是更加科学、更加客观的。

现在的问题是，药品经营质量管理规范的认证检查项目繁多，需要 3 名检查员检查 3 天，最后才能判定被检查企业是否通过认证。取消认证后，如果仅凭辖区内的药品监督管理部门日常检查、专项检查和飞行检查，能否保证企业实施药品经营质量管理规范，监管人员是否有 GSP 的检查员那么专业，日常检查是否也能按照药品经营质量管理规范认证检查那样（3 名检查员检查 3 天），如果是部分项目的抽查怎么才能够得到“缺陷项”的百分率，或者不按照百分率怎么实施处罚，药品监督管理部门的“四个最严”的效力会不会削弱？

药品经营质量管理规范认证的监管成本是很高的，但是并不能等于取消认证之后的成本会降低多少，风险无疑会加大，间接成本也可能上升，完全依靠企业的自律也是一件值得进一步论证的事项。

三　药品批发企业的自身转型发展

在现阶段，只有坚持创新，加快自身的转型发展，才是药品批发企业正确的发展方向。

（一）当前药品批发企业面临的发展空间

经过近 20 年的努力，特别是通过实施全国药品流通行业“十二五”发展规划，以及当前的“十三五”发展规划，我国药品批发行业已经实现规模化、集约化和现代化经营，跨区域发展，形成以全国性、区域性骨干企业为主体的遍及城乡的药品流通体系，取得了骄人的成绩。

除了规模做大之外，药品批发企业在提升行业集中度之后，药品仓库的网络布局是一个重要的课题。在同一个辖区内，企业总部与药品仓库的分离早就已成为常态，现代通信设备使总部与仓库之间毫无距离感，人们可以毫不夸张地想象设在东北地区的药品批发企业公司总部能够毫无障碍地控制远在海南岛三亚地区药品仓库的动态，甚至仓库温度降低摄氏1度，三亚与东北都会同时收到报警。据此推断，一个全国性的超大型药品批发企业一定会按照就近、便利的原则设计出药品仓库的布点和个数，根据现代物流运筹学的原理，计算出最佳的药品采购和销售路径，实施跨区配送，并且实现成本最低。

但是，这种发展上下游供应链紧密衔接、仓储资源和运输资源有效整合、多仓协同配送的新型现代绿色医药物流引申出一个十分敏感的问题，就是“异地设仓”，或者是“多处设仓”，从药品监管的角度来看实施的难度很大，就地方的财政税收而言更是不好逾越。辖区的药品监督管理部门是否愿意接受非辖区药品批发企业在本辖区设置药品仓库，作为一种变通企业只能依靠控股一些当地的小企业作为辖区内企业，既不失监管又保证了税收，可是企业看中的只是其仓库和物流而已，以及“最后一公里”配送，这是跨区域经营的最大障碍，也是全国有那么多药品批发企业出现的原因之一。

（二）药品批发企业的多元化发展之路

药品批发行业毫无疑问属于服务行业，因此充分发挥服务的功能，全面保证药品的质量，满足社会对药品的需求，才是其赖以生存的基础和发展壮大的主要动力。

药品批发企业应当充分认识到在巨大的药品市场的背景下，需要同时向上游和下游两个方面提供精准服务。一方面，未来五年，随着我国人口总量增长、社会老龄化速度加快、城镇化率提高和计生政策的调整，以及国家对医疗卫生事业投入的不断增加、医疗保障水平逐步提高、基本医疗保险充分覆盖，特别是我国将全面建成小康社会，居民收入稳步增长，人民群众对医疗卫生服务和自我保健的需要迅速增加，为药品流通市场发展拓展了更大空间，是药品批发行业持续健康发展的坚实基础。另一方面，我国药品生产行业日益强大，目前已经形成包括化学原料制造、化药制剂制造、中药材及中成药加工、生物制品与生化药品制造等在内的门类齐全的产业体系，创新药品不断问世，药品、保健品和健康服务的产品规模将加快增长。国家有关规划指出，到2020年战略性新兴产业增加值占国内生产总值的比重力争达到15%左右，医药产业作为国家战略性新兴产业之一，未来发展空间很大，药品批发行业为其服务的潜力也很大。

药品批发企业除了管理商品流之外，更兼有管理信息流、资金流的优势。批发企业可以利用信息技术实时跟踪医院的药品使用系统，及时配送药品，使医院实现“零库存”管理。同时，医院一旦发生药品短缺，批发企业能及时获知，可以在第一时间借助自己的有利条件，催促生产短缺药品的企业尽快恢复生产，真正保证药品的充足供应。

药品批发企业应当练好内功，及时适应新业态、新模式的变革，拓展药品流通服务的发展空间，满足人民群众日益增长的健康需求。

四　结论和建议

根据商务部《全国药品流通行业发展规划（2016～2020年）》（商秩发〔2016〕486号）提出的总体目标，到2020年药品流通行业发展基本适应全面建成小康社会的总体目标和人民群众不断增长的健康需求，形成统一开放、竞争有序、网络布局优化、组织化程度和流通效率较高、安全便利、群众受益的现代药品流通体系。

（一）政府部门应当有效引导行业进行规划发展

在理想状态下，药品批发应当是大型、中型和小型企业比例适当，数量适中，互联互通的，以便能够在广度和深度上保证全社会对药品供应的需求，在广度上能够无缝隙地覆盖全国，在深度上能够向上下游企业开展深度融合，形成高效、多产的药品供应链服务商。

政府应当引导行业有效配置资源。按照医疗卫生事业发展需要，根据本地区经济社会发展水平、城乡建设发展规划、人口数量和结构等实际情况，会同有关部门适时发布年度药品消费情况、药品流通企业数量、仓储物流能力、零售药店覆盖水平等信息，引导药品流通资源有效配置。配合相关部门优化药品物流、零售企业网点布局，做到网点布局与区域发展相适应、药品供应能力与药品需求相匹配，避免重复建设和无序竞争。

就全国而言，着力建立若干个超大型的药品批发企业是非常必要的，但不可能每个省都需要；每个县（包括县级市），到底是否需要那么多的小型药品批发企业也值得探讨。在公立医院药品采购实施“两票制”，并鼓励民营医院也跟进之后，除了为特别偏远、交通不便的乡（镇）、村医疗卫生机构配送药品的一些西部地区县级药品批发企业被允许在“两票制”基础上再开一次药品购销发票之外，其他的县级药品批发企业是否还有生存空间，各地的地方政府应当作出决断，鼓励这些批发企业转型或改变主营业务。未来，药品批发企业数量的减少应当是一个趋势。

（二）提升行业集中度是药品批发企业发展的方向

企业规模变大的实质应当在于药品流通能力的提高、市场份额的增加以及服务水平的提升，这也是行业集中的目标。未来几年，产业整合将出现供应链的纵向整合、横向整合和逆向整合，出现大公司之间并购的强强联合。这些药品批发企业通过兼并重组、上市融资、发行债券以及跨界资源融合等多种方式实现规模化、集约化和现代化经营，逐步构建以实力雄厚、管理规范、信誉度高的全国性或区域性大型骨干企业为主体，中小型企业为配套补充的全国现代药品批发网络新格局，引领行业共同发展。同时，在严格执行《药品经营质量管理规范》的前提下，应当允许、鼓励批发企业跨省配送和异地设仓，或者委托配送和租借其他药品批发企业的仓库。

在物流配送能力薄弱的边远地区，中小型药品批发企业可以整合、改造及组建一批具有一定辐射能力的药品物流配送中心，转型为物流企业，解决“最后一公里”问题，确保药品供应的安全性、可及性、便捷性。

随着医疗模式多元化和分级诊疗制度全面推进，中小型批发企业还可以为了适应“两票制”改革要求，向专业化、特色化经营方向发展或向基层配送药品批发企业转型，做精做专；同时发展采购联盟和药店联盟，实行批零一体化、连锁化经营，采用联购分销、统一配送等方式发展多业态混合经

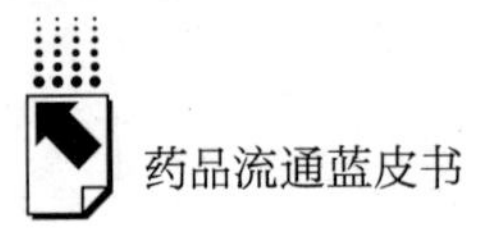

营，降低经营成本，向城市便民商圈、新建社区、农村和边远地区延伸，满足多层次的市场需求，构建遍及城乡的流通网络，实现药品流通对基层的有效覆盖。

（三）完善全面服务功能应当成为药品批发企业的主营业务

药品批发企业应当充分利用现代物流技术，对上下游企业提供全方位周到的服务，创新驱动，合作开发。在完成企业资源整合、提高内部管理水平的同时，药品批发企业应当根据自身企业特点选择利用合适的供应链管理系统和分销系统等信息管理系统进一步完善企业管理，通过互联网将供应链技术拓展到企业之外，建立本企业与供应商、销售终端客户之间相互协作的平台，快速、实时地掌握各项交易数据，及时保证供应。同时，根据每日客户需求信号和库存量对补货订单进行计算，使供需更加吻合，节约物流成本。

目前，很多药品批发企业通过企业形象宣传、产品展示还赋予上下游客户特殊的用户名和密码，在一定权限下能进入企业的信息系统查询药品库存、销售流向、回款等信息，实现网上交易和结算，甚至开展网上谈判。另外，拥有大型物流中心的企业还利用全球卫星定位系统、电子数据交换系统、自动连续补货系统、电子订货系统、条形码销售时点实时控制系统、寻车寻货系统、信息管理系统、数据采集系统等现代化方式为客户提供全方位服务。

围绕优化新型供应链关系，颇具规模的药品批发企业将进一步突破传统商业模式束缚，加快向医药供应链服务商转型发展。通过构建和完善药品供应链集成系统，向供应链上下游延伸开展服务，为生产企业、医疗机构、零售药店提供以“服务供应链”管理为核心的综合解决方案，推动商流、物流、信息流和资金流的“四流”融合，全面提升行业专业化、信息化、现代化水平。

此外，有条件的药品批发企业还可以与医疗机构药房、零售药店以及新兴的医养机构等合作开展以药事管理服务为主营业务的增值服务，培育和发展药品批发行业服务新业态和大健康产业的能力。同时，探索建立专业药事管理服务型企业的许可标准，促进药品流通功能细化和运营专业化，提升药品批发行业在医药供应链中的价值，丰富业态类型。

（四）落实《药品经营质量管理规范》仍然是药品批发企业必尽的义务

按照《药品经营质量管理规范》经营药品，仍然是药品批发企业必尽的义务，这就需要药品批发企业加强自律，自觉保证其所经营药品的质量，不断加强质量管理人员的内部审计，包括对异地设仓的跨区域配送实施严格管理。

药品监督管理部门应当清醒地认识到，常规检查与认证检查是截然不同的。从检查的深度与广度来看，常规检查远远不如认证检查，因此应当调整法律法规，对药品购进、验收、仓储、养护、运输、陈列、销售和售后服务各个环节全过程的日常检查提出明确、具体的规定，并修订检查标准。此外，还应当调整针对药品批发企业对药品购销上下游企业合规性检查的要求。在“两票制”实施之后，批发企业还应当承担与之关联的第三方委托配送物流企业的质量管理责任。

此外，在条件成熟的地方，建立一种由政府认可的第三方，如医药商业协会或其他社会组织继续对药品批发企业维持认证的做法，将其作为药品批发企业的技术准入门槛。真正“两证合一”的实现，是将两项许可事项合并为一个许可事项。因此，第三方的 GSP 认证可以作为开办企业是否符合条件的技术审查。如果接受委托的第三方 GSP 认证检查不作为或者失职，药品监督管理部门可以追究其责任，甚至取消其认可。当然，对第三方机构的认定，也需要另行制定标准。大力发挥各级行业协会以及第三方的作用，实现社会共治，是一种有效的社会治理。

（五）加强信息化建设是药品批发企业提高竞争力的重要途径

现代信息技术包括移动互联、物联网、区块链、云计算、大数据、人工智能等。药品批发企业应当充分利用现代信息技术，节约运营成本，推动行业创新。

企业的信息化系统应当符合现行《药品经营质量管理规范》的要求，加强企业内部经营管理、质量管理，传统的手工记录即将被电子记录所取代。信息系统通过赋予不同岗位人员不同的权限和密码，在一定范围内完成本职范围内的操作。特殊的权限和密码以及信息系统的时间记录，可以避免出现企业为了迎接 GSP 检查而临时集中手工补记录的违规行为。另外，随着药品追溯体

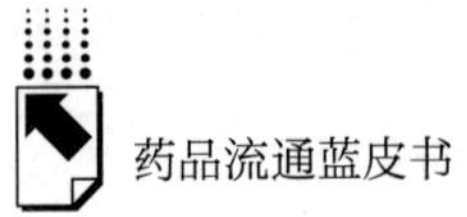

系建设的推进，企业的信息化系统必须随时按要求进行购销存等数据上传。利用信息管理系统，覆盖药品进、存、销的各个环节，有效控制经营过程中的药品质量，大大降低经营风险，实现药品购进、在库储存、销售各环节每批/每盒药品的跟踪和可追溯，杜绝假药、劣药的出现，自动实现近效期药品警示催销、定期养护、购进药品质量评审等，从而大幅降低经营风险，减少企业经济损失，确保人民群众用药安全。

医药商业行业协会可以以自愿为原则，在明确药品经营企业主体责任的前提下，搭建数据交换、存储、查询平台，实现药品批发行业资料验证电子化，为药品经营企业提供首营企业、首营品种、“两票制”等经营资料共享、查询、数据交换等服务。同时，借助计算机和互联网技术构建药品经营可追溯系统，实现药品质量监管的现代化、社会化。

专题报告篇

Special Reports Chapter

B.8

独立第三方的兴起、培育与规制

——试论药品安全治理模式转型的一个切入点

唐民皓*

摘　要： 本文指出当前中国药品安全监管中存在的“单一治理模式”难以应对出现的诸多新问题，论述了药品安全从“监管模式”向“治理模式”转型的必要性，同时，介绍了国内外“独立第三方”参与行业治理的法律制度设计和做法，提出了培育“独立第三方”参与我国药品安全治理的制度设计、主要形式和发展目标等建议。

关键词： 单一治理模式　多元治理模式　独立第三方

* 唐民皓，上海市食品药品安全研究会会长，高级经济师。

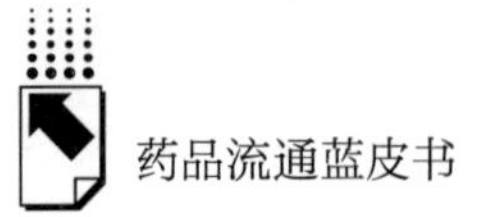

一　药品安全从"监管模式"向"治理模式"转型的必要性

对于中国药品安全问题，我们念及最频繁的词语就是"监管"。所谓"监管"，即政府药品监管机构依据法律授权，对药品生产经营活动进行的规范、控制和监督。中国药品监管的基本特征是：第一，监管机构的执法依据主要是法律法规和配套的规章、规范性文件，但也常常会基于药品安全存在的问题而延伸职能，这客观上拓展政府监管的界限，扩大了监管的实际职能；第二，政府监管机构力求对药品生产经营活动实施全过程、全生命周期最严的监管，并试图通过监管制度设定和精细化，对生产经营的具体流程和环节发布监管指令和要求，并通过高强度、高频次监督检查和严格的惩戒措施，督促和约束药品生产经营企业的合规经营；第三，监管者与被监管者之间，往往缺乏良性的"协同"和"互动"，药品生产经营者及其行业组织基本上处于被动服从和遵循行政指令的位置。除上述三大特征外，还有一个最重要的问题是，在现行药品政策和法律制度设计中，几乎将药品质量安全所有的责任都寄希望于政府专业部门的"监管"。对于药品可能发生的安全事件、潜在危害和舆论风险，政府承受了来自社会各方的巨大压力和责任。

如果对药品安全治理模式做一笼统归纳的话，大致可以有以下两种模式。一种是"单一治理模式"，即"政府独家监管模式"。在这种模式下，政府依托严格的法律制度、技术团队和行政资源，监督药品生产经营领域主体的生产经营活动，且基本上不认同其他社会资源和力量参与药品安全的治理，力求通过政府单一的强势监管资源和手段来避免药品生产经营领域发生质量安全方面的问题；二是"多元治理模式"，即"社会协同治理模式"，倡导社会共治，政府主导和多元主体协同治理，在政府依法监管的同时，组织和动员更多的社会资源参与药品安全的治理，鼓励和扶持社会力量协同政府一起对药品安全风险进行管控，以避免质量和安全问题的发生。回顾近几十年的监管实践，国家制定了相对完整的药品法律法规和标准体系，组建了从国家到地方的药品监管体系，形成了从药品准入到生产流通使用的一整套监管机制，确实在相当程度上解决了中国社会对药品安全与可及的基本需求，但这种以"监管"为主要手段的治理模式，与实际治理绩效和公众对药品安全的预期依然存在巨大距离。单纯地依靠政府专业部门严格的市场准入、一系列专项整治和对违法的严厉惩戒等，未能从根本上扭转药品安全形势，这在相当程度上出现了“监管失灵”的状况，且由于监管力度和手段的失当，也在一定程度上妨碍了医药产业健康快速地发展。监管实践证明，“单一治理模式”难以应对药品治理领域的诸多新问题。因此，有必要调整药品监管和治理思路，通过重构与优化药品的监管资源，从国家治理体系和治理能力现代化的角度，推进药品安全从“监管模式”向“治理模式”的转型。

二　培育第三方力量参与药品安全治理的可行性

调整传统的政府单一监管模式，最为重要的是积极发挥企业主体作用，让企业真正成为药品安全的责任主体，同时大力培育第三方力量（行业协会、社会独立的第三方机构、新闻媒体和社会民众等）参与到药品安全治理中来，构建以政府为主导、多元主体协同的药品安全治理体系，这是在药品安全领域体现“社会共治”、构建现代化治理体系和能力的重要内容。

在此，本文重点阐述社会的“独立第三方”如何参与药品安全治理的问题。什么是“第三方”？在以往的社会组织分类中，常常把社会组织简单地分为公共组织与私人组织两大类，实际上政府与私人企业之间还有另一类型参与社会治理的组织，这些组织就是所谓“第三方”的社会组织。在行政法律关系中，“第一方”是指法律政策制定和监督执行者，“第二方”是指法律政策要求的行为遵循者和实践者，而“第三方”，即指上述法律关系双方中的两个主体（政府监管者与生产经营者）之外相对独立的、具有一定公正性的第三主体。“第三方”往往承担了诸多政府与私人企业不愿做或做不了、做不好的事情，具有某些特殊的参与社会治理的功能。

广义的第三方可以包括行业协会、独立的第三方机构、新闻媒体和其他社会团体等，狭义的第三方是专指与任何组织机构在身份、利益、业务和责任方面没有关联的独立机构，即“独立第三方”。在早年我国政府的政策文件中，将这类机构统称为“经济鉴证类社会中介机构”。“第三方”最显著的法律特征就是“独立性”，所谓的独立性，应该包括以下内涵：①身份的独立性，在该类机构的属性方面，与第一、二方无隶属关系，其组织和成员的任免完全是独立的、自主决定的；②利益的独立性，机构设立的资金来源和经济权益方面，与第一、二方无任何往来和关联；③业务的独立性，依照法律取得准入资格，依照技术规范要求进行专项的技术性工作，依据社会各方面的业务委托，独立地提供检验、评价、鉴定或认证类的专业技术服务；④责任的独立性，此类机构和在机构中的专业人员对技术服务的结果须独立承担法律责任，且机构和专业技术人员个人须分别承担各自的法律责任。

关于“独立第三方”参与行业治理的法律制度设计，国内相关行业已有十余年的法律探索和操作实践。比较典型的行业和领域，如注册会计师和会计师事务所，1994 年全国人大制定发布了《注册会计师法》，明确“注册会计师是依法取得注册会计师证书并接受委托从事审计和会计咨询、会计服务业务的执业人员”，“注册会计师和会计师事务所依法独立、公正执行业务，受法律保护”。法律制度确立了注册会计师及其机构独立的法律地位，注册会计师依法在社会经济活动中发挥鉴证和服务作用。又如，建筑施工监理及其建筑监理机构，2011 年全国人大制定发布了《建筑法》，明确“国家推行建筑工程监理制度”，“实行监理的建筑工程，由建设单位委托具有相应资质条件的工程监理单位监理。建设单位与其委托的工程监理单位应当订立书面委托监理合同”，“工程监理单位与被监理工程的承包单位以及建筑材料、建筑构配件和设备供应单位不得有隶属关系或者其他利害关系”等，法律制度确立了在建筑业治理中，作为“独立第三方”的建筑监理机构参与建筑工程质量监督的法律地位和行为规则。再如，司法鉴定业务的鉴定人及其机构，2005 年，《全国人民代表大会常务委员会关于司法鉴定管理问题的决定》明确，“司法鉴定是指在诉讼活动中鉴定人运用科学技术或者专门知识对诉讼涉及的专门性问题进行鉴别和判断并提供鉴定意见的活动；国家对从事下列司法鉴定业务的鉴定人和鉴定机构实行登记管理制度”，这在涉及国家司法审判领域中，引入社会力量和资源，形成了可以承担司法鉴定业务的独立鉴定人和鉴定机构，由“独立第三方”参与技术性司法鉴定的法律制度。近十余年来，国内相关行业的“独立第三方”方兴未艾，在食品检验、建设项目环境评价、建设工程消防设计、特种设备监督、安全生产许可等诸多领域，均可以看到社会的“独立第三方”正在越来越多地参与行业的治理，并发挥着非常积极的作用。

我们再审视一下这方面的国际经验，“独立第三方”机构参与行业治理，在市场化高度发展的国家和地区有着更加久远的历史和成熟的经验，在诸多低风险产品领域，政府几乎完全依托于“独立第三方”来发挥技术鉴定、检验和论证作用。在食品安全领域，欧盟“从农田到餐桌”的食品质量监管，绝大多数检验检疫事项是由第三方检测机构完成的。在医药等涉及人体健康的风险产品领域，政府也充分借助了社会资源和力量参与安全和风险的治理。在美国，对创新药首轮审评通过率影响因素评估，FDA 就是委托“独立第三方”来承担的。在“肝素钠事件”等药害事件中，对药品不明物质的筛查，FDA 也是委托了“独立第三方”进行技术鉴定。相比之下，在医疗器械安全的治理方面，欧美监管机构更多地借助了第三方的力量，如在医疗器械的检查方面，FDA 对医疗器械进行上市前通告（510K）或者上市前批准（PMA）的审查，其中大约有 8% 是由指定的第三方机构进行技术审评。FDA 还委托“独立第三方”对Ⅱ、Ⅲ类产品的质量管理体系进行 GMP 检查。据了解，目前 FDA 已公布 10 家已通过认证的第三方，可替代 FDA 独立完成现场检查。在欧盟，医疗器械产品技术审查由各成员国监管部门授权“独立第三方”机构即公告机构（Notified Body，NB）来进行，并对评审结果负责。根据有关指令，相对风险较高的产品（如Ⅱa、Ⅱb、Ⅲ类）必须由公告机构来进行符合性评价。在日本，2005 年 4 月颁布的药事法（PAL）的认可体系，对于“需控制的医疗器械”上市前引进了第三方认证制度。市场授权持有人（MAH）或由国外制造商指定的 MAH，必须获得医疗器械认证机构（RCB）的符合性评估或认证。

“独立第三方”参与市场秩序的治理，其一个非常重要的理由在于，政府监管的资源和力量是有限的，政府不可能为企业的所有生产经营活动做“背书”，也无法为可能发生的药品安全风险“买单”。所以，政府必须“有所为有所不为”。如果可以借助和依托社会资源和市场机制参与实现部分的药品安全治理目标，客观上壮大了对这个领域社会治理的力量，社会专业人士和机构的介入对药品风险控制水平可能会有新的提升，政府全过程监督的角色可以变得相对超脱些，政府监管的压力和责任也可以在一定程度上得以缓解。因此，在药品管理的法律制度设计中，应当充分借助社会资源介入行业的规范和治理，在发挥好政府依法监督机制的前提下，积极发挥企业的主体责任，让企业成为真正的对其产品承担责任的主体，同时借助和运用社会资源参与药品和医疗器械安全的治理，以发挥对药品质量安全的市场约束机制，并弥补政府监管资源和力量的不足。

在此，我们可以将“政府独家监管模式”和“社会协同治理模式”进行比较，也许这种比较可以大致勾画出两种模式的区别和优劣（见表1）。

表1 “政府独家监管模式”和“社会协同治理模式”比较

模式比较	主体	社会资源	专业性	责任分担	趋势
监管模式	政府独家全过程监管	未发掘	有,但不够	政府难以不被问责	不符合
治理模式	社会多元主体参与监督	发掘	强,高度分工	各司其职依法问责	符合

三 “独立第三方”参与药品安全治理的形式和发展目标

2017年国务院发布的《“十三五”国家食品安全规划》，将“社会共治”确定为国家食品安全的基本原则之一，明确在食品安全领域要“全面落实企业食品安全主体责任，严格落实地方政府属地管理责任和有关部门监管责任。充分发挥市场机制作用，鼓励和调动社会力量广泛参与，加快形成企业自律、政府监管、社会协同、公众参与的食品安全社会共治格局”。但在同步发布的《“十三五”国家药品安全规划》中，我们没有见到“社会共治”作为药品安全治理原则的类似表述。在食品与药品两个相似领域治理原则的不同表述，折射出在两个监管领域的治理理念的差异。但在近期药监改革新政的密集出台中，我们看到了医药行业中“独立第三方”正在崛起的强烈信号。

中办、国办发布的《关于深化审评审批制度改革鼓励药品医疗器械创新的意见》（厅字〔2017〕42号）中明确提出，“……注册申请人可聘请第三方对临床试验机构是否具备条件进行评估认证”，“药品注册申请人可自行或委托检验机构对临床试验样品出具检验报告”；可以“将药品医疗器械审评纳入政府购买服务范围”。这些政策导向明确了“独立第三方”在临床试验机构资格论证、临床试验样品检验和药品医疗器械上市前审评等方面，可以承担相应的社会角色，未来法律制度应当有相应的配套和修正。

在《〈中华人民共和国药品管理法〉修正案（草案征求意见稿）》中，我们注意到，在临床试验机构备案制度中已明确了第三方评估认证的法律地位；在药品上市许可人制度（MAH 制度）和 GMP、GSP 官方认证取消的大背景下，也会催生对第三方协同管理和第三方评估认证的潜在需求。

正在修订的《药品注册管理办法（修订稿）》第十六条也相应规定，“申请人委托其他机构进行药物研究或者制备的，应当对受托方的条件和质量管理体系进行评估，或者对第三方出具的评估意见进行审查”。

我们相信，未来出台的《药品管理法》中，将会把“独立第三方”作为一支很重要的社会治理力量纳入未来的法律体系中，并在药品和医疗器械研制、生产、流通、使用、进出口活动提供检验、认证、评价等相关技术服务方面发挥越来越重要的作用。

笔者认为，在未来药品安全治理领域，“独立第三方”的服务大致可以包括以下三种形式：①医药生产经营企业自愿寻求第三方服务，通过商事合同的约定，由第三方机构为企业的产品质量和安全提供指导、检验、评价等服务；②政府出资购买服务，政府在对医药产品的评价、检验方面，可以通过政府招标采购，出资委托社会的第三方技术机构协助政府承担某些技术性工作；③法律强制性程序规定，即通过法律规定明确某些高风险药品医疗器械产品和生产经营环节，必须经由政府认定的“独立第三方”机构进行评价或检验。这方面可以参照《证券法》中的证券服务机构的法律地位，如“基金的募集”，必须“经会计师事务所审计的基金管理人和基金托管人近 3 年或者成立以来的财务会计报告；律师事务所出具的法律意见书……”，等等。

药品安全领域的“独立第三方”，未来发展应当设定三大目标：一是“独立性”，如前所述，在机构、资金、业务和责任方面完全体现其独立性，不依附于任何组织；二是“专业性”，这类机构应当由专业的药品医疗器械方面的人员和团队组成，是完全不同于行政管理的技术资源的组合；三是“权威性”，需要通过若干年的发展和筛选，借助市场的优胜劣汰机制，逐步培育起医药领域具有行业认可度和公信力的专业技术机构。

“独立第三方”在参与药品安全治理的领域有着很广阔的发展空间，如参与医疗器械临床试验机构评估认证、参与政府对药品医疗器械产品注册的预审

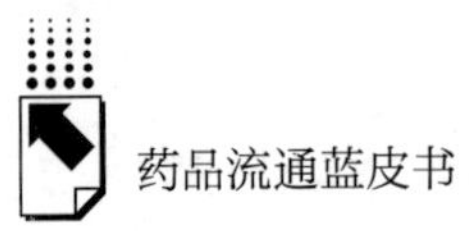

评、参与药品医疗器械生产经营管理能力评估认证、参与药品医疗器械的质量检验和品质鉴定，以及参与药品损害的救济赔偿，等等。

现阶段，药品安全治理改革正在向纵深突破，药品管理法律制度应当确立“独立第三方”的法律地位，为其兴起和成长营造必要的制度环境，为逐步培育这方面的资源和力量奠定制度基础。同时，政府的监管政策要逐步改革和转型，要鼓励和培育社会独立的第三方机构承担药品检验、认证和评价职能，政府监管部门要向独立第三方让渡管理职能，对某些技术性的项目可以向独立第三方购买监管需要的服务。政府还需要研究探索针对独立第三方的行为规则和进行必要的指导，并经过逐步考核和筛选，授权优质的第三方机构参与药品质量和安全的治理。

需要强调的是，政府及其监管部门应当适时研究制定和完善对参与药品安全治理的独立第三方的规制政策，借鉴发达国家和地区以及国内相关行业对独立第三方机构的管理经验，构建和完善此类机构的市场准入、资质授权、技术规范和惩戒退出机制，具体细化对此类机构的利益关联审核制度、定期报告制度、接受检查制度、信息公开制度、纠错程序制度和培训制度等，避免发生在药品安全治理模式改革和转型过程中，独立第三方机构在市场化运作中可能出现的负面问题，以减少治理制度改革带来的社会成本。在这方面，国内相关行业在治理模式改革的推进过程中已经有了诸多的实践探索和经验教训，值得在药品治理制度设计和改革创新中汲取和采纳。

B.9

2017年典型药品批发企业品类市场分析报告

中国医药商业协会*

摘　要： 2017 年典型药品批发企业销售规模进一步扩大，但增速放缓。统计的九大类医药商品中化学药占主导地位，其次是中成药和生物制品，销售格局基本保持不变。生产企业及渠道结构差异明显。药品采购“两票制”的深入实施，使流通环节被压缩，调拨业务受限。慢病人群增加，慢病用药市场持续扩大。随着仿制药一致性评价的开展，本土仿制药企业将进一步发力，以抢占市场份额。

关键词： 品类　渠道　药品批发企业

一　概述

（一）销售总体情况

2017 年，典型药品批发企业销售总额 2897.4 亿元①，占全国药品批发企业销售总额的 18.1%，同比增长 5.4%，但增速渐缓（见表 1）。

---

* 本文由中国医药商业协会信息部组织编写，感谢百洋智能科技周宗霞、郑晓、王凤阳、许宝对本报告涉及数据的技术支持。

① 如无特殊说明，报告中所列数据来自《商务部药品流通行业统计直报企业》中的 35 家典型药品批发企业上报的数据，涵盖北京、天津、上海、重庆、辽宁、黑龙江、江苏、浙江、福建、山东、河南、广东、广西、四川、贵州、陕西、青海、新疆，共计 18 个省、自治区、直辖市。

表1　2015～2017年销售总额和变化

单位：亿元，%

年份	销售总额	同比增长率
2015	2488.30	7.9
2016	2749.11	10.5
2017	2897.37	5.4

（二）各大类医药商品销售情况

据九大类[①]医药商品销售金额统计，化学药近三年均居首位，2017年销售总额2099.5亿元，同比增长6.2%；中成药、医疗器械（含家庭护理）、食品（含保健食品）、药妆品等销售额均保持增长态势，其中医疗器械（含家庭护理）和药妆品虽销售额较低，但增速明显，分别为40.5%和107.8%。生物制品、中药饮片（含中药材）销售额出现负增长，分别为-3.4%、-2.0%（见表2）。

表2　九大类医药商品销售情况

单位：亿元，%

序号	类别	2015年	2016年		2017年	
		销售额	销售额	同比增长	销售额	同比增长
1	化学药	1785.45	1977.50	10.8	2099.54	6.2
2	中成药	414.73	457.27	10.3	473.47	3.5
3	生物制品	213.00	233.32	9.5	225.3	-3.4
4	医疗器械(含家庭护理)	30.00	37.22	24.1	52.29	40.5
5	食品(含保健食品)	19.10	18.36	-3.8	19.03	3.6
6	中药饮片(含中药材)	11.96	13.22	10.6	12.95	-2.0
7	日用品	1.01	1.53	51.6	1.09	-28.5
8	药妆品	2.64	1.82	-31.0	3.78	107.8
9	其他商品	10.42	8.86	-15.0	9.92	11.9

① 九大类医药商品指化学药、中成药、生物制品、中药饮片（含中药材）、医疗器械（含家庭护理）、食品（含保健食品）、药妆品、日用品、其他商品。医疗器械包含仪器设备和包材。

各类商品近三年市场份额和排名变化不大，以 2017 年为例，四大类药品：化学药占 72.5%、中成药占 16.3%、生物制品占 7.8%，稳居前三位，而中药饮片（含中药材）仅占 0.4%；其余各类商品份额较低，均未超过 2%（见表 3、图 1）。

表 3　九大类医药商品销售份额

单位：%

类别	2015 年	2016 年	2017 年
化学药	71.8	71.9	72.5
中成药	16.7	16.6	16.3
生物制品	8.6	8.5	7.8
中药饮片（含中药材）	0.5	0.5	0.4
医疗器械（含家庭护理）	1.2	1.4	1.8
食品（含保健食品）	0.8	0.7	0.7
日用品	0.1	0.1	0.1
药妆品	0.0	0.1	0.0
其他商品	0.4	0.3	0.3

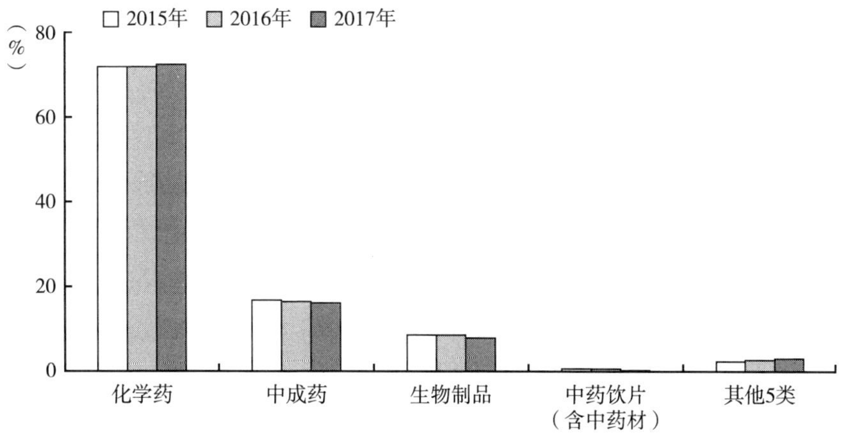

图 1　2015～2017 年各大类医药商品销售份额变化

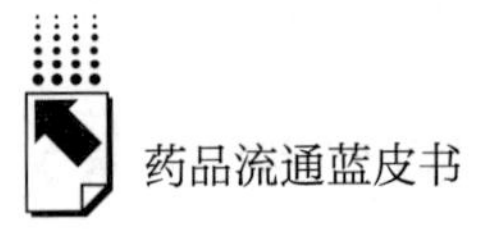

（三）药品销售渠道结构

2017 年按药品（化学药、中成药、生物制品）销售总额 2798.3 亿元，销售渠道分，对批发企业销售额[①] 1027.3 亿元，占药品销售总额的 36.7%；对终端销售额[②] 1771.0 亿元，占药品销售总额的 63.3%。从各终端渠道看，对医院销售额 1474.7 亿元，占终端销售额的 83.3%；对基层医疗机构销售额 186.5 亿元，占终端销售额的 10.5%；对零售药店销售额 95.1 亿元，占终端销售额的 5.4%；对其他渠道销售额 14.8 亿元，占终端销售额的 0.8%。

（四）化学药、中成药和生物制品品种、品规和生产企业数量统计

2017 年数据涵盖 7576 个药品品种[③]，其中化学药品种 2197 个（占比 29.00%，下同），中成药品种 5199 个（68.62%）、生物制品品种 180 个（2.38%）。

2017 年数据涵盖 21459 个药品品规，其中化学药品规 10225 个（47.65%）、中成药品规 10429 个（48.60%）、生物制品品规 805 个（3.75%）。上述药品，共涉及药品生产企业 4510 家，其中跨国企业 744 家、本土企业 3766 家（见表 4）。

表 4　2015～2017 年药品的品种、品规及生产企业统计

单位：个，家

类别		2015 年	2016 年	2017 年
品种	化学药	2142	2113	2197
	其中:非处方药(OTC)	477	473	480
	国家基本药物(2012 年版)	338	340	346
	国家医保药品(2009 年版)	980	993	1007
	国家医保药品(2017 年版)	1036	1053	1069

① 对批发企业销售，即经营模式中的调拨，包括对省内和省外的批发企业的销售。

② 对终端销售包括对医院、基层医疗机构和零售药店的销售，其中医院、基层医疗机构均为医疗机构。

③ 品种数量按药品通用名进行统计。

续表

类别		2015 年	2016 年	2017 年
品种	中成药	4986	4894	5199
	其中:非处方药(OTC)	1777	1800	1820
	国家基本药物(2012 年版)	379	383	388
	国家医保药品(2009 年版)	1516	1504	1523
	国家医保药品(2017 年版)	1708	1694	1753
	生物制品	178	176	180
	其中:非处方药(OTC)	12	12	13
	国家基本药物(2012 年版)	27	28	29
	国家医保药品(2009 年版)	26	23	33
	国家医保药品(2017 年版)	31	28	38
	合计	7306	7183	7576
品规	化学药	8417	8615	10225
	中成药	8929	9025	10429
	生物制品	644	683	805
	合计	17990	18323	21459
生产企业	跨国企业	604	628	744
	本土企业	3466	3616	3766
	合计	4070	4244	4510

（五）非处方药（OTC）销售情况

2017 年非处方药（OTC）销售总额243.8 亿元，同比增长3.3%，增速同比下降5.1 个百分点。化学药 OTC 销售额 129.3 亿元，占化学药销售总额的 6.2%；生物制品 OTC 销售额 5.2 亿元，占生物制品销售总额的 2.3%；中成药 OTC 销售额 109.3 亿元，占中成药销售总额的 23.1%。2015 ~2017 年，OTC 销售额占三大类药品销售总额的比例分别为 9.0%、8.8% 和 8.7%（见表 5）。

表 5　2015～2017 年非处方药（OTC）销售情况

单位：亿元，%

OTC 药品分类		2015 年	2016 年	2017 年
化学药	销售额	116.79	127.46	129.28
	同比增长	—	9.1	1.4
	占化学药销售额比例	6.5	6.4	6.2
中成药	销售额	96.54	103.63	109.26
	同比增长	—	7.3	5.4
	占中成药销售额比例	23.3	22.7	23.1
生物制品	销售额	4.41	4.89	5.21
	同比增长	—	11.0	6.5
	占生物制品销售额比例	2.1	2.1	2.3
合计	销售额	217.74	235.99	243.75
	同比增长	—	8.4	3.3
	占全部药品销售额比例	9.0	8.8	8.7

二　化学药、生物制品和中成药生产企业构成情况

2017 年，化学药、生物制品和中成药这三大类药品销售总金额 2798.3 亿元①，同比增长 4.9%；跨国企业药品销售额 1205.2 亿元，同比增长 0.7%，增速较上年降低 5.6 个百分点；本土企业药品销售额 1593.1 亿元，同比增长 8.3%，增速较上年降低 6.0 个百分点。

（一）本土和跨国生产企业销售额占比

2015～2017 年销售以本土企业为主，跨国企业份额呈逐年下降趋势，2017 年跨国企业销售占比 43.1%、本土企业为 56.9%（见图 2）。

（二）三大类药品生产企业销售结构

2015～2017 年，本土和跨国生产企业在三大类药品中所占份额差距明显。

① 本部分药品仅包含化学药、生物制品和中成药三类。

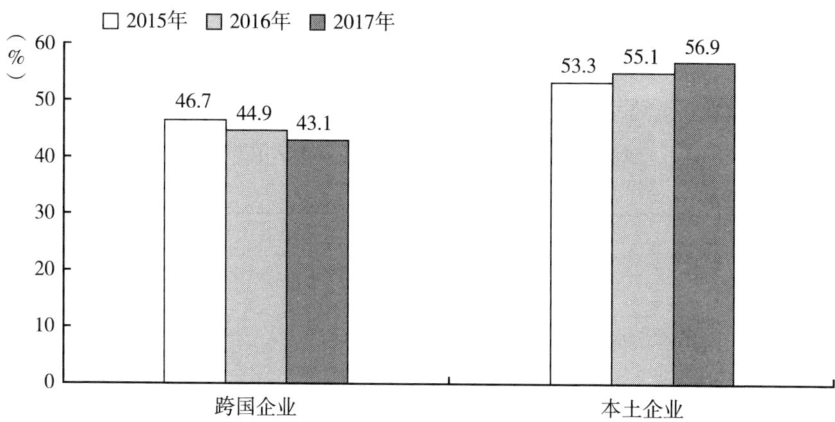

图2　2015～2017年按销售额统计的药品生产企业占比

在化学药市场上跨国企业的份额略高于本土企业，在生物制品市场上以跨国企业为主，跨国企业、本土企业销售额比例约7∶4，在中成药市场上本土企业占绝对优势，份额保持在97%以上（见图3）。

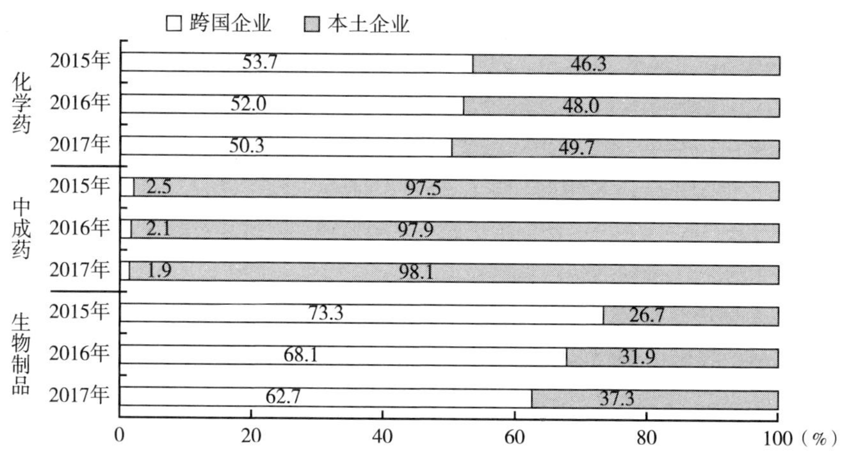

图3　2015～2017年本土和跨国生产企业三大类药品份额对比

（三）药品生产企业销售排名

2017年销售额排序前20位的本土生产企业药品销售总额458.1亿元，占本土企业药品销售总额的28.8%，其中华润医药、江苏恒瑞、正大天晴药业排前三位（见表6）。

表6　2017年本土生产企业药品销售额排序

单位：万元，%

序号	本土企业	2017年销售额	销售占比
1	华润医药	383364	2.4
2	江苏恒瑞	358600	2.3
3	正大天晴药业	320395	2.0
4	上海医药	297876	1.9
5	齐鲁制药	275083	1.7
6	天津医药	262782	1.6
7	步长制药	258832	1.6
8	扬子江药业集团	231603	1.5
9	中国医药集团	229988	1.4
10	复星医药	222290	1.4
11	华东医药	215478	1.4
12	天士力控股	207129	1.3
13	石药集团	199321	1.3
14	海正药业	195629	1.2
15	深圳信立泰药业	185422	1.2
16	江苏豪森	172045	1.1
17	鲁南制药	149308	0.9
18	广药集团	141518	0.9
19	江西济民可信集团	140493	0.9
20	人福集团	133355	0.8
合计		4580509	28.8

2017年销售额排序前20位跨国生产企业药品销售总额891.2亿元，占跨国企业药品销售总额的73.9%，其中辉瑞、阿斯利康和罗氏排前三位（见表7）。

表7　2017年跨国生产企业药品销售额排序

单位：万元，%

序号	跨国企业	2017年销售额	销售占比
1	辉瑞	1001658	8.3
2	阿斯利康	892037	7.4
3	罗氏	805863	6.7
4	勃林格殷格翰	791836	6.6

续表

序号	跨国企业	2017 年销售额	销售占比
5	赛诺菲	767804	6.4
6	拜耳	760968	6.3
7	诺华	619719	5.1
8	葛兰素史克	442017	3.7
9	默沙东	356033	3.0
10	诺和诺德	343426	2.8
11	默克	341029	2.8
12	强生	313910	2.6
13	费森尤斯卡比	255823	2.1
14	雅培	216083	1.8
15	礼来	206409	1.7
16	卫材	202011	1.7
17	施维雅	155788	1.3
18	百特	152595	1.3
19	安斯泰来	145805	1.2
20	第一三共	141230	1.2
合计		8912043	73.9

三　主要治疗领域（TA）药品销售情况

本部分按世界卫生组织（WHO）《ATC 分类目录》收载的 14 类化学药和生物制品［主要治疗领域（TA）① 药品］纳入统计，不含全部中成药、部分我国独有但未纳入 ATC 目录的化学药和生物制品。

2017 年 TA 药品销售总额 2294.5 亿元，同比增长 4.9%，增速同比下降 4.7 个百分点，占全年所有医药商品销售总额的 79.2%（见表 8）。

① 主要治疗领域（TA）：此分类基于世界卫生组织制定的 ATC 分类系统，指 ATC 分类系统的 1 级代码对应的治疗领域，如“A”对应消化道和代谢方面的药物，1 级分类对应 14 个治疗领域。

表8　2015～2017年主要治疗领域药品销售情况

单位：亿元，%

序号	主要治疗领域	2015年		2016年			2017年		
		销售额	占比	销售额	占比	同比增长	销售额	占比	同比增长
1	消化道和代谢方面的药物	391.59	19.6	406.47	18.6	3.8	408.4	17.8	0.5
2	心血管系统药物	306.02	15.3	335.42	15.3	9.6	356.0	15.5	6.1
3	全身用抗感染药物	288.57	14.4	294.63	13.5	2.1	305.4	13.3	3.7
4	抗肿瘤药及免疫调节剂	240.91	12.1	276.09	12.6	14.6	289.9	12.6	5.0
5	神经系统药物	189.19	9.5	216.54	9.9	14.5	231.8	10.1	7.0
6	血液和造血器官药物	180.82	9.1	207.90	9.5	15.0	217.5	9.5	4.6
7	呼吸系统药物	125.65	6.3	144.25	6.6	14.8	156.2	6.8	8.3
8	肌肉—骨骼系统药物	71.72	3.6	80.55	3.7	12.3	94.3	4.1	17.1
9	杂类	54.07	2.7	58.72	2.7	8.6	63.50	2.8	8.1
10	泌尿生殖系统药和性激素药物	44.75	2.2	53.62	2.5	19.8	49.77	2.2	-7.2
11	除性激素和胰岛素外的全身激素制剂	38.03	1.9	42.58	1.9	12.0	44.49	1.9	4.5
12	皮肤病药物	32.97	1.7	36.55	1.7	10.9	38.97	1.7	6.6
13	感觉器官药物	29.67	1.5	30.99	1.4	4.4	33.44	1.5	7.9
14	抗寄生虫药、杀虫药和驱虫药	3.15	0.2	3.93	0.2	24.8	4.35	0.2	10.7
合计		1997.10	100.0	2188.22	100.0	9.6	2294.48	100.0	4.9

2017年，14类药物中仅“泌尿生殖系统药和性激素药物”出现负增长，其他类药物销售额都较2016年有增加，但除“肌肉—骨骼系统药物”“全身用抗感染药物”“感觉器官药物”之外，其他类药物2017年增幅均较2016年有所回落。

（一）TA各类药品销售额占比和排名

2015～2017年，14类TA药品销售额排名无变化，“消化道和代谢方面的药物”稳居首位，2017年该类药品销售额占所有TA药品销售总额的17.8%（见图4）。

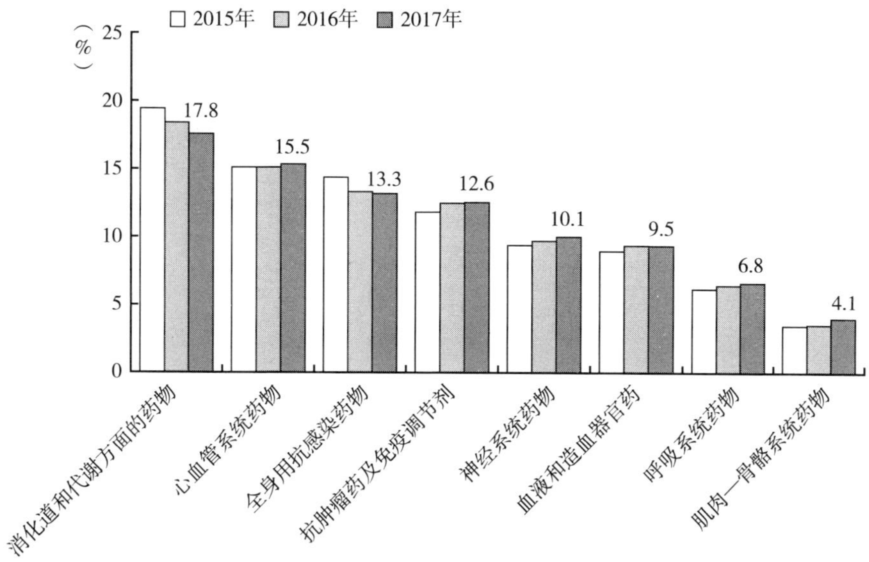

图4　2015～2017 年主要治疗领域药品前 8 类销售份额变化

（二）TA 药品的本土和跨国生产企业份额

2015～2017 年，跨国企业的份额均超过本土生产企业份额，但两者差距在逐年缩小（见表9）。

以 2017 年为例，本土企业的优势品种包括肌肉—骨骼系统药物（65.7%）、神经系统药物（60.5%）、全身用抗感染药物（55.0%）、血液和造血器官药物（52.0%）（见表9、图5）。

表9　2015～2017 年主要治疗领域生产企业销售份额

单位：%

序号	主要治疗领域	2015 年		2016 年		2017 年	
		本土	跨国	本土	跨国	本土	跨国
1	消化道和代谢方面的药物	39.3	60.7	43.2	56.8	45.4	54.6
2	心血管系统药物	43.1	56.9	44.2	55.8	45.3	54.7
3	全身用抗感染药物	51.9	48.1	53.9	46.1	55.0	45.0
4	抗肿瘤药及免疫调节剂	38.6	61.4	38.8	61.2	40.6	59.4

续表

序号	主要治疗领域	2015 年		2016 年		2017 年	
		本土	跨国	本土	跨国	本土	跨国
5	神经系统药物	58.3	41.7	59.9	40.1	60.5	39.5
6	血液和造血器官药物	50.7	49.3	51.3	48.7	52.0	48.0
7	呼吸系统药物	23.5	76.5	25.3	74.7	27.4	72.6
8	肌肉—骨骼系统药物	58.4	41.6	58.5	41.5	65.7	34.3
9	杂类	66.0	34.0	69.5	30.5	71.0	29.0
10	泌尿生殖系统药和性激素药物	25.5	74.5	23.8	76.2	29.8	70.2
11	除性激素和胰岛素外的全身激素制剂	19.7	80.3	22.4	77.6	28.1	71.9
12	皮肤病药物	36.1	63.9	36.6	63.4	46.9	53.1
13	感觉器官药物	40.6	59.4	40.8	59.2	44.8	55.2
14	抗寄生虫药、杀虫药和驱虫药	43.3	56.7	41.1	58.9	45.5	54.5
	总计	44.1	55.9	45.7	54.3	47.9	52.1

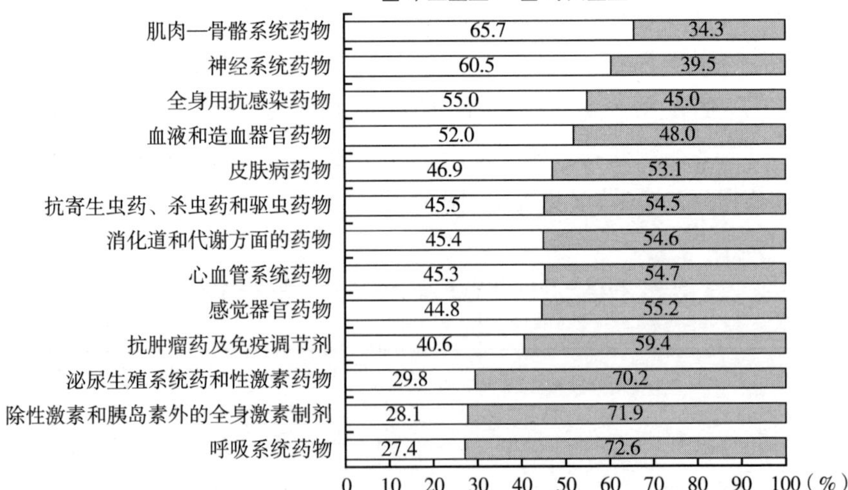

图 5　2017 年主要治疗领域药品供应商销售结构

四 不同销售渠道药品销售情况

2017 年，“两票制”在综合医改试点 11 个省和公立医院改革试点 200 个市的推行，对药品销售渠道结构产生了一定的影响。

（一）各销售渠道构成比变化

2017 年对批发企业销售占比 36.7%，较 2016 年下降 3.4 个百分点；对终端的销售占比从 2016 年的 59.9% 增至 2017 年的 63.3%。在终端上，2015～2017 年，对医院的销售占比均超过 82%，对基层医疗机构、零售药店销售占比相对稳定（见表 10）。

表 10　2015～2017 年对各销售渠道的结构

单位：%

类别	2015 年	2016 年	2017 年
对批发企业	40.1	40.1	36.7
对终端	59.9	59.9	63.3
其中:对医院	83.4	82.9	83.3
对基层医疗机构	10.3	10.8	10.5
对零售药店	4.8	5.3	5.4
对其他	1.5	0.9	0.8

相应的，2017 年三大类药品（化学药、生物制品和中成药）对批发企业的销售所占份额较 2016 年分别降低 3.1 个、11.0 个和 0.9 个百分点，对终端的销售占比均相应增长（见表 11）。

表 11　2015～2017 年各类药品销售渠道结构

单位：%

类别		2015 年	2016 年	2017 年
化学药	对批发企业	40.5	40.9	37.8
	对终端	59.5	59.1	62.2

续表

类别		2015 年	2016 年	2017 年
生物制品	对批发企业	51.5	48.3	37.3
	对终端	48.5	51.7	62.7
中成药	对批发企业	32.5	32.5	31.6
	对终端	67.5	67.5	68.4

（二）化学药销售渠道构成

2015～2017 年，化学药（26 大类[①]）对终端渠道的品类销售结构差异明显。在基层医疗机构和零售药店销售渠道上，心脑血管系统用药物均居首位；而在医院销售渠道上，神经系统用药物居首位，心脑血管系统用药物次之（见表 12）。

（三）中成药销售渠道构成

2015～2017 年中成药（22 大类[②]）对医院、基层医疗机构的品类销售结构差异相对较小，对零售药店的品类销售结构与前两者有明显差异。对各终端渠道销售的理血剂均居首位；相较而言，对零售药店销售的理血剂、祛湿剂等占比相比其他渠道较低，对零售药店销售的补益剂、祛痰剂、解表剂、安神剂和五官用药等占比相比其他渠道较高（见表 13）。

2015～2017 年典型药品批发企业对医疗机构销售的中成药大类中，理血剂销售份额稳定在 30% 以上，对零售药店其销售份额稳定在 21% 以上。理血剂是以理血药为主配伍组成，具有活血化瘀、止血作用，治疗瘀血证和出血证方剂的统称，此大类中活血类销售额占比最高。对各终端渠道销售的活血类均超过 80%。相对而言，对基层医疗机构销售的活血类在该渠道销售份额较高，2017 年高达 90.8%；对医院销售的活血养血类在该渠道销售份额近 12%，而对基层医疗机构、零售药店销售的活血养血类对应渠道的销售份额仅在6%～8%（见表 14）。

① 化学药大类依据《国家药管平台药品分类编码与基本数据库》药品分类。

② 中成药大小类依据《国家药管平台药品分类编码与基本数据库》药品分类。

表 12　2015～2017 年化学药各品类在各渠道的销售构成

单位：%

化学药大类	对终端销售额占比									对批发企业销售额占比		
	医院			基层医疗机构			零售药店					
	2015 年	2016 年	2017 年	2015 年	2016 年	2017 年	2015 年	2016 年	2017 年	2015 年	2016 年	2017 年
心脑血管系统用药物	12.6	12.5	12.7	24.5	22.9	23.3	16.0	15.5	15.3	17.0	17.1	17.7
神经系统用药物	14.0	14.0	13.5	12.6	13.1	12.8	14.4	13.0	11.8	11.4	12.0	12.6
抗生素类药物	11.0	10.7	10.7	13.6	12.5	11.2	3.6	3.5	3.3	7.4	7.1	7.7
激素及调节内分泌功能类药物	7.2	7.1	7.4	12.3	12.2	11.7	10.9	11.5	10.8	13.8	12.6	11.1
消化系统用药物	9.9	9.8	9.5	7.3	7.6	7.2	6.5	6.5	6.2	10.0	10.0	8.9
抗肿瘤药物	7.6	7.7	7.9	3.6	4.1	4.3	13.8	14.9	14.8	4.6	4.9	5.6
呼吸系统用药物	4.6	4.9	5.1	4.1	4.3	4.3	5.0	4.6	4.4	8.9	9.1	9.5
血液系统用药物	5.7	5.8	5.7	4.7	5.2	5.6	3.8	4.4	4.9	3.1	3.4	3.4
维生素类、矿物质类及营养类药物	4.5	4.5	4.4	3.7	3.9	3.9	5.7	4.8	6.0	6.0	5.7	5.1
专科用药物	3.1	3.1	3.2	2.8	2.6	2.8	6.1	6.4	7.0	3.9	4.5	4.4
调节免疫功能药物	3.6	3.5	3.2	1.8	1.9	1.7	3.0	2.9	2.7	2.2	2.2	1.7
抗病毒药物	2.3	2.1	1.9	1.1	1.8	1.9	4.5	3.7	3.4	2.2	1.8	2.0
麻醉及其辅助用药物	2.1	2.3	2.2	0.7	0.9	1.0	0.4	0.5	0.5	1.0	1.0	1.1
泌尿系统用药物	1.8	1.7	1.7	1.3	1.6	1.7	2.5	2.2	2.0	1.4	1.3	1.3
糖类、盐类与酸碱平衡调节药物	2.3	2.2	2.1	1.0	1.0	1.0	0.2	0.2	0.2	0.9	1.0	0.8
其他化学大类合计	7.5	8.1	8.9	4.8	5.5	5.8	3.4	5.4	6.8	6.1	6.4	7.3

表 13　2015 ~ 2017 年中成药各品类在各渠道的销售结构

单位：%

中成药大类	对各终端销售的中成药大类药物销售额占比									对批发企业销售的中成药大类药物销售额占比		
	医院			基层医疗机构			零售药店					
	2015 年	2016 年	2017 年	2015 年	2016 年	2017 年	2015 年	2016 年	2017 年	2015 年	2016 年	2017 年
理血剂	31.0	31.0	31.0	38.2	37.3	38.4	25.2	22.7	21.9	31.5	31.6	32.1
清热剂	21.6	21.8	21.2	15.3	16.1	16.1	19.1	20.5	19.3	17.1	18.2	18.9
补益剂	18.5	18.0	17.4	16.0	16.7	16.5	19.0	20.5	21.3	18.5	18.5	17.5
祛湿剂	8.4	8.5	8.9	7.1	7.2	6.9	6.7	6.4	6.1	6.1	5.4	6.3
祛痰剂	3.4	3.8	4.2	6.1	5.9	5.2	6.1	6.7	7.6	4.5	4.6	4.8
解表剂	1.6	1.9	2.1	3.1	2.8	2.5	3.9	4.0	4.0	5.0	4.6	4.6
疏风剂	2.4	2.3	2.5	3.2	3.4	3.5	3.5	3.1	2.6	3.4	3.0	2.7
民族药	3.4	3.1	3.0	1.7	1.7	2.0	3.1	2.5	2.5	2.3	2.1	2.3
安神剂	1.7	1.7	1.6	1.8	1.4	1.2	3.3	3.6	4.5	3.8	3.9	2.7
理气剂	1.5	1.6	1.7	1.7	1.8	1.8	2.4	2.3	2.2	2.4	2.3	2.5
五官用药	1.7	1.7	1.9	1.6	1.6	1.7	2.7	2.9	3.1	1.9	2.0	2.0
开窍剂	2.1	2.1	2.0	2.0	1.8	1.8	0.7	0.7	0.6	1.4	1.4	1.4
妇科用药	1.1	1.0	0.9	0.9	0.8	0.7	1.7	1.5	1.4	0.8	0.8	0.7
消食剂	0.3	0.3	0.4	0.2	0.2	0.2	0.8	0.6	0.6	0.5	0.4	0.4
温里剂	0.6	0.5	0.4	0.4	0.4	0.4	0.2	0.2	0.2	0.2	0.2	0.3
其他类合计	0.6	0.8	1.0	0.7	0.9	1.2	1.4	1.9	2.2	0.7	1.0	0.8

表 14　2015～2017 年理血剂对终端渠道品类销售结构

单位：%

渠道	年份	活血	活血养血	其他理血剂	止血
医院	2015	82.2	12.0	4.1	1.7
	2016	81.8	11.7	4.3	2.1
	2017	82.2	11.8	4.0	2.0
基层医疗机构	2015	90.8	6.5	2.2	0.6
	2016	90.4	6.6	2.3	0.7
	2017	90.8	6.2	2.1	0.9
零售药店	2015	86.5	7.0	5.5	0.9
	2016	86.5	7.4	5.3	0.8
	2017	87.8	6.1	5.1	1.0

（四）药品销售渠道生产企业份额结构

从各终端渠道看，2015～2017 年对批发企业销售的药品中跨国企业份额明显高于本土企业，但二者之间差距逐年缩小。对医院和基层医疗机构销售的药品中，以本土企业为主体，且结构基本稳定。对零售药店销售的药品中，跨国企业份额略高于本土企业，占比稳定在56%左右（见表 15）。

表 15　2015～2017 年典型药品批发企业各销售渠道药品供应商结构

单位：%

渠道		2015 年		2016 年		2017 年	
		跨国企业	本土企业	跨国企业	本土企业	跨国企业	本土企业
批发企业		62.2	37.8	60.5	39.5	55.7	44.3
终端	医院	35.6	64.4	34.3	65.7	35.7	64.3
	基层医疗机构	30.3	69.7	30.1	69.9	32.8	67.2
	零售药店	56.5	43.5	56.2	43.8	55.7	44.3

（五）对医院销售品种排序

2017 年对医院药品销售进行排序，前 20 位药品销售额合计占对医院销售总额的 9.9%，排前 3 位药品分别是赛诺菲（杭州）制药有限公司生产的硫酸氢氯吡格雷片（波立维）、辉瑞制药有限公司生产的阿托伐他汀钙片

（立普妥）、深圳信立泰药业股份有限公司生产的硫酸氢氯吡格雷片（泰嘉）（见表16）。

表16　2017年对医院销售额前20位药品排序

单位：万元，%

序号	药品名称	药品供应商	年销售额	占比
1	硫酸氢氯吡格雷片	赛诺菲(杭州)制药有限公司	156219.48	1.1
2	阿托伐他汀钙片	辉瑞制药有限公司	124292.50	0.8
3	硫酸氢氯吡格雷片	深圳信立泰药业股份有限公司	101759.27	0.7
4	吸入用布地奈德混悬液	AstraZeneca Pty Ltd	100163.16	0.7
5	注射用头孢哌酮钠舒巴坦钠	辉瑞制药有限公司	85857.50	0.6
6	阿卡波糖片	Bayer Vital GmbH	79217.32	0.5
7	苯磺酸氨氯地平片	辉瑞制药有限公司	76510.68	0.5
8	丹红注射液	山东丹红制药有限公司	62972.89	0.4
9	注射用曲妥珠单抗	Roche Pharma(Schweiz)Ltd.	62551.75	0.4
10	盐酸二甲双胍片	中美上海施贵宝制药有限公司	62393.68	0.4
11	甘精胰岛素注射液	Sanofi-Aventis Deutschland GmbH	60410.17	0.4
12	注射用丹参多酚酸盐	上海绿谷制药有限公司	59705.11	0.4
13	门冬胰岛素30注射液	丹麦诺和诺德公司	59426.99	0.4
14	恩替卡韦片	中美上海施贵宝制药有限公司	59041.53	0.4
15	康莱特注射液	浙江康莱特集团有限公司	57387.58	0.4
16	氟比洛芬酯注射液	北京泰德制药股份有限公司	53131.41	0.4
17	注射用亚胺培南西司他丁钠	Merck Sharp & Dohme Corp.	52318.71	0.4
18	恩替卡韦分散片	正大天晴药业集团股份有限公司	52040.90	0.4
19	卡培他滨片	上海罗氏制药有限公司	50926.17	0.3
20	硝苯地平控释片	Bayer Pharma AG	50837.42	0.3

（六）对基层医疗机构销售品种排序

2017年对基层医疗机构销售额进行排序，前20位药品销售额合计占对基层医疗机构销售总额的15.9%，排前3位的药品分别是赛诺菲（杭州）制药有限公司生产的硫酸氢氯吡格雷片（波立维）、Bayer Vital GmbH生产的阿卡波糖片（拜唐苹）、辉瑞制药有限公司生产的阿托伐他汀钙片（立普妥）（见表17）。

表17　2017年对基层医疗机构销售额前20位药品排序

单位：万元，%

序号	药品名称	药品供应商	年销售额	占比
1	硫酸氢氯吡格雷片	赛诺菲（杭州）制药有限公司	27963.46	1.5
2	阿卡波糖片	Bayer Vital GmbH	27906.69	1.5
3	阿托伐他汀钙片	辉瑞制药有限公司	24051.51	1.3
4	硝苯地平控释片	Bayer Pharma AG	18197.85	1.0
5	厄贝沙坦氢氯噻嗪片	Sanofi Pharma Bristol-Myers Squibb SNC	17024.45	0.9
6	硫酸氢氯吡格雷片	深圳信立泰药业股份有限公司	16475.66	0.9
7	苯磺酸氨氯地平片	辉瑞制药有限公司	15704.09	0.8
8	复方丹参滴丸	天津天士力制药股份有限公司	15550.85	0.8
9	恩替卡韦分散片	正大天晴药业集团股份有限公司	13961.79	0.7
10	门冬胰岛素30注射液	丹麦诺和诺德公司	13020.99	0.7
11	甘精胰岛素注射液	Sanofi-Aventis Deutschland GmbH	12567.02	0.7
12	苯磺酸左旋氨氯地平片	施慧达药业集团（吉林）有限公司	12165.98	0.7
13	缬沙坦胶囊	北京诺华制药有限公司	11754.54	0.6
14	脑心通胶囊	陕西步长制药有限公司	11265.44	0.6
15	阿卡波糖片	杭州中美华东制药有限公司	11074.14	0.6
16	盐酸二甲双胍片	中美上海施贵宝制药有限公司	10539.35	0.6
17	格列美脲片	赛诺菲（北京）制药有限公司	9318.14	0.5
18	麝香保心丸	上海和黄药业有限公司	8821.19	0.5
19	稳心颗粒7	山东步长制药有限公司	8600.23	0.5
20	缬沙坦氨氯地平片（Ⅰ）	Novartis Pharma Schweiz AG	8542.11	0.5

五　国家基本药物及医保药品销售情况

（一）国家基本药物销售情况

2017年典型药品批发企业国家基本药物（简称：基药，即《国家基本药物目录2012年版》）销售额501.7亿元，同比增长6.3%，占药品销售总额[①]的17.9%（见表18）。

表18　2015～2017年国家基本药物销售情况

单位：亿元，%

年份	国家基本药物销售额	同比增长	占比
2015	436.55	—	18.1
2016	472.06	8.1	17.7
2017	501.70	6.3	17.9

化学药为基药销售的主体，以2017年为例，化学药销售370.80亿元，占比为73.9%（见表19）。

表19　2015～2017年国家基本药物品类销售情况

单位：亿元，%

类别	2015年		2016年		2017年	
	销售额	占比	销售额	占比	销售额	占比
化学药	316.86	72.6	342.80	72.6	370.80	73.9
生物制品	17.34	4.0	17.12	3.6	11.55	2.3
中成药	102.34	23.4	112.14	23.8	119.35	23.8

（二）国家医保药品销售情况

以《国家医保目录2009版》收录药品为标准，2017年国家医保药品销售额1846.1亿元，同比增长4.7%，增速同比下降4.7个百分点，占药品销售总额的66.0%，品种总数量为2563个。

2015～2017年国家医保药品销售规模不断增长，销售额占比保持稳定（见表20）。

化学药为国家医保药品销售的主体，以2017年为例，化学药销售1456.93亿元，占比为78.9%（见表21）。

---

① 药品销售总额仅指化学药、中成药和生物制品三类药品的销售总额。

表20　2015～2017年国家医保药品销售情况

单位：亿元，%

年份	国家医保药品销售额(2009年版)	同比增长	占比
2015年	1610.96	—	66.8
2016年	1763.17	9.4	66.1
2017年	1846.06	4.7	66.0

表21　2015～2017年国家医保药品品类销售情况

单位：亿元，%

类别	2015年		2016年		2017年	
	销售额	占比	销售额	占比	销售额	占比
化学药	1263.24	78.4	1386.61	78.6	1456.93	78.9
生物制品	49.49	3.1	45.06	2.6	47.45	2.6
中成药	298.23	18.5	331.50	18.8	341.68	18.5

六　重点品种市场分析

（一）我国慢病人群及主要疾病现状

随着我国工业化、城镇化、老龄化进程加快及居民生活方式的变化，慢性病成为国人健康的最大威胁，且我国慢性病人群呈现年轻化趋势，尤其以心脑血管类疾病、恶性肿瘤影响最大。据统计，2015年，在我国超过65%的死亡归因于心脑血管疾病和恶性肿瘤。随着患者需求的增加，相关药物市场需求不断扩大。

（二）心脑血管系统用药物分析

1. 心脑血管系统用药物总体情况

2015～2017年化学药市场销售中，心脑血管系统用药物稳居首位。2017年，心脑血管系统用药物销售额321.4亿元，同比增长7.5%，占药品（化学

a.农村

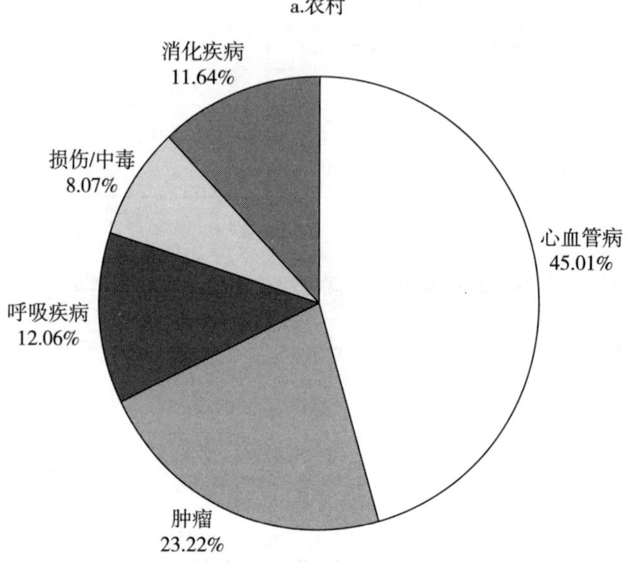

b.城市

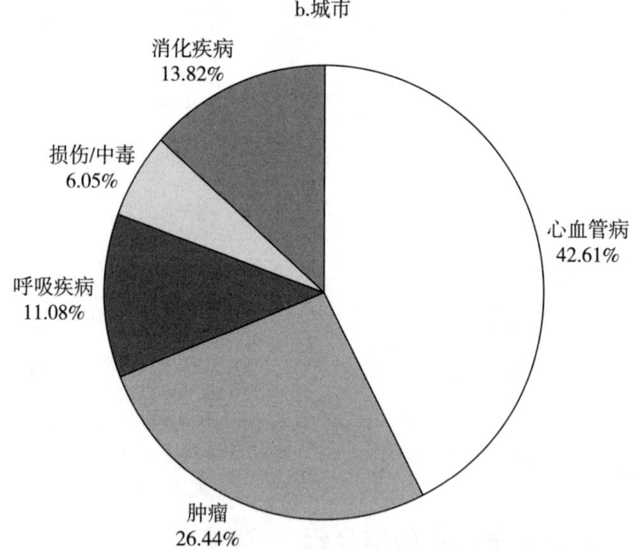

图6　2015 年中国农村和城市居民主要疾病死因构成

资料来源：《中国心血管病报告 2017》。

药、中成药和生物制品）销售额的11.5%。

从销售渠道看，心脑血管系统用药物2017年对批发企业销售占比下降2.6个百分点，对医院、基层医疗机构、零售药店销售占比均略有增加（见表22）。

表22　2016～2017年心脑血管系统用药物渠道结构

单位：%

渠道	2016年	2017年
对批发企业销售	46.3	43.7
对医院销售	41.3	43.7
对基层医疗机构销售	8.7	9.1
对零售药店销售	2.9	3.0
其他	0.9	0.5

从小类看，心脑血管系统用药物50%以上的销售额来自抗高血压药，在各终端渠道均居心脑血管系统用药的首位，其中在基层医疗机构和零售药店销售的抗高血压药占比都接近七成（见表23）。

表23　2015～2017年心脑血管系统用药对终端渠道品类销售结构

单位：%

渠道	年份	抗高血压药	调节血脂药及抗动脉粥样硬化药	防治心绞痛药	其他
对医院销售	2015	52.3	22.1	7.0	18.7
	2016	51.1	22.0	7.3	19.5
	2017	52.8	23.9	6.3	17.0
对基层医疗机构销售	2015	68.2	18.2	3.8	9.8
	2016	68.9	20.4	4.0	6.8
	2017	67.0	22.5	3.8	6.7
对零售药店销售	2015	68.9	21.6	3.5	6.0
	2016	69.2	22.5	3.5	4.8
	2017	66.4	23.8	3.2	6.6

从生产企业份额看，跨国企业占比较大，但本土企业增长较快（见表24）。

表24　2015～2017年心脑血管系统用药物生产企业结构

单位：亿元，%

生产企业类型	2015年	2016年		2017年	
	销售额	销售额	同比增长	销售额	同比增长
本土企业	103.2	118.4	14.7	132.4	11.9
跨国企业	168.7	180.6	7.1	189.0	4.6

2. 心脑血管系统用药物品种排名

2015～2017年，心脑血管系统用药物居化学药销售首位。心脑血管系统用药物销售前10品种中，有6种同比增长率超过10%。在这10个品种中，7种是抗高血压药，2种是调节血脂药及抗动脉粥样硬化药（见图7）。

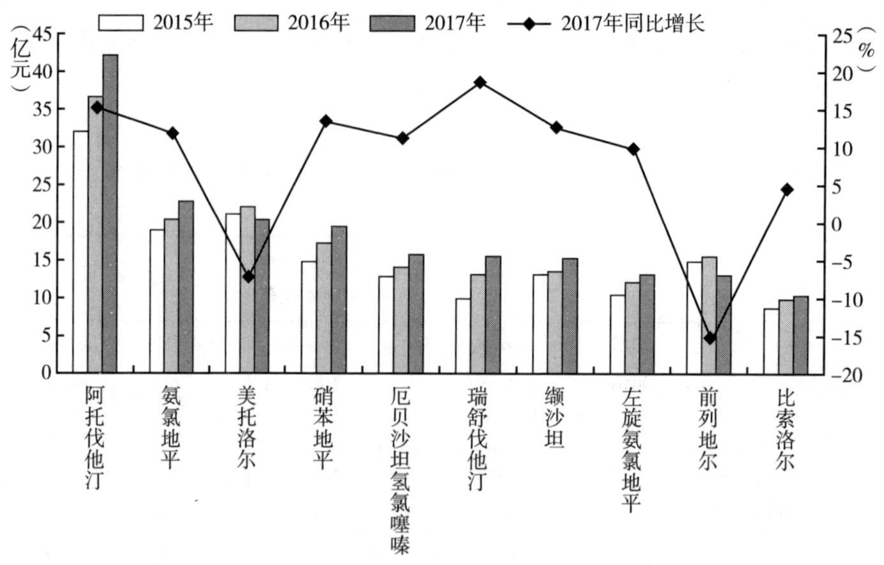

图7　2015～2017年心脑血管系统用药物销售前10个品种

3. 心脑血管系统用药物生产企业结构

2015～2017年，心脑血管系统用药物的生产企业销售额排前10名的厂家中，8 家是跨国企业，2 家是本土企业，但从 2017 年厂家销售额同比增长来看，这 2 家本土企业年增长率在这 10 家企业增长率排名中居第 2 位和第 4 位。

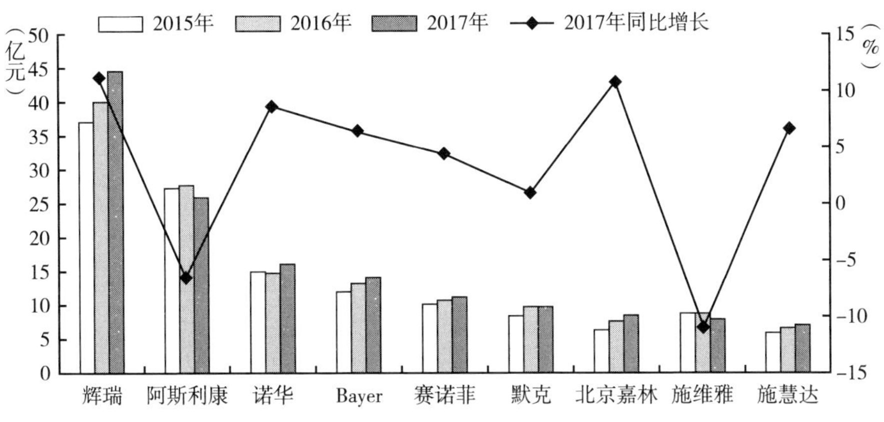

图 8　2015～2017 年心脑血管系统用药物生产企业 TOP9

七　结论

（一）药品市场规模稳步增长，九大类医药商品销售结构相对稳定

2017 年药品市场受到“两票制”、医保控费等政策的影响，销售增速较上年放缓。但 2017 年版医保目录的实施，开拓新的药品消费需求，推动了药品市场规模稳步增长。2015～2017 年典型药品批发企业销售总额年复合增长率为 7.9%，九大类医药商品销售结构相对稳定，化学药销售额占九大类销售额的 71% 以上且逐年增长，生物制品占比在 7%～9%，中成药占比维持在 16% 以上。

（二）跨国企业销售增速明显放缓，业务架构调整和本土化创新或能实现持续增长

从 2017 年药品生产企业销售结构来看，跨国企业市场份额逐年下降，

2015~2017年化学药市场跨国企业的市场份额高于本土企业，但差距逐年缩小，生物制品市场跨国企业份额从2015年的73.3%下降至2017年的62.7%，下降明显。随着2017年医改政策频出，跨国企业的产品价格和技术领先优势一再被削弱，不少跨国企业相继关闭或裁撤中国研发中心；随着“两票制”的落地实施，再加上医联体的冲击，跨国药企销售布局从全国转向地市，调整业务架构成为必须。2017年11月27日国投创新宣布，旗下管理的先进制造产业投资基金与阿斯利康在中国成立合资公司“迪哲（江苏）医药有限公司”，为外资药企的本土化创新打开了全新的思路。

（三）“两票制”的推进加速药企洗牌，大批“中间商”将被淘汰

截至2017年底，全国各省、自治区、直辖市均出台了在公立医疗机构药品采购中推行“两票制”方案、征求意见稿，或者明确的实施计划。多地对实施“两票制”设置了不同时长的过渡期，允许药品生产、流通企业和公立医疗机构在过渡时间内消化库存，调整并重构药品供应链体系。从2015~2017年典型药品批发企业药品市场销售渠道结构可以看到，2017年对批发企业销售占比36.7%，较2016年下降3.4个百分点，即调拨的份额减少。随着“两票制”的全面推行，纯调拨业务的医药商业公司、中小型药企面临巨大压力，2018年2月2日美国医药分销巨头康德乐将其中国分销业务出售给上海医药，县、乡中小型医药商业公司将面临被大商业集团合并的局面，大批“中间商”将被淘汰。

（四）医保政策推动整体产品结构发生大的变化

2017年6月28日国务院颁布《关于进一步深化基本医疗保险支付方式改革的指导意见》，将医保支付方式改革提到了新的高度。根据2018年3月发布的国务院机构改革方案，组建后的国家医疗保障局统筹推进医疗、医保、医药“三医联动”改革，在2018年2月人社部公布的医保按病种付费病种推荐目录中，共有130个病种入选，随着国家医疗保障局加速医保支付改革，未来医保按病种付费目录应也会加快扩容，各地将选择一定数量的病种实施按病种付费。实施按病种付费后，公立医院的用药品类将重新构建并趋于稳定，企业应

抓住机遇，协助医院按照病种付费要求构建用药品类，同时构建适合按病种付费的产品群，以期构建稳定的医院终端市场。

（五）心脑血管用药物市场持续扩容，本土生产企业逐渐发力

2015～2017 年化学药市场销售方面，心脑血管系统用药物稳居首位。2017 年，心脑血管系统用药物销售额 321.4 亿元，同比增长 7.5%，占药品（化学药、中成药和生物制品）销售额的 11.5%。随着人口老龄化加速，预计未来很长一段时间心脑血管系统用药物市场还将继续扩容。从生产企业看，本土企业销售额 2016～2017 年同比增长率均超过 10%，高于跨国企业。2017 年 12 月 29 日，CDE（国家食品药品监督管理总局药品审评中心）发布了第一批通过一致性评价的品种名单，通过一致性评价的有 13 个品种，其中有 6 个品种是心脑血管系统用药物。目前通过一致性评价的药品品种已被纳入《中国上市药品目录集》，企业除了可在药品说明书、标签中使用“通过一致性评价”标识外，还将获得招标定价、医保支付等多项政策红利。随着一致性评价工作的持续开展，相信 2018 年本土企业在心脑血管系统用药物领域的市场份额将会大幅增长。

（六）抗肿瘤药品市场活跃，制药企业需合理布局

在抗肿瘤药物中，化学药虽然仍占据主体地位，但其已经逐渐往生物制品中的靶向药物、免疫治疗转变，2015～2017 年生物靶向抗肿瘤药销售额同比增长均超过 20%。从 2017 年进入谈判目录的产品来看，国产品种所占的比例已远超预期。尽管跨国企业仍有很高的市场份额，但不可否认，本土企业蓄势待发，已进入抗肿瘤药物市场。部分专注于抗肿瘤药物研发的企业，也取得了相对不错的临床进展。相信在 2018 年，抗肿瘤药物市场会有较快的发展。但在 2018 年 5 月 1 日施行的进口抗肿瘤药物零关税制度会对国产药品的价格优势有所压制，其后期影响还有待观察。

（七）儿童用药市场不断升温，企业需加强社会责任，迎接新机遇

随着城市化推进、二胎政策落实，儿童用药市场不断升温，但国内专门生

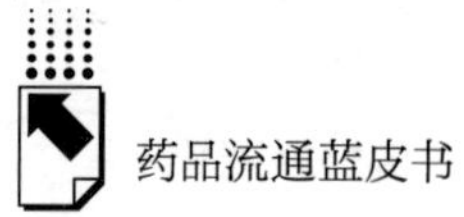

产儿童药的企业寥寥无几。儿童用药生产主要表现为小批量、多批次，工艺相对复杂，生产成本较高、新药研发周期较长。并且儿童药品销售存在季节性强、利润低等缺点，这影响了药企生产儿童用药的积极性。同时，作为家长在儿童合理用药方面存在的安全隐患也不容忽视，盲目就医用药也会给儿童造成二次伤害。如何把“产品—患者—服务”的关节打通，提升产品价值，带动业绩上涨，相关企业需加强社会责任，迎接儿童用药市场升温的新机遇。

B.10

临床短缺药品市场调研分析及对策建议

中国医药商业协会　中国药科大学联合研究课题组*

摘　要： 解决或缓解药品短缺问题，需要跟踪了解药品短缺的市场状况，分析造成短缺的原因及导致短缺程度转化的风险因素。课题组在对比2015～2017年各种状况与因素的变化趋势的基础上，有针对性地提出建立短缺药品信息监测发布平台等策略建议。

关键词： 临床短缺药品　信息调查　信息监测

中国医药商业协会基于2015～2016年的调查分析，继续与中国药科大学生物统计与计算药学研究中心合作开展“2017年临床短缺药品市场调研分析研究”，以深入了解短缺药品的市场供求情况，对比研究三年调查结果，开展建立药品短缺信息监测发布平台必要性的调查，为解决或缓解药品短缺、保障临床用药的相关政策建议提供依据。

一　临床短缺药品市场调查的基本情况

（一）2017年调研范围与时间

中国医药商业协会对137家会员单位展开问卷调查，回收122份，合格119份，合格率97.54%。除19份反映无短缺信息外，纳入分析的有效问卷100份。调查周期为2016年6月30日至2017年7月1日。

（二）调查品种情况

1. 报送品种及企业简况

本次调查所得药品涉及920个品种剂型，约1196个品规。其中，化学药

---

* 执笔人：王国华，高级经济师；陈燕平，高级经济师；言方荣，中国药科大学理学院特聘研究员。

549 个通用名、661 个品种剂型、901 个品规，占报送品种剂型总数的 71.85%；中成药 259 个品种剂型、295 个品规，占报送品种剂型总数的 28.15%。纳入分析的 100 家企业中，44 家三年均有报送。

2. 报送品种的医保、基药及低价药分类情况

调查所得短缺品种剂型中，76.09% 为医保品种，其中化学药 433 个通用名、533 个品种剂型，分布在 23 个医保类别；中成药 167 个品种剂型，分布在 8 个医保类别。无肿瘤用药。医保药品中，化学药的抗微生物、循环系统和消化系统用药居前三位；中成药中，仍是内科、妇科和外科用药居前三位。报送药品中，非医保品种剂型 220 个，占报送品种剂型总数的 23.91%，其中化学药 129 个、中成药 91 个。

报送品种剂型中，302 个为国家基药品种剂型，占国家基药目录的 34.40%；有 244 个品种剂型为国家低价药目录品种，约占国家低价药目录的 21.37%，具体如表 1 所示。

表 1　报送品种分类及占比情况

单位：个，%

项目	报送品种剂型数	属于基本药物品种剂型	属于低价药品种剂型	属于基本药物/低价药品种剂型
化学药	661	247	196	151
占比	71.85	26.85	21.30	16.41
中成药	259	55	48	29
占比	28.15	5.98	5.22	3.15
总计	920	302	244	180
占比	100.00	32.83	26.52	19.57

注：“占比”指各类别品种剂型数占总报送品种剂型数的比例。

3. 报送品种频次分析

经统计，报送频次为 1 或 2 的品种剂型占总数量的 80.43%，说明大多数品种剂型仅为 1 ~2 家企业报送，不是大范围短缺。

报送频次为 5 次的品种剂型有 75 个，其中 74 个化学药，1 个中成药（宫血宁胶囊）。报送频次大于等于 10 次的品种剂型有 20 个，其中报送频次最多的是阿托品注射剂，有 23 家企业报送，占报送企业总数的 23%。这些品种剂型中有 17 个为国家基药目录品种，10 个为国家低价药目录品种。高报缺频次的品种剂型以注射剂居多，具体如表 2 所示。其中，值得关注的是三年均为高频次报缺的品种。

表 2　2017 年报送频次在 10 次及以上的品种涉及省份情况

单位：个

省份	葡萄糖酸钙注射剂	利多卡因注射剂▲	阿托品注射剂	维生素K1注射剂▲	多巴胺注射剂▲	青霉胺片剂	间羟胺注射剂▲	洛贝林注射剂▲	溴吡斯的明片剂	氨茶碱片剂	赖氨匹林注射剂	尼可刹米注射剂	山莨菪碱注射剂	维生素B1片剂	去乙酰毛花苷注射剂	别嘌醇片剂	氨茶碱注射剂▲	炉甘石溶液剂	维生素B6注射剂	氟尿嘧啶注射剂
江苏	2	6	6	3	2	3	4	1	2	5	1	2	4	3	2	2	5	4	5	4
重庆	1	1	1	1	1	1		1	1	1	1	1	1	1	1	3	1	2	1	1
陕西		1	1	1	1	1	1	1	1	1	1		1	1	1	1	1	1	1	
北京	1	2	3	1	2	1	1		1		1	1	1	2		1	1		1	
山东	1	1	2		2	1	3	2				1	1	1	3			1		2
甘肃	1	1	1	1			1		1	1	1						1			
安徽	1	1		1			1			1	3				1	1				
云南	1		1			1	1					1		1		1			1	
广东			2		1	2			2				1		1		1			
河南	1			1		1		2		1	1							1		
辽宁			2	1	1		1	2	2			1								
四川	1		1	1	1			1			1	2								
广西	1				1					1		1			1			1		

续表

省份	葡萄糖酸钙注射剂	利多卡因注射剂▲	阿托品注射剂	维生素K1注射剂▲	多巴胺注射剂▲	青霉胺片剂	间羟胺注射剂▲	洛贝林注射剂▲	溴吡斯的明片剂	氨茶碱片剂	赖氨匹林注射剂	尼可刹米注射剂	山莨菪碱注射剂	维生素B1片剂	去乙酰毛花苷注射剂	别嘌醇片剂	氨茶碱注射剂▲	炉甘石溶液剂	维生素B6注射剂	氟尿嘧啶注射剂
河　北	1	1				1		1	1	1										
江　西		1		1			1	1		1					1					
山　西	1	1		1	1									1						
上　海		1	1			1	1		1											
新　疆		1			1								1					1		1
浙　江			1			1						1		2			1			
黑龙江	1	1						1					1							
天　津	1			1	1								1							
福　建	1													1					1	
湖　北			1								1									2
湖　南				1												1				
海　南									1											

注：数字代表报送企业数。“▲”为三年间有两年高频次出现的品种。

4. 报送品种剂型分析

报送品种的剂型含片剂、注射剂、胶囊、丸剂、栓剂、气雾剂等46个，分为口服剂型、注射剂型和其他剂型三个大类，具体如表3所示。

表3　报送品种剂型情况

单位：个，%

剂型	品种剂型数	品种剂型占比
口服剂型	552	60.00
注射剂型	252	27.39
其他剂型	116	12.61
总计	920	100.00

口服剂型中，化学药占59.24%，中成药占40.76%；注射剂中，化学药占95.24%，中成药仅占4.76%；其他剂型中，化学药占81.30%，中成药占18.97%。2017年报送的短缺药品的剂型仍多为口服剂型，其次是注射剂型，中成药注射剂型的数量偏少。

（三）药品短缺程度分析

药品短缺程度按“完全采购不到”、“偶尔能采购到”和“偶尔采购不到”分别对应“重度短缺”、“中度短缺”和“轻度短缺”。中度短缺涉及473个品种剂型，占总报送品种剂型数的51.41%；重度短缺有449个品种剂型，占总报送品种剂型数的48.80%；轻度短缺有366个，占总报送品种剂型数的39.78%。① 调查涉及的化学药品种剂型以中度短缺为主，其次是重度短缺，轻度短缺较少；中成药品种剂型以重度短缺为主，其次是中度短缺，轻度短缺较少。

在重度短缺品种中，独家品种34个，包括化学药12个，中成药22个；中度短缺品种中，独家品种61个，含化学药24个，中成药37个；轻度短缺品种中，独家品种剂型31个，含化学药9个，中成药22个。独家品种的短缺

① 由于同一品种剂型不同企业报送的短缺程度不同，不同短缺程度会涉及同一品种剂型，各短缺程度的品种剂型总和多于总体报送品种剂型。下文短缺时间的统计亦是如此。

程度分布不一，其中，中度短缺的占比略高，重度短缺及轻度短缺的占比基本持平。

（四）药品短缺时间分析

1. 短缺时间的总体分析

分析可知，短缺1～3个月的有431个品种剂型，占总报送品种剂型数的46.85%；短缺3～6个月的有267个，占29.02%；短缺6～12个月的有480个，占52.17%；短缺12个月以上的有178个品种剂型，占19.35%。总体上，短缺时间在6～12个月的涉及品种剂型数最多，其次是短缺时间在1～3个月的品种剂型数。

2. 短缺时间与短缺程度相关分析

结合短缺时间，考察不同短缺程度分布，重度短缺涉及449个品种剂型。其中，有313个短缺时间在6～12个月，占总报送品种剂型数的34.02%；中度短缺涉及473个品种剂型，短缺时间在3～6个月的205个，占总报送品种剂型数的22.28%；轻度短缺涉及366个品种剂型，短缺时间在1～3个月的329个，占总报送品种剂型数的35.78%。

因此，重度短缺药品的短缺时间相对较长，轻度短缺药品的短缺时间相对较短。短缺时间越长，短缺程度就越严重。进一步分析，重度短缺且短缺时间在半年以上的报缺频次集中度不高，4次及以上报缺的14个品种剂型，均为化学药。

（五）购销毛利率分析

按不同药品类别分析，化学药毛利率为4.49%，中成药毛利率为3.85%，化学药毛利率高于中成药；按不同销售流向分析，医院流向毛利率为4.55%，药店流向毛利率为5.77%，批发流向毛利率为3.85%；按不同剂型分析，注射剂型毛利率为5.00%，其他剂型毛利率为3.85%，口服剂型毛利率为4.00%。

（六）短缺原因分析

参照前两年的短缺原因分类，对本次调查所得短缺原因归纳分类后，得到如表4所示8个原因大类、22个原因小类。

表4　短缺原因分类

原因大类	原因小类	原因大类	原因小类
货源问题	货源紧缺	价格问题	落标
	货源不稳		价格倒挂
	无货		价格低
原料问题	原料采购困难		价格上涨
	原料垄断	更新换代	更新换代
	原料紧缺	营销问题	营销策略
生产问题	企业停产		企业控货
	GMP 问题		资料不齐
	生产不正常	用量问题	用量少
	效期短		销量少
	产能不足	进口问题	进口问题

初步分析可知，原料问题、价格问题、生产问题、用量问题等对药品短缺影响较大。对短缺时间在半年以上、报缺频次在4次及以上的重度短缺品种剂型分析可知，主要短缺原因均为原料问题，具体表现为原料采购困难或者原料垄断。

（七）重点类别药品的短缺情况分析

1. 短缺的基本情况

三个报缺的定点生产药品中，氨基水杨酸注射剂和甲巯咪唑片仅1家企业报缺，与前两年相比报缺的企业数量减少，洛贝林注射剂的报缺企业13家，短缺程度多为中度、重度。这些品种的短缺原因首先是原料问题，其次是价格问题。

麻醉用药物[①]报缺的有阿替卡因肾上腺素注射剂、巴氯芬片、布比卡因注射剂、利多卡因注射剂、罗库溴铵注射剂、氯化琥珀胆碱注射剂和普鲁卡因注射剂等7个，以重度和中度短缺居多，且短缺6~12个月涉及的品种剂型最多。麻醉药品短缺的主要原因是原料问题，其次是价格问题和用量问题。

独家品种报缺有109个品种剂型，其中中度短缺的占半数，其次是重度短

① 此处麻醉用药物是参照2009年《国家基本医疗保险、工商保险和生育保险药品目录》。

缺，约占1/3；短缺时间在6~12个月的近半数，大部分独家品种短缺时间在半年以上；近半报缺品种剂型的短缺原因是原料问题，具体表现为原料采购困难。

品牌药品报缺有86个品种剂型。其中，2/3属于采购不到或采购比较困难；短缺时间在1~3个月的近半数，大部分品牌药短缺时间在半年以内；品牌药因原料问题导致短缺的约占一半，具体表现为原料采购困难。

2. 购销毛利率分析

重点类别药品毛利率分析视数据情况选择了化学药、医院流向和注射剂型三个维度展开。

四个重点类别的化学药中，定点生产品种的平均毛利率为6.63%，品牌药和独家品种毛利率分别为4.60%和4.67%，麻醉用药物毛利率为4.00%。除麻醉用药物外，其他三类药品的平均毛利率均略高于总体分析所得的化学药毛利率（4.49%）。

医院流向中，定点生产品种、独家品种、麻醉用药物和品牌药的平均毛利率分别为6.96%、4.76%、4.10%和4.00%。四个类别药品中除定点生产药品外，其他三类的医院流向毛利率均低于总体分析所得的医院流向毛利率（4.55%）。

注射剂型中，定点生产品种的平均毛利率为6.96%、独家品种的毛利率为4.98%、麻醉用药物的毛利率为4.05%、品牌药的毛利率为4.00%。

除定点生产药品外，其他三类的注射剂型毛利率均低于总体分析中的注射剂型毛利率（6.00%），其中，独家品种注射剂型毛利率与总体几乎持平。

二　药品短缺原因的深度分析

（一）主要短缺原因的确认

初步分析可见，原因大类中原料问题、价格问题、生产问题、用量问题和货源问题是造成药品短缺的主要原因。原因小类中，对短缺影响较大的是原料采购困难、价格倒挂、用量少以及企业停产。由层次分析可见，8个原因大类中原料问题、价格问题、用量问题和货源问题是造成药品短缺最主要的因素；

同时，为进一步印证原因大类的分析结果，对 22 个原因小类进行了整体分析，结果无差异。

（二）短缺程度转化的风险分析

回归分析分别以轻度短缺、中度短缺为基线，分析轻度短缺向中度短缺和重度短缺转化、中度短缺向重度短缺转化的风险，筛选出对风险转化影响显著的原因。分析可见，原料问题、价格问题、货源问题这三个原因大类对不同短缺程度间转化有显著影响，具体如表 5 所示。

表 5　原因大类影响程度

原因大类	影响程度
原料问题	轻度 > 中度 = 重度
价格问题	轻度 > 中度 > 重度
货源问题	轻度 > 中度 = 重度

可以看出，原料问题和货源问题对中度短缺和重度短缺影响无明显差异，对轻度短缺影响较大；价格问题对轻度短缺影响较大，对重度短缺影响较小。

对药品短缺程度转变有显著影响的原因小类包括原料采购困难、原料垄断、价格倒挂和货源不稳，它们均导致轻度短缺发生转化的风险增加，具体如表 6 所示。

表 6　原因小类影响程度

原因大类	原因小类	影响程度
原料问题	原料采购困难	轻度 > 重度 > 中度
	原料垄断	轻度 = 重度 > 中度
价格问题	价格倒挂	轻度 = 中度 > 重度
货源问题	货源不稳	轻度 > 中度 > 重度

由表 6 可见，原料采购困难对轻度短缺影响最大，对中度短缺影响最小；货源不稳对轻度短缺影响最大，对重度短缺影响最小；原料垄断对轻度短缺及重短缺度影响无显著差异，且不易造成中度短缺；价格倒挂对轻度短缺及中度短缺影响无显著差异，且不易造成重度短缺。

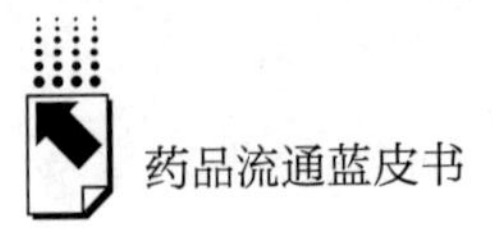

（三）重点类别药品的深度分析

定点生产药品、麻醉用药物、独家品种和品牌药的主要短缺原因仍是原料问题、价格问题、用量问题和生产问题，各原因大类对药品短缺的影响主要来自原料采购困难、价格倒挂、用量少、企业停产。不同类别品种的分析结果虽略有不同，但大体上与整体的层次分析结果类似。造成定点生产药品短缺的主要是原料问题和价格问题，对应的主要原因小类为原料采购困难和价格倒挂。麻醉用药物的短缺原因中，原料和价格问题的影响最大，对应的原因小类为原料采购困难和价格倒挂。独家品种的短缺原因中，原料、生产和价格等问题的影响最大，对应的原因小类为原料采购困难、价格倒挂、用量少和无货。品牌药品的短缺原因中，原料和生产、价格问题的影响最大，对应的原因小类为原料采购困难、价格倒挂、用量少、原料紧缺、企业停产。

表 7　各类别药品主要短缺原因

序号	药品类别	主要短缺原因
1	定点生产药品	原料采购困难、价格倒挂
2	麻醉用药物	原料采购困难、价格倒挂
3	独家品种	原料采购困难、价格倒挂、用量少、无货
4	品牌药品	原料采购困难、价格倒挂、用量少、原料紧缺、企业停产
5	总体短缺药品	原料采购困难、企业控货、价格倒挂、更新换代

三　2015～2017年调查结果对比分析

（一）报送企业、地区及及品种剂型的基本情况对比

2017 年调查的目标企业为 137 家，较 2015～2016 年多 32 家。2015～2017 年调查覆盖全国 30 个省、自治区、直辖市，2017 年纳入分析的数据涉及 29 个省、自治区、直辖市，比前两年多了河北、吉林和青海三省。

报送企业中，有 44 家企业三年均填报了调查问卷，占 2017 年调查企业数的 32.12%，报送的数据量和品种剂型数分别占当年报送信息总量的 41.05%

和 56. 52%。

2017 年报送的数据量明显增多，较 2016 年多出 34%；2015 ~ 2017 年，10 家企业报送的数据量占总数据量的比例均在 50% 以上，数据量的地区分布越来越集中。可以看出，填报数据量较多的涉及品种剂型数量也较多。

2017 年报送的品种剂型数远多于 2015 年和 2016 年。2017 年报缺的化学药、中成药占比与 2015 年相近，但中成药品种剂型数前两年有所上升。

表 8　2015 ~ 2017 年报送品种剂型与国家目录对比情况

单位：个，%

项目	2015 年	占比	2016 年	占比	2017 年	占比
总品种剂型	780		688		920	
化学药	561	71. 92	472	68. 60	661	71. 85
中成药	219	28. 08	216	31. 40	259	28. 15
医保品种剂型	656	84. 10	525	76. 31	700	76. 09
基本药物品种剂型	291	37. 31	247	35. 90	302	32. 83
低价药品种剂型	251	32. 18	208	30. 23	244	26. 52

从 2015 ~ 2017 年报缺药品的目录比对结果看，虽然 2017 年调查范围增加，医保品种剂型的绝对数有所增长，但相对占比呈下降趋势。2015 ~ 2017 年，所有短缺剂型中，医保品种、基药品种、低价药品种的占比不断下降，说明医保、基药和低价药的可及性有所提高，短缺现象得到一定缓解。

2015 ~ 2017 年调查均有报送的品种剂型有 243 个，占三年报缺品种剂型总数的比重分别为 31. 15%、35. 32% 和 26. 41%，各目录涉及的品种剂型在总报缺品种剂型的占比如表 9 所示。

表 9　2015 ~ 2017 年均有的报送品种剂型与国家目录对比情况

单位：个，%

目录对比	三年均有报送的品种剂型数	占 2015 年总品种剂型比例	占 2016 年总品种剂型比例	占 2017 年总品种剂型比例
三年均有报送的品种剂型	243	31. 15	35. 32	26. 41
化学药	228	29. 23	33. 14	24. 78
中成药	15	1. 92	2. 18	1. 63

续表

目录对比	三年均有报送的品种剂型数	占2015年总品种剂型比例	占2016年总品种剂型比例	占2017年总品种剂型比例
医保品种剂型	226	28.97	32.85	24.57
基本药物品种剂型	151	19.36	21.95	16.41
低价药品种剂型	111	14.23	16.13	12.07

三年调查品种剂型的报送频次分布如表10所示，可见高频次报缺的品种数量并不多。

表10　2015～2017年报缺频次分布情况

单位：个，%

品种剂型 报送频次	2015年				2016年				2017年			
	化学药	中成药	总数	占比	化学药	中成药	总数	占比	化学药	中成药	总数	占比
10次及以上	15	0	15	1.92	4	0	4	0.58	20	0	20	2.17
5～9次	55	1	56	7.18	43	1	44	6.40	53	2	55	5.98
5次以下	487	222	709	90.90	425	215	640	93.02	588	257	845	91.85
总计	557	223	780	100.00	472	216	688	100.00	661	259	920	100.00

统计可见，各年度高频次报送的品种剂型大部分是三年均有报送的品种。2017年10家及以上企业报送的品种剂型有20个品种剂型，覆盖25个省、自治区、直辖市；2016年有4个，覆盖19个省、直辖市；2015年有15个品种剂型，覆盖25个省、自治区、直辖市。超过10家报送的短缺品种中，没有三年均报缺的，但两年均报缺的有6个，分别为阿托品注射剂、洛贝林注射剂、去乙酰毛花苷注射剂、利多卡因注射剂、多巴胺注射剂和间羟胺注射剂。

（二）短缺时间和短缺程度对比

1. 短缺时间

短缺1～6个月的品种剂型数有降有升，短缺12个月以上的品种剂型数也有升降，短缺6～12个月的品种剂型数2017年较2016年有所上升。分析结果表明，平均短缺时间2015年为5.49个月，2016年为6.97个月，2017年则为6.25个月。

表 11　2015～2017 年药品短缺时间对比

单位：个，%

短缺时间	2015 年		2016 年		2017 年	
	品种剂型数	占比	品种剂型数	占比	品种剂型数	占比
1～3 个月	539	69.10	237	34.45	431	46.85
3～6 个月	190	24.36	302	43.90	267	29.02
6～12 个月	286	36.67	232	33.72	480	52.17
12 个月以上	124	15.90	195	28.34	178	19.35
总计	780	100.00	688	100.00	920	100

2. 短缺程度

中度短缺的品种剂型占比三年来一直居首位，重度短缺的三年占比基本保持不变；但相比 2016 年，2017 年中度短缺占比明显下降、轻度短缺占比上升，即 2017 年的整体短缺程度并未加剧。

表 12　2015～2017 年药品短缺程度对比

单位：个，%

短缺程度	2015 年		2016 年		2017 年	
	品种剂型数	百分比	品种剂型数	百分比	品种剂型数	百分比
重度短缺	357	45.77	328	47.61	449	48.96
中度短缺	385	49.36	412	59.88	473	51.58
轻度短缺	314	40.26	163	23.69	366	39.91
总计	780	100.00	688	100.00	917	100.00

分析结果进一步证实，短缺时间与短缺程度呈正相关性，即短缺时间越长的药品其短缺程度往往较严重，短缺时间短的药品其短缺程度往往为轻度短缺。

（三）平均毛利水平对比

从三年的平均毛利率分析可见，化学药和中成药的毛利率在维持一定水平后均开始下降，但三年来化学药毛利率始终高于中成药；医院渠道毛利率有所回落，药店渠道毛利率逐年上升，批发渠道毛利率持续下降；注射剂毛利率上升后有所回落，但近两年仍高于其他剂型，口服剂型和其他剂型毛利率则不断下降。整体来看，除药店渠道毛利率三年来一直保持上升趋势外，其余类别毛利率水平均有不同程度的下降。

表 13　2015～2017 年毛利率对比

单位：%

年　份		2015	2016	2017
按药品类别	化学药	5.68	5.81	4.49
	中成药	5.13	5.00	3.85
按销售渠道	医院	5.81	6.00	4.55
	药店	3.75	4.98	5.77
	批发	5.98	4.34	3.85
按品种剂型	口服剂型	5.47	5.14	5.14
	注射剂	4.95	6.00	6.00
	其他剂型	5.95	5.00	5.00

四　短缺原因与特征的深度对比分析

2015～2017 年主要原因大类为原料问题、价格问题、生产问题、用量问题、货源问题和更新换代。2015 年的价格问题对短缺的影响最大，2016 年和 2017 年原料问题成为影响最大的因素。原料问题和生产问题的影响三年来持续上升，用量问题和货源问题的影响逐年减弱，更新换代的影响下降后又略有回升，价格问题下降后保持不变。

三年来造成短缺的共性原因小类均有原料采购困难、价格倒挂和用量少。原料采购困难的影响权重不断增加，且三年中均居为首位，2017 年问题更加严峻；价格倒挂权重下降后又有回升，2017 年其影响力有上升趋势；用量少在 2017 年的影响力有所缓解，原料垄断、价格低和企业停产等因素的影响有所增加。

（一）短缺程度与短缺原因关系的对比分析

1. 原因大类

2017 年对短缺程度转化影响显著的原因大类和 2015 年基本相同。但相较前两年，2017 年货源问题的影响由易引发重度短缺转化为更易引发轻度短缺，原料问题由较易引发重度短缺变为更易引发轻度短缺，出现更新换代问题则由更易引发重度短缺变为更易引发中度短缺。可见，前两年容易引发中、重度短缺的原因大类在2017年转化为更易引发轻度短缺。

2. 原因小类

原料采购困难为三年共有的显著原因小类，但在2017年，由之前的易发生重度短缺转变为更易发生轻度短缺。原料垄断为近两年新增的显著原因小类，2016年表现为易引发轻度短缺，2017年变为更易引发轻度短缺、重度短缺。无货在前两年更易引发中度短缺，但2017年其影响减弱，让位于货源不稳，而出现货源不稳时更易引发轻度短缺。价格倒挂是2017年新增的原因小类，更易发生轻度短缺，其次是中度短缺。

（二）重点类别药品短缺原因对比分析

1. 短缺原因特征

（1）短缺程度

三年调查定点生产药品中，重度短缺和中度短缺占比有下降趋势，轻度短缺占比出现上升；麻醉用药物和独家品种则以中度短缺为主；品牌药品重度短缺占比下降，中度短缺占比基本不变，轻度短缺占比略有回升。总体来说，几乎所有类别药品的短缺程度都以中、重度短缺为主，约占40%，轻度短缺的情况相对较少，占20%左右。

（2）短缺时间

定点生产药品和麻醉用药物短缺时间的占比方面，从2016年的两极分化趋于2017年的集中和均衡；独家药品短缺时间占比则从2016年的集中和均衡趋于2017年的两极分化；品牌药品1~3个月短缺时间明显上升，3个月以上的短缺时间占比开始下降，即整体短缺时间有所减少。

（3）平均毛利水平

除定点生产药品2017年毛利率有上升趋势，且高于调查所得短缺药品总体毛利率外，其他三个重点类别药品的化学药、医院流向、注射剂毛利率均逐年下降，品牌药品毛利率下降幅度最大，2017年毛利率仅为2015年的一半左右。

2. 短缺原因深度分析对比

（1）定点生产药品

2015～2017 年造成短缺的主要原因大类均为原料问题、价格问题和用量问题，与总体样本短缺原因大类基本一致。它们仍是造成三年定点生产药品短缺的最主要原因。

三年中定点生产药品短缺的主要原因小类均有原料采购困难、价格倒挂、原料垄断和用量少，但影响力度出现变化：原料采购困难在 2016～2017 年取代价格倒挂成为造成短缺的首要因素；价格倒挂在 2016～2017 年下降到第二位，无货是 2016～2017 年新增问题。

（2）麻醉用药物

三年造成麻醉用药物短缺的主要原因大类大体一致，均有价格问题和原料问题。原料问题在近两年取代价格问题成为导致短缺的最大因素。用量问题成为 2016～2017 年新增的短缺原因。

三年中造成麻醉用药物短缺的主要原因小类均有原料采购困难、价格倒挂和用量少。原料采购困难在 2016～2017 年取代价格倒挂成为导致麻醉用药物短缺的最大因素，更新换代、产能不足和营销策略等是 2017 年造成短缺的新增因素。

（3）独家品种

三年中造成独家品种短缺的主要原因大类变化较多，但均有原料问题。2015 年原料问题是影响最大的因素，其权重在 2016 年大幅下降，2017 年又大幅上升至 2015 年的水平。2017 年价格问题取代了 2015～2016 年的用量问题成为造成短缺的新增影响因素。

2015～2017 年造成独家品种短缺的同一主要小类原因为原料采购困难，2017 年新增了价格倒挂、生产不正常和价格低，原料采购困难在 2017 年取代销量少成为造成短缺的最大因素。此外，主要原因小类还有企业停产这个至少两年造成独家品种短缺的因素。

（4）品牌药品

三年中造成品牌药短缺的主要原因大类均有原料问题和价格问题。原料问题的影响逐年上升，使之在 2017 年取代价格问题成为造成短缺的最大原因。2016 年和 2017 年造成品牌药短缺的原因均有用量问题，2017 年营销问题也成为造成短缺的重要原因。

三年中造成品牌药短缺的主要原因小类均有价格倒挂和原料采购困难。原料采购困难在近两年取代价格倒挂成为最大的短缺因素。2016 年和 2017 年造成品牌药短缺的原因均有用量少，企业控货和原料紧缺首次成为造成品牌药短缺的重要原因。

五　短缺药品信息监测发布平台必要性调查分析

课题组就建立短缺药品信息监测发布平台向部分业内专家和人士发放 124 份问卷，以了解他们对药品短缺的认识和对建立短缺药品信息监测发布平台的看法和建议。受访者中，近 60% 来自药品生产经营企业，科研院校和医疗机构分别占 12.90% 和 10.48%，行业组织和政府机关占比较小，分别为 4.8% 和 2.4%。

调查显示，绝大部分受访者认为当前国内市场存在药品短缺，认为全国性短缺或区域性短缺的人数相近，超过半数受访者认为约品短缺存在阶段性特征，约 1/4 的受访者则认为短缺是长期存在的。同时，有受访者反映，一些未进医保的进口高价药也存在短缺。对于造成短缺的原因，87.10% 的受访者认为是政策性因素，69.35% 的受访者认为是资源性因素，66.13% 的受访者认为是生产经营行为因素，35.5% 的受访者认为是信息传递不畅因素。

为了解决或缓解药品短缺问题，95.16% 的受访者认为有必要建立全国性的短缺药品信息发布平台，其中 49.19% 的受访者认为应该由政府部门指导行业组织发布。

六　结论与建议

（一）研究结论

1. 短缺问题依然存在

2015 ~ 2017 年调查所得信息来自全国大部分地区，三年均报送的企业 44 家，来自 21 个省、自治区和直辖市。三年调查结果的特征类似，填报数据量多的涉

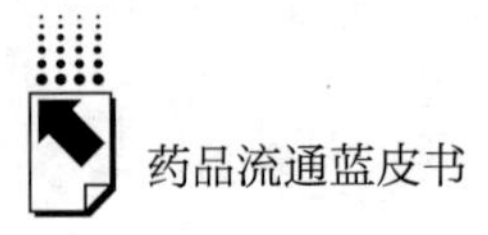

及品种剂型也较多；三年均报缺的品种剂型243个，超过每年总报送量的1/4。从报缺的区域范围和品种剂型数量可见，临床药品短缺现象依然存在。

2. 政策效果有所显现

虽然三年报缺的品种剂型数量各有差异，但其中的医保品种、基药品种和低价药品种的占比呈逐年下降态势。三年来，报缺的定点生产药品品种有所减少、报缺频次明显下降。这表明，药品分类采购政策及定点生产的政策有效缓解了部分药品的短缺问题，政策效果已经开始显现。

3. 短缺情况有所缓解

三年来，平均短缺时间2015年为5.49个月、2016年为6.97个月、2017年为6.25个月，2017年出现了减少势头。三年的短缺程度变化呈现轻度短缺品规占比上升，中度短缺品规占比下降，重度短缺品规占比基本不变，整体短缺程度减轻。从三年均报缺的品种剂型看，轻度短缺占比有所增加，重度和中度短缺占比出现下降。从短缺程度的风险转化看，前两年倾向于引发短缺程度向中、重度转化的共有原因大类货源问题和原料问题，在2017年更易引发轻度短缺；部分主要原因小类2017年对短缺程度转化的影响减弱，或趋于更易引发轻度短缺。

四个重点类别药品三年短缺共性特征主要为原料和价格问题，用量问题和生产问题也是较为高频的两个原因；定点生产药品和品牌药品的重度短缺有所下降，中度短缺略有下降或持平不变，轻度短缺有所上升；短缺时间除多数品牌药短缺在半年内，其他重点类别集中在6~12个月。

可见，药品的短缺程度得到一定缓解。

4. 短缺原因相对集中

从药品短缺主要原因大类看，原料问题、价格问题、生产问题、用量问题和货源问题是造成短缺的主要因素，2017年原料问题和价格问题的影响力分别位列第一和第二，表明这两个问题仍未解决。生产问题的影响程度也有逐年强化趋势。具体的原因小类虽然每年的影响程度不一，但原料采购困难一直都是造成短缺的最重要因素，价格倒挂和用量少也较为重要。与前两年相比，用量少和成本高在2017年对短缺的影响有一定缓解，而原料垄断和生产企业停产的影响有所上升。

可见，尽管药品短缺的原因是多方面的，涉及药品生产、流通和使用的各环节，但从近三年来看导致药品短缺的主要原因仍集中为原料和价格问题。

5. 短缺特征较为明显

从管理属性看，报缺药品中尽管医保品种、基药品种和低价药品种占比有逐年下降趋势，但仍有3/4以上为国家医保品种且基本覆盖了国家医保目录的全部类别，1/3以上为国家基药品种，1/4以上为国家低价药品种。从报缺频次分布看，药品短缺现象具有明显的分类特征：2017年超过5家报送的品种剂型74个；10家及以上企业报送的品种剂型20个，其中有17个为国家基药品种，10个为国家低价药品种。这些高频次报缺的品种多为注射剂。报缺品种三年的毛利率呈现逐年下降。从短缺原因大类看，主要矛盾集中在原料问题、价格问题和用量问题等，但隐含的深层次问题不容忽视，原料、价格、用量等折射出的经营行为、集中采购、支付制度的衔接配套等问题亟待解决。

（二）解决药品短缺问题的若干建议

基于三年的持续研究，课题组就解决药品短缺矛盾提出以下建议。

1. 采取有力措施，缓解原料供需矛盾

三年研究结果显示，原料问题是导致药品短缺的主要原因，特别是在2016年和2017年原料问题已上升为首要问题。确保原料药的有效供给，是药品生产企业维系正常生产的前提和基础。为加强短缺药品和原料药市场价格监管，规范经营者价格行为，国家发改委发布了相关政策，希望引导企业依法合规经营，遏制违法涨价、恶意控销等行为，维护公平竞争与价格秩序。但对复杂的问题成因，需要多措并举。一是要加快短缺药品原料的上市审批，快速增加有效供给；二是针对短缺药品原料，特别是季节性强的原料药（药材）的储备应给予政策扶持，保证市场供应；三是通过有关部门的组织协调，推动原料药企业和制剂企业组成药品生产联合体，稳定原料供应。

2. 坚持政策引导，加大扶持力度

研究表明，各年报缺品种剂型数虽然不同，但其中医保、基药和低价药占比有所下降，部分定点生产品种的报送频次也逐年减少，这从在一定程度上说明国家的分类采购政策、鼓励扶持部分用量少、价格低、临床必需品种的定点生产政策有效缓解了部分药品的短缺矛盾。但同时，调研还发现，市场上仍存在多家企业连年报缺的品种，这些药品的影响范围相对较大。建议相关部门综合考察这类社会反响较大的短缺药品，适当增加定点生产品种数量，有效缓解短缺矛盾。

3. 完善相关政策，注重配套排除障碍

研究结果显示，有 87.10% 的受访者认为政策性因素仍是造成药品短缺的重要原因。短缺药品供应保障是一项重大民生工程，党和国家始终高度重视药品短缺问题，明确要求抓好药品供应保障制度建设，密切监测药品短缺情况，采取有效措施保障低价药、“救命药”、“孤儿药”以及儿童用药的供应。相关部门对短缺药品加大政策扶持力度，从多方面对短缺药品的供应给予必要支持。这些政策在一定程度上缓解了部分药品短缺问题。但是，现行药品采购中仍有一些条款限制了药品价格的合理波动，再加上有些地方支付环节的配套政策不够到位，部分药品商业购销毛利下降甚至倒挂，导致少数药品断供。为此，应尽快梳理和完善药品集中采购政策并与支付政策相配套，还原价格机制的调节作用，使药品价格围绕价值在合理区间上下波动显得尤为重要。

4. 强化市场监管，维护公平竞争秩序

研究结果显示，原料问题是导致药品短缺的主要原因，其背后又隐藏着价格违法和不正当竞争行为。近年来，垄断原料供应、哄抬原料价格谋取不正当利益的现象时有发生，这些行为推高了部分药品价格，严重扰乱了市场秩序。国家发改委虽然对一些企业进行了处理，但这些现象并未完全杜绝。在国家部委机构调整之际，在“大监管”的格局下，需进一步强化市场监管，推进政府监管方式转变，增强事前监测和事中、事后监管措施的系统性、协同性。依法打击滥用市场支配地位、垄断原料药供应进而谋取不正当利益的违法行为；完善药品集中采购政策，规范采购行为，清除滥用行政权力、损害生产经营者合法权益的行为，维护公平竞争秩序；依据短缺药品和原料药市场总体竞争状况，结合执法实践适时更新《短缺药品和原料药经营者价格行为指南》，进一步规范短缺药品和原料药价格行为，营造良好的市场环境。

5. 构建信息发布平台，促进供需衔接

我国药品生产企业众多，拥有大量的生产批件和强大的生产能力，保障市场供应有着雄厚的产业基础。三年的监测研究表明，我国药品短缺问题具有明显的区域性特征，全国性短缺的品种少之又少。在物流业如此发达的今天，依然存在区域性短缺，原因或与“信息不对称”因素密切相关，因此畅通信息渠道、加强供需衔接势在必行。凭借现代信息技术，政府主管部门应尽快扶持并指导相关行业组织建立短缺药品的信息发布平台，以应急和常规发布的形式向社会发布短缺药品信息，引导药品生产经营企业与医疗机构搞好供需衔接，发挥好市场机制的调节作用。总之，要畅通政府相关部门、医疗卫生机构、企业、社会组织等信息渠道，以便于政府相关部门和药品生产经营企业根据短缺原因、短缺程度、影响范围等情况，及时采取应对措施，缓解短缺矛盾，更好地保障市场供应。

B.11

药品追溯体系建设研究及第三方追溯平台试点成果

中国药品监督管理研究会药品流通监管研究专业委员会

摘　要： 本文介绍了中国药品监督管理研究会药品流通监管研究专业委员会在2017年开展药品追溯体系建设课题研究的有关情况，梳理了国家及有关部门的政策，提出了药品追溯体系建设的思路与建议，总结了组织第三方机构进行药品追溯服务平台建设试点工作取得的成果。

关键词： 药品追溯体系　建设思路　第三方追溯平台试点

一　药品追溯体系建设研究课题的有关情况

2016年1月12日，国务院发布了《关于加快推进重要产品追溯体系建设的意见》，之后，国家食品药品监督管理总局出台了开展药品追溯体系建设的相关文件。中国药品监督管理研究会药品流通监管研究专业委员会于2017年初组织开展“药品流通追溯体系建设研究”的课题，旨在回顾总结过去开展药品追溯工作的历程和经验教训，了解国外开展药品追溯的情况，研究新形势下我国开展药品追溯体系建设的方向、思路和架构，以及如何发挥政府、企业和社会第三方的积极性，共同构建科学的药品流通追溯体系，提高药品监管效能。在开展课题研究的同时，中国药品监督管理研究会药品流通监管研究专业委员会与中国医药商业协会合作，选择北京英克科技有限公司共同开展药品第三方“云联”追溯平台的试点工作，已获得成功，实现了药品和中药饮片从生产、批发、零售到使用全过程的无缝化追溯，取得了示范性的效果。

中国药品监督管理研究会于 2018 年 1 月 30 日召开该研究课题专家评审会，中国药品监督管理研究会会长、国家药品监督管理局原局长邵明立出席评审会。会上听取了研究课题报告，并现场观摩了试点的药品追溯第三方“云联”系统的演示。最后一致通过该课题评审，并给予较高评价。评审意见认为：第一，研究报告中提出的药品追溯体系建设的方向、思路和架构，对进一步解决当前药品在流通领域中存在的问题，构建科学的药品流通追溯体系，提高药品监管效能，具有重大的现实意义。第二，开展的药品追溯第三方“云联”追溯平台建设试点具有较强的创新性。在追溯信息中可显示视频监控、运输轨迹、温湿度数据，与医药供应链系统协同集成，开放性、兼容性较好。目前，该研究课题已报送药监部门作为决策参考。

二　药品追溯体系建设的相关政策文件

2015 年底，国务院办公厅印发《关于加快推进重要产品追溯体系建设的意见》（国办发〔2015〕95 号，以下简称《意见》），部署加快推进全国重要产品追溯体系建设。《意见》强调，应用物联网、云计算等技术建设追溯体系，实现产品来源可查、去向可追、责任可究，强化全过程质量安全管理与风险控制的有效措施，对提升企业质量管理能力、促进监管方式创新、保障消费安全等具有非常重要的意义。《意见》提出，要争取到 2020 年实现以下目标：追溯体系建设的规划标准和法规制度进一步健全；全国追溯数据统一共享交换机制基本形成。

该文件在第二部分“统一规划，分类推进”中的第七条推进药品追溯体系建设中明确提出，“以推进药品全品种、全过程追溯与监管为主要内容，建设完善药品追溯体系。在完成药品制剂类品种电子监管的基础上，逐步推广到原料药（材）、饮片等类别药品。抓好经营环节电子监管全覆盖工作，推进医疗信息系统与国家药品电子监管系统对接，形成全品种、全过程完整追溯与监管链条”。

2016 年 9 月，国家食品药品监督管理总局印发《关于推动食品药品生产经营者完善追溯体系的意见》（食药监科〔2016〕122 号），明确国家建立追溯制度、企业承担追溯体系建设主体责任、监管部门督促检查的责任体制，鼓励生产经营者运用信息技术建立追溯体系，要求食品药品监管部门依法督促检查，鼓励行业协会组织企业搭建追溯信息查询平台，为各方提供数据服务。

2017 年 2 月 16 日，商务部联合工业和信息化部、公安部、国家安全生产监督管理总局、国家食品药品监督管理总局等七部门联合印发《关于推进重要产品信息化追溯体系建设的指导意见》，部署推进重要产品信息化追溯体系建设工作。文件以保障民生为核心，以落实主体责任为基础，以信息化追溯和互通共享为方向，突出可操作性，提出了重要产品信息化追溯体系建设基本原则、建设目标、主要任务和保障措施。

2017 年 9 月 27 日，为深入贯彻落实国务院办公厅《意见》，加强重要产品追溯标准化工作指导和统筹协调，有序推进重要产品追溯标准体系建设，商务部、国家发展和改革委员会、工业和信息化部、公安部、国家卫生和计划生育委员会、国家食品药品监督管理总局等十部门联合印发了《关于开展重要产品追溯标准化工作的指导意见》。商务部将联合国家质量监督检验检疫总局等相关部门，认真开展追溯标准需求调研、基础共性标准制修订、追溯标准体系规范等工作，确保《意见》提出的各项目标和任务落到实处。

三　研究课题报告提出药品追溯体系建设的思路与建议

“药品流通追溯体系建设研究”的课题报告通过回顾我国开展药品追溯的历程，参考相关行业协会和企业对药品追溯体系建设的意见和建议，结合我国药品生产流通领域的实际，提出了以下思路与建议，供相关部门决策参考。

药品追溯体系建设要尽可能整合行业现有的药品生产、流通配送等业务系统资源，运用先进的云计算、大数据等信息技术，由行业协会或龙头企业、第三方服务机构搭建追溯公共服务平台，生产和流通企业选择性加入，不增加企业特别是零售药店太大的成本负担，既有利于药品监管部门执法检查，又方便患者或消费者查询。

药品追溯平台对符合技术要求的产品编码都应兼容，支持多种编码并存，既兼容原药品电子监管码，也兼容国际通用编码，包括商品条形码、产品批号、批准文号、企业自身的流通编码等，都可以作为药品追溯的源头信息。并对药品生产、流通和使用环节追溯信息进行全方位采集，尽可能实现全链条全过程最小包装一物一码的信息化追溯。鼓励行业组织建立数据协同平台，支持药品追溯平台之间的数据互联互通，实现数据交换与共享。

根据国办关于“批发、零售、物流配送等流通企业要发挥供应链枢纽作用，带动生产企业共同打造全过程信息化追溯链条”的要求，药品追溯体系建设可以药品流通企业为枢纽或主要平台，整合药品上下游各个环节的流通信息资源，形成完整的追溯链条。

政府引导与市场化运作相结合，企业是药品追溯的责任主体。集团公司和零售连锁企业可以自建内部追溯平台，但涉及企业外部的追溯以及个体公司和单体药店可加入相关的第三方追溯平台。

医疗机构药房和社会零售药店是药品销售终端，也是药品追溯的最末端，其药品的来源信息必须与相关的上游供货单位的信息系统对接。

鼓励行业协会和社会资本参与第三方药品追溯平台建设。第三方药品追溯平台的建设总体要求：要满足监管机构、经营企业和消费者多方需求，并支持PC端、手机端、平板端、微信端的追溯查询。在监管机构应用方面，要实现监管服务、现场督查、实时追溯、异常跟踪、统计分析等功能；在经营企业应用方面，要体现合规经营、数据安全、支持监管、便捷和低成本；在消费者追溯方面，要实现以下信息服务：药品信息（厂家、功效、用法）、药品溯源（流通追溯、药品冷链）、建议投诉（药品异常报告、质量反馈）、方便找药（罕见药、孤儿药）等。

国家药品监督管理局作为药品追溯的主管部门，要加快研究规划药品追溯信息化标准体系，制定药品追溯的编码标准、接口标准、数据传输标准和安全标准。由企业自主选择、自建追溯体系。2017年初，国家食药监总局已公布了“国家药品编码本位码”信息，为企业编制药品追溯码提供了基础标准数据。此外，可探索建立政府药品追溯数据统一共享交换机制，推进药品生产经营企业、协会、医疗机构和第三方平台接入政府部门建立的追溯管理信息平台，实现各类追溯信息互通共享。

开展第三方药品追溯平台的试点工作。应鼓励生产经营企业、行业协会和第三方平台开展试点工作，目前已有一些行业协会和企业正开展试点工作。2017 年初，北京英克科技有限公司提出试点方案，与中国药品监督管理研究会药品流通监管专业委员会、中国医药商业协会合作，共同开展药品第三方云追溯平台的试点工作，并已获得成功，实现了药品和中药饮片从生产、批发、零售到使用全过程的无缝化追溯，取得了示范性的效果，可在积累经验的基础上加快推广。

附录

案例：北京英克科技药品第三方“云联”追溯平台试点成果介绍

（一）建设背景与建设思路

北京英克科技有限公司（以下简称“英克科技”）成立于 1992 年，总部设在北京，致力于为中国医药健康产业提供全面信息化和供应链运营解决方案，在医药行业管理软件的中高端市场占有率连续多年位居第一。英克科技服务的制药企业有 200 多家、药品批发企业上千家、零售连锁企业上千家，涉及门店 5 万多个，是国内最大的一家专业医药软件服务商，具有开展第三方药品云追溯平台试点工作的软件技术和企业资源的基础条件。

2017 年初，北京英克科技有限公司根据国务院办公厅《关于加快推进重要产品追溯体系建设的意见》（国办发〔2015〕95 号）、国家食品药品监督管理总局《关于推动食品药品生产经营者完善追溯体系的意见》（食药监科〔2016〕122 号）等文件的要求，结合企业应用提出第三方药品追溯系统建设解决方案，并与中国药品监督管理研究会药品流通监管研究专业委员会、中国医药商业协会合作，共同开展药品第三方云追溯平台的试点工作，推出第三方药品追溯云服务平台——英克“云联”药品追溯服务平台系统（以下简称“‘云联’系统”）。

作为第三方药品追溯平台的“云联”系统，在系统设计和研发阶段，得到了两个协会的全面指导，在建设的总体目标方面，充分满足经营企业、消费者和监管机构对药品溯源的多方需求。对系统各项内容进行总体规划和分项设计。

英克“云联”系统在设计时充分考虑追溯低成本与历史兼容性，力求让客户不再投入大量成本，目前暂以20位药品编码（原药品电子监管码结构）作为追溯码，兼容企业自制条码和国家追溯数据标准化追溯码；基于企业正在运行的ERP系统来建设企业端追溯码核注核销功能模块，利用英克科技多年来积累的技术手段将企业自建的追溯系统和第三方追溯体系串联起来。“云联”系统希望通过和企业ERP系统的有机结合，在不过多增加企业成本投入的情况下实现以企业为责任主体的药品追溯目标，同时将追溯码核注核销和业务过程进行融合，实现追溯和业务过程的一体化，减轻追溯码采集的工作量，为客户创造价值，为监管提供便利。

（二）“云联”系统架构

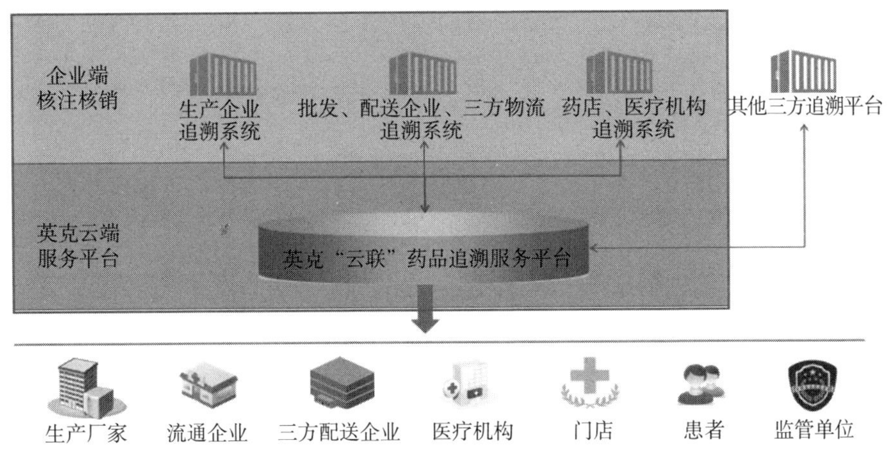

图1　“云联”系统架构

（三）“云联”系统架构说明

“云联”系统主要由两部分组成：企业端核注核销模块和英克云端服务平台。

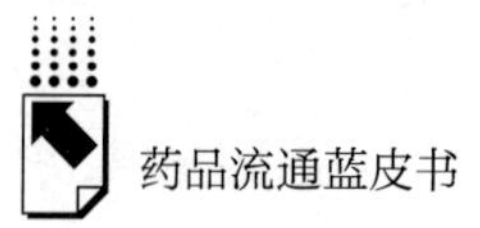

企业端核注核销模块可以无缝集成于企业ERP和WMS系统中，使用英克ERP系统的企业无需再增加其他系统或模块，使用非英克ERP系统的企业经过简单技术处理，根据“云联”发布的接口API规范，完成系统对接，实现企业端核注核销模块无缝集成于企业ERP和WMS系统中的目标。

企业端核注核销模块是整个“云联”系统的数据采集部分，主要用于追溯数据的采集和数据存储，所有系统和数据保存在企业的数据库中。企业端核注核销模块的主要内容包括：企业追溯基础信息维护、追溯信息采集、追溯信息存储、数据对外部的开放授权和对外互联互通。

（1）“企业追溯基础信息维护”是指将现有ERP系统的货品和单位信息与英克“云联”系统主数据做对码，为以后国家监管需要和企业查询统一追溯体系使用。

（2）“追溯信息采集”模块主要是对追溯码进行核注核销，在一般情况下，企业在收货验收等业务环节进行入库信息采集，在出库拣货或者出库复核时进行出库信息采集。

（3）“追溯信息存储”模块是指系统会在采集时将追溯信息存储到企业数据库中，如果企业没有存储条件，英克提供公有云存储系统将企业追溯信息存储在公有云上，并进行存储加密，只有企业可以对数据进行管理和授权使用。

（4）“对外互联互通”主要是按照国家对药品生产经营企业落实药品追溯主体责任的管理要求，经授权后，有针对性地开放追溯信息，并保持数据的联通。企业也可以将自己的数据经授权后，开放给外部单位，可以在英克的外部服务平台上设置数据开放权限和数据开放的收费标准。

英克提供基于公有云的数据存储系统，为没有存储能力或愿意直接委托第三方来承接此项工作的企业，提供完全第三方的追溯数据存储服务。

“英克云端服务平台”是英克建立在公有云上的对外服务平台，主要为协助国家规范落实、统一基础数据管理、互联互通、统一对外服务。

对外服务平台的主要内容包括：

（1）药品追溯宣传指导工作门户；

（2）追溯标准体系设定及执行；

(3) 医药追溯共性问题的有效管理；

(4) 药品主数据统一管理；

(5) 企业准入登记管理；

(6) 协助发码机构工作；

(7) 和其他第三方追溯平台互联互通；

(8) 建立数据交互与转换机制；

(9) 信息互联互通核心节点；

(10) 建立供应链企业间有偿数据服务机制；

(11) 协助企业间建立基于追溯数据的业务融合应用；

(12) 协助监测各分布式节点有效连接状态；

(13) 提供面向企业、监管单位、消费者的追溯信息查询服务。

（四）“云联”系统的特点

1. 完全的第三方追溯平台

英克作为完全的第三方信息化提供商，只做平台服务商，不主动存储企业任何数据，“只做服务员，不当运动员”。

2. 数据存储在企业、企业开放追溯权限

坚持落实企业作为追溯工作主体责任的要求，所有追溯数据存储在企业的数据库中，数据对外开放和使用完全由企业自主决定。

3. 有效降低企业成本和监管成本

采用与 ERP 系统和 WMS 系统集成的方式进行管理，使用现有的通用设备即可进行药品追溯数据的采集和管理。

对外服务平台采用公有云的云平台结构，企业不需要再投入任何存储成本就可实现高效、快捷和精准的药品追溯数据应用，可实现政府监管一键式服务。

4. 为企业和医疗单位提供价值

在不增加企业和医疗单位工作量的基础上，为流通企业在主数据统一、流程核验、多码合一等方面提供价值。

企业自建追溯平台中追溯码的采集过程和业务过程合二为一，可以实现追溯码、商品码和物流码等多码合一，在业务过程中提高企业作业效率，比如零售前台可以直接扫描追溯码销售，系统自动记录追溯信息并自动带出批号信息，同时自动核对商品信息和数量信息，减少差错率。

5. 技术标准、开放，按需提供服务

按照国家对药品追溯的要求，技术平台完全开放，追溯标准完全开放，根据企业需要提供后续服务。

（五）“云联”系统介绍

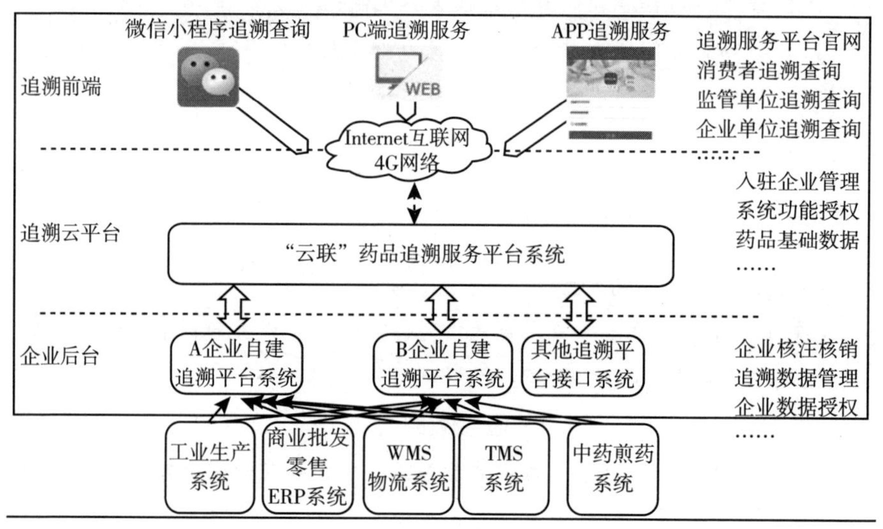

图2 “云联”系统组成

“云联”系统在实现药品追溯功能方面，能充分满足经营企业、消费者和监管机构多方需求。

云联药品追溯服务平台系统包括追溯官网，以及企业服务、消费者服务、监管服务等部分，实现药品物流追溯、业务单据追溯、GSP 物联网追溯、温湿度追溯和视频追溯等多种追溯方式，并支持 PC 端、手机端、平板端、微信端的追溯查询。

1. 在经营企业应用方面，全面体现合规经营、数据安全、支持监管、便捷和低成本运营

企业自建追溯平台系统包括追溯基础信息维护、追溯码核注核销、追溯码

图 3　“云联”药品追溯服务平台系统官网主页

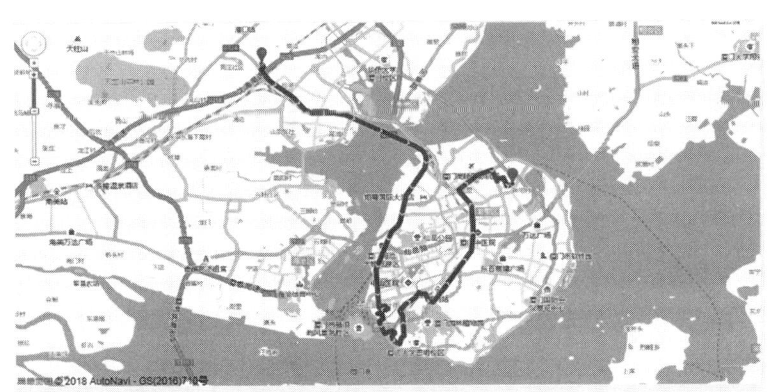

图 4　“云联”药品追溯服务平台系统追溯页面——GSP 追溯

存储、追溯信息权限管理等。

2. 在消费者追溯方面，实现了药品信息（厂家、功效、用法）、药品溯源（流通追溯、药品冷链）、建议投诉（药品异常报告、质量反馈）、方便找药（罕见药、孤儿药）等方面的服务

消费者可以通过手机扫描药盒上面的药品追溯条码，查询到这盒药的来龙去脉，同时，可以获得该药品的用药指导、说明书等信息，还可以通过手机向企业反馈用药情况等重要信息。

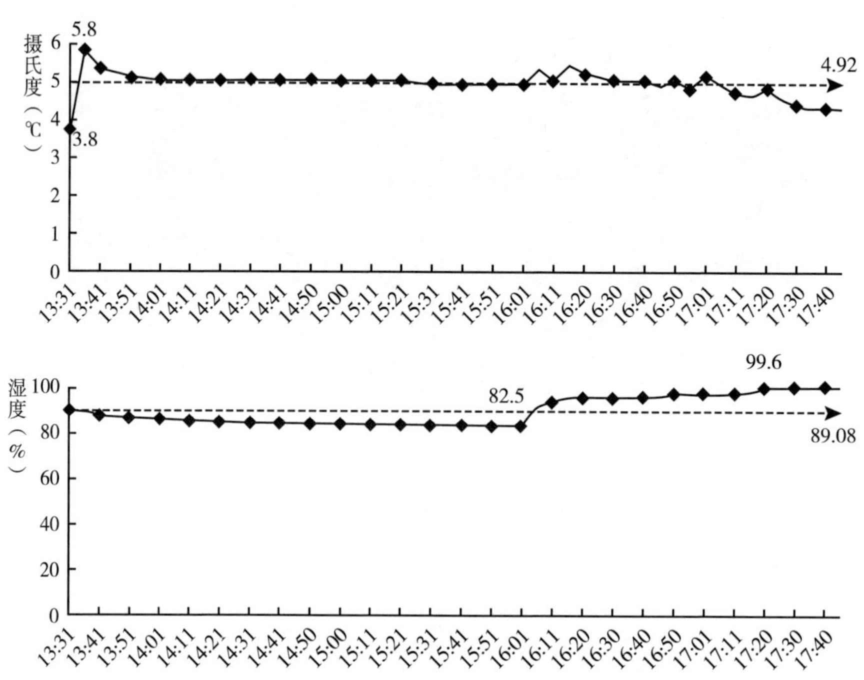

图 5　“云联”药品追溯服务平台系统追溯页面——温湿度追溯

图 6　“云联”药品追溯服务平台企业追溯主页

向云平台提交纸质申请材料，云平台在系统中建立唯一加密的企业号

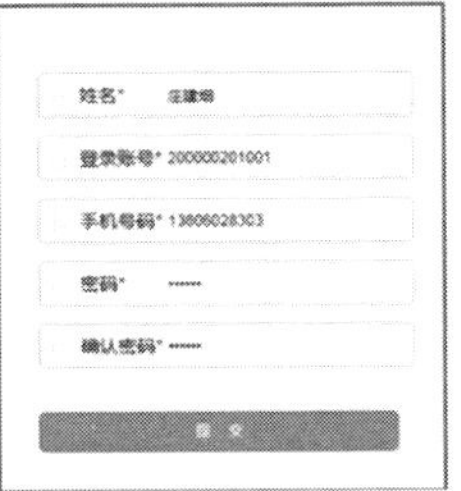

企业根据企业号增加登录人信息

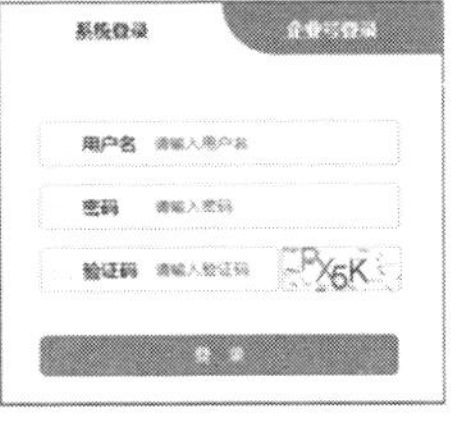

登录人根据自己设定的用户名和密码登录系统后台

图7　“云联”药品追溯服务平台企业入驻与登录

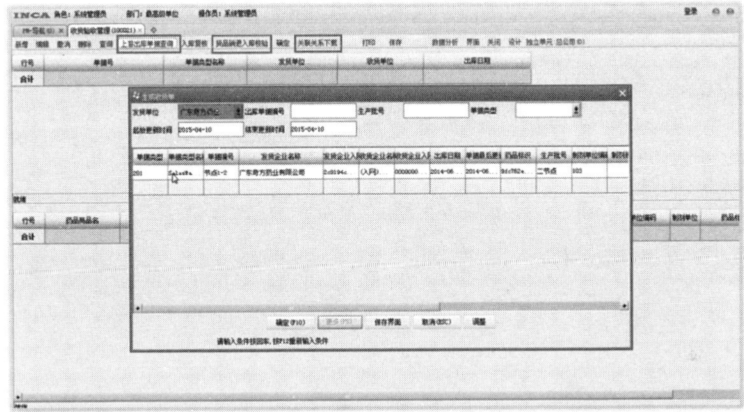

图8　企业自建药品追溯系统验收核注采集

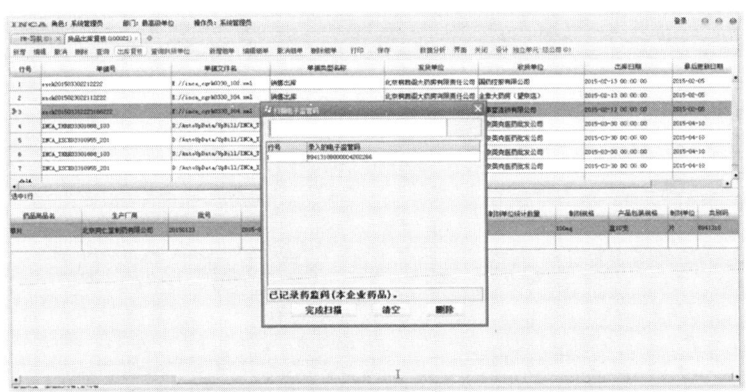

图9　企业自建药品追溯系统批发出库核销采集

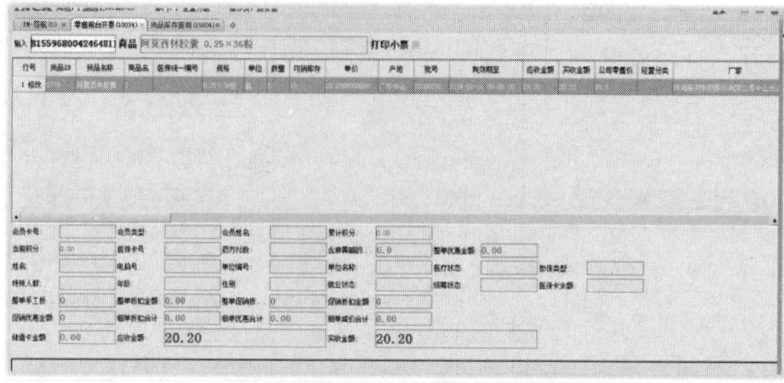

图 10　企业自建药品追溯系统零售出库核销采集

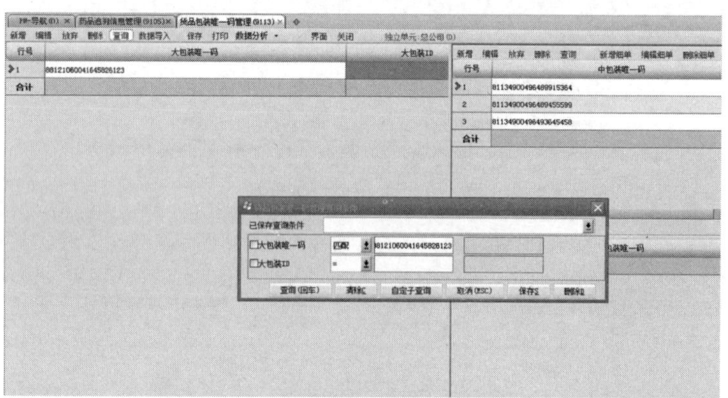

图 11　企业自建药品追溯系统药品大中小包装追溯码关系

行号	业务类型	业务单号	业务明细单据号	业务日期	单位名称	药品名称	批号
1	零售出库	4844971	68763219	2017-11-27	厦门鹭燕大药房有限公司	蝉蜕	171101
2	门店收货	18047	41278	2017-11-26	厦门鹭燕大药房有限公司	蝉蜕	171101
3	物流出库	3647996	68645214	2017-11-22	鹭燕医药股份有限公司	蝉蜕	171101
4	物流入库	58451243	6865412421	2017-11-21	鹭燕医药股份有限公司	蝉蜕	171101
5	产成品出库	2898498	1978120	2017-11-12	厦门燕来福制药有限公司	蝉蜕	171101
6	产成品入库	22586415	36254251451	2017-11-11	厦门燕来福制药有限公司	蝉蜕	171101
7	原材料领用	210525145	42145112123	2017-11-07	厦门燕来福制药有限公司	蝉蜕	171101
8	原材料入库	110525121	36254251451	2017-11-06	厦门燕来福制药有限公司	蝉蜕	171101
9	零售出库	4844971	78763219	2017-11-28	厦门鹭燕大药房有限公司	柏子仁	171102
10	门店收货	18047	51278	2017-11-27	厦门鹭燕大药房有限公司	柏子仁	171102
11	物流出库	3647996	78645214	2017-11-23	鹭燕医药股份有限公司	柏子仁	171102
12	物流入库	58451243	7865412421	2017-11-22	鹭燕医药股份有限公司	柏子仁	171102
13	产成品出库	2898498	2978120	2017-11-13	厦门燕来福制药有限公司	柏子仁	171102
14	产成品入库	22586415	46254251451	2017-11-12	厦门燕来福制药有限公司	柏子仁	171102
15	原材料领用	210525145	52145112123	2017-11-08	厦门燕来福制药有限公司	柏子仁	171102
16	原材料入库	110525121	46254251451	2017-11-07	厦门燕来福制药有限公司	柏子仁	171102
17	零售出库	4844971	88763219	2017-11-29	厦门鹭燕大药房有限公司	北柴胡	171103
18	门店收货	18047	61278	2017-11-28	厦门鹭燕大药房有限公司	北柴胡	171103
19	物流出库	3647996	88645214	2017-11-24	鹭燕医药股份有限公司	北柴胡	171103
20	物流入库	58451243	8865412421	2017-11-23	鹭燕医药股份有限公司	北柴胡	171103
21	产成品出库	2898498	3978120	2017-11-14	厦门燕来福制药有限公司	北柴胡	171103
22	产成品入库	22586415	56254251451	2017-11-13	厦门燕来福制药有限公司	北柴胡	171103

图 12　企业自建药品追溯系统药品追溯信息管理

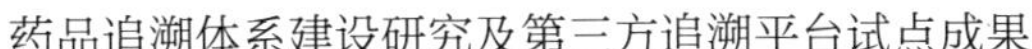

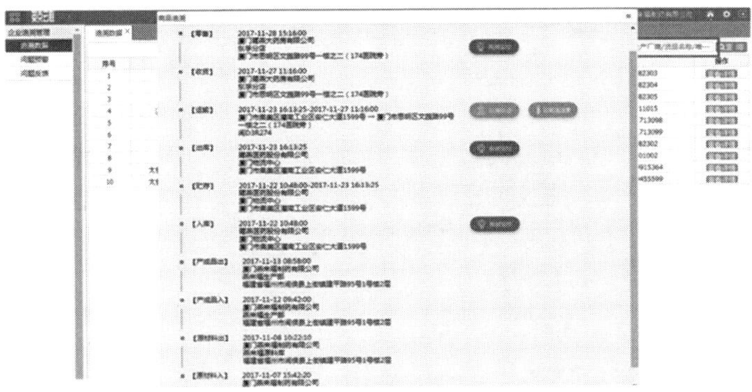

图 13　“云联”药品追溯服务平台企业追溯管理

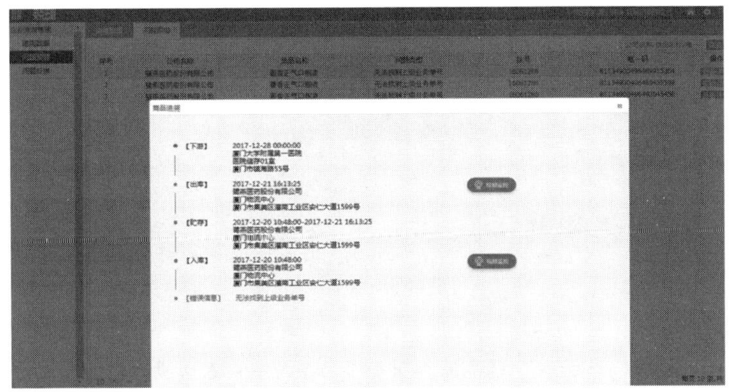

图 14　“云联”药品追溯服务平台企业追溯问题预警

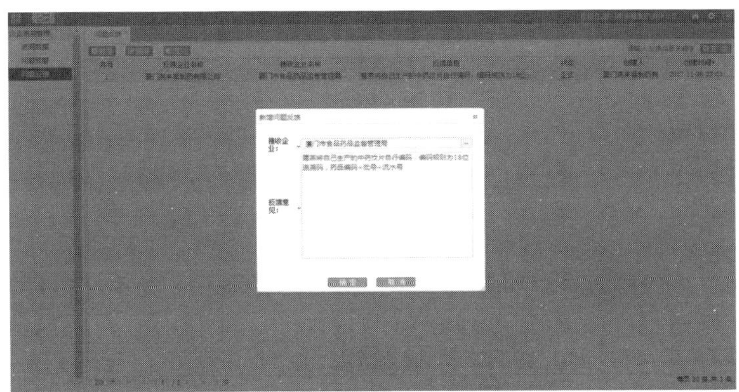

图 15　“云联”药品追溯服务平台企业追溯问题反馈

图 16　“云联”药品追溯服务平台系统消费者追溯页面

图 17　“云联”药品追溯服务平台系统消费者追溯手机应用

3. 在监管机构应用方面，实现了监管服务、现场督查、实时追溯、异常跟踪、统计分析等功能，全面满足监管机构通过药品追溯体系达到高效、精准监管的要求

图 18　“云联”药品追溯服务平台监管服务主页

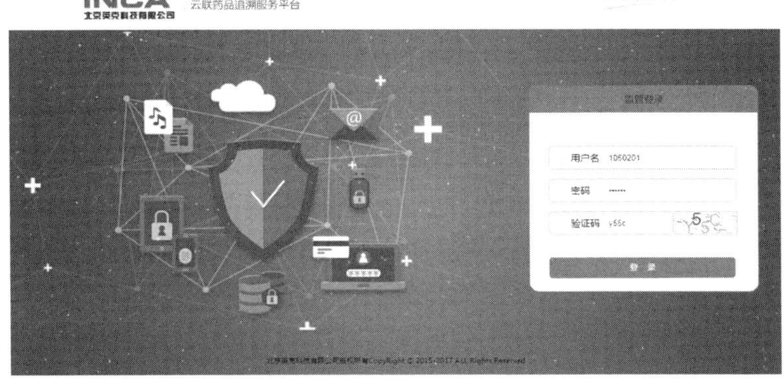

图 19 “云联”药品追溯服务平台监管部门登录

企业追溯管理
问题预警
监管追溯
问题反馈

开始时间：2017-11-01 结束时间： 生产厂商： 货品名称： 货品批号： 追溯码：

序号	公司名称	生产厂商	货品名称	批号	追溯码	业务时间	操作
1	厦门鹭燕大药房有限公司	厦门燕来福制药有限公司	蝉蜕	171101	120171101 01682303	2017-11-27	
2	厦门鹭燕大药房有限公司	厦门燕来福制药有限公司	柏子仁	171102	120171102 01682304	2017-11-28	
3	厦门鹭燕大药房有限公司	江西百仁中药饮片有限公司	北柴胡	171103	120171103 01682305	2017-11-29	
4	厦门鹭燕大药房有限公司	江西赣福堂中药饮片有限公司	炒陈皮	171005	120171005 01811015	2017-12-26	
5	厦门鹭燕大药房有限公司	康普药业股份有限公司	阿莫西林胶囊	19033578	81449042385221713098	2017-12-06	
6	厦门鹭燕大药房有限公司	中美天津史克制药有限公司	新康泰克[illegible]	20033578	81449042385221713099	2017-12-12	
7	厦门鹭燕大药房有限公司	厦门燕来福制药有限公司	北沙参	171128	120171128 01682302	2017-11-30	
8	厦门鹭燕大药房有限公司	厦门燕来福制药有限公司	陈皮	171025	120171025 01801002	[illegible]	
9	鹭燕医药股份有限公司	太极集团重庆涪陵制药厂有...	藿香正气口服液	[illegible]	81134900496489915364	2017-12-21	
10	鹭燕医药股份有限公司	太极集团重庆涪陵制药厂有	藿香正气口服液	16061286	81134900496489455599	2017-12-23	

每页 10 条，共 10 条

图 20 “云联”药品追溯服务平台监管查询

（六）“云联”系统技术体系

“企业端核注核销”基于英克成熟的 PM4 技术平台框架开发，与现有 ERP 系统和 WMS 系统无缝集成。

云端服务平台基于“英克云”平台进行建设，对外提供云服务。

（1）内外联通：云架构为企业打通企业应用与外部服务，方便企业追溯业务开展。

（2）云端设备：海量存储数据，迅速反馈响应，银行级安全保障，全网带宽享用。

(3) 云端管理：全方位为企业提供云服务，如“云注册”“云基础数据”“云报告”“云追溯”等。

(4) 设备连接：云平台可以整合各种互联网终端，如PC端、手机端、温湿度控制、GPS等设备。

（七）系统试点与使用情况

英克“云联”系统从2011年起就陆续应用于广州医药有限公司、华东医药股份有限公司、杭州萧山医药有限公司等大中型医药商业企业。

经过近年来的系统架构调整和优化，新系统在鹭燕医药股份有限公司试点应用。

1. 试点单位简介

鹭燕医药股份有限公司是一家以生产和经营人类健康产品为核心业务的医药集团，于2016年2月18日在深交所正式挂牌上市。鹭燕医药股份有限公司入选中国服务业500强、中国药品流通企业五十强、福建省百强企业。公司经营规模已连续多年位居福建省领先地位，并已走出福建，在香港、江西、四川、安徽等地设立了子公司。

鹭燕医药股份有限公司主营业务为药品、中药饮片、医疗器械、疫苗等分销及医药零售连锁，借助渠道优势的同时，公司积极实施“纵向”发展战略，向产业链的上下游扩张延伸，目前已形成药品、疫苗、医疗器械、诊断试剂、中药饮片、生物制品、保健品等生产、销售一体化的业务格局。

2. 追溯系统建设情况

药品（含中药饮片）追溯体系是通过“云联”系统采集记录药品（含中药饮片种植/养殖）生产、流通、消费等环节信息，以环节数据为依据、溯源标识为线索进行向上溯源及向下追踪，实现来源可查、去向可追、责任可究，强化全过程质量安全管理与风险控制的有效措施。

实现药品从采购、销售、门店配送到零售出库的全过程信息追溯体系。

实现中药饮片从原材料采购、产成品出库、分销采购、销售、门店配送到零售出库的全过程信息追溯体系。

实现了和现有ERP系统、物流系统、终端零售系统等相关业务系统间的无缝集成，通过核注核销过程与业务过程的融合，大大减少了追溯数据采集工作量，提高了工作效率。

实现了和厦门市药品追溯体系的集成，满足监管单位的全面实时监管要求。

根据不同的权限设定，上下游企业可以通过电脑、手机等设备渠道对已授权访问的数据进行追溯信息查询。

3. 追溯系统使用效果

2017 年全年鹭燕医药股份有限公司实现销售额 100 亿元以上。在试点阶段，对于药品，选取部分生产企业已经赋码的药品品种，在试点阶段实现了入库、销售出库、门店配送、零售出库等环节的全过程追溯信息采集。

完成了 200 多家直营门店零售前台在销售环节所有试点品种的药品追溯信息采集工作。

此外，鹭燕医药股份有限公司全资子公司厦门燕来福制药有限公司以北沙参、蝉蜕、柏子仁、柴胡、陈皮等 30 种中药饮片作为追溯系统试点品种，赋追溯码 135 批次、25000 多条赋码信息，实现工厂出库、批发入库、批发出库、零售出库等环节的条码追溯。

（八）“云联”系统的创新点

1. 追溯模式创新

通过在生产、批发、零售等药品流通 ERP 系统中集成追溯系统模块，在追溯数据生成时自动形成业务单据的无缝对接，追溯数据采集的过程即为业务作业过程。

数据存储在企业，云平台只提供服务，在保证企业数据安全的同时实现药品安全追溯。

2. 追溯技术创新

通过云计算将多节点存储下的追溯数据串联起来，实现大数据管理和应用。

通过物联网技术将追溯过程中的作业视频、物流 GPS 轨迹、温湿度记录展示出来。

3. 追溯兼容性创新

追溯系统兼容原20位电子监管码，兼容器械的GS1－128编码；兼容企业根据药品追溯规范自定义编码、企业单据编码等。

4. 服务内容创新

建设追溯的公共服务平台，全面面向消费者、企业和监管单位提供追溯服务。

通过PC电脑端、微信端、移动APP端等多种展示方式提供对外公共服务。

（九）“云联”系统发展和展望

英克公司将在中国药品监管研究会药品流通监管研究专业委员会和中国医药商业协会的指导与支持下，结合英克多年来在医药行业信息化的经验和先进的技术平台，努力推动并落实好企业追溯体系建设工作。

在英克“云联”药品追溯系统后续推广的过程中需要多部门、多单位的相互支持配合，共同努力。此外，要加快药品追溯体系的相关标准化建设，主要涉及以下几个方面：企业档案信息标准化（包括生产厂商、商业批发、医药连锁、连锁门店、医疗机构等）、药品档案信息标准化（药品基础数据信息）、制定药品追溯码标准（药品追溯码的发码、追溯码信息）、药品追溯信息标准（核注核销信息）、外部接口标准（追溯外部接口）、赋码机构开放批号和追溯码关系信息（药品批号和追溯码的关系）、赋码机构开放追溯码大中小包装关系信息（药品大中小包装追溯码的关系）等。

B.12 创新的中国版医药福利管理（C-PBM）模式

国家发展改革委经济体制与管理研究所课题组*

摘　要： 医药福利管理（PBM）以科技创新和制度创新协同推动福利改善，现已成为众多发达国家“三医联动”领域的成功典范。本文通过分析中国版PBM（C-PBM）在运行中存在的障碍和发展的可行性，指出C-PBM是深化药品流通行业供给侧改革和实现转型升级的重要途径，是行业探索创新发展的模式之一。同时，本文对完善和升级C-PBM成果提出了政策建议。

关键词： PBM　药品流通　供给侧改革

中国特色社会主义进入了新时代，我国社会的主要矛盾已经转化为人民日益增长的美好生活需要和不平衡、不充分的发展之间的矛盾。健康是美好生活需要的关键组成部分，人民健康是民族昌盛和国家富强的重要标志。

医药行业是守护国民健康的基础性产业。2016年10月25日，中共中央、国务院印发并实施的《“健康中国2030”规划纲要》提出，推进药品流通体制改革，破除“以药养医”顽疾、有效控制医药费用不合理增长。

2018年政府工作报告指出，深化公立医院综合改革，协调推进医疗价格、人事薪酬、药品流通、医保支付改革，提高医疗卫生服务质量，下大力气解决群众看病就医难题。以组建国家医疗保障局、成立国家卫生健康委员会等机构

* 课题组组长：陈伟，清华大学经济学博士，国家发展和改革委员会经济体制与管理研究所城乡与区域研究室主任、研究员、所学术委员会委员；课题组成员：陈伟、孙凤仪、李叶妍、刘学莎；执笔人：陈伟、李叶妍、刘学莎。

改革为推动，新一轮医改的大幕已经拉开，未来几年卫生健康领域政府、市场的关系将会发生深刻调整。对于药品流通行业而言，这既是结构调整的严峻挑战，也是创新发展的重大机遇。

药品流通行业发展需要顺应新时代的新要求，适应新医改的新趋势，在行业体制变革和技术创新方面迈出更大步伐。医药福利管理（Pharmacy Benefit Management，PBM）是以美国为主的发达国家实施了 30 多年、被证明行之有效的药品流通创新模式。它以中心药房为平台载体，通过信息化与工业化的深度融合大幅提升了药品流通效率，极大改善了社会福利。我们的研究结论是，PBM 模式对于中国医药卫生体制改革和药品流通行业创新发展具有很强的借鉴意义。

自 2006 年原国务院医改办开始研究 PBM 模式起①，PBM 中国化已跨越了十二个年头，体系初步构建，模式不断升级，效果快速显现，逐步赢得了广泛支持。从结果上看，中国版的 PBM（C-PBM）已基本成型，它吸收了国际先进经验和科技成果，同时又结合中国国情构建了精巧模式、实现了技术更新，有望成为引领未来 3~5 年医改创新的亮点，并成为药品流通行业供给侧结构性改革的重要突破口。

受中国医药商业协会创新促进分会委托，国家发展和改革委员会经济体制与管理研究所（以下简称“国家发改委体改所”）② 开展了相关课题研究。为了更好地完成课题研究任务，体改所课题组进行了广泛的行业座谈和深入的实地调研，在此基础上形成了本研究初步成果。

一　PBM 是实践检验有效的科技与制度创新模式

PBM 源于美国，医保支出（特别是药品支出）压力增大是该模式产生的

---

① 2006 年，时任全球最大 PBM 公司 ESI 全球副总裁、西安交通大学兼职教授房志武，受邀回国担任国务院医改专家委员会委员。在任职期间，房教授负责“十二五”医改五大课题之一“药品供应模式改革方案”课题。房教授在美国 PBM 技术基础上，结合国内实际设计完成了适合国情与医改目标的中国版 PBM 模式，该课题结题经领导讨论通过后，在国务院医改简报中向全国各省做了介绍。

② 国家发改委体改所是国家发改委所属公益一类事业单位，是目前专注于改革问题研究唯一的国家级研究机构，成立以来参与了电力、铁路、石油、天然气、医药卫生、食盐、民航、文化等多项重大行业改革研究，积累了丰富的改革研究经验。

需求侧因素，工业化与信息化的深度融合则为其奠定了供给侧基础。经过三十多年发展，美国 PBM 已进入成熟期，作为实现医疗与保险联动的重要模式。

（一）PBM 是一种高效的慢病管理和医保控费模式

医药福利管理（PBM）是美国主流的慢病管理与医保控费模式，核心是通过信息化和工业自动化等技术手段，在医院（医生）、药房（药师）、药品生产企业、保险机构及患者之间进行管理和协调，用最低成本、最高效率保障慢性病患者的治疗方案合理性与药品供应有效性，通过智能引擎和工业 4.0 等高科技手段创造费用结余，让利于医保和患者；防止过度医疗和大处方，在保障医疗质量的前提下，大幅度降低药品总费用。PBM 模式包括以下四个基本环节。

1. 健康管理

PBM 模式的健康管理基于病例、处方、药店等方面的大数据，在医疗结束之后通过病例数据分析，为患者制定出个性化的健康管理方案，提高健康服务质量。

2. 处方监控

通过不断积累和深入分析，形成医生临床诊疗的合理路径及合理用药规则的数据库，并将数据库嵌入医院信息化系统，进而监控医生治疗和药品处方流通，控制医疗开支。

3. 药品流通

一方面与药房/药店合作，建立药店网络联盟；另一方面与医药生产企业进行采购议价，集中采购药品，降低药品差价，防止药价虚高。

4. 医疗费用控制

通过患者的健康管理以及医生行为监控，避免过度医疗等，从而减少保险公司和患者的医疗支出。

（二）国际医疗与保险联动主流模式

20 世纪 60 年代，美国开始出现管理式医疗，即 HMO（Health Maintenance Organization），通过规定固定的医疗费用和利用保险机构约束诊疗行为来控制整个费用的过快上涨，并形成两大基本的医疗制度，即针对老人的 Medicare

模式和针对穷人的 Medicaid 模式。同期，美国的医疗费用大幅上涨，1966～1970 年，Medicare 模式年支出从 16 亿美元骤升至 71 亿美元。为控制医疗费用过快增长，美国政府开始对医疗费用进行管理，PBM 雏形初现。同时，DRGs（Diagnosis Related Groups，疾病诊断相关组）、家庭医生服务的发展为 PBM 成长创造了良好条件，出现了一批为保险公司提供第三方服务的 PBM 企业。

到 20 世纪 90 年代，PBM 企业逐步拓展业务，与药企进行商务谈判，以降低药品价格、提升药品质量和改善用药效果。1996 年，美国通过了 HIPPA（Health Insurance Portability and Accountability Act），解决了医疗信息交互的标准和安全问题，大大促进了医疗大数据的开发应用，以数据为重要支撑的 PBM 模式迎来了较快发展。

21 世纪以来，美国 PBM 行业发生了几次重大并购和重组，行业集中度提高，企业谈判能力提高，并逐渐形成了以快捷药方公司（ESI）、保健标志公司（CVS）、联合健康集团（United Health）为代表的三大巨头。

为应对美国政府医疗政策调整带来的巨大控费压力，美国健康产业进入到大规模并购的深度融合时期。2017 年 12 月，美国最大的医药零售商保健标志公司（CVS）以 690 亿美元收购健康险巨头安泰保险金融集团（Aetna），2017 年 6 月又与美国最大连锁药店沃尔格林联合博姿集团（Walgreens Boots Alliance Inc）谋求收购全美第三大医药零售商来德爱公司（Rite Aid）美国门店近一半的股份。2018 年 3 月，美国最大商业保险公司之一信诺保险（Cigna Corp）以总价约 670 亿美元收购 ESI。未来健康保险巨头可能还将购买医院和诊所，改变其商业模式，以激励医疗机构持续降低成本。

综上，经过三十多年发展，PBM 在美国迅猛崛起，以科技和制度创新推动福利改善，有效协调了多方利益，提高了医疗、医药、医保的协同性。

二　中国药品流通体制应着眼需求侧发力供给侧

药品流通体制改革是中国医改进程的重要组成部分。改革开放 40 年来，伴随着医改的不断推进，药品流通体制也在不断地调整，目前正处于发展的“十字路口”。

（一）寻找市场与政府再平衡是未来医改的基调

改革开放前，我国的医药卫生体制采用的是计划模式，以追求公益性为根本目标。改革以来，我国医药卫生体制开始朝着市场化方向迈进，先后经历了市场主导、政府主导两大阶段，目前正在向第三阶段——市场与政府的再平衡迈进。

1. 改革开放前（1949～1978年）

新中国成立后，我国坚持了以预防为主、农村为重点、中西医结合的方针路线，初步建立了覆盖农村和城市的医疗卫生服务网络。

2. 改革孕育期（1978～1984年）

改革开放后，国家提出运用经济手段管理卫生事业，重点是加强医院经济管理工作，探索建立激励机制，同时探索推进医疗主体多元化，但较少涉及体制变革。

3. 放权让利期（1984～1992年）

1984年10月，中共十二届三中全会通过的《中共中央关于经济体制改革的决定》，标志着包括医改在内的城市经济体制改革全面展开，医改纪元正式开启。这一时期改革的核心思想是模仿国企改革思路，政府投入减少，同时对医院放权让利，扩大医院自主权。

4. 市场导向期（1992～2005年）

1992年邓小平同志南方谈话及党的十四大确立了社会主义市场经济体制建设目标，医药卫生体制快速转向市场化。其中，最引人注目的就是公立医院拍卖或托管。

5. 回归公益期（2005～2016年）

2003年SARS事件所暴露的政府缺位问题，引发了对医改方向的反思。2006年9月，11个部委联合成立了医改协调小组，新一轮医改启动。2009年3月5日，《中共中央、国务院关于深化医药卫生体制改革的意见》（中发〔2009〕6号）发布，理念是人人享有基本医疗卫生服务。此后，公立医院改革、“两票制”、分级诊疗及家庭医生签约等都是改革焦点。客观而言，看病难、看病贵问题有所缓解，本轮医改取得了一定成效。

6. 健康中国战略期（2016年至今）

2016 年 8 月 19 ~20 日，全国卫生与健康大会召开，健康中国战略提出，新一轮医改大幕徐徐拉开。2016 年 10 月 25 日，中共中央、国务院印发并实施了《“健康中国 2030”规划纲要》。十九大对实施健康中国战略进行了总体部署；2018 年两会讨论通过新一轮机构改革方案，决定组建国家医疗保障局①和成立国家卫生健康委员会②，新一轮医改的组织准备已经做好了。

我们认为，未来医改实践应避免过度市场化和政府大包大揽两种极端方式，坚持以社会公益为导向，以满足人民美好健康需要为目标，充分发挥市场和社会的作用，补足健康服务供给不平衡、不充分的短板。

（二）以医药分开为核心的制度重构是改革大势

1. 高度集中期（1949 ~1984年）

改革开放前，我国成立了主管药业的经营管理机构，以统购统销、逐级调拨为主要流通方式。这一统一安排采购网点、统一核算财务的国家药品专营体系成本高、效率低。

2. 改革萌芽期（1984 ~1999年）

1984 年，十二届三中全会通过了《中共中央关于经济体制改革的决定》，开启了医药流通改革，突破口是推动政企分开、减少流通环节、拓宽流通渠道。截至 1999 年，开展药品批发销售业务的流通企业已达到 1 万多家，市场化程度显著提高，但流通主体数量过快增长也导致了市场失序。

3. 过度竞争期（1999 ~2004年）

1999 年，国家经济贸易委员会出台《深化医药流通体制改革的指导意见》（国经贸医药〔1999〕1055 号），积极鼓励吸纳社会资本和中外合资，建立“调控有力、管理科学、统一开放、竞争有序”的医药流通新体制。2000 年国

---

① 国家医保局主要职责是，拟订医疗保险、生育保险、医疗救助等医疗保障制度的政策、规划、标准并组织实施，监督管理相关医疗保障基金，完善国家异地就医管理和费用结算平台，组织制定和调整药品、医疗服务价格和收费标准，制定药品和医用耗材的招标采购政策并监督实施，监督管理纳入医保支出范围内的医疗服务行为和医疗费用等。

② 国家卫生健康委员会的主要职责是，拟订国民健康政策，协调推进深化医药卫生体制改革，组织制定国家基本药物制度，监督管理公共卫生、医疗服务和卫生应急，负责计划生育管理和服务工作，拟订应对人口老龄化、医养结合政策措施等。

务院部署推进“三改并举”、2001 年我国加入 WTO 后国外药品和资本以及民营资本的进入，促进了医药市场多元化，国内药品产量激增，但药价不合理现象愈演愈烈，药品流通呈现出“企业多、规模小、效率低、秩序乱”格局。

4. 政府调控期（2004～2009年）

2004 年，药品经营质量管理规范（GSP）认证正式实施，推动了药品流通企业规范化。同时，药品流通领域的批发企业采用代理配送制、零售企业采用连锁经营制开拓市场，通过并购实现规模经营，形成了寡头垄断的市场新局面。2009 年《关于深化医药卫生体制改革的意见》（中发〔2009〕6 号）和《医药卫生体制改革近期重点实施方案（2009～2011 年）》从市场准入、供应保障、流通价格、商业结构等多层面重构了医药流通体制。

5. 制度重构期（2009～2018年）

从 2009 年“规范”药品流通到 2012 年“重构”药品流通秩序，再到 2015 年试点省份“两票制”，2017 年进一步“整顿”药品流通秩序，2018 年“协调推进”医疗价格、药品流通、医保支付、“互联网＋药品流通”等改革，改革理念由充分发挥政府监管、规范流通市场秩序转向更加注重市场的决定性作用，新时期医药流通体制建设取得了一定成效。

6. 医改新时期（2018年以来）

2018 年以来，随着国家医保局的成立，新的一轮医改即将全面启动。我们认为，医药流通也将进入新时代，产业组织、技术创新、政策体系等都将会出现系统性重构。

（三）中国药品流通行业面临的主要矛盾

通过对 40 年中国新医改与医药流通体制沿革之追溯，结合课题组专项调研发现，中国医药流通体制依然存在以下一些突出问题：

一是市场准入机制不完善，形成药品流通企业“多小低乱”。GSP 认证准入门槛低而退出壁垒过高，造成了药品流通行业企业数量过多、规模较小、市场效益较差、流通秩序混乱，难以健康、高效、创新发展。

二是医药不分造成市场失灵下的价格管理失控，主要是医院对药品的垄断销售导致市场对资源配置不充分，2016 年对医疗机构销售额占全部终端销售额的 71%，对零售终端和居民零售销售额仅占 29%。虽然目前公立医院取消药品加成，但医生和制药企业之间的非正常利益关系仍未被完全切断。

三是行业发展布局不够合理，区域分布不均衡，药店主要集中于城区，城乡布局不均衡，药品配送“最后一公里”问题尚未解决。

三 PBM 是中国医药流通供给侧结构性改革切入点

PBM 自 2009 年落地中国已近十年，先后经历益赛海虹版、芜湖版和患者版三个阶段，模式逐渐成熟，并取得积极成效，未来几年有望引领药品流通行业发展。

（一）中国版的 PBM（C－PBM）逐步完善成型

2008 年美国 ESI 集团（全球最大独立 PBM 公司，世界 500 强企业排名前百，曾用中文译名“益赛”）时任副总裁房志武获悉中国开始新医改工作，遂与国药、华润、海虹等国内企业联系洽谈合作，从此将 PBM 这一舶来品概念真正引入中国。ESI 开发出了专门针对中国国情的防止骗保的软件产品，与海虹的短暂合资也促成了这款软件在国内的推广，随后国内多家 IT 企业（包括美德医、华数康、平安保险等）也逐步开始推出这个领域的产品，逐步形成了国内“医保智能审核系统”的行业体系，并获得了国家主管部门的鼓励。这一系列企业 IT 技术系统将 PBM 模式中的美国保险公司防止欺骗性报销的部分信息化管理系统抽取出来，设计出医保智能审核系统，搭建医保基金智能管理平台，同期人社部也将普及智能审核系统作为实施医保控费工作的重要抓手。但这一阶段只是解决了医保信息化管理的部分浅层任务，尚未解决患者用药供应、流通渠道转型升级、医生处方合理性分析、患者福利报销比例增加、医生收益阳光化等触及既得利益的深水区改革难题。

2013 年 10 月，北京万户良方科技发展有限公司（以下简称“万户良方”）在国务院医改领导小组第一届专家咨询委员房志武教授的带领下，在芜湖探索开展新一轮 PBM 试点。2015 年 5 月，万户健康 PBM 模式安徽芜湖市试点启动，创新设计出了多方共赢的“万户健康 PBM 模式”，其最大的特点是依赖科技创新工具另辟蹊径，破解医改僵局。该模式主要由以下三部分组成。

一是 PBM 技术体系中工业自动化系统的本土化改造工程和落地建设。引进美国成熟设备，自主研发控制系统，建设自动化程度达到工业 4.0 级别的

“城市慢病中心药房”，极大减少无效流通成本与人工成本，创造结余。

二是软件与服务管理。应用自主研发的“万户健康 PBM 规则引擎”对老人和慢病会员进行统一的智能化、个性化管理，解决老龄人口和慢病患者的合理用药、供药保障、降低药费及长期监护等难题。

三是药费福利创造。通过科技与管理创新形成的药费结余与慢病患者分享，为慢病患者提供总药费 20% 的额外报销，给老百姓益处。

截至 2017 年底，芜湖市万户良方 PBM 项目覆盖全市 76 家社区卫生服务机构，近 7 万名慢病患者加入。C－PBM 模式是在没有政府投入或补贴条件下，通过科技创新和体制创新探索出一条医改之路。

第一，提高患者福利。C－PBM 方便了患者购药、取药，通过家庭医生指导保证了合理用药，取药当日直返 10% ～20% 的费用，减轻了患者负担，增强了医改获得感。

第二，推动分级诊疗。在调研中，我们了解到随着 C－PBM 的引入，社区卫生机构就诊量普遍增长了 30% ～40%，收入增长了 40% 左右，纯医疗收入增长 10% 以上；社区卫生机构的药品配置目录更加丰富，满足了患者分级诊疗对药品种类的需求；C－PBM 已成为社区医院家庭医生签约与健康管理的有力抓手，家庭医生真实签约率高达 80% 以上。

第三，助力医保控费。从多重维度分析并控费，且中心药房的医保药品领取和结算是在社区医院进行，仍然在医保监管体系内，没有增加风险。

在芜湖试验（2.0 版）基础上，万户良方正在积极推进包含了保险福利改革的三医联动版 PBM（3.0 版）。目前，该模式正在南京、枣庄、太原等地推广，其内容如下。

第一，同步建立全科医生培养体系。在应用中心药房管理系统指导基层医生合理用药的同时，万户良方充分发挥全科医师专家资源优势，开展家庭医生服务能力和健康管理培训。

第二，开启慢病患者和家庭医生双向激励新模式。除了通过药品供给侧改革形成的费用结余外，利用药品中心式供应所建立的信息化系统与医保系统形成联动，建立“好医好报”系统，对医生行为进行监督和奖惩，建立良性激励机制，实现医生、百姓、医保、政府共赢。

第三，建立药品全程监督溯源管理新机制。在监控药品质量和价格的同时，万户中心药品采用“一物一码”在最小销售单位包装上附电子监管码，实现药品正向、反向追溯，建立安全监管新机制。

（二）目前仍有障碍但不影响模式整体可行性

我们通过芜湖调研发现，PBM 模式在实际运行中主要存在以下两方面体制机制障碍。

一是零售商向基层卫生服务机构配送药品的合规性问题。零售商向社区卫生服务机构配送药品尚不符合其经营方式的相关法规，制约了零售企业的规范与发展。为方便广大群众就近领取药品及促进分级诊疗，PBM 中心药房将药品配送至社区卫生服务中心等公立医疗机构，委托其代为保管并向老百姓发放，此流通行为只是地方政府特许下的改革试验。另外，中心药房和社区医疗机构两个零售单位之间开票记账如何纳入采购体系，也是财政收支方面一大“政策堵点”。

二是医保接轨和财政结算问题。首先，PBM 模式是以医保资源高效使用为盈利点，但目前其管理系统未能和医保系统接轨，医院处方（或脱敏后的患者信息）不能向中心药房开放，这导致基层卫生机构根据患者处方发放药品需要重新录入和核对，增加了审方时间和成本。其次，社区医疗机构与 PBM 公司之间按月结算医保费用的方式虽在当地试点并向财政局备案，但尚未得到国家、省、市的正式全面认可，全国各地市目前基本没有类似支付结算方式，有待进一步研究论证，寻找更优结算解决路径。

但是课题组一致认为，上述问题并不能影响 C－PBM 模式整体的可行性，无论是宏观决策和部门协作层面，还是微观操作层面，都不存在无法逾越的重大障碍。具体而言，C－PBM 因具有以下优势而有在全国推广的基础。

第一，C－PBM 容易得到政府部门支持。首先，引进该项目无需政府投入，容易得到财政部门支持。其次，医保支付非但没有增加，反而能降低患者自费部分的支出，因此容易得到医保部门响应。再次，该模式有利于实现分级诊疗和家庭医生签约，卫生部门应该会非常欢迎。最后，从长期看，通过中心式药房模式可以做到 70% ～80% 的药品可追溯，因此，它容易得到药品流通和监管部门的支持。

第二，C－PBM 不会遭到大医院的反对。随着医改的深入推进，特别是药品零差率销售和药占比监测指标的严格控制，使大医院对庞大的慢病药物供应不再有动力，引进该项目不会有来自大医院的反对。

第三，C－PBM 受到基层医疗机构欢迎。家庭医生签约服务虽已全面推行，但医保、财政等外部激励政策难以出台，基层医疗卫生服务机构也缺乏向患者让利能力。PBM 项目引入可增加慢病患者对基层医疗服务机构的黏性，同时增加基层医疗服务机构的经济效益，因此必然会受到他们欢迎。

第四，C－PBM 并不会受到医药行业的有力抵制。首先，医药生产企业不会受到 PBM 的不利影响，反而可以通过缩减流通环节而提高需求响应速度。其次，在医药流通体系中，慢性病用药量大、配送成本高但利润不高，因此，它不会受到大型配送商的反对。C－PBM 通过改变患者购药行为，重构医药流通渠道，将会对传统医药招标采购体系中的既得利益形成冲击，产生挤出效应，但这一群体属于不创造价值的食利阶层，本该被清理。最后，该模式会将慢病患者从传统零售药店导流到基层医疗机构，和传统零售药店形成竞争关系，更加利于药品价格的下降。

（三）C－PBM 有助于实质性地推动“医药分开”

根据课题组在芜湖的调研，从促进分级诊疗和健康管理出发，芜湖通过零售药店（中心药房）向基层医疗卫生机构点对点配送药品，有效减少流通环节并保障基层药品供应种类，解决了基层用药可及性问题，使得绝大多数用药需求可在社区卫生服务中心得到满足。例如，南瑞社区卫生服务中心改革前药品仅 100 多种，现在中心药房供药 100 多种再加上社区的 100 多种，药品种类翻了一番，形成对基本药物制度的有益补充。

更重要的是，C－PBM 实质性地助推了“医药分开”。它使得主要的慢病用药供应从大型医院药品供应体系中分离出去，降低药品流通成本，实现药费大量结余，形成了供给侧“开源节流”新模式，极大减轻了医保资金和财政补助的支出压力。

综上，C－PBM 改变了中国慢病用药从生产到消费的流通方式，从体制内的供给和定价方式转变为市场化的方式，极大地压缩了从生产到消费的中间环节，通过信息化手段实现了定制化供给，大大减少了药品物流的不确定性和降低了物流成本。

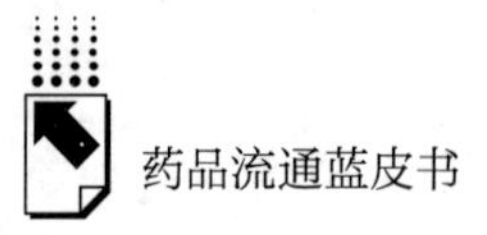

四　C－PBM 助力中国医药流通行业转型升级

面对日益激烈的竞争和正在推出的新医改，中国药品流通行业越来越多的企业认识到必须转型发展，拥抱科技创新、数字经济引领的新时代，适应医药卫生行业高质量发展的新要求，顺应国家医保控费日益严格的新趋势。在中国医药流通行业推广 C－PBM，将是深化行业供给侧改革和实现转型升级的重要途径。

（一）发展目标

1. 二零成型（至2020年）

借力新医改和新医保局成立契机，用三年左右时间使得 C－PBM 成为医药卫生领域的共识模式及推动“三医联动”改革的重要抓手，制定完成行业发展标准，使相当一批医药骨干企业加入，推动开展大范围地区试点，覆盖我国 1/10 以上数量的地级市（40 个以上城市）。

2. 二五成网（至2025年）

在各方共识和大范围试点的基础上，再通过五年左右的努力，绝大多数医药骨干企业加入，PBM 模式覆盖全国超过 1/3 的地级以上城市（100 个以上城市），C－PBM 内涵更丰富、业务模式更多样，初步形成全国的 C－PBM 网络体系。

3. 三零成熟（至2030年）

按照《“健康中国 2030”规划纲要》提出的“主要健康指标进入高收入国家行列”要求，C－PBM 成为支撑中国“三医联动”的基础，形成一批运行高效、健康发展的 PBM 服务企业，中国医药卫生行业进入健康发展的成熟期，全国绝大多数地区应用 PBM 模式。

（二）实现路径

为了实现以上目标，我们提出了以下实现路径：明晰发展战略，凝聚广泛共识；争取中央支持，上下协调联动；配合机构改革，对接重要职能；建立行业标准，强化平台支撑；构建产业生态，实现多方共赢。

（三）主要措施

1. 将 C－PBM 纳入国家新医改战略

联合医疗、医药、医保等领域的学会协会、专家学者、行业龙头，成立“中国医药福利管理研究院”（China PBM Institute），共同制定 C－PBM 战略框架，确定推广路线图和时间表。在此基础上，向国家医保局、国家卫健委、国家食药监局、商务部、国家发展改革委等主管部门，以及中央全面深化改革委员会、全国人大、全国政协等党和国家机关上报，争取得到党和政府的理解和支持。

2. C－PBM 要对接国家重要方针和新机构重要职能

按照国务院常务会议加快发展“互联网＋医疗健康”的重要精神，未来 C－PBM可形成“互联网＋医疗服务＋医疗健康＋智慧供应链（或产业链）”，真正实现“信息多跑路，患者少跑腿”。同时，结合新成立的国家医疗保障局主要职责，C－PBM 应积极配合新机构完善异地就医费用结算平台，调整药品、医疗服务价格和收费标准，制定实施药品和医用耗材招标采购政策，以及医保范围内的医疗机构相关服务行为和医疗费用监督管理等方面改革举措，在不断提高医疗保障水平和医保资金合理使用效率方面发挥积极作用。

3. 宣传推广地方 C－PBM 试点经验

在地方扩大试点的同时，进一步总结提炼芜湖、南京、太原、枣庄等地的经验，通过大会论坛、报纸杂志、内参渠道等进行积极宣传推广，让相关行业及公众了解和支持这一模式。

4. 制定 C－PBM 行业标准与规范

在相关政府部门指导下，联合相关行业协会，组织制定《中国医药福利管理国家标准》《中心式药房建设及运营标准》，指导 C－PBM 行业健康、高效、可持续发展。

5. 组织 C－PBM 模式学习培训活动

针对政府官员、全科医生、PBM 从业人员、投资者等组织不同内容、不同类型、不同规模的学习培训活动、海外考察活动，为 C－PBM 发展奠定人才基础。

除了上述措施外，从芜湖试点实践出发，针对 PBM 模式试点中遇到的一些关键障碍提出以下政策建议。

一是，向PBM慢病管理中心药房开放医保结算资质。建议医保部门为PBM中心药房设立专用的医保结算账户，便于医保部门和PBM中心药房的控费系统实时对接。通过PBM账户的系统对接监控每个患者、每张处方的用药合理合规状况，获得PBM中心药房精确到患者和医生的药费使用分析报告，为今后的医保支付制度改革做好技术准备。同时，医保部门同意在各社区医院增设PBM中心药房医保结算点，或移动POS的多点移动结算，以实现PBM中心药房在每个社区医院的代收代付医保结算。

二是，开放处方电子对接和脱敏后的患者健康信息跟踪系统。建议对PBM中心药房开放"脱敏后的患者健康信息"，以便PBM中心药房帮助评估家庭医生的处方质量和患者健康管理的质量，并对不合理、不合规的处方进行事前干涉、事中管理和事后处理。

三是，加强跨部门协调打破传统药品分销供应模式。卫生部门批准基层医疗服务机构为中心药房的药品供应设立虚拟库存；药监部门批准基层医疗服务机构为签约患者的药品暂存点，批准中心药房把患者处方的药品配送到相应的社区医院、在患者复诊后获得药品；医保部门提供药品定价依据，帮助PBM福利中心药品参照市属大医院同等定价，同意开放医药结算账户，便于中心药房和基层医疗服务机构的药房无缝衔接。

参考文献

付明仲、朱恒鹏、温再兴、邓金栋、唐民皓：《中国药品流通行业发展报告》，2017。

熊平：《中国药品流通体制改革与创新研究》，西南财经大学，2007。

《国务院办公厅关于印发深化医药卫生体制改革2016年重点工作任务的通知》，http://www.gov.cn/zhengce/content/2016-04/26/content_5068131.htm，2016年4月26日。

《国务院办公厅关于进一步改革完善药品生产流通使用政策的若干意见》，http://www.gov.cn/zhengce/content/2017-02/09/content_5166743.htm，2017年2月9日。

B.13

打造以医生集团为主体、医疗服务和健康管理为两翼的新模式

国药控股天津有限公司*

摘　要： 国药控股天津有限公司进入医疗和大健康产业是在瞄准“大健康+消费升级”这一发展方向和国家推动健康中国建设以及新医改的政策背景下发生的。医疗服务是布局大健康产业的入口和核心，优质的医生资源又是医疗服务的重心和核心，抓住这两个核心设计业务模式、构建医疗和大健康产业生态系统，才有可能取得成功。

关键词： 国药天津　医疗服务　健康管理　医生资源

一　概述

在国家连续出台深化医改政策、推进分级诊疗、鼓励社会办医等宏观背景下，特别是在国家卫计委下发的《医师执业注册管理办法》关于多点执业政策引领下，结合国内医疗健康领域由高速增长进入高质量增长阶段以及医疗产业面临消费升级的需求，国药控股天津有限公司决定通过旗下参股公司负责探索大健康产业战略的落地实施工作，并确立了以医生集团为主体、医疗服务为左翼、健康管理为右翼的“一体两翼”的战略规划，尝试打造一种具有综合优势的“医疗+健康管理”业务模式。

目前，公司已经完成立足天津市的基本战略布局，成立了天津市覆盖医疗

* 执笔人：尹世强，国药控股天津有限公司副总经理。

专科全面、医疗专家众多、医疗技术强大的综合性医生集团，1 家面向中高端人群的一级综合性医院，1 家以健康管理为主营业务的健康管理公司。

二　政策背景

2016 年 10 月 25 日，中共中央、国务院印发了《“健康中国 2030”规划纲要》，提出“到 2020 年，建立覆盖城乡居民的中国特色基本医疗卫生制度，健康素养水平持续提高，健康服务体系完善高效，人人享有基本医疗卫生服务和基本体育健身服务，基本形成内涵丰富、结构合理的健康产业体系，主要健康指标居于中高收入国家前列。到 2030 年，促进全民健康的制度体系更加完善，健康领域发展更加协调，健康生活方式得到普及，健康服务质量和健康保障水平不断提高，健康产业繁荣发展，基本实现健康公平，主要健康指标进入高收入国家行列”。

2016 年 11 月 15 日，天津市卫计委下发《天津市医师区域注册暂行规定》，实行区域注册制度，全面放开医师多点执业，对盘活有限的优质医疗资源、助力分级诊疗体系建设有着重大意义。

2017 年 1 月 9 日，国务院印发《“十三五”期间深化医药卫生体制改革规划》，提出“十三五”期间，要在分级诊疗、现代医院管理、全民医保、药品供应保障、综合监管等 5 项制度建设上取得新突破，同时统筹推进相关领域改革。其中 5 项制度中的第一项就是建立科学合理的分级诊疗制度。坚持居民自愿、基层首诊、政策引导、创新机制，到 2020 年，分级诊疗模式逐步形成，基本建立符合国情的分级诊疗制度。

2017 年 3 月 2 日，国家卫计委颁布的《医师执业注册管理办法》已于 2017 年 4 月 1 日起正式实施，明确规定医师“一次注册、区域有效”。

2017 年 11 月，天津市委、市政府制定发布了《关于推进健康天津建设的实施意见》，提出到 2020 年天津将建立与高质量小康社会相适应、覆盖城乡的基本医疗卫生制度，形成较为完善的健康服务体系，健康环境持续优化，健康产业快速发展，人均期望寿命达到 81.9 岁，婴儿死亡率控制在 6‰以下，孕产妇死亡率控制在 10/10 万以下，主要健康指标保持发达国家水平。到 2030 年，全民健康制度体系更加完善，群众身体素质明显增强，人均期望寿命达到

82.7 岁。健康科技创新整体实力位居全国前列，健康生活方式得到全面普及，建立起体系完整、结构优化、门类齐全的健康产业体系，培育一批具有较强创新能力的大型企业和具有较强竞争力的健康产品，成为全市经济发展的支柱型产业。

2015 年，中国医疗健康的市场规模已超 4 万亿元，预计到 2020 年，市场规模将达 8 万亿～10 万亿元，医疗健康行业的市场巨大，成长快速，也成为资本追逐的热点。作为一项新兴产业，大健康领域近些年也呈现蓬勃发展之势。加上近年来政府扶持政策的密集出台，这些因素都为公司进入以医疗服务为核心的医疗大健康产业链提供了良好的环境支撑和政策依据。

三　核心内容

该公司创新的核心业务主要围绕“一体两翼”的战略规划展开设计和实施。其中，“一体”指的是“医生集团”这个战略主体，“左翼”指的是“医疗服务”，“右翼”指的是“健康管理”，三方之间协同配合，形成既有分工又有合作、各方联动、密切配合的强大合力。

（一）主体落地：国耀明医医生集团

国耀明医医生集团是由国药控股天津有限公司与天津市医学领域知名专家共同发起组建的医生团体。国耀明医医生集团通过整合国内外优质医疗专家资源，积极引导优质医疗人才向基层下沉，形成多层次、多元化的医疗服务格局。国耀明医医生集团与天津市 15 个专业、多名医学专家进行了合作签约，涵盖内科、外科、妇产科、心血管病、中医、心理等多个方面，目前拥有天津市各大医院各学科领域的学科带头人、知名专家共计 300 余名，并邀请多位院士、国医大师、医疗卫生管理专家作为顾问，国耀明医医生集团是一个涵盖医疗专科全面、医疗专家众多、医疗技术强大的医生集团。

国耀明医医生集团的主要业务模式包括与合作医院开展合作业务、在自营医院开展相关业务。其中，合作医院这一部分，主要有以下医院合作模式：第一类是医生集团和大型医院的合作，第二类是医生集团和中小型医院的合作，第三类是医生集团和基层医院的合作，第四类是医生集团和自营医院的合作。

目前国耀名医医生集团已经与泰达国际心血管病医院、天津南开医院、天津北辰中医院、天津黄河医院等多家公立医院签订了多方合作协议。

1. 医生集团和大型医院的合作

主要采取医生集团向大型医院输入的合作方式，一是由医生集团输送 VIP 患者到大型医院进行就医及检查检验，二是医生集团与大型医院一起搭建市场化医联体。

2. 医生集团和中小型医院的合作

主要采取医生集团向中小型医院输出的合作方式，一是医生集团派专家到中小型医院去坐诊，二是医生集团派专家到中小型医院去会诊，三是医生集团的专家承担中小型医院的点名手术，四是医生集团派专家帮助中小型医院进行学科共建。

3. 医生集团和基层医院的合作

主要采取医生集团向基层医院提供培训的合作方式，一是医生集团为基层医院免费培训家庭医生，二是医生集团为基层医院培养学科人才。

4. 医生集团和自营医院的合作

主要采取医生集团在自营医院开展多种诊疗服务的合作方式，包括坐诊（采取预约门诊的安排方式）、会诊（包含 MDT 多学科诊疗模式、远程会诊模式）、私人医生服务、健康管理等服务形式。

5. 其他项目

在合作医院，还可以开展私人医生和健康管理项目。

（二）左翼落地：国耀明医医院

国耀明医医院是依托国药控股天津有限公司和医生集团建立的首家优质医疗机构，坐落于天津市河西区怒江道创智东园 3 号楼，由天津市知名中医和医院管理专家李平教授出任院长。该医院是一家集医疗、保健及健康管理为一体的综合性医院，建筑面积约 2500 平方米，设置了中医科、针灸科、推拿科、内科、糖尿病科、肿瘤科、脑系科、心血管科、中医妇科、西医妇科、中医儿科、西医儿科、心理科等专业科室，出诊的百余名医生来自国耀明医医生集团，均为在本专业领域享有较高声誉的知名专家。除了提供常规诊疗服务外，医院还提供精准预约、多专科会诊、点名手术、私人医生、国际医疗、胎儿畸形超声筛查、脑功能状态测定、音乐疗法等特色服务。同时，医院积极开展境外医疗及远程会诊，与美国 PHD（Personal Health Designer，健康管理公司）建立了合作关系，通过 PHD 掌握的美国优质医疗资源，如麻省总医院、M. D. Anderson 癌症中心、斯坦福大学医学中心、美国国立卫生研究院等，为国内患者提供更先进的境外诊疗服务。另外，院内设施齐全完善、环境优雅、温馨恬静，是患者理想的医疗与健康综合服务场所。

医院以“代表医生群体，助力政府医改；落地分级诊疗，强化基层建设；整合资源需求，创建共赢医联；引入市场机制，实现专家价值”为发展战略，以“诚信仁爱、厚德敬业；博学医粹、精益求精；患者至上、健康为本；中西合璧、继承创新”为文化理念，以“依托专家优势，差异化产品设计，良好客户体验，高度内部协同”为服务理念，致力于打造天津市优质医疗服务平台及医生集团医疗健康服务平台。医院通过盘活、调动有限的优质专家资源，满足广大人民群众的就医需求，解决患者“看病难”的问题，在响应国家医疗改革和鼓励多层次办医、积极探索民营医院成功办院之路等方面做出示范。

（三）右翼落地：国耀健康管理公司

国耀健康管理公司是一家以健康信息咨询、企业管理服务、食品销售、经济贸易咨询、技术推广服务、承办展览展示、会议服务、广告业务、计算机软件开发、文具用品和工艺美术品销售以及医疗器械销售为主营业务的公司。

该公司还可提供健康管理产品、健康管理服务、治未病开发、健康顾问、中医体质辨识及调养、中医健康养护、健康教育等服务，致力于打造面向个性化需求的以体检为起点的全生命周期的健康管理服务。

四　实施步骤

2017 年 1 月，国药控股天津有限公司与天津市河西区人民政府签订了大健康产业发展合作协议，达成了战略合作意向。按照协议约定，在河西区人民政府支持下，国药控股天津有限公司通过旗下参股公司在河西区建立医生集团总部。医生集团通过整合国内外优质医疗专家资源，探索和建立适合中国国情的医生集团创新发展模式，积极引导优质医疗人才资源向基层下沉，形成多层次、多元化的医疗服务格局。在河西区人民政府支持下，国药控股天津有限公司按照河西区区域功能规划和健康产业布局，在河西区优先设立中高端医疗机构。强化与河西区人民政府在公立医院方面的深入合作，在学科建设、专业团队输出等方面深度融合。

2017 年 4 月，国耀明医医生集团举行了多方签约合作活动，正式宣布成立；5 月，天津国耀健康管理有限公司成立，该公司专注于提供全生命周期的健康管理服务；10 月，天津国耀明医医院试营业，对外接诊。2018 年，医院开展 MDT 及远程会诊、境外合作等业务。

五　价值与意义

当前我国的医疗卫生改革正处在一个关键时期，以医生集团为主体、医疗服务为左翼、健康管理为右翼的“一体两翼”战略是一种积极尝试，也是一种符合医改方向的商业模式创新典范，还需要在发展中不断完善，这也有助于推进医疗服务领域创新发展、普及健康生活、优化健康服务、发展健康产业、引导优质医疗卫生资源下沉，不断满足群众对健康需求的消费升级。

智能化医药供应链篇

Intelligent Pharmaceutical Supply Chain Chapter

B.14 2017年中国医药物流发展分析报告

中国医药商业协会医药供应链分会*

摘　要： 2017年是医改和药品流通改革政策频繁出台和落地的一年，尤其是“两票制”“药品第三方物流审批取消”等政策的落实，使医药流通行业的物流统计数据进一步完善，行业集中度进一步提高。在“两票制”影响下企业展开终端下沉式兼并重组，并积极拥抱互联网和新技术，开展“互联网+医药”“互联网+高效物流”创新转型业务。同时，受政策影响医药第三方物流市场备受跨界物流和资本关注，涉药仓储配送和涉药运输业务亟须行业标准引导和规范。

关键词： 医药流通　“互联网+”　创新转型　涉药物流标准

---

* 本文由中国医药商业协会朱建云，九州通医药集团物流有限公司张青松、吴冕、涂勇，医药供应链研究中心周云霞共同完成。

一 中国医药物流发展的宏观环境概述

2017 年是医改和药品流通政策频繁出台和落地的一年，尤其是疫苗“一票制”、药品“两票制”、“药品第三方物流审批取消”等政策细化落地和执行磨合的一年。无论是监管层面还是企业执行层面，都密切关注政策落地的走势、执行过程中的问题、预期效果达成情况、后续趋势等。而“互联网药品交易 B、C、A 证”的相继取消，在迎来互联网药品流通利好的同时，也迎来了互联网药品交易更严格的监管。

一系列政策出台对医药供应链上下游企业都产生了深刻的影响，对于医药流通和医药物流企业来说，解读政策、识别政策变化在 2017 年尤为重要。在 2017 年我们也切实地看到了医药供应链上下游企业对产品结构、业务模式、营销渠道、物流配送等方面做了诸多的转型创新探索和实践。

2017 年，药品生产企业为适应“两票制”政策，纷纷开展渠道整合，但短期内渠道管理成本大幅度上升，长期内是否能通过供应链上下游的协同优化提高效率尚需探讨。药品流通排名前四位的企业国药、华润、上药、九州通的调拨业务受“一票制”“两票制”的影响尤为突出，但“集团内控股子公司可以再开一票”保护了全国性和区域性龙头企业，而对于众多的中小批发商来说则是面临着生死存亡的转型考验。2017 年，大型药品流通企业纷纷采取措施，开展兼并重组、商业网络化下沉式、县域短板弥补、全国性或区域性物流网络一体化建设、营销服务转型、新零售及医养健康新业务创新等布局，并深耕全国市场、区域市场的医药物流业务。疫苗“一票制”的实施更促使这些企业加大冷链资源（冷库、冷藏车、冷链温控设备、冷链专业人才等）的投入。即便这些全国性/区域性龙头企业有着得天独厚的渠道、专业化等优势，也越来越有危机感，其不仅面临着上游药厂、下游医疗机构、药店等服务需求的极大变化，而且面临着“互联网 +”时代的资本冲击、电商冲击、物流企业跨界竞争等。未来的医药物流市场将会呈现传统医药物流和社会物流资源能力互补、分工精细化的局面。

二　中国医药物流整体情况分析

（一）医药物流资源情况

本研究报告基于商务部药品流通行业统计系统，以中国医药商业协会医药物流数据库中的788家医药企业的物流资源数据为有效样本（较2016年新增55家），包含的各省份的企业数量如表1所示。

表1　全国医药企业物流资源样本数量

单位：家

序号	省份	企业数量	序号	省份	企业数量
1	浙　江	75	17	重　庆	23
2	四　川	44	18	安　徽	21
3	广　东	42	19	湖　南	21
4	江　苏	42	20	海　南	20
5	湖　北	40	21	新　疆	20
6	上　海	39	22	河　北	17
7	河　南	35	23	甘　肃	16
8	云　南	35	24	广　西	16
9	山　东	33	25	陕　西	14
10	福　建	32	26	天　津	14
11	北　京	31	27	江　西	10
12	宁　夏	29	28	内蒙古	10
13	辽　宁	26	29	黑龙江	5
14	山　西	26	30	青　海	3
15	吉　林	24	31	西　藏	2
16	贵　州	23			

根据有效样本788家医药企业的物流资源数据及运营数据，2017年医药物流配送网点共1289个；医药物流仓储建筑面积1117万平方米，同比增长14.6%，其中，冷库容积68万立方米；自有配送车辆11831台，同比增长10.5%，其中，冷藏配送车2415台，同比增长28.5%。

2017年的医药物流有效样本数据得以持续完善和更新，一方面得益于商务部药品流通行业统计工作的持续完善，中小批发企业也加入到数据报送行列；另一方面在中国医药商业协会医药供应链分会的推动下，医药龙头企业也积极配合并完善医药物流数据统计和报送工作。

表2　2015～2017年医药物流资源情况对比

项目	2015年	2016年	2017年	同比增长(%)
有效样本企业数(家)	603	733	788	—
医药物流配送网点(个)	1040	1185	1289	—
医药物流仓储建筑面积(万平方米)	795	975	1117	14.6
自有配送车辆(台)	9204	10704	11831	10.5
冷藏配送车辆(台)	1514	1879	2415	28.5

资料来源：商务部药品流通行业统计系统，中国医药商业协会医药物流数据库。

据788个有效样本分析，从医药物流网点仓储运输资源的地理分布来看，约41.1%的医药物流中心仓储资源、33.1%的医药物流运输资源集中在浙江、北京、广东、江苏、上海、四川等省份（其中四川科伦医药贸易有限公司2017年较2016年新增仓库面积28万平方米），具体如表3、图1和图2所示。

表3　各区域物流中心面积占比

单位：%

省　份	样本数量占比	占比	省　份	样本数量占比	占比
浙　江	9.5	7.7	吉　林	3.0	2.1
江　苏	5.3	7.4	新　疆	2.5	1.7
广　东	5.3	7.2	江　西	1.3	1.6
四　川	5.6	7.0	河　北	2.2	1.3
上　海	4.9	6.0	广　西	2.0	1.3
北　京	3.9	5.8	甘　肃	2.0	1.1
辽　宁	3.3	5.4	黑龙江	0.6	1.0
山　东	4.2	5.2	贵　州	2.9	0.9
湖　北	5.1	5.0	山　西	3.3	0.9
安　徽	2.7	4.9	宁　夏	3.7	0.9
云　南	4.4	4.5	陕　西	1.8	0.8
重　庆	2.9	4.4	内蒙古	1.3	0.6
河　南	4.4	4.3	海　南	2.5	0.5
天　津	1.8	3.7	西　藏	0.3	0.2
福　建	4.1	3.6	青　海	0.4	0.1
湖　南	2.7	2.6			

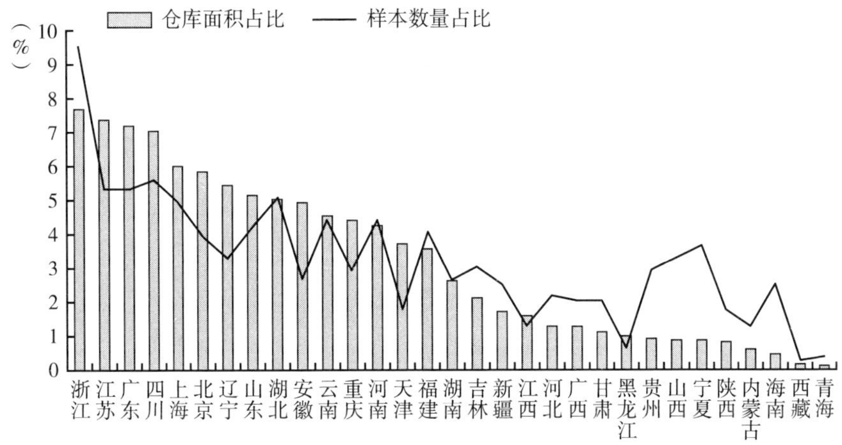

图1　各区域物流中心面积占比

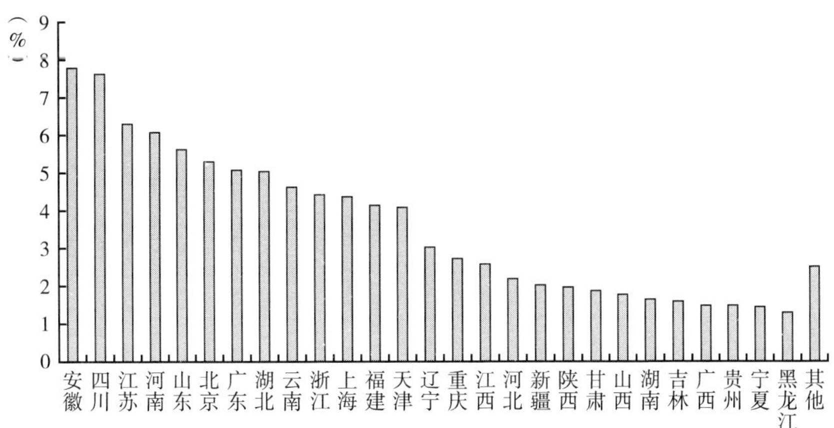

图2　各区域自有运输车辆资源占比

从医药物流网点仓储运输资源的企业隶属来看，医药流通领军企业依然占据医药物流资源优势，其中，国药控股、九州通、华润医药、上药、重庆医股、广州医药、浙江英特等医药龙头企业的物流中心面积约占有效统计样本总面积的45.4%。国药控股、九州通、华润医药自有配送车辆数约占有效统计样本总量的37.5%，具体如图3、图4所示。

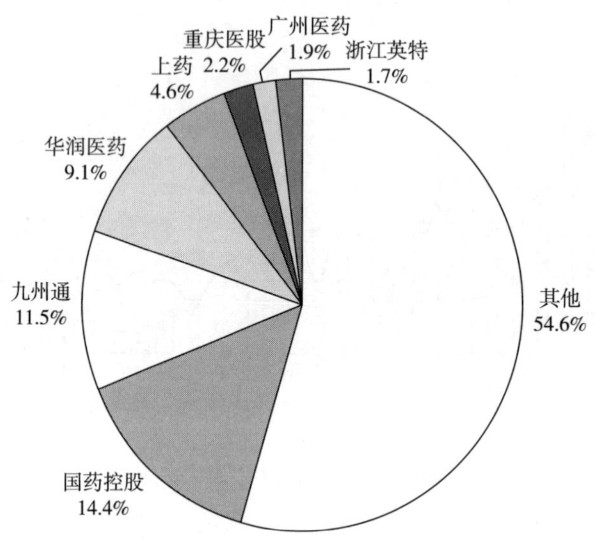

图 3 医药物流龙头企业物流中心面积占比

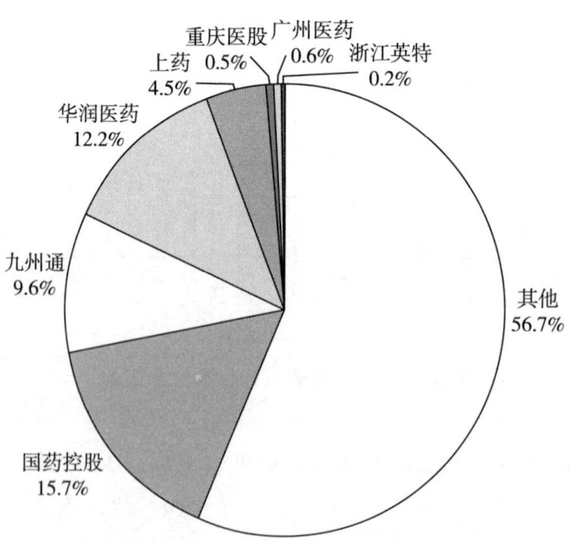

图 4 医药物流龙头企业自有配送车辆数占比

（二）网点覆盖及配送客户数情况

根据有效样本统计结果，2017 年度医药物流投入运营的物流配送网点数达到 1289 个，覆盖了全国 31 个省、自治区和直辖市（不包含香港、澳门、台湾）。其中，国药控股投入运营的物流配送网点数为 262 个，占物流配送网点总数的 20. 3%，华润医药投入运营的物流网点数为 154 个，占物流配送网点总数的 11. 9%，如图 5 所示。

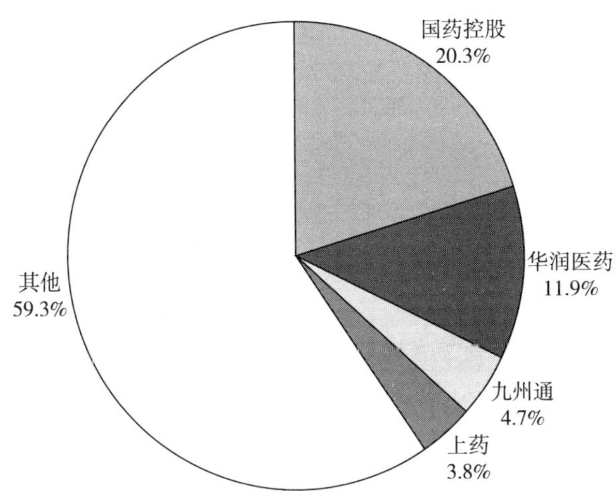

图 5　医药物流龙头企业物流网点分布

（三）医药物流运营水平情况

788 家有效样本中，437 家企业填报了库存周转天数。平均库存周转天数为 46. 3 天，约 50% 的企业的库存周转天数在 20 ~ 40 天。近 60% 的医药企业账货相符率达到 100%，行业账货相符率平均水平为 99. 3%。出库差错率约为 0. 45%，准时送达率达 98. 7%，两者均不同程度高于上年水平。

（四）医药物流的信息化水平

根据有效样本统计结果，医药批发企业物流系统广泛应用了仓库管理系统、仓库控制系统、射频识别系统、运输管理系统等一系列现代化管理软件和先进的管理手段，其中，使用仓库管理系统的占66.8%，使用温湿度自动监测系统的占92.1%，使用订单管理系统的占85.7%，使用数码拣选系统（DPS）的占48.5%，使用射频识别系统（RFID）的占63.5%，使用运输管理系统（TMS）的占48.4%，使用可追溯温湿度监控系统的占87.7%，如图6所示。整体上全国和区域医药龙头企业物流信息化、自动化水平较高，市、县级企业在物流仓储管理、运输管理方面还缺少专业的仓储和运输管理信息系统，物流自动化水平也相对较低。

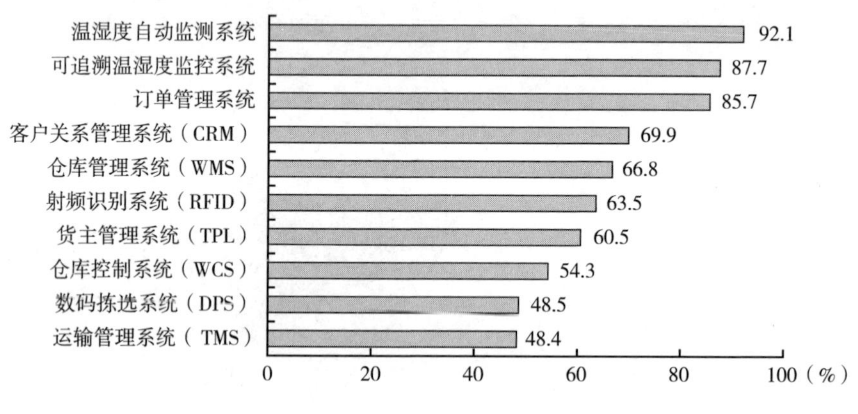

图6 医药物流企业信息化水平

（五）各业态分析

根据分析，788家有效样本中，零售企业77家，拥有物流中心的建筑面积为29.1万平方米，自有配送车辆245台；批发零售企业114家，拥有物流中心的建筑面积为328.3万平方米，自有配送车辆2956台；批发企业597家，拥有物流中心的建筑面积为759.6万平方米，自有配送车辆8630台。

零售企业温湿度自动监测系统使用率达到89.6%，可追溯温湿度监控系统使用率达到76.6%，订单管理系统使用率达到75.3%，如图9所示。

批发零售企业使用仓库管理系统（WMS）的比例达到67.5%，运输管理系统（TMS）的使用率达到54.4%，如图10所示。

批发企业使用温湿度自动监测系统、可追溯温湿度监控系统、订单管理系统、客户关系管理系统的比例整体较高，均在74%以上，同时批发企业射频

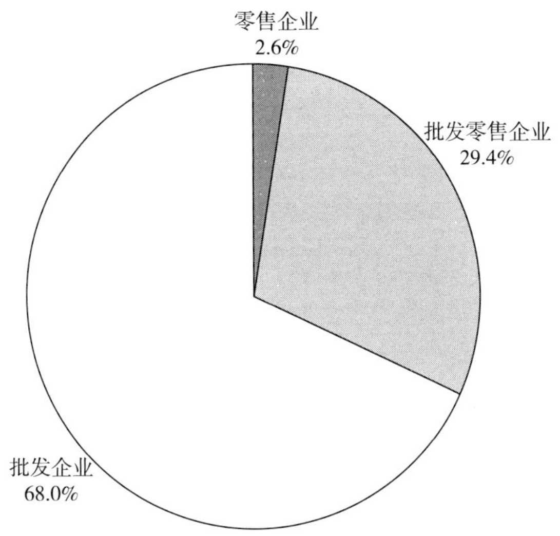

图7　各业态物流中心面积占比

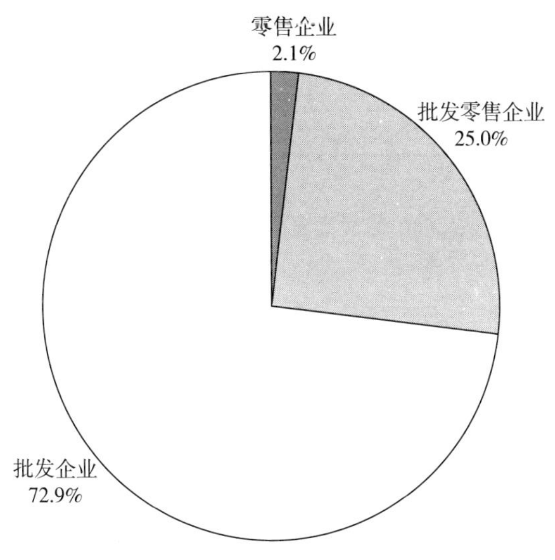

图8　各业态运输车辆占比

识别系统（RFID）、货主管理系统（TPL）的使用率也较零售企业和批发零售企业高，如图11所示。

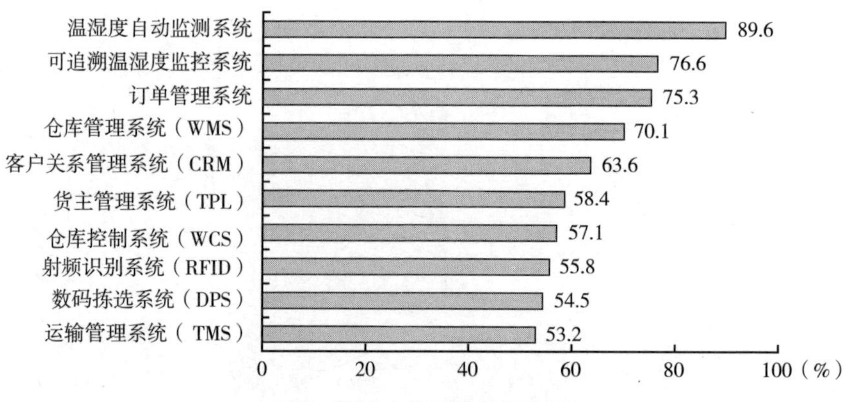

图 9　零售企业系统使用占比

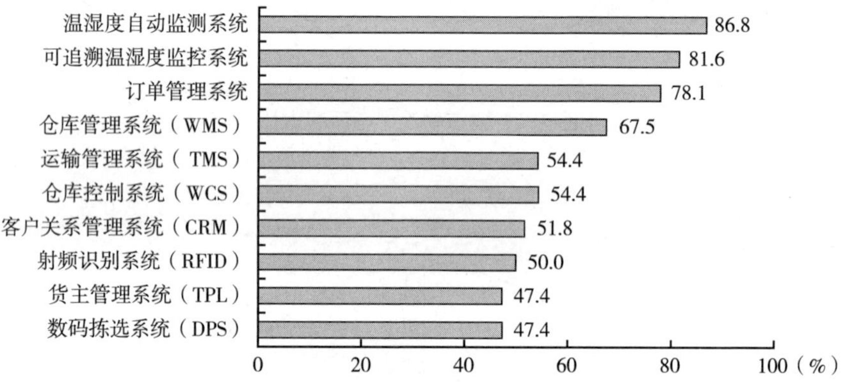

图 10　批发零售企业系统使用占比

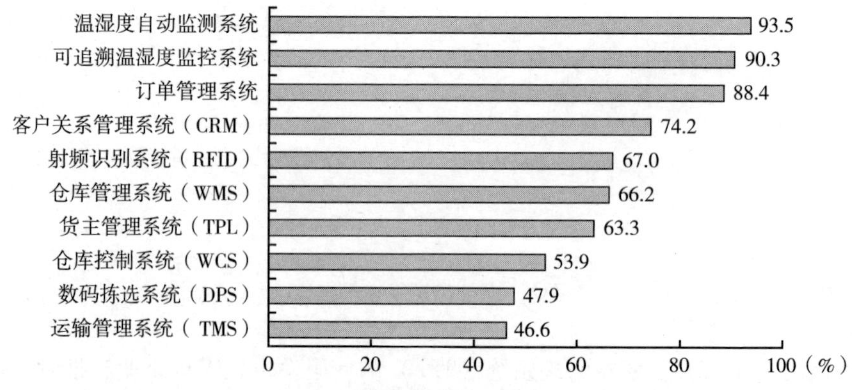

图 11　批发企业系统使用占比

其他方面，统计结果显示：①批发企业的库存周转速度最快，平均为41.8天；批发零售企业平均库存周转天数为43.2天；零售企业的库存周转速度最慢，平均为54天。②批发企业的账货相符率均值达到99.3%；批发零售企业的账货相符率均值达到99.4%；零售企业的账货相符率稍低，为98.8%。

三　中国医药物流发展特点分析

（一）企业加快兼并重组提升医药物流集中度

行业监测数据显示，规模医药流通企业仍在积极布局市场。在全国市场方面，华润、上药等大型医药企业继续通过兼并重组等方式吸收网点，下沉式布局全国，向网络化、集约化和信息化目标不断迈进。2017年上半年，华润迅速扩张了在新疆、青海、江西、海南四个省份的销售网络；上药也扩张了在青海、重庆的版图，并收购康德乐中国业务。在区域市场方面，四川科伦对省内百余家小商业实施并购。医药流通行业出现大者愈大、强者愈强的局面。

（二）“互联网+”助力医药供应链及医药物流发展

在“互联网+”的背景下，各行业都在与互联网深度融合，“互联网+”已成为经济社会创新发展的重要驱动力量，医药流通行业也不例外。传统医药企业能够运用互联网技术进行数据收集、存储、分析及云计算等，从而拓宽流通路径，实现高效率整合。同时，互联网医药平台方面，通过实现上游医药企业生产厂商、供应商与下游采购商进行信息的无缝对接，将线下的药品环节搬到线上，减少流通环节，降低成本。2017年华润医药商业集团B2B电商平台、九州通构建互联网+大数据物流运输管理平台、四川绵阳科伦智慧医药供应链服务及智慧医药物流、南京医药供应链云平台、陕西医药智能化物流运输管理平台、浙江英特物流冷链全程追溯管理信息化、广州医药与妇儿中心 HImiss7 系统连接设置院外药房实现医院处方外流等“互联网+”项目纷纷上线。

（三）医药流通与电商结合，跨界平台进入医药物流已成常态

一方面，各大型医药流通企业在国家取消互联网药品交易资格B证、C证

的审批前自建或者与外部合作建立电商平台来推进医药电商的发展，如国药进军体检行业合作成立“国药集团健康商城”、英特新型联盟形式“药店在线”、九州通自营式 B2C 模式“好药师网”、第三方 B2C 平台“天猫医药馆”、浙江珍诚自营式 B2B 模式“珍诚在线”、第三方 B2B 平台“我的医药网”、金象网 O2O 模式、上药 + 京东、阿里健康“云医疗”等。2017 年初，国务院公布取消互联网药品交易资格 B 证、C 证的审批，这意味着只要是合法的药品流通企业都可自由开展互联网药品的 B2B、B2C 业务，医药电商发展迎来了春天。可以看到各医药流通企业进一步发力电商领域，医药物流与电商开始深入结合。与此同时，医药物流与电商平台也展开了跨界融合：百度外卖推出送药上门服务，通过药给力、壹药网、百姓阳光大药房等售药平台接入百度外卖实现物流配送，战略方向是“以北京为核心辐射全国范围”。美团外卖为了抢医药物流市场这块蛋糕，和医药 O2O 平台叮当快药进行全面合作，增设“药品”入口，目标是为全国上亿用户提供 28 分钟送药到家的极致体验，共建全国最大医药 O2O 平台。

（四）第三方物流配送市场竞争升温，各物流巨头纷纷进入医药物流领域

“两票制”、“营改增”、第三方医药物流审批取消，以及 2017 年 10 月 23 日《中华人民共和国药品管理法》草案征求意见稿中删除 GSP 认证相关条款等，进一步释放医药第三方物流市场利好消息。顺丰、京东、DHL 等一批有实力的满足现代医药物流条件的企业纷纷进军医药物流。顺丰在医药“仓干配一体化”方面、京东在“医药云仓”建设方面都做了积极的尝试与探索，外资巨头 DHL 中国与上海医药签署了战略合作协议。这些物流巨头试图以自身掌握的流量和配送优势，参与分享医药物流市场这块蛋糕。

四　医药物流发展展望

伴随着“两票制”政策的推进，在“互联网 +”以及医改的大背景下，医药流通模式会发生变革，现代医药物流将呈现以下发展趋势。

（一）医药供应链扁平化对医药物流提出更高的要求

“两票制”等政策推行后，药品流通环节将被压缩，医药制造企业的配送

订单将流向区域配送能力强、终端覆盖率高的流通企业。拥有规模优势和网络优势的大型流通企业更有可能在市场竞争中胜出，中小企业将面对更大的生存压力。上游厂家的药品经过最多一个医药物流平台企业的服务即可直达销售终端（医疗机构）将成常态。随着现代物流技术的不断发展和大型医药物流中心的增加，三级经销商不断消亡。同时一级经销商的业绩下滑，更多地需要终端客户来弥补。由此，医药物流的终端覆盖能力将是生产企业选择批发商的重要砝码，也是药品经营企业掌握终端市场的重要利器。

（二）医药物流市场集中度和服务水平将进一步提升

医药物流市场集中度将进一步提升，究其原因：一是国家政策导向，大力支持一些区域型医药流通企业做大做强，培育一批强有力的品牌企业，提升我国医药行业整体竞争力。二是技术进步，大型医药流通企业加强了对互联网、物联网、云计算、大数据等软件技术的推广使用，以及医药物流设施设备的智能化、医药物流系统的可视化，将迫使一些中小型医药物流企业退出市场。市场份额将进一步向大型、区域型的企业集中。三是客户需求。国家政策的放开，互联网售药方面，客户用药的需求订单将碎片化、服务更个性化等意味着拥有先进的物流供应网络链的企业将占领更多的市场份额。随着一体化网络运营程度、医药物流专业化和社会化程度的进一步提升，以客户为中心的服务意识将逐步强化，行业整体服务水平将不断提高。

（三）第三方医药物流将乘势崛起，社会化、专业化的程度将越来越高

互联网电商平台的兴起，以及消费者购药的量小和区域分散等因素，物流成本容易被抬高。对于实力较弱的医药企业而言，选择第三方物流或众包是最好的办法。新政取消第三方药品物流业务开展的审批，有实力的物流企业可趁势构建医药物流体系，并达到GSP管理要求，参与医药物流市场竞争。

由于药品自身的特殊性及流通监管的严格，目前社会化物流企业能够参与的环节主要集中在干线运输和配送环节，在药品仓储环节依然有着严格的门槛要求。在接下来的一年里，社会化物流企业参与医药存储业务最可能的方式还是通过并购或资本运作等方式整合医药专业化仓储资源，完善医药物流的网络布局。

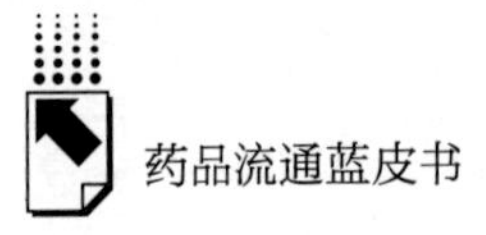

当然，针对临床药品物流，以及检验中心标本、人体器官等配送方面，时效有保障、物流服务能力强或者小而专的专业第三方物流企业往往更受青睐。

（四）行业监管政策进一步明朗，需要制订涉药物流行业标准，规范市场秩序

药品物流的功能和服务水平在药品流通市场中的地位逐渐凸显，多种因素促发众多社会物流企业介入医药物流业务。2016 年国务院发文取消“从事第三方药品物流业务批准”等 7 个审批事项，2017 年 10 月 23 日《中华人民共和国药品管理法》草案征求意见稿中删除 GSP 认证条款，市场上传递医药物流监管放开信号；疫苗“一票制”和药品“两票制”的出台对医药物流服务体系提出了巨大的挑战，并拉动医药第三方物流市场需求。但是，上述政策具体如何解读和落地执行各地不相同，仅靠药监部门飞行检查规范行业秩序显然力度远远不够，需要行业协会和第三方机构参与制订涉药物流标准和医药物流企业的分类分级管理，从行业角度引导、规范不同类型的药品物流企业合规、有序发展。

（五）物流技术应用将拉大竞争差距，有望出现一批供应链创新与应用示范企业

近两年，随着信息化技术和智能化、自动化物流技术的发展，特别是移动互联网、大数据、云计算、AI 等先进技术的应用，一批具有医药物流专业优势，并且积极探索医药物流创新技术应用的企业有望实现供应链需求、库存和物流信息实时共享可视，实现医药物流全程可视化监控和管理，建立起智慧医药物流服务体系，赢得先发竞争优势，行业有望出现一批供应链创新与应用示范企业。

B.15

2017年全国中药材现代物流体系建设进展情况综述

中国仓储与配送协会　中国中药协会

摘　要： 本文介绍了商务部会同原国家食品药品监督管理总局、国家中医药管理局贯彻落实《国务院办公厅关于转发工业和信息化部等部门中药材保护和发展规划（2015～2020年）的通知》，指导中国仓储与配送协会、中国中药协会组织企业开展中药材现代物流体系建设，在2017年取得的有关进展情况。

关键词： 中药材物流基地　中药材　物流体系

中药材现代物流体系建设是贯彻落实《国务院办公厅关于转发工业和信息化部等部门中药材保护和发展规划（2015～2020年）的通知》（国办发〔2015〕27号），由商务部牵头、国家食品药品监管总局和国家中医药管理局共同参与推进的重大工程，自2015年7月开始启动，在2017年继续取得积极的进展。经过两年多来各方面的共同努力，截至2017年底，已评审通过43家中药材物流基地，仓储总面积183.9万平方米，可储存药材189万多吨，投资额73亿多元人民币，有11家中药材物流基地正式上线投入运行，已存储流转中药材1万多吨。按总体规划，目前已完成的基地建设数量达一半。2017年中药材物流基地建设取得新的重大进展。

一　制定完善中药材物流体系建设相关标准和相关基地评审办法

为保障中药材集中仓储基地建设有条不紊地进行，根据商务部《全国中药材物流基地规划建设指引》的要求，各省（区市）商务厅（局）负责规划、组织、指导本地区物流基地建设，商务部委托中国仓储与配送协会和中国中药协会（以下简称“两个协会”）开展专家咨询、评审和运行管理的工作。两个协会共同成立了全国中药材物流专家委员会，组织制定5项行业标准：《中药材仓储管理规范》（SB/T 11094－2014）、《中药材仓库技术规范》（SB/T 11095－2014）、《中药材气调养护技术规范》（SB/T 11150－2015）、《中药材包装技术规范》（SB/T 11183－2017）、《中药材产地加工技术规范》（SB/T 11182－2017）等，已全部由商务部颁布实施，在2017年由两个协会共同组织宣贯，严格按照标准规范开展中药材物流基地的建设工作。《中药材流通追溯体系管理规范》2017年初在商务部立项并于同年3月8日召开了启动会，全国中药材物流专家委员会的部分专家承担该行业标准的起草工作。另外国标《中药材物流质量管理规范》正在申报立项中。

为了保障中药材物流基地建设的评审工作公平、公正、合理，两个协会制定完善了《全国中药材物流基地咨询评审与行业自律办法》，细化了基地建设方案的评审标准、物流实验基地与示范基地的评审标准，还制定了《物流基地建设内容核定表》《物流实验基地现场评审表》以及评审细则。如对申报企业报送的《建设方案》评审严格按照以下标准：一是，是否符合国务院办公厅转发的中药材保护和发展规划与商务部关于中药材物流基地建设等文件要求，以及协会提出的相关省区基地建设规划建议；二是，对当地中药材种植、加工、包装、仓储、交易以及整个中药产业情况的分析是否准确，基地是否有一定规模的中药材社会化物流需求，是否考虑当地交通状况；三是，是否符合中药材初加工、包装、仓库、仓储、养护等行业或国家标准；四是，建设企业是否具备相关条件与实力；五是，基地的各项定位、服务功能、发展策略、商业模式以及投资回报分析等是否具有可行性、可操作性。

此外，基地竣工投产后，经基地建设企业委托，由协会组织专家进行验收评审。针对验收评审也制定了严格的标准：一是，基地的中药材产地初加工与包装设施、仓库设施、检验检测设施等网点布局、规模、质量等是否与评审通过的《建设方案》一致，是否符合相关行业标准；二是，是否安装调试全国统一的“中药材物流信息公共管理系统”，相关配套设备是否到位、完善；三是，是否制订中药材初加工、检验检测、包装、扫码、出入库、在库堆码、养护等物流各环节的操作流程与规范，这些流程与规范是否符合相关行业标准，是否符合本基地的实际情况；四是，是否制订本企业经营管理（包括但不限于客户管理、合同管理、运营管理、人事管理、安全管理等）各方面的规章制度，相关制度是否符合国家法律、法规、政策与标准；五是，是否配备基地业务需要的管理与专业技术人员，相关人员是否进行系统培训，是否取得国家规定的资质证书。

另外，对评审验收通过获得“实验基地”称号的中药材物流基地企业，还要求签署《全国中药材物流行业自律公约》。对违反《行业自律公约》的企业，经协会组织相关专家调查核实，由协会出具《违约整改通知书》，情节严重的，直接取消荣誉称号。

二 加强中药材物流基地规划咨询和做好建设方案评审及实验基地现场评审

2017 年，两个协会组织专家先后赴湖北、四川、贵州、安徽、内蒙古等 20 多个地区进行考察，就这些地区的中药材物流基地区域布局规划与当地政府及企业达成一致意见。同时，还组织专家指导 19 家申报基地撰写《建设方案咨询报告》。

2017 年 7 月 25 日，全国中药材物流专家委员会在甘肃定西市召开了申报基地建设方案的评审会，对湖北房县、重庆秀山、四川巴中等 3 家完成《建设方案》的申报基地企业进行方案评审工作。8 月 20 日，专家委员会在上海对《上海中药材基地建设方案》进行评审。12 月 28 日在西安召开第五批中药材物流基地方案评审会，对 15 个基地建设方案进行评审，通过了 14 个。在所有评审的过程中，专家们对每个企业承建中药材物流基地的条件、优势以及当地中药材资源情况、建设方案主要核心内容等都进行认真和全面的审核，逐一形成评审意见。

表 1　第五批 14 家通过评审中药材物流基地名称及投资企业（2017 年 12 月 28 日）

序号	基地名称	投资建设企业
1	蒙东(赤峰)中药材物流基地	内蒙古天奇药业集团有限公司
2	蒙东(通辽)中药材物流基地	内蒙古天奇药业集团有限公司
3	陕南(汉中)中药材物流基地	陕西医药控股集团有限公司

续表

序号	基地名称	投资建设企业
4	甘肃(渭源)中药材物流基地	甘肃效德药业科技有限公司
5	亳州中药材物流基地(二)	瑞康医药股份有限公司(安徽井泉中药股份有限公司)
6	黔东北(遵义)中药材物流基地	绿金家园健康产业有限公司
7	皖南(铜陵)中药材物流基地	安徽铜陵禾田中药饮片股份有限公司
8	桂中(来宾)中药材物流基地	广西杏林堂药业有限公司
9	甘南(合作)中药材物流基地	甘南百草生物科技开发有限公司
10	黔东北(铜仁)中药材物流基地	中国物流股份有限公司
11	樟树中药材物流基地	
12	宁夏(中卫)中药材物流基地	
13	黔西南(安顺)中药材物流基地(一)	
14	黔西南(安顺)中药材物流基地(二)	安顺宝林科技中药饮片有限公司

2017 年协会还组织部分专家到浙江、陕西、广东等地获得“中药材物流实验基地”的企业进行现场评审。专家们按照《全国中药材物流基地咨询评审与行业自律办法》的要求，以“评审细则”为核心依据，对基地企业的仓库建设、加工基地建设、公共管理系统上线、药材在库养护等核心内容做了详细检查和了解，并对基地建设进度和情况做了全面记录。与企业签订了“核定表”、“评审表”和“行业自律公约”3 个文件。

三　采取多种措施指导推动中药材物流基地稳步健康发展

第一，为推动首批中药材物流实验基地的规范运营，提升中药材物流基地的社会认知度，引导中药饮片与制药企业直接采购物流基地储存的中药材，2017 年 4 月 15 日，中国仓储与配送协会、中国中药协会在山西省平顺县联合召开“中药材物流基地现场观摩与药材直供会”。本次会议以“推动物流基地规范运营，引导直接采购保质保品保追溯的药材”为主题，全面介绍与讲解了国家推动中药材现代物流体系建设的目的意义、规划政策、标准规范与建设流程等；展示了一年多来中药材物流基地建设的成果，观摩了长治物流基地的加工与仓储基地；9家物流实验基地与相关中药饮片、制药企业签订了战略合作协议或药材采购协议，总签约超过5亿元，其中山西振东集团长治基地中药材现场签约额达2亿元，涉及30余个品种。

第二，召开产地加工观摩与技术交流会。鉴于各中药材物流基地企业普遍对中药材产地加工网点建设重视不够，产地加工中药材的规模普遍偏小，严重制约了物流基地的发展，为了推动中药材物流基地完善产地加工网点，创新产地加工运营模式，扩大产地加工规模，保障加工质量，促进中药材物流基地各项设施的全面建设与规范运营，两个协会于2017年5月26日在南京召开“中药材产地加工观摩与技术交流研讨会”。会议主题是推动中药材产地加工点合理布局，促进加工专业技术发展。会议邀请相关领导、专家讲解中药材产地加工技术规范，中药材产地加工新技术与新设备的应用，道地药材标准体系建设情况，中药材重金属、农药残留检测技术研究现状；并进行了中药材产地加工设备研发与租赁方式路演，取得了较好的效果。

第三，为了更好地推动中药材物流基地的全面建设与规范运营，中国仓储与配送协会、中国中药协会于2017年7月26日在甘肃陇西联合召开“第三届中国中药材物流大会”。大会以“上规模、扩网络、保质量”为主题，旨在探讨中药产业发展方向，推进中药材物流基地建设，解决物流基地运营中的难题。全国中药行业700多家相关企业、近1200人参加大会。商务部市场秩序司、国家食药监总局药化监管司派代表出席大会并讲话。商务部有关领导就如何实现“中药材70%集中仓储率”的目标，提出四点要求：一是贯彻落实商务部的《全国中药材物流基地规划建设指引》，鼓励有条件的企业自主建设物流基地并大胆创新、积极探索，支持有关行业组织做好咨询、论证与评审工作；二是进一步健全中药材流通标准体系，支持行业组织做好已有标准的宣传培训与贯彻实施；三是加强追溯机制建设，鼓励行业组织积极参与追溯体系建设，做好信息平台对接工作；四是及时总结有益经验，推广有效做法，树立典型，解决难题，以点带面，形成示范效应，积极争取更多政策支持，在更大范围内推动基地建设，提升行业物流现代化水平。部分专家应邀就中药材物流基地建设规划与进展情况、物流基地的建设条件、服务功能与评审标准、中药材质量检测、中药材产地加工的技术设备与要求等发表演讲。

第四，中国仓储与配送协会、中国中药协会于2017年11月3日在四川广汉召开“第二次中药材物流实验基地运营工作座谈会”。座谈会主要根据各实验基地《中药材物流实验基地核心内容核定表》的各项内容及评审中指出的差距，总结交流各基地在建设运营等方面补充、完善与整改的情况，重点分析目前存在的困难与问题，探讨实验基地下一步如何开拓市场、逐步扩大业务规模，并研究了收储药材的对策与措施。会议认为，一年多来，各基地在初加工网点建设、仓库设施设备改造升级以及药材的收储方面都有不同程度的进步。如广汉基地已完成4个加工点，共计1.2万平方米的规模；陇西基地已布局完成10个初加工网点；长治基地共新建与改造了5.8万平方米仓库等。但总体来看，多数实验基地的初加工网点还没有布局建设到位，所有基地收储药材的规模相对于当地药材产量都还较小，11家基地运营以来的累计入库量才约1万吨。会议认为，中药材现代物流体系的建设，本身就是一种商业模式的创新行为，通过变革传统中药材流通方式，采用现代化的仓储物流技术，结合现有互联网信息技术，把中药材物流基地融合到中药材供应链当中，从源头保障中药材的质量，实现中药材流通的全程追溯。会议代表实地观摩考察了广汉基地，该基地通过商业模式创新掌握主产地货源，从当地农业厅入手，把区域内中药材种植中小户及中药材合作社联合起来成立平台公司，并就当地主产大品种指定对应持股负责人，以基地母公司科盟集团年销售量核定下一年的种植面积，以销保种，进而通过供应链金融快速周转基地内所存药材的资金存量，提高当地种植户的积极性。这种把基地与药农、合作社构建为利益共同体的方式，对其他基地的发展有一定的借鉴意义。

经过2017年的发展，中药材物流基地建设任务已经完成过半，积累了一定的经验。在新的一年，中药材物流基地建设工作将继续围绕完善机制、宣贯标准、落实布局规划、加强咨询指导服务等方面来开展，并将加大力度巩固已有建设成果，规范实验基地运营，加速中药材供应链上下游融合，以提供更多质量合格的中药材，更好地保障中药产业健康发展。

B.16
技术驱动高效物流供应链

九州通医药集团物流有限公司

摘 要： 在国家新医改实施与“两票制”深度推行的背景下，九州通物流作为九州通医药集团战略业务板块，积极探索医药流通供应链各环节信息互联互通、深度协同、透明可视的管理模式，运用互联网+大数据，通过物联网技术手段，实现全国物流中心数字并网、集中管控、网络化、平台化、集约化经营。本文对该平台的建设思路、技术架构以及成效进行了详细介绍，以期通过平台的研发方案与实施经验为医药行业供应链协同发展提供借鉴与参考。

关键词： 九州通 九州云仓 互联网+大数据 智能仓储

随着全国医改政策的推进与“两票制”推广的不断深入，医药市场发生着重大的变化，市场配额逐步集中化，同时医药流通门槛不断提高，促使医药流通市场格局调整与资源重组。伴随国家政策的深远影响与医药流通市场的日益规范，九州通医药集团主营业务与新兴业务迅速发展，集团业务总量均实现稳步增长，2017 年九州通实现营业收入 739.43 亿元、营业利润 19.42 亿元和净利润 14.73 亿元，较上年同期分别增长 20.12%、185.13% 和 62.94%。九州通医药集团承接医药生产企业、流通企业、医疗机构的三方仓储物流、运输物流业务，三方物流业务运营日趋成熟并逐步成为集团业务结构中新的稳定增长点。

一 平台化技术是物流供应链高效管理的基础

物流平台化技术推动企业供应链环节物流运营管理水平的提升，在提升运

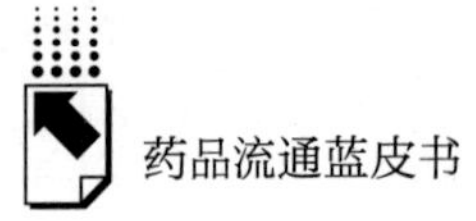

作效率，降低运营成本，提高物流服务质量，促进监管方、委托方、运营方、承运方、客户五维一体的供应链协同创新方面取得成效，形成在医药行业供应链管理领域具有较强模式引领作用的平台化解决方案。

图1　九州云仓智能物流信息体系

九州通物流始终坚持自主研发，致力打造“九州云仓”互联网+物流信息管理应用品牌，先后研发完成全国物流管理平台（JLP），全国运输管理平台（TMP）、仓储管理平台（WMP）、物联应用系统共计14项产品，形成完整的物流供应链应用产品线。

九州通物流有77个物流中心、1498台运输车辆集中并网，组建覆盖全国95%行政区域的物流网。构建互联网+大数据+物联网技术基础平台，建立全国物流主数据，统一数据标准，集中全国物流数据并网。建立全国物流管理平台（JLP）、全国运输管理云平台（TMP）、仓储管理云平台（WMP）。JLP全国物流管理平台让物流运营数据集中、垂直管理，让物流业务数据集中管理、业务一体化调度、协同运营、运作全过程透明监控。TMP全国运输管理云平台将运输业务统一管理与调度、分级分段、多式联运，内外运输资源协同，运输、配送过程执行管理与监控协同。WMP仓储管理平台进行仓储资源管理、仓储作业计划与调度、透明化作业过程管理。

九州云仓三大物流管理平台为运营管理方、委托方、运营方、承运方、客户提供五维协同一体化服务。九州通物流运营管理方接收委托方包括九州通各

全国并网 数字物流

全国物流管理云平台

运营管理: 物流运营数据集中、**垂直管理**
运营监控诊断、绩效考核评价

业务管理: 物流业务数据集中管理
一体化调度、协同运营
运作全过程透明监控

全国运输管理云平台

运输业务**统一管理与调度**
运输业务**分级分段、多式联运**
内外运输资源协同
运输、配送过程执行管理与监控

仓储管理平台

仓储资源管理
仓储作业计划与调度
作业过程管理
仓储与配送协同

图 2　物流供应链云平台服务

图 3　九州云仓物流平台功能架构

分子公司、上游生产厂家、三方物流客户的业务委托申请。

运营管理方在 JLP 全国物流管理平台中开通委托方使用的功能，编制

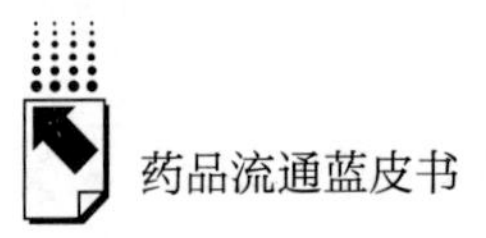

合同协议，授权为委托方提供服务的一级运营商、二级运营商。同时实时监管运营方与承运方作业状态、作业时效、服务质量、资源状况等信息，集中进行客户在线服务和问题管理。对运营方、承运方运营状态进行评分评级。

委托方将仓储与运输业务委托九州通物流执行，委托方通过九州云仓管理平台提供的功能或 API 接口制订订单计划，可利用平台与微信应用实时跟踪运营方与承运方作业状态、作业时效、库存状态、服务质量、客户签收、反馈与评价情况以及费用与结算情况。通过平台可实时获取运营报表。

运营方利用物流平台业务订单、计划、任务调度功能进行运输、仓储任务的协同调度。业务平台将任务调度给一个或多个运营方、承运方协同联合运营。将订单转换为仓储执行任务、运输执行任务分发至 WMP 仓储管理平台或 TMP 运输管理平台对应的运营方、承运方任务队列中。

WMP 仓储管理平台进行仓储任务作业执行包括入库管理、出库管理、上游供应商退货管理、下游供应商退货管理、库内作业管理、GSP 质量管理、越货管理、盘点作业、考核管理、设备管理、电子监管作业，订单作业状态实时与 JLP 互联互通。

TMP 全国运输管理平台进行配送任务作业执行包括线路资源安排、运力资源安排、车辆配载、路径规划、运单装车执行、APP 配送执行与交接、订单回执，在配送执行环节通过微信应用与配送 APP 执行配送任务并与配送平台进行数据实时互通。

承运方通过物流平台获取承运任务，通过 JLP 与微信应用反馈执行结果。平台提供实时运营报表。描述任务执行情况、评分情况与费用情况。

客户可通过九州通门户网站、微信应用中“我的订单”、在线客户等服务进行订单实时信息查询、物流状态查询、问题反馈与服务投诉。

二　智能化技术是物流供应链高效运行的保障

九州云仓是全国性平台，管理全国物流中心的运作、全国车辆的运行，为全国客户提供应用服务。互联网 + 大数据的技术架构采用消息缓存、消息订阅与分发、负载均衡、流式计算、数据集群与读写分离、大数据存储、大数据调度计算、企业搜索引擎等技术，达到与用户的交互性能和高并发、平行扩展计算能力、性能与大吞吐量、大数据存储与计算的要求。

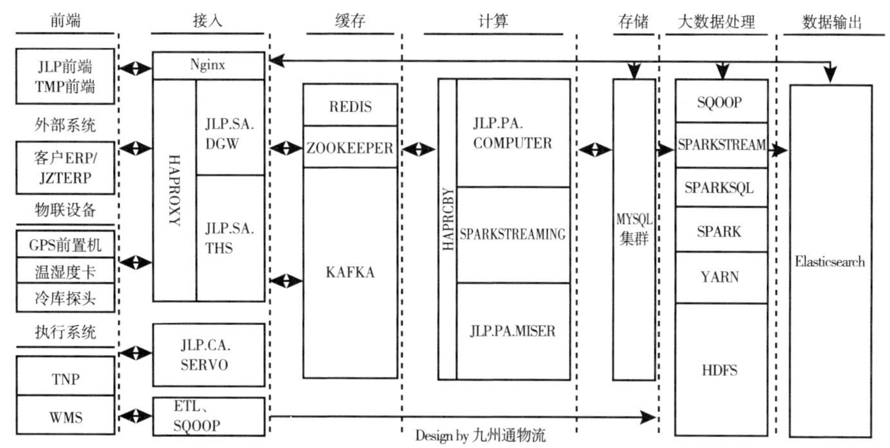

图 4　九州云仓技术架构

（一）全国并网管控，统一数据服务，全国数据集中

建立全国物流主数据，提供标准数据接口服务，统一运营商、承运商、委托方、客户、商品、认证信息、组织、职员、物流中心、货位、物联设备、地理信息、车辆、运输路线等基础数据。

平台集约管理仓配作业的入库、出库、销退、购退，运配作业的运输订单、配送订单，业务管理的合同协议管理、价格管理、成本核算等业务数据。

集中管理作业过程的资源数据，以及仓储作业中入库、出库、补货、库内管理各流转状态数据，运输作业中的装车、出车、在途、交接、回单过程数据。

集中监控物流设备，如 GPS 设备、冷链监测设备、库内温湿度设备、智能手持设备等物联设备数据。

（二）物流供应链各应用单元信息互联互通

委托方利用物流平台制订业务计划，跟踪订单执行情况、订单执行时效及物流配送车辆实时地理位置、冷链运输实时温度。

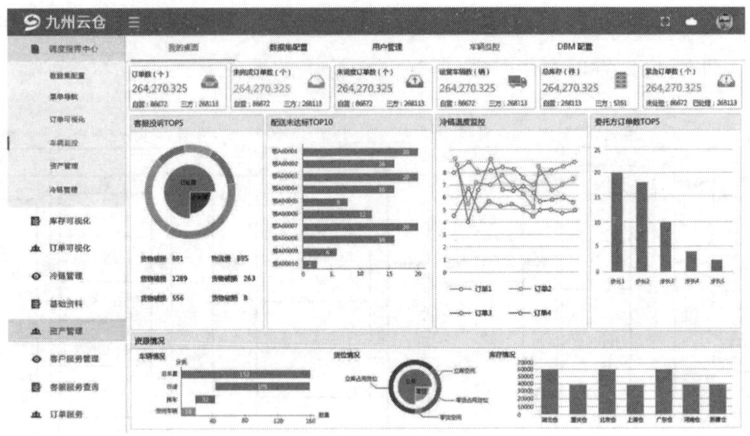

图 5　九州云仓运营数据监控界面

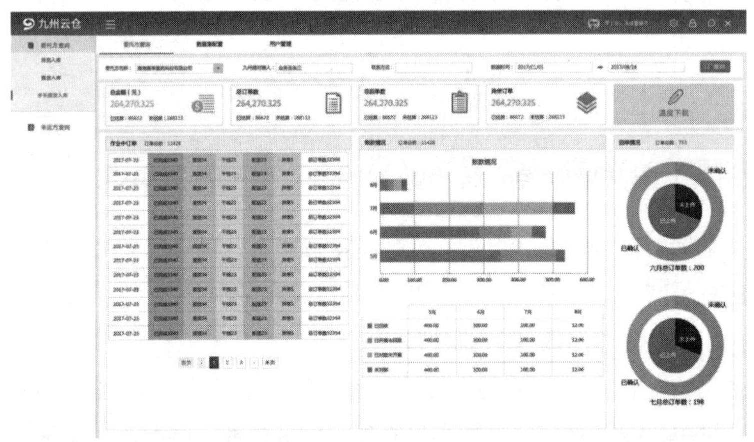

图 6　委托方使用实时运营数据界面

终端客户利用物流官网“我的订单”功能与微信服务，可实时查询物流状态、预计送达时间，并可以下载药品报告单、运输温度数据等。同时可以对物流服务进行评价、建议和投诉。投诉与建议信息在物流运营问题管理模块中进行处理。

业务管理平台、运输管理平台与仓储管理平台进行信息对接，实现资料的集中管理与订单的集中调度。订单管理模块，可以进行各类订单的录入，包括运输、入库、出库、快运计划的录入与审核操作；订单调度模块，能实现自动订单调度，平台可以将订单在设定好的调度策略中进行方向、配送类型、订单

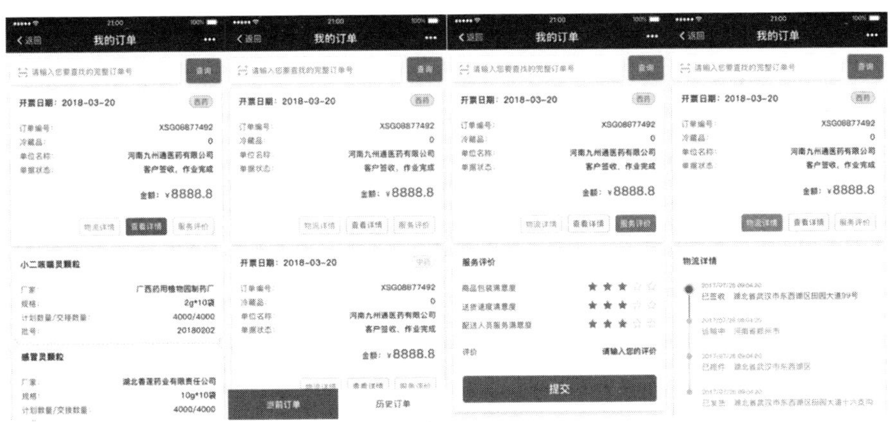

图 7　客户使用官网与微信应用界面

联运方式的调度，形成订单并下传到对应的执行系统；资料管理模块包括费用资料维护、运营方资料管理，即维护在运输过程中产生的相应费用，如与委托方、承运商的费用资料；运营监控模块，监控自有订单的实时动态，对数据进行统计分析，监控资源状态。

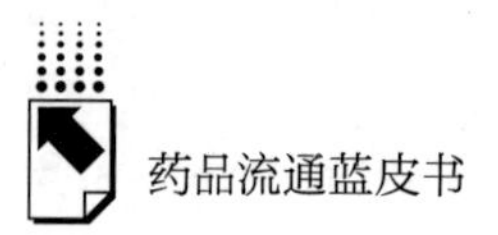

（三）平台智能一体调度，多级、多段、多任务协同

全国运输任务利用九州通物流中心节点，进行干线运输、支线运输、终端配送三级分段调度，指派物流节点运营商或承运商执行运输任务。物流节点发挥集散作用，进行通过性物流作业，发挥规模效应，通过联合运输，合理匹配资源，节约运输费用。

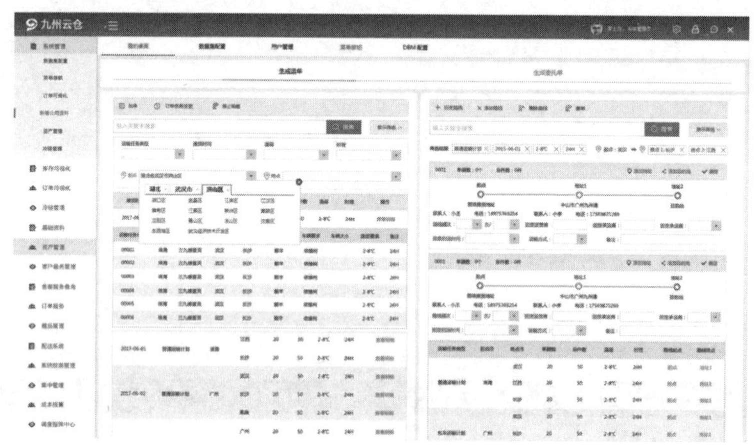

图 8　运输任务分级分段调度

通过运力调度安排车辆、承运商，按照运输级别来分类装车单信息，根据车型、货量、路线、箱数、体积、客户数、状态、运营商与承运商评级等综合因素进行运力智能调度，推荐匹配的运力或车辆。

九州通物流自主研发自动排车、自动运输路径规划地理信息应用服务，达到 80 个节点 1 秒内完成装载排车，统计单车装车的路径长度、单车装载率。在地图上更明晰地进行统筹安排，预知排车后车辆到每节点的时刻、总体耗时、总里程数。为运输调度提供决策依据。排车确定后，系统通知仓储管理平台调整库内作业顺序，按装车顺序进行出库，达到提高订单同步性、增强运输与仓储作业协同的目标。平台监控终端配送作业，生成运输线路，送货任务与车辆匹配，指派配送员任务。达到终端配送统筹规划，减少发车车次，提高装载率，降低配送成本。

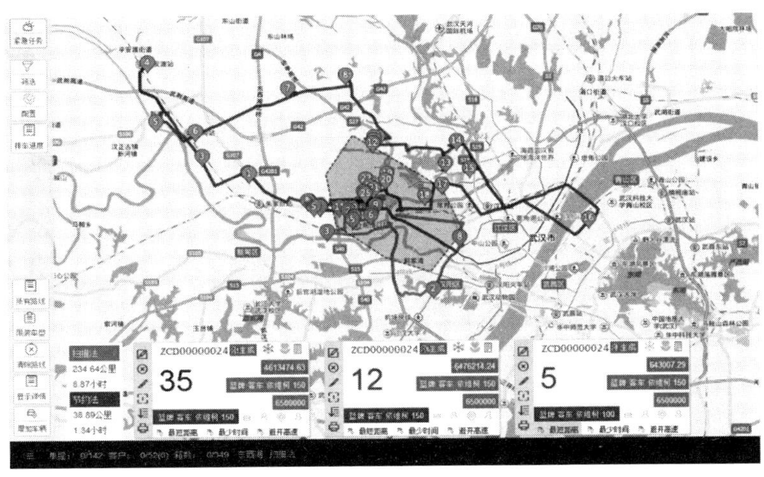

图 9　终端配送智能配载、智能路径规划

（四）精益透明管控，可视可追溯

调度指挥中心应用于各物流调度中心，实时监控运输任务执行情况、车辆实时运营情况，指挥各岗位进行任务协同。实时监控车辆运营状态、车辆运行轨迹、到达配送点时效、配送任务执行进度。

图 10　调度中心实景

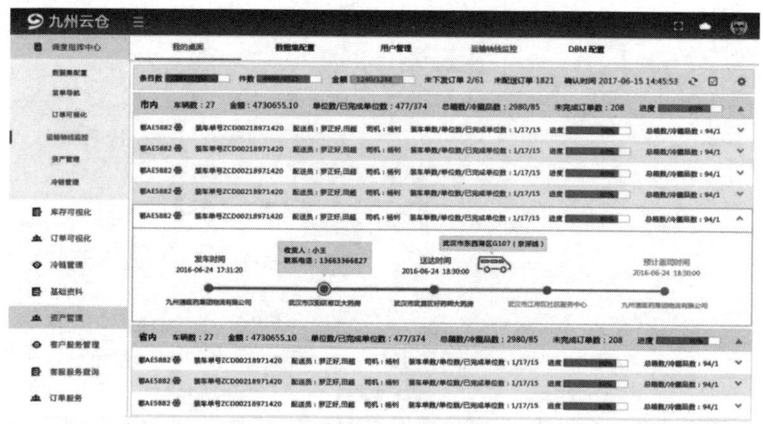

图 11 运输任务轴线监控

运输轴线监控的主要功能是对配送过程进行监控，根据运输级别以及路线分类显示，在配送车辆出车、配送员与客户进行配送交接以及配送完成后的回车操作节点进行数据的监控与回传，通过后台数据与前端页面实时数据传递的方式，将客户订单配送状态信息推送到运输轴线监控界面，为调度人员提供调度数据。

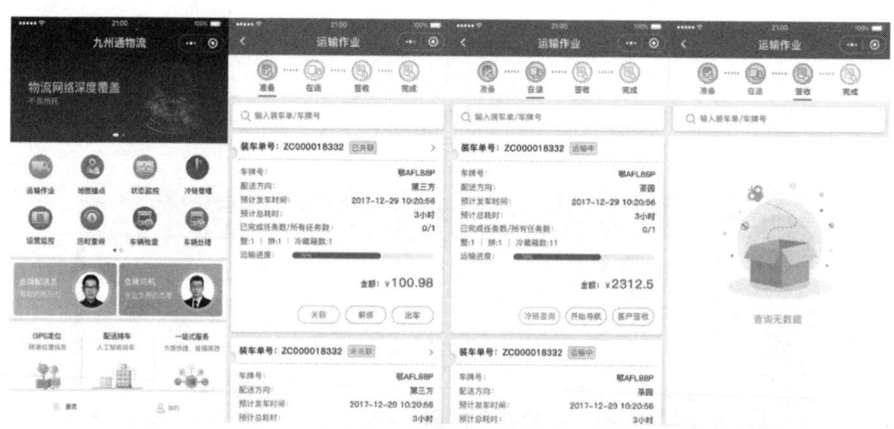

图 12 运输 APP 应用

调度指挥中心基于自主研发的路径规划算法的地图排车模块、移动终端配送与运输 APP、客户服务体系搭建（客户服务系统和微信应用）实现供应链物流环节环形闭合。相对企业信息化建设而言，实现业务系统、仓储作业系统、配送作业系统、运输作业系统、客户服务系统对接与数据互联，从而提高供应链业务与物流数据的黏合度，实现商业与物流的协调发展与相互促进。

（五）智能仓储为作业赋能

物流仓储节点投入自动化立体仓库系统（AS/RS）、智能多层（箱式）穿梭车系统、自动输送分拣系统、智能机器人拣选系统、智能识别系统、手持终端作业系统（RF 作业系统）参与仓储运营作业的全流程，提高了作业同步性、准确率，增加了物流仓储节点吞吐量，减轻了人员作业强度，缩短了工作时间。

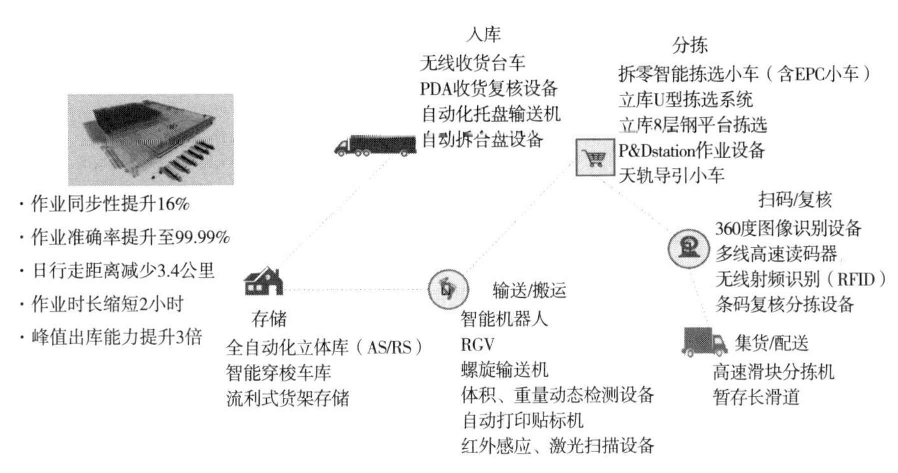

图 13　智能仓储作业赋能

三　总结

九州通物流不断探索物流供应链模式，依靠自有技术团队，结合各方业务及需求，利用技术驱动，搭建九州云仓物流供应链平台。九州云仓物流管理平台将全国仓储资源并网、运力资源并网，实现物流供应链信息互联互通、信息

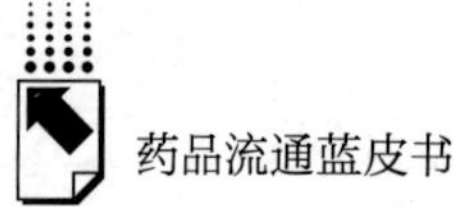

共享，以及全国运营集中垂直管控。利用平台进行多物流中心、多级运力智能调度和协同运营，实现运输作业与仓储作业一体化调度。利用智能物流设备促进仓储高效、运作精准，并为九州通物流平台化、网络化、集约化的高效物流供应链运行提供了保障。九州通物流将不断创新发展，为中国医药健康产业提供高性价比的物流供应链服务。

B.17 基于“两票制”的全国可视化药品运输网络

顺丰速运有限公司医药事业部

摘　要： 本文从第三方物流的角度阐述了“两票制”实施以来其面临的挑战与发展机遇，提出药品生产企业、第三方物流对于药品运输可视化应用的需求，同时结合顺丰医药的可视化案例提出对未来可视化应用的设想。

关键词： “两票制”　药品运输可视化　医药物流　顺丰

一　“两票制”下第三方医药物流的机遇

（一）“两票制”对医药生产企业在物流运输方面的挑战

2017年1月，国务院医改办印发《在公立医疗机构药品采购中推行“两票制”的实施意见（试行）的通知》，要求在公立医疗机构药品采购中逐步推行“两票制”，鼓励其他医疗机构药品采购中推行“两票制”。综合医改试点省（区、市）和公立医院改革试点城市要率先推行“两票制”，鼓励其他地区执行“两票制”，争取到2018年在全国全面推开。据统计，截至2018年1月，“两票制”已经在全国24个省份执行，其余7个省份均处于过渡期，预计2018年底，全国31个省份将全面执行“两票制”。

“两票制”是指药品从生产企业到流通企业开一次发票，流通企业到医疗机构开一次发票。“两票制”甚至一票制的医改政策在全国范围大力推广执行的同时，给许多二、三级甚至再往下的药品经销商带来沉重一击，对于传统的医药生产企业来说，也带来一系列的问题，由于“两票制”，需要分销的经销商数量呈爆发式增长，落地配送网点需求大而全、配送量少而散，物流成本大幅增加，承运商管理难度加大，配送时效失控。

我们可以简单通过一组数据来做个对比，具体如表1所示。

表1　派送城市及运输公里数

单位：个，公里

年份	省份	派送城市数量	运输公里数
2016	安徽	2	169.5
2018	安徽	14	1630.4

资料来源：顺丰。

从表1不难看出，运输公里数出现近10倍的增长，假设单公里成本恒定，运输成本也将大幅增长。因此，对于拥有自有医药物流配送团队的医药生产企业来说，控制物流成本及提升物流网络规划能力将是其面临的巨大挑战。

（二）政策与市场的驱动为第三方医药物流带来的机遇和挑战

国务院印发《关于第二批取消152项中央指定地方实施行政审批事项的决定》，其中第146项提出，取消由省级食品药品监督管理部门实施的从事第三方药品物流业务批准事项，审批门槛大幅降低，只要是合规经营的药品物流服务企业，就可以逐步为医药商业、生产企业、零售企业提供从仓储到运输配送的药品物流服务，如国药控股自建的国药物流、顺丰速运成立的医药事业部。

但摆在这些专业医药物流企业面前的是同样的难题。药品运输的全程可追溯包括全程温度实时可视化、地理定位实时追踪、全程路由信息可及、签收回单返回、时效实时监控等要求。面对药品运输的高标准、高成本、高投入、高门槛、严要求、广范围等要求，对于已经进入和将要进入的第三方医药物流企业来说，是不得不面对的问题。

二 医药运输可视化应用的现状及未来展望

（一）市场需求催生第三方专业化物流企业

随着第三方物流的陆续进入，基于药品冷链运输的高要求，运输可视化是药品追溯体系中一个重要的环节。同时，药企对药品运输管理、物流轨迹跟踪的需求也不断提升，但由于缺乏信息及时共享机制，主要表现为：企业与下游承运商缺乏有效及时的信息互通，车辆调度信息、货物在途信息、货物签收情况、回单返还情况不能及时予以反馈。企业与承运商签订了运输时效保证合同，但由于在途节点信息反馈不及时，出现异常问题时无法第一时间处理，难以确定责任方。

面对现代医药物流的巨大需求，多家大型企业瞄准了这一机遇，而顺丰速运就是其中之一。顺丰速运成立的医药事业部作为第三方医药物流的代表之一，顺应市场的需求，结合自身网络型运输规模的优势，自 2014 年起，逐步涉足医药物流行业。顺丰首先解决了行业资质模糊的问题，并在全国主要枢纽城市广州、成都、南京、西安等取得了 GSP 认证及第三方医药物流许可，继而逐步形成全国医药物流网络布局。目前，顺丰在全国已拥有自有医药总仓储面积超过 10 万平方米。

（二）医药物流网络规划及可视化应用案例

顺丰在全国除建立大型的 RDC 外，还建有省级医药集散点 26 个，开创医药物流行业先河，将药品的中转集散场所专业化，解决了药品运输一直以来与其他普通货物混装运输和在各类货运市场集散的问题。通过医药零担干线网络覆盖全国 22 个省 962 个区县的药企、医院、连锁机构，并形成定期的“公交式”全国温控及冷链药品运输网络，为少批量、多频次、分布散的机构提供药品运输保障，形成快速打进医药物流市场、专注医药物流的发展格局。

2016 年底顺丰医药结合市场需求，借助快递网络的 IT 技术及完善的路由管理，联合药品生产企业共同探索医药物流可视化系统的应用。与订单下单的系统对接，以单号作为全程可视化的索引，从单号关联药品，关联到每一台运输车辆、每一个操作人员，并实现在系统中可随时查看运输药品的轨迹。

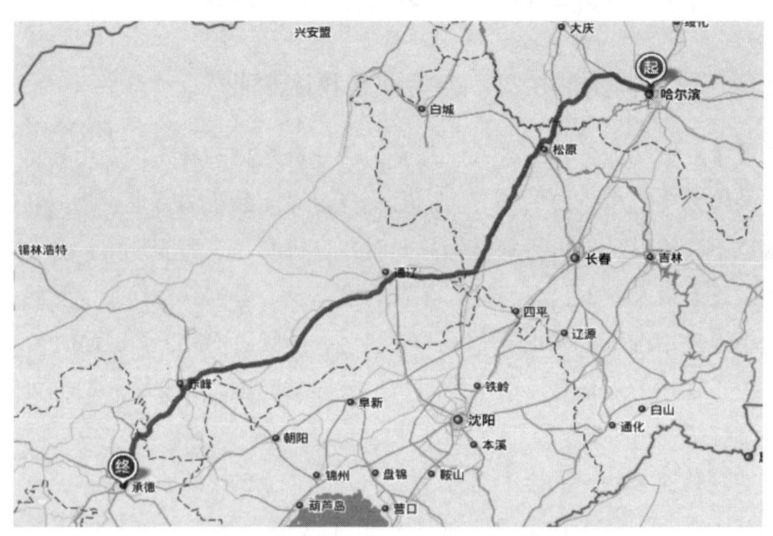

图1　从始发到派送的完整运输轨迹

实现医药物流在途可视化，无论是医药生产、商业等物流托运方还是疾控中心、零售企业、医院等收货方，都能随时随地掌握药品所在位置、温度情况、是否有异常状态、预计到达时间等信息，不仅为药品追溯提供可视以及可控的工具，而且能提升医药物流服务的精准性，体现与药品本身价值相匹配的物流服务，提高医药企业的及时响应及管理与决策水平。

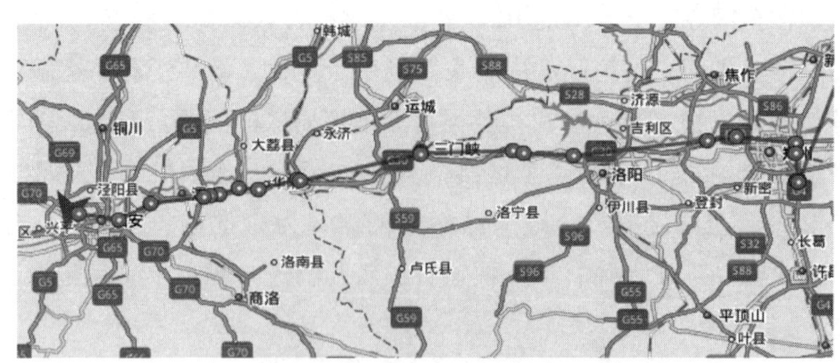

图2　顺丰医药运输车辆每个轨迹的记录点

图3　通过单号查询的药品追踪路由记录

（三）智慧医药物流是运输可视化的未来

顺丰认为物流运输可视化并不是某一家用户的特殊需求，而是随着信息技术进步与行业发展，物流行业对自身业务管理能力的提升已成为普遍愿望。基于这种行业发展趋势，打造的物流运输可视化服务平台不仅满足客户需要与自身业务管理需要，还在物流服务的技术和模式上取得质的飞跃。

未来的可视化应该不局限于运输，基于 GPS 卫星导航定位技术、RFID 技术、传感技术等多种技术，在物流运输过程中实时实现车辆定位、运输物品监控、在线调度与配送可视化与管理的系统目前已比较普遍，这也只是可视化最为基础的应用。

今后随着物联网技术发展，传感技术、蓝牙技术、视频识别技术、M2M 技术等多种技术也将逐步集成应用于现代物流领域，适用于现代物流作业中的各种感知与操作，如温度的感知用于冷链。

医药物流是专业性要求极高的物流，顺丰对于质量管理高度重视，认为一切科技手段都应严格遵循药品管理的质量要求，建立严谨的质量团队和完善的质量管理体系，是药品运输安全可控的重要保障。

因此，结合物流可视化技术的质量监控将是未来医药物流企业的核心竞争力。

中国药店篇

Chinese Pharmacies Chapter

B.18
2017年中国药品零售市场分析

中国医药商业协会

摘　要： 2017年药品零售市场销售规模总体呈现增长态势，但增速与上年相比略有放缓，前百位药品零售连锁企业销售总额占比上升。在各项改革政策驱动、资本介入、市场竞争、飞行检查等因素的影响下，药品零售企业兼并重组整合速度加快，截至2017年底，连锁率已达到50.5%。“互联网+”、新技术、人工智能等的应用推动着药品零售行业向规模化、集约化、标准化、现代化的方向发展。

关键词： 药品零售市场　连锁率　新业态　新模式

一　药品零售市场发展概述

2017年，在《“健康中国2030”规划纲要》、《全国药品流通行业发展规划（2016～2020年）》和《关于进一步改革完善药品生产流通使用政策的若干意见》（国办发〔2017〕13号）等一系列政策导向下，药品零售行业不断进行着变革、调整、升级。随着行业监管的进一步加强，飞检已成常态，药店规范化管理水平和连锁率逐步提升，药品零售市场中新业态、新模式不断涌现，药品零售行业迈入新零售时代。

（一）药品零售市场整体情况

1. 药品零售市场整体规模

2017年药品零售市场销售规模总体呈现增长态势，增速略有下降。据统计，2017年药品零售市场销售总额①为4003亿元，扣除不可比因素同比增长9.0%，增幅下降0.5个百分点。

据国家食品药品监督管理总局统计，截至2017年11月底，全国共有药品零售连锁企业5409家，比2016年底减少3.6%；下辖门店22.92万家，比2016年底增长3.9%；零售单体药店22.45万家，比2016年底减少0.8%；零售药店门店总数45.37万家，比2016年底增长1.5%。

2017年药品零售连锁前100位企业销售总额为1232亿元，占同期药品零售市场销售总额的30.8%，同比上升1.7个百分点，集中度仍有待进一步提高。

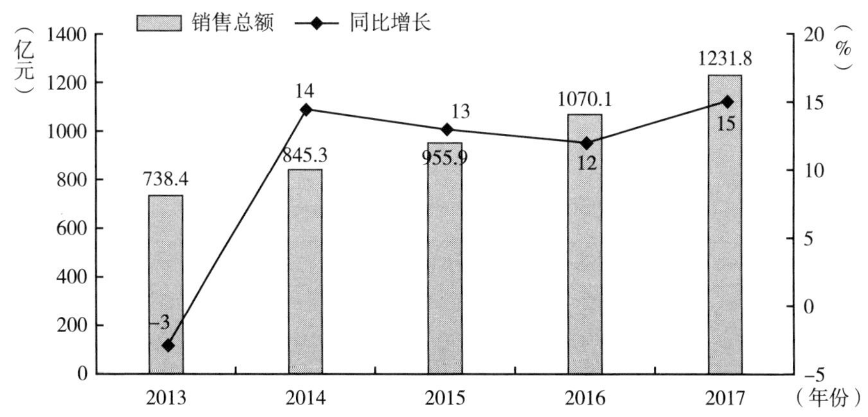

图1　2013～2017年药品零售连锁前100位企业销售总额及增速

① 销售总额为含税值。

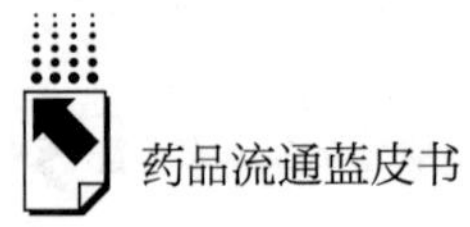

2. 前100位药品零售连锁企业经济效益情况

2017 年，前 100 位药品零售连锁企业平均利润率为 4. 1% ，比上年增长 0. 1 个百分点（见图 2）；扣除不可比因素，平均毛利率为 27. 4% ，比上年下降 0. 2 个百分点；平均费用率为 24. 2% ，比上年增长 0. 2 个百分点。

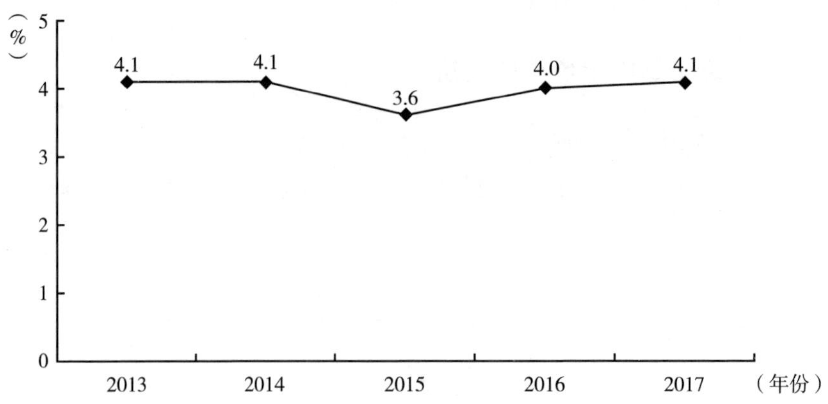

图 2　2013 ~ 2017 年药品零售连锁前 100 位企业利润率

资料来源：商务部药品流通行业统计系统。

3. 前100位药品零售连锁企业区域分布结构

2017 年，前 100 位药品零售连锁企业区域分布数量在前 12 位的省份依次为：浙江、上海、广东、山东、江苏、四川、湖北、湖南、北京、云南、重庆、河北（含并列）。12 个省份的企业数量占前 100 位企业总数的 79% （见表 1）。

表 1　2015 ~ 2017 年药品零售连锁前 100 位企业区域数量分布

单位：家

序号	省　份	2017 年	2016 年	2015 年
1	浙　江	15	14	14
2	上　海	12	10	11
3	广　东	7	6	6
4	山　东	7	7	5
5	江　苏	6	6	6
6	四　川	6	6	6
7	湖　北	5	5	5
8	湖　南	5	7	7

续表

序号	省　份	2017 年	2016 年	2015 年
9	北　京	4	4	4
10	云　南	4	4	5
11	重　庆	4	4	4
12	河　北	4	4	4
13	贵　州	3	3	3
14	河　南	2	2	1
15	山　西	2	2	2
16	广　西	2	2	3
17	江　西	2	3	3
18	黑龙江	2	2	2
19	吉　林	2	2	2
20	安　徽	1	1	1
21	辽　宁	1	1	1
22	陕　西	1	1	1
23	福　建	1	1	1
24	甘　肃	1	1	1
25	内蒙古	1	2	2

资料来源：中国医药商业协会。

2017 年，前 100 位药品零售连锁企业销售额居前 10 位的省份依次为上海、湖南、云南、广东、重庆、北京、湖北、浙江、山东、贵州。区域销售额占比与企业数量基本保持正向关系，个别省份，如浙江的企业数量最多但销售占比较低，说明缺少大规模的零售企业。10 个省份销售额占前 100 位企业销售总额的 79.2%（见表 2）。

表 2　2015～2017 年药品零售连锁前 100 位企业区域销售额占比

单位：%

序号	省　份	2017 年	2016 年	2015 年
1	上　海	14.65	15.28	15.63
2	湖　南	12.58	12.07	10.12
3	云　南	9.55	9.18	9.79
4	广　东	9.23	12.64	12.22
5	重　庆	8.47	9.23	9.24
6	北　京	8.08	8.22	8.11

续表

序号	省　份	2017 年	2016 年	2015 年
7	湖　北	4.88	2.83	3.80
8	浙　江	4.54	4.21	4.25
9	山　东	4.07	3.59	3.48
10	贵　州	3.18	1.34	1.25
11	辽　宁	2.94	3.51	3.61
12	河　北	2.83	2.34	2.22
13	江　苏	2.59	2.67	2.81
14	四　川	2.48	2.88	3.62
15	吉　林	1.66	1.76	1.59
16	河　南	1.59	1.34	1.26
17	甘　肃	1.52	1.35	1.37
18	黑龙江	1.25	1.48	1.43
19	广　西	1.02	0.84	0.90
20	江　西	0.87	1.14	1.18
21	安　徽	0.53	0.51	0.49
22	内蒙古	0.46	0.56	0.55
23	山　西	0.41	0.46	0.50
24	陕　西	0.38	0.33	0.32
25	福　建	0.22	0.24	0.25

资料来源：中国医药商业协会。

4. 上市公司的药品零售业务发展状况

从收入增长情况来看，2017 年 24 家药品流通行业上市公司实现主营业务收入总和为 9397 亿元，同比增长 10.25%，与 2016 年 15.06% 的增速相比有所下降。其中以零售为主或零售业务占比较大的上市公司主营业务收入均呈增长态势，尤其是益丰药房、老百姓和一心堂等的增速均在 20% 以上。

从盈利情况来看，2017 年，24 家药品流通行业上市公司中，平均综合毛利率为 16.98%，与上年相比有所提升。从上市公司的业务构成来看，零售业务毛利率较高，平均为 27.16%，分销业务毛利率较低，平均为 8.24%。在以零售业为主的企业中，一心堂的毛利率最高，超过 40%，大参林、益丰药房与老百姓的毛利率均超过 30%；相应的，这四家公司的费用率也最高，分别达到 33.12%、30.93%、30.99% 和 28.26%。

2017 年，资本市场对医药流通行业的估值下降幅度较大，由于“两票制”实施对分销企业带来一系列的影响，资本市场对分销企业普遍调低了估值。而零售业表现较好，以零售为主业的4家企业（大参林、老百姓、益丰药房和一心堂）估值明显高于分销企业，这主要是因为医院处方外流和药店整合加速带来了良好的资本市场预期。2017年底，24家药品流通行业上市公司总市值为5117亿元，平均市值213亿元。市值超过100亿元的零售企业有4家，分别为大参林、老百姓、益丰药房和一心堂。

（二）药品零售企业门店分布情况

1. 药品零售企业直营门店结构情况

2017年，销售额前100位药品零售企业门店总数达到58355家，比上年增长7.3%，其中直营门店数36968家，比上年增长10.3%，直营店占门店总数的63.4%，占比较上年提高了1.8个百分点。

表3 2017年零售企业销售总额前100位门店统计

单位：家，%

序号	企业名称	门店总数	直营门店数量	直营门店占比	加盟店数量	加盟店占比
1	国药控股国大药房有限公司	3834	2801	73	1033	27
2	中国北京同仁堂(集团)有限责任公司	2288	2288	100	0	0
3	云南鸿翔一心堂药业(集团)股份有限公司	5068	5068	100	0	0
4	老百姓大药房连锁股份有限公司	2733	2434	89	299	11
5	大参林医药集团股份有限公司	2985	2985	100	0	0
6	重庆桐君阁大药房连锁有限责任公司	10050	1500	15	8550	85
7	益丰大药房连锁股份有限公司	1979	1979	100	0	0
8	上海华氏大药房有限公司	671	396	59	275	41
9	湖北同济堂药房有限公司	4841	229	5	4612	95
10	辽宁成大方圆医药连锁有限公司	1218	1063	87	155	13
11	漱玉平民大药房连锁股份有限公司	1252	1252	100	0	0
12	云南健之佳健康连锁店股份有限公司	1308	1308	100	0	0
13	贵州芝林大药房零售连锁有限公司	163	163	100	0	0
14	甘肃德生堂医药科技集团有限公司	466	466	100	0	0
15	河南张仲景大药房股份有限公司	749	749	100	0	0
16	河北华佗药房医药连锁有限公司	451	451	100	0	0
17	吉林大药房药业股份有限公司	676	676	100	0	0
18	南京医药国药有限公司	328	208	63	120	37
19	重庆和平药房连锁有限责任公司	564	537	95	27	5

续表

序号	企业名称	门店总数	直营门店数量	直营门店占比	加盟店数量	加盟店占比
20	成都百信药业连锁有限责任公司	1258	0	0	1258	100
21	哈尔滨人民同泰医药连锁店	290	290	100	0	0
22	浙江瑞人堂医药连锁有限公司	253	253	100	0	0
23	石家庄新兴药房连锁股份有限公司	422	422	100	0	0
24	贵州一树连锁药业有限公司	160	160	100	0	0
25	深圳中联大药房控股有限公司	485	485	100	0	0
26	重庆鑫斛药房连锁有限公司	704	239	34	465	66
27	柳州桂中大药房连锁有限责任公司	265	265	100	0	0
28	江西黄庆仁栈华氏大药房有限公司	521	521	100	0	0
29	天济大药房连锁有限公司	363	363	100	0	0
30	重庆市万和药房连锁有限公司	381	381	100	0	0
31	好药师大药房连锁有限公司	953	300	31	653	69
32	山东燕喜堂医药连锁有限公司	595	595	100	0	0
33	上海第一医药股份有限公司	90	0	0	90	100
34	湖南千金大药房连锁有限公司	623	93	15	530	85
35	杭州九洲大药房连锁有限公司	97	97	100	0	0
36	安徽丰原大药房连锁有限公司	173	173	100	0	0
37	四川太极大药房连锁有限公司	1467	87	6	1380	94
38	廊坊市百和一笑堂医药零售连锁有限公司	132	132	100	0	0
39	吉林省益和大药房有限公司	430	300	70	130	30
40	赤峰人川大药房连锁有限公司	242	0	0	242	100
41	浙江震元医药连锁有限公司	83	80	96	3	4
42	怀化怀仁大药房连锁有限公司	150	150	100	0	0
43	苏州礼安医药连锁总店有限公司	71	71	100	0	0
44	云南白药大药房有限公司	106	106	100	0	0
45	广州健民医药连锁有限公司	36	36	100	0	0
46	中山市中智大药房连锁有限公司	268	268	100	0	0
47	贵州一品药业连锁有限公司	167	167	100	0	0
48	陕西众信医药超市有限公司	176	176	100	0	0
49	江苏大众医药连锁有限公司	140	140	100	0	0
50	山东立健药店连锁有限公司	490	490	100	0	0
51	康泽药业连锁有限公司	158	158	100	0	0
52	杭州胡庆余堂国药号有限公司	15	15	100	0	0
53	仁和药房网(北京)医药科技有限公司	31	31	100	0	0
54	青岛德信行惠友大药房有限公司	1	1	100	0	0
55	宁波四明大药房有限责任公司	51	51	100	0	0
56	上海养和堂药业连锁经营有限公司	73	73	100	0	0
57	宁波彩虹大药房有限公司	120	120	100	0	0
58	深圳市麦德信药房管理有限公司	105	105	100	0	0

续表

序号	企业名称	门店总数	直营门店数量	直营门店占比	加盟店数量	加盟店占比
59	山西荣华大药房连锁有限公司	146	146	100	0	0
60	上海余天成药业连锁有限公司	60	60	100	0	0
61	河北神威大药房连锁有限公司	162	162	100	0	0
62	浙江天天好大药房连锁有限公司	79	79	100	0	0
63	连云港康济大药房连锁有限公司	83	83	100	0	0
64	广西一心医药集团有限责任公司	430	41	10	389	90
65	四川杏林医药连锁有限责任公司	67	67	100	0	0
66	杭州华东大药房连锁有限公司	25	25	100	0	0
67	四川圣杰药业有限公司	210	210	100	0	0
68	杭州全德堂药房有限公司	1	1	100	0	0
69	四川德仁堂药业连锁有限公司	175	175	100	0	0
70	福建惠好四海医药连锁有限责任公司	121	121	100	0	0
71	常州人寿天医药连锁有限公司	24	24	100	0	0
72	北京医保全新大药房有限责任公司	24	20	83	4	17
73	浙江华通医药连锁有限公司	86	86	100	0	0
74	上海童涵春堂药业连锁经营有限公司	22	22	100	0	0
75	湖南达嘉维康医药产业股份有限公司	35	35	100	0	0
76	海宁市老百姓大药房有限责任公司	79	64	81	15	19
77	深圳市南北药行连锁有限公司	518	17	3	501	97
78	上海医药嘉定大药房连锁有限公司	49	31	63	18	37
79	苏州雷允上国药连锁总店有限公司	49	49	100	0	0
80	武汉马应龙大药房连锁有限公司	69	69	100	0	0
81	上海南汇华泰药店连锁总店	38	38	100	0	0
82	山东利民大药店连锁股份有限公司	125	125	100	0	0
83	黑龙江泰华医药连锁销售有限公司	67	67	100	0	0
84	武汉东明药房连锁有限公司	100	61	61	39	39
85	江西省萍乡市昌盛大药房连锁有限公司	180	180	100	0	0
86	绵阳太极大药房连锁有限责任公司	643	48	7	595	93
87	上海药房连锁有限公司	22	22	100	0	0
88	河南佐今明大药房健康管理股份有限公司	69	69	100	0	0
89	济宁新华鲁抗大药房有限公司	99	99	100	0	0
90	浙江华联医药连锁有限公司	89	89	100	0	0
91	北京嘉事堂连锁药店有限责任公司	104	104	100	0	0
92	上海得一大药房有限公司	37	37	100	0	0
93	杭州华东武林大药房有限公司	44	44	100	0	0
94	浙江英特怡年药房连锁有限公司	25	23	92	2	8
95	山西仁和大药房连锁有限公司	76	76	100	0	0
96	青岛国风大药房连锁有限公司	95	95	100	0	0
97	西双版纳迪升药业有限责任公司	136	136	100	0	0

续表

序号	企业名称	门店总数	直营门店数量	直营门店占比	加盟店数量	加盟店占比
98	上海一德大药房连锁经营有限公司	38	36	95	2	5
99	上海云湖医药连锁经营有限公司	33	33	100	0	0
100	嵊州市易心堂大药房有限公司	52	52	100	1	2
合计		58355	36968	63	21388	37

资料来源：商务部药品流通行业统计系统。

2. 医保定点药店区域分布情况

2017 年基本医疗保险定点零售药店资格由审批制改为协议制，这种简政放权对于药品流通企业来说是一个利好。过去由于受各地政策差异的影响，医保定点零售药店的发展并不均衡，在零售百强企业中区域医保定点率最高可达 91%，最低只有 19%，平均医保定点率 65%。

表 4　2017 年销售额前 100 位药品零售企业医保定点药店区域分布

单位：家，%

序号	地　区	门店总数	医保定点门店数	医保门店占比	企业数
1	湖　北	6326	5516	87	5
2	云　南	6618	5244	79	4
3	重　庆	11699	4205	36	4
7	湖　南	5520	4491	81	5
4	广　东	4555	3393	74	7
5	上　海	4967	3057	62	12
6	四　川	3820	2723	71	6
8	山　东	2657	1555	59	7
9	辽　宁	1218	1005	83	1
10	河　北	1167	926	79	4
11	吉　林	1106	855	77	2
12	浙　江	1099	738	67	15
13	江　苏	695	548	79	6
14	河　南	818	469	57	2
15	北　京	2447	453	19	4
16	贵　州	490	424	87	3
17	甘　肃	466	398	85	1
18	江　西	701	356	51	2
19	黑龙江	357	326	91	2
20	广　西	695	279	40	2

续表

序号	地　区	门店总数	医保定点门店数	医保门店占比	企业数
21	内蒙古	242	214	88	1
22	山　西	222	200	90	2
23	陕　西	176	112	64	1
24	安　徽	173	96	55	1
25	福　建	121	70	58	1
汇总		58355	37653	65	100

资料来源：商务部药品流通行业统计系统。

（三）药品零售市场品类销售结构①

1. 品类销售结构

据典型样本城市零售药店2017年销售品类统计，在零售药店多元化经营中，各类商品近两年来基本格局保持不变（见图3）。在所统计的零售药

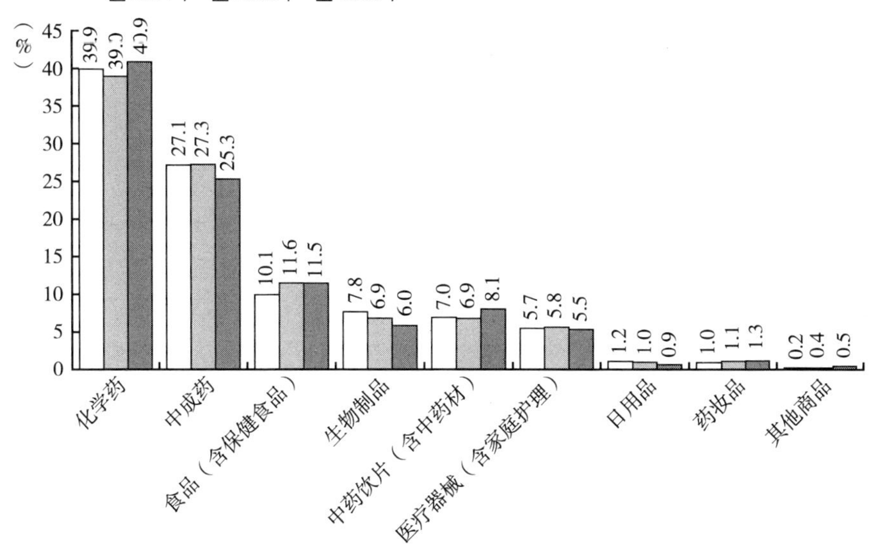

图3　2015～2017年典型样本城市零售药店销售品类结构分布

资料来源：中国医药商业协会。

① 统计口径与上年不可比。

店经营的九大类商品销售额中，化学药、中成药、食品（含保健食品）销售额一直居前三位；药品类［包括化学药、中成药、生物制品和中药饮片（含中药材）］在零售药店的销售占比连续4年稳定在80%以上（见表5、图4）。

表5　典型样本城市零售药店大类产品销售占比

单位：%，个百分点

大类名称	2017年		2016年		占比变化
	份额	排名	份额	排名	
化学药	39.9	1	39.0	1	0.9
中成药	27.1	2	27.3	2	-0.2
食品(含保健食品)	10.1	3	11.6	3	-1.5
生物制品	7.8	4	6.9	5	0.9
中药饮片(含中药材)	7.0	5	6.9	4	0.1
医疗器械(含家庭护理)	5.7	6	5.8	6	-0.1
日用品	1.2	7	1.0	8	0.2
药妆品	1.0	8	1.1	7	-0.1
其他商品	0.2	9	0.4	9	-0.2

注：样本范围为19个省份38家药品零售连锁企业，约2700家门店。

资料来源：中国医药商业协会。

中成药销售额占比前三个季度连续下降，第四季度出现回升；食品（含保健食品）销售额连续四个季度稳居第三位，且所占比例基本稳定，受季节影响不大；中药饮片（含中药材）包含了部分贵重药材，受节气变化、进补习惯等影响，第三季度销售额占比略有下降；药妆品的销售额在全年各季度一直保持稳定（见图5）。

2017年典型样本城市零售药店品类销售统计如表7所示。其中，化学药在黑龙江、天津销售额占比过半；中成药在上海、浙江、河南、广西、宁夏销售占三成以上；中药饮片（含中药材）在河北、江苏、福建、湖南销售占一成以上；食品（含保健食品）在山东、河南销售占比超过15%；医疗器械（含家庭护理）在北京销售占一成以上。

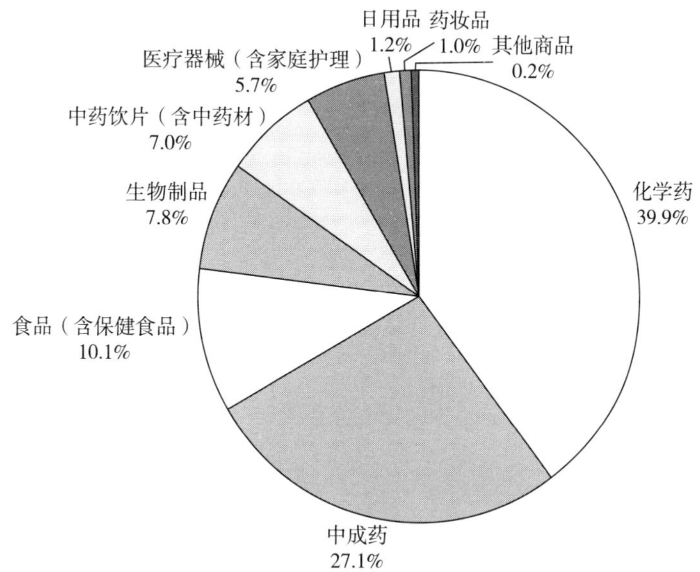

图4　2017年典型样本城市零售药店销售品类结构分布

资料来源：中国医药商业协会。

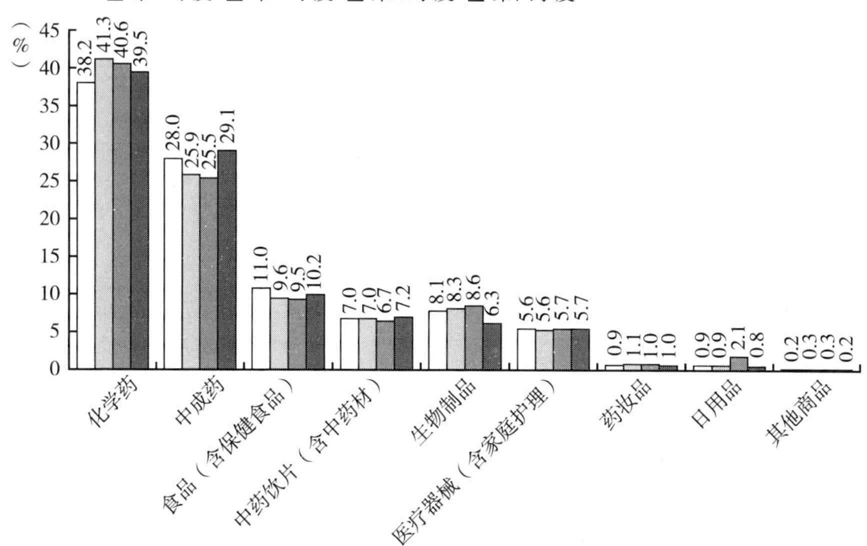

图5　2017年连锁药店各季度销售品类占比

资料来源：中国医药商业协会。

表 6　2017 年典型样本城市零售药店区域大类产品销售结构

单位：万元，%

区域	化学药		中成药		食品（含保健食品）		生物制品		中药饮片（含中药材）		医疗器械（含家庭护理）		药妆品		日用品		其他商品	
	销售总额	占比	销售总额	占比	销售总额	占比	销售总额	占比	销售总额	占比	销售总额	占比	销售总额	占比	销售总额	占比	销售总额	占比
北　京	14321	29.1	14449	29.4	5196	10.6	5750	11.7	2213	4.5	5324	10.8	784	1.6	915	1.9	228	0.5
天　津	4128	66.6	1668	26.9	197	3.2	7	0.1	51	0.8	112	1.8	11	0.2	16	0.3	9	0.1
河　北	14306	37.9	4523	12.0	2366	6.3	9998	26.5	5064	13.4	1114	3.0	132	0.3	172	0.5	47	0.1
山　西	12800	42.9	7646	25.6	3769	12.6	1277	4.3	2531	8.5	1527	5.1	150	0.5	41	0.1	92	0.3
内蒙古	10837	46.7	4331	18.7	2370	10.2	3299	14.2	900	3.9	1052	4.5	226	1.0	102	0.4	90	0.4
辽　宁	30582	44.0	17624	25.4	7564	10.9	2830	4.1	5705	8.2	3386	4.9	350	0.5	1256	1.8	150	0.2
吉　林	2674	47.9	1580	28.3	463	8.3	248	4.4	208	3.7	352	6.3	48	0.9	9	0.2	3	0.0
黑龙江	63525	53.9	24965	21.2	9377	8.0	9805	8.3	3618	3.1	4062	3.4	1143	1.0	1246	1.1	104	0.1
上　海	70506	38.2	71148	38.6	13883	7.5	5757	3.1	8357	4.5	10924	5.9	1455	0.8	2233	1.2	240	0.1
江　苏	59899	40.0	35058	23.4	12801	8.6	10094	6.7	15680	10.5	12058	8.1	1619	1.1	2183	1.5	287	0.2
浙　江	6625	37.2	6817	38.3	2488	14.0	46	0.3	655	3.7	883	5.0	137	0.8	116	0.6	28	0.2
安　徽	2311	35.7	1179	18.2	296	4.6	2083	32.2	291	4.5	223	3.4	25	0.4	42	0.6	26	0.4
福　建	10347	39.1	4863	18.4	2440	9.2	3690	14.0	3046	11.5	1420	5.4	147	0.6	423	1.6	53	0.2
山　东	15932	31.6	15053	29.9	9035	17.9	1297	2.6	4679	9.3	2858	5.7	817	1.6	596	1.2	119	0.2
河　南	18406	34.8	17381	32.9	8615	16.3	3057	5.8	1769	3.3	2306	4.4	651	1.2	341	0.6	343	0.6
湖　南	27694	33.6	23867	29.0	10507	12.8	2455	3.0	8934	10.8	4519	5.5	4028	4.9	288	0.3	77	0.1
广　东	45899	42.0	21882	20.0	9913	9.1	17249	15.8	7215	6.6	5768	5.3	607	0.6	372	0.3	445	0.4
广　西	4770	26.1	6034	33.0	2337	12.8	2835	15.5	1231	6.7	783	4.3	56	0.3	109	0.6	148	0.8
宁　夏	7166	34.1	6999	33.3	2861	13.6	828	3.9	1545	7.3	1212	5.8	165	0.8	64	0.3	202	1.0
平　均	22249	40.1	15109	26.4	5604	10.3	4348	9.3	3879	6.6	3152	5.2	661	1.0	554	0.8	142	0.3

资料来源：中国医药商业协会。

2. 品种销售结构

2017 年，典型样本城市零售药店药品本土企业、跨国企业销售占比基本与上年持平。如图 6 所示，在药品销售中，本土企业占主要地位，占比为 65.2%，较上年增长 0.6 个百分点；跨国企业占 34.8%，较上年降低 0.6 个百分点。

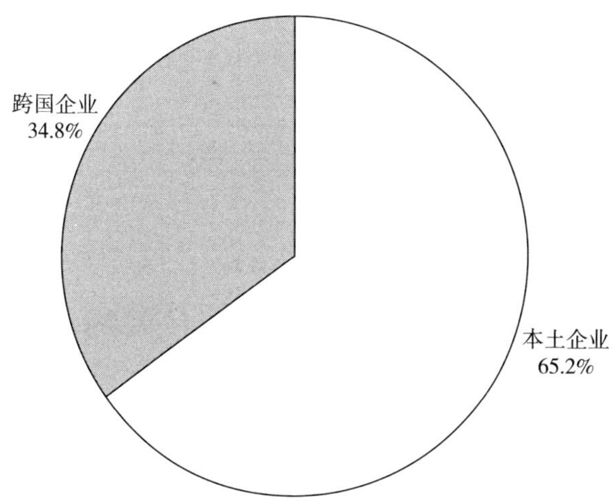

图 6　2017 年典型样本城市零售药店药品（化学药、中成药、生物制品）供应商市场份额

资料来源：中国医药商业协会。

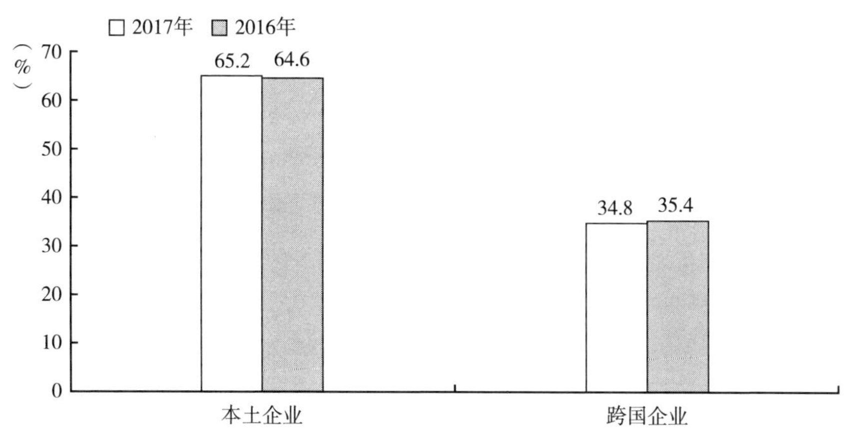

图 7　典型样本城市零售药店药品（化学药、中成药、生物制品）供应商市场份额

资料来源：中国医药商业协会。

在化学药大类[①]中，神经系统用药物、抗肿瘤药物销售占比较上年增长1个百分点左右；心血管系统用药物，维生素类、矿物质类及营养类药物销售占比较上年提升超过0.1个百分点；而抗生素类药物、抗病毒药物、调节免疫功能药物、泌尿系统用药物等销售占比下降幅度较大（见表7、图8）。

表7　2017年典型样本城市零售药店化学药销售占比

单位：%，个百分点

序号	化学药大类	2017年占比	2016年占比	变化
1	心血管系统用药物	14.80	14.64	0.16
2	神经系统用药物	11.32	10.38	0.95
3	抗肿瘤药物	10.94	9.56	1.38
4	专科用药物	9.58	9.77	-0.19
5	激素及调节内分泌功能类药物	8.71	8.92	-0.21
6	维生素类、矿物质类及营养类药物	7.61	7.35	0.26
7	消化系统用药物	6.76	7.02	-0.26
8	呼吸系统用药物	6.24	6.22	0.02
9	调节免疫功能药物	5.33	5.68	-0.35
10	抗生素类药物	4.82	5.65	-0.83
11	泌尿系统用药物	3.66	4.01	-0.35
12	血液系统用药物	2.78	2.87	-0.09
13	抗病毒药物	2.31	2.87	-0.56
14	其他化学药物	1.32	1.15	0.17
15	抗变态反应药物	1.27	1.23	0.04
16	化学合成抗菌药	1.00	1.15	-0.15
17	抗真菌药物	0.69	0.71	-0.02
18	其他抗感染类药物	0.22	0.20	0.02
19	抗寄生虫药物	0.19	0.20	-0.02
20	糖类、盐类与酸碱平衡调节药物	0.16	0.17	-0.01
21	酶类及其他生化药物	0.09	0.07	0.01
22	抗分枝杆菌药物	0.08	0.09	-0.01
23	麻醉及其辅助用药物	0.05	0.04	0.01
24	特殊管理药物	0.04	0.03	0.01
25	解毒药	0.03	0.02	0.01
26	诊断用药物	0.00	0.00	0.00

资料来源：中国医药商业协会。

① 依据《国家药管平台药品分类编码与基本数据库》药品分类。

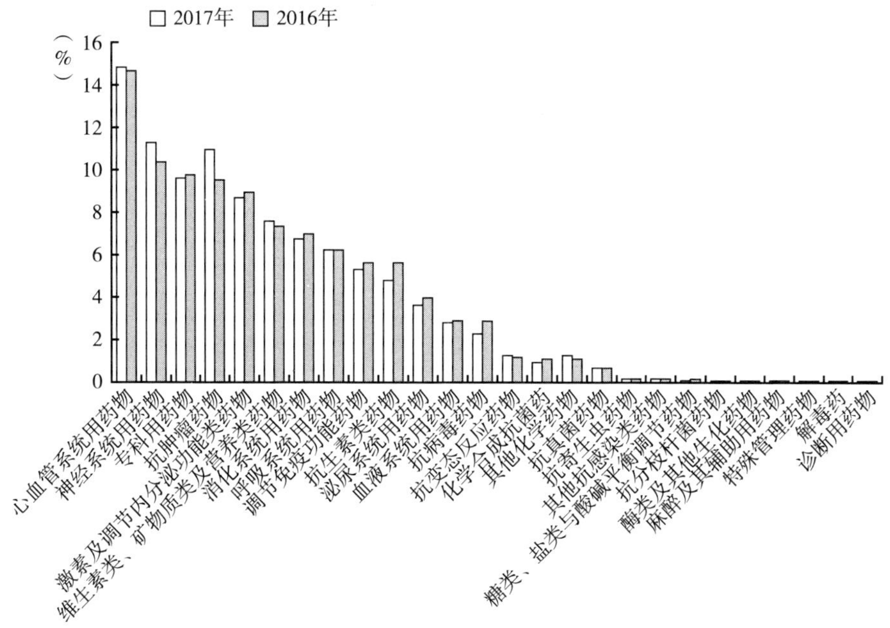

图8　2017 年与 2016 年典型样本城市零售药店化学药品大类结构

资料来源：中国医药商业协会。

在中成药大类[①]销售中，补益剂 2016 ~ 2017 年销售占比均居首位，但 2017 年市场份额有所下降；清热剂、疏风剂销售占比在 2017 年增长较快；除清热剂、祛痰剂、解表剂、祛湿剂、疏风剂、五官用药、安神剂、开窍剂、泻下剂、治燥剂等销售占比略有增长外，其他几类销售占比较上年均有所下降（见表 8、图 9）。

表 8　2017 年典型样本城市零售药店中成药大类排序

单位：%，个百分点

序号	中成药大类分类	2017 年占比	2016 年占比	变化
1	补 益 剂	22.63	26.01	-3.38
2	清 热 剂	20.57	19.39	1.18
3	理 血 剂	15.50	16.12	-0.62

① 注：依据《国家药管平台药品分类编码与基本数据库》药品分类。

续表

序号	中成药大类分类	2017 年占比	2016 年占比	变化
4	祛痰剂	9.20	8.25	0.95
5	解表剂	5.96	5.71	0.25
6	祛湿剂	5.26	5.23	0.03
7	疏风剂	4.74	3.69	1.05
8	五官用药	3.87	3.76	0.11
9	安神剂	2.85	2.54	0.31
10	开窍剂	1.74	1.71	0.03
11	民族药	1.63	1.67	-0.04
12	理气剂	1.51	1.54	-0.03
13	消食剂	1.14	1.16	-0.02
14	妇科用药	1.03	1.12	-0.09
15	其他功用	0.96	0.67	0.29
16	泻下剂	0.44	0.43	0.01
17	温里剂	0.37	0.38	-0.01
18	和解剂	0.34	0.36	-0.02
19	固涩剂	0.15	0.17	-0.02
20	外用药	0.10	0.11	-0.01
21	治燥剂	0.01	0.00	0.01
22	驱虫剂	0.00	0.00	0.00

资料来源：中国医药商业协会。

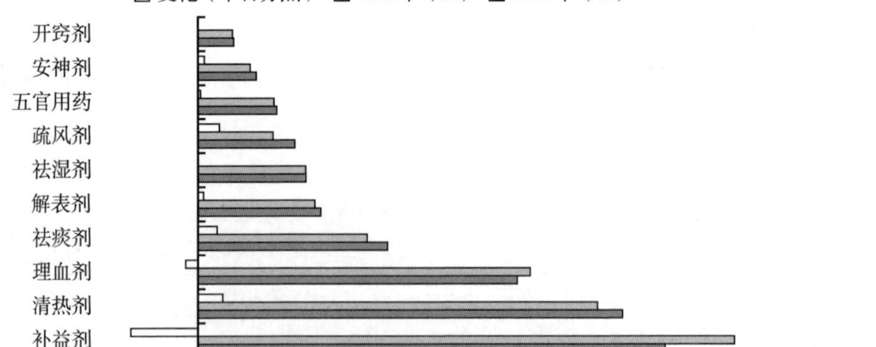

图 9　2017 年典型样本城市零售药店前 10 位中成药大类占比变化

资料来源：中国医药商业协会。

在化学药、中成药和生物制品中，2017 年典型样本城市零售药店销售额前 10 位如表 9 所示。

表 9　2017 年典型样本城市零售药店单药品销售前 10 位排序（化学药、中成药、生物制品）

单位：万元，%

序号	品名	生产企业	销售额	占比
1	注射用曲妥珠单抗	Roche Pharma(Schweiz)Ltd.	17144.67	2.10
2	阿胶	山东东阿阿胶股份有限公司	11188.89	1.37
3	鸿茅药酒	内蒙古鸿茅药业有限责任公司	9696.75	1.19
4	复方阿胶浆	山东东阿阿胶股份有限公司	8834.64	1.08
5	枸橼酸西地那非片	辉瑞制药有限公司	8762.74	1.07
6	贝伐珠单抗注射液	Roche Pharma(Schweiz)Ltd.	8254.26	1.01
7	他克莫司胶囊	Astellas Pharma Co. Limited	8069.08	0.99
8	甲磺酸伊马替尼片	Novartis Pharma Schweiz AG	6472.03	0.79
9	阿托伐他汀钙片	辉瑞制药有限公司	5740.54	0.70
10	甲磺酸奥希替尼片	AstraZeneca AB	5334.60	0.65

资料来源：中国医药商业协会。

表 10　2017 年典型样本城市零售药店国产生产企业销售前 20 位排序（化学药、中成药、生物制品）

单位：%

序号	生产企业	样本市场占比
1	华润医药集团	7.63
2	广药集团	2.75
3	内蒙古鸿茅	1.88
4	石药集团	1.87
5	扬子江药业集团	1.72
6	北京同仁堂	1.68
7	上海医药	1.59
8	云南白药	1.50
9	先声药业	1.45
10	哈药集团	1.36
11	国药集团	1.24
12	正大天晴药业	1.18

续表

序号	生产企业	样本市场占比
13	步长制药	1.18
14	天津医药	1.15
15	大士力控股	1.14
16	江苏恒瑞	1.05
17	葵花药业	0.93
18	江苏济川控股	0.91
19	江西汇仁	0.82
20	同溢堂	0.82

资料来源：中国医药商业协会。

表 11　2017 年典型样本城市零售药店跨国生产企业销售前 20 位排序（化学药、中成药、生物制品）

单位：%

序号	生产企业	样本市场占比
1	罗氏	14.45
2	辉瑞	11.77
3	阿斯利康	7.67
4	拜耳	7.53
5	诺华	7.10
6	强生	4.35
7	赛诺菲	3.90
8	安斯泰来	3.52
9	诺和诺德	3.50
10	默沙东	2.52
11	勃林格殷格翰	2.02
12	礼来	1.85
13	葛兰素史克	1.63
14	京都念慈庵	1.13
15	威玛舒培大药厂	1.09
16	施维雅	1.05
17	默克	1.03
18	百特	0.79
19	韩美	0.70
20	雅培	0.70

资料来源：中国医药商业协会。

表 12　2017 年典型样本城市零售药店化学药前三大类中前 10 位生产企业排序

单位：%

序号	类别	厂家排序	供应商	占比
1	心血管系统用药物	1	辉瑞制药有限公司	14.35
		2	阿斯利康制药有限公司	7.12
		3	北京诺华制药有限公司	5.08
		4	Bayer Pharma AG	4.96
		5	施慧达药业集团(吉林)有限公司	3.14
		6	Sanofi Pharma Bristol-Myers Squibb SNC	2.85
		7	施维雅(天津)制药有限公司	2.45
		8	Novartis Pharma Schweiz AG	2.33
		9	Merck Sharp & Dohme(Australia) Pty. Ltd.	2.23
		10	华润赛科药业有限责任公司	2.20
2	神经系统用药物	1	德国威玛舒培博士药厂	5.93
		2	石药集团恩必普药业有限公司	5.26
		3	Bayer S. p. A.	5.01
		4	上海强生制药有限公司	3.03
		5	西安杨森制药有限公司	2.80
		6	中美天津史克制药有限公司	2.73
		7	UCB S. A.	2.31
		8	浙江诚意药业有限公司	2.31
		9	北京诺华制药有限公司	2.08
		10	辉瑞制药有限公司	2.07
3	抗肿瘤药物	1	Novartis Pharma Schweiz AG	17.85
		2	AstraZeneca AB	11.65
		3	江苏恒瑞医药股份有限公司	9.04
		4	浙江贝达药业有限公司	8.72
		5	Janssen-Cilag International N. V.	5.85
		6	AstraZeneca UK Limited	5.15
		7	南京绿叶思科药业有限公司	4.22
		8	Roche Registration Ltd.	3.64
		9	Ben Venue Laboratories Inc.	3.62
		10	拜耳医药保健有限公司	3.45

资料来源：中国医药商业协会。

表 13　2017 年典型样本城市零售药店中成药前三大类中前 10 位生产企业排序

单位：%

序号	类别	厂家排序	供应商	占比
1	补益剂	1	山东东阿阿胶股份有限公司	33.16
		2	广州白云山陈李济药厂有限公司	6.77
		3	江西汇仁药业有限公司	6.47
		4	仲景宛西制药股份有限公司	3.94
		5	山西广誉远国药有限公司	3.44
		6	山东福胶集团东阿镇阿胶有限公司	2.42
		7	北京同仁堂科技发展股份有限公司制药厂	1.83
		8	山东福胶集团有限公司	1.65
		9	北京同仁堂股份有限公司同仁堂制药厂	1.64
		10	湖南九芝堂股份有限公司	1.57
2	清热剂	1	济川药业集团有限公司	6.10
		2	福建漳州片仔癀药业股份有限公司	4.52
		3	天津天士力制药股份有限公司	3.87
		4	石家庄以岭药业股份有限公司	3.22
		5	深圳市泰康制药有限公司	2.54
		6	云南白药集团股份有限公司	2.52
		7	广州市香雪制药股份有限公司	2.27
		8	广州白云山和记黄埔中药有限公司	2.13
		9	吉林修正药业集团长春高新制药有限公司	2.06
		10	北京同仁堂科技发展股份有限公司制药厂	1.99
3	理血剂	1	天津天士力制药股份有限公司	5.87
		2	云南白药集团股份有限公司	5.75
		3	云南白药集团无锡药业有限公司	3.89
		4	陕西步长制药有限公司	3.79
		5	河南润弘制药股份有限公司	3.41
		6	石家庄以岭药业股份有限公司	3.30
		7	安徽省安科余良卿药业有限公司	2.89
		8	天津中新药业集团股份有限公司第六中药厂	2.68
		9	上海和黄药业有限公司	2.65
		10	广州白云山和记黄埔中药有限公司	2.26

资料来源：中国医药商业协会。

（四）零售药店执业药师现状

截至2017年12月底，零售药店466133家，注册执业药师361741人，药店执业药师占比80%。执业药师的分布存在严重的不平衡，目前北京、天津、上海、河北、辽宁、浙江、安徽、福建、河南、海南、陕西11个省份执业药师配备满足率在1.0以上，云南、贵州、新疆、青海、四川5个省份执业药师的配备满足率均在0.4以下。根据国家食品药品监督管理总局执业药师资格认证中心发布的《2017年12月全国执业药师注册情况》，我国注册到药店的执业药师中，硕士学历占到1.7%、本科学历占到27.9%、大专及以下学历占到70.4%。

二　药品零售市场发展的主要特点

（一）药品零售连锁企业销售规模持续增长

从销售情况看，前100位药品零售连锁企业的销售额底线为1.45亿元。如表14所示，与上年比较，年销售额超过50亿元的企业有7家，比上年增加1家；销售额在40亿~50亿元的企业数比上年减少1家；销售额在30亿~40亿元的企业数与上年持平；年销售额超过10亿元企业数比上年增加3家，说明优势企业的销售规模发展较平稳。前100位药品零售连锁企业销售额占零售

表14　2016~2017年不同销售规模药品零售连锁企业家数统计

单位：家

销售额分布	2017年	2016年	变化
超过50亿元	7	6	1
40亿~50亿元	1	2	-1
30亿~40亿元	2	2	0
20亿~30亿元	3	1	2
10亿~20亿元	12	11	1
超过10亿元(汇总)	25	22	3

资料来源：商务部药品流通行业统计系统。

市场销售总额的比例为30.7%；其中前5位企业占销售总额的11.3%、前10位企业占销售总额的17.4%、前20位企业占销售总额的22.1%，前100位企业销售总额较上年均有不同程度增加，大型零售连锁企业市场占有率增速略高于中小型企业市场占有率，进一步反映出收入逐渐向大型连锁企业集中的趋势。

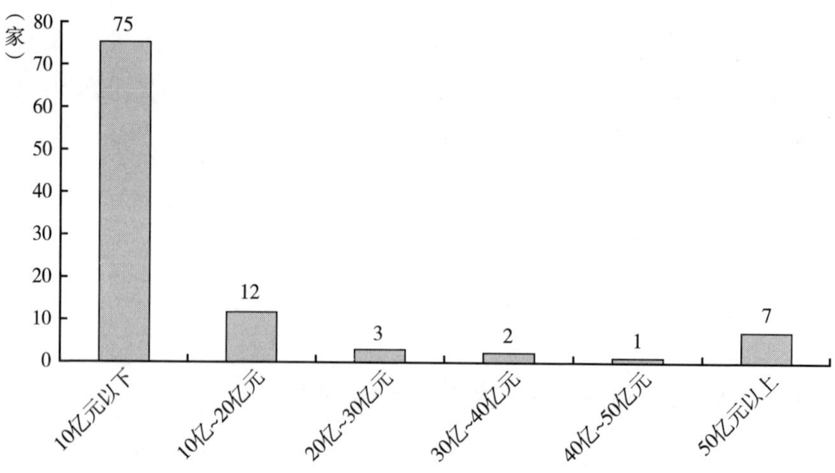

图10　2017年度销售总额前100位药品零售连锁企业分布

资料来源：商务部药品流通行业统计系统。

（二）行业集中度逐步提升

截至2017年11月，全国零售药店连锁率为50.5%①，比2016年提高1.1个百分点。《全国药品流通行业发展规划（2016～2020年）》提出，“到2020年药品零售连锁率达50%以上”，目前这一目标要求已提前实现。

（三）资本推动药品零售上市公司快速发展

中国药品零售行业继续借助资本力量，加速兼并重组，连锁率不断提高，网络布局更加完善、精细化管理水平不断提升，品牌企业优势更加明显。2017

① 数据来源于国家食品药品监督管理局。

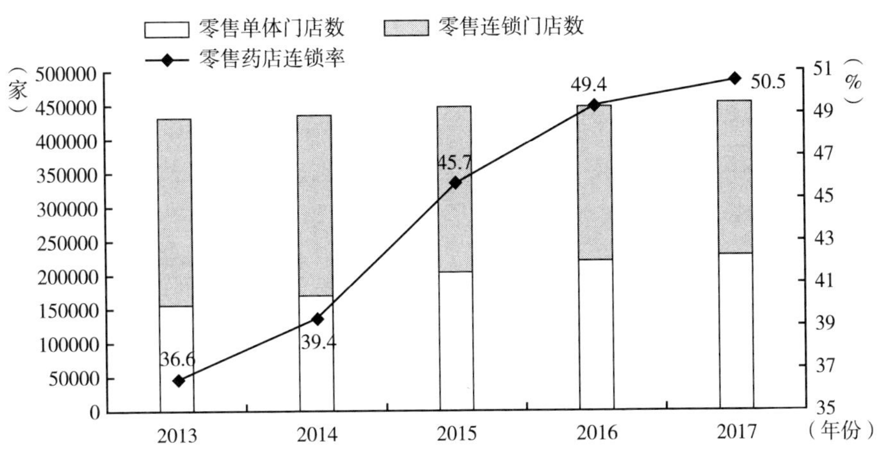

图11　2013～2017年全国零售药店连锁率统计

年药品零售市场销售总额为4003亿元，同比增长9.0%，一心堂、老百姓、益丰药房、大参林四大上市连锁企业增长迅速，一心堂营业收入78亿元，同比增长24.03%；老百姓营业收入75亿元，同比增长23.09%；益丰药房营业收入48亿元，同比增长28.76%；大参林营业收入74亿元，同比增长18.29%（见表15）。据不完全统计，截至2017年底，A股医药制造板块、零售板块、批发业板块含药店零售业务的上市企业共有34家（见表16），新三板上市的药品零售企业共有10家（见表17）。

表15　A股上市的药品零售企业

单位：万元，%

序号	公司名称	股票代码	上市地点	2016年主营业务收入	2017年主营业务收入	同比增长	2017年毛利率	2017年净利润	2017年归属于母公司利润
1	一心堂	002727	深圳	624934	775114	24.03	41.52	42275	42271
2	老百姓	603883	上海	609443	750143	23.09	35.31	39686	37080
3	益丰药房	603939	上海	373362	480725	28.76	40.04	31747	31350
4	大参林	603233	上海	627372	742120	18.29	40.26	47461	47496

资料来源：上市公司年报。

表 16　含药品零售业务的 A 股上市企业

单位：万元，%

行业分类	公司名称	2017 年主营业务收入	零售板块子公司简称	2017 年零售业务收入	同比增长	零售业务占比	零售业务毛利率
流通业	国药控股	27771702	国大药房	1234178	20.54	4.44	
	华润医药	14422140	华润堂、医保全新、礼安连锁、同德堂	354724	1.31	2.46	
	上海医药	13084718	华氏大药房、上海药房	563970	9.44	4.31	16.69
	九州通	7394289	好药师药房连锁	187666	16.53	2.54	17.36
	国药一致	4126363	国大药房	989284	12.92	23.97	24.62
	南京医药	2747345	百信药房	117044	1.04	4.26	20.50
	嘉事堂	1423890	嘉事堂药店连锁	14831	0.96	1.04	
	人民同泰	800888	人民同泰连锁	116225	0.90	14.51	28.10
	柳州医药	944698	桂中大药房	86785	41.10	9.19	24.95
	鹭燕医药	833823	鹭燕大药房	39140	31.48	4.69	22.44
	浙江震元	257792	震元医药连锁	48976	15.93	19.00	27.34
	第一医药	155615	第一医药商店	66384	0.05	42.66	22.39
	华通医药	136910	华通医药连锁	20752	9.04	15.16	28.84
制药业	白云山	2095423	采芝林药业连锁、健民连锁			<10	
	康美药业	2647697	康美人生、康美之恋、康美大药房			<10	
	同仁堂	1337597	同仁堂药店	676450	16.98	50.57	30.38
	太极集团	873452	桐君阁大药房				
	信邦制药	600247	科开大药房			<10	
	东北制药	567635	东北大药房			<10	
	济川药业	564201	为你想大药房			<10	
	新华制药	451572	新华大药店				
	金陵药业	319181	金陵大药房			<10	
	以岭药业	408127	以岭药堂大药房			<10	
	恩华药业	339368	恩华统一				
	仁和药业	384377	仁和堂医药连锁				
	千金药业	318274	千金大药房连锁				
	九芝堂	383657	九芝堂零售连锁				
	太安堂	323894	康爱多				
	振东制药	373160	振东大药房			<10	
	片仔癀	371395	片仔癀国药堂				
	马应龙	175059	湖北天下明大药房和马应龙大药房				
	丰原药业	257811	丰原大药房	43916	15.94	17.03	30.19
其他	辽宁成大	1399883	成大方圆	311400	1.43	22.24	
	开开实业	96210	上海雷西大药房	29987	7.60	31.17	23.76

资料来源：上市公司年报。

表 17　新三板上市的药品零售企业

单位：万元，%

股票代码	公司名称	2016 年营业收入	2017 年营业收入	同比增长	2017 年毛利率	2017 年归属于挂牌公司股东的净利润	所在省份
830923	上 元 堂	29934	29227	-2.36	35.06	883	江　苏
833409	泉 源 堂	47557	61387	29.08	—	329	四　川
834888	康 之 家	19424	22048	13.51	20.87	744	广　东
837742	易 心 堂	16179	16133	-0.28	37.54	-2844	浙　江
839115	灵峰药业	6466	7388	14.26	29.48	35	黑龙江
837119	聚 丰 堂	2052	34423	14.14	5.34	-65	河　北
870320	养和医药	9675	9775	1.02	47.57	-569	广　东
870572	鑫海药业	5585	5749	2.93	45.28	-295	广　西
870594	都市医药	8753	11946	36.47	21.11	-1364	广　东
870811	神农药房	6698	7566	12.96	24.59	296	吉　林

资料来源：上市公司年报。

三　药品零售业未来走势预测

2018 年是全面贯彻中共十九大精神的开局之年，是改革开放 40 年，也是药品流通行业“十三五”规划落实的关键之年。随着医改不断深入推进，相关改革措施陆续出台，处方外流已成趋势，零售药店在医改中的地位愈发凸显。面对资本、人才、新科技的挑战，“互联网 +”多领域的延伸，零售药店必将迈入“产品 + 服务”的新零售时代。

（一）分类分级管理助力药店规范化发展

2017 年 11 月，商务部、国家食药监总局等四部门联合制定《关于推进零售药店分类分级管理的指导意见（征求意见稿）》，2018 年 3 月，广东省食品药品监督管理局率先发布《药品零售企业分级分类的管理办法（试行）》，对其区域内药品零售企业开展分级分类管理，并将《药品经营许可证》的核发、换证、变更和分级分类挂钩。药店分级管理政策的出台，必将推动药店朝着更规范的方向发展。

（二）药品零售行业连锁率继续攀升

药品零售行业连锁率在政策驱动、资本介入、规模化竞争等因素影响下继续攀升，全国性和区域龙头企业借助资本力量加速整合，连锁药店在竞争优势逐步强化的同时也日趋品牌化，国内零售药店兼并整合将出现“单体—中小连锁—大连锁”的发展趋势，连锁药店未来将成为主流。

（三）药房专业化服务作用凸显

随着公立医院的体制改革，处方外流渐成趋势，更多慢性病患者将通过社会药房获得药品。同时，由于药店同质化竞争、群众健康消费意识增强等，倒逼药店由以商品销售为中心转向以消费者服务为中心，回归专业服务的本源。DTP 药房、门特门慢药房等特色专业药房快速发展，药学专业化服务能力将成为药品零售企业的核心竞争力。

（四）以“药店 + 诊所”、中医馆等为特色的多元化经营成为新增长点

国家《中医坐堂医诊所基本标准（试行）》和《中医诊所备案管理暂行办法》在 2017 年相继出台，中医诊所从审批制改为备案制，同时，分级诊疗政策快速落地，等级医院医疗技术费用不断提高，使得一部分患者有病到医院的习惯正在改变，就近到社区门诊或具备诊所资质的药店看病正被越来越多的人所接受，“药店 + 诊所”、中医（国医）馆等新型经营方式将为药品零售企业销售增长创造新的空间。

（五）运用大数据管理，零售药店开展精准营销服务

未来市场的需求会越来越多元化、个性化，为增加顾客黏性，提高市场占有率，零售药店将充分发挥门店物理属性，并使其与数字化相互融合，借助“互联网 +”、云计算的支持，积极分析线上线下消费者数据，了解客户用药规律、消费习性及人群特点，进行个性化产品推荐，提升会员管理和服务能力，实现精准营销。

（六）“药品＋互联网”销售模式快速发展

2018 年，国务院办公厅印发《关于促进“互联网＋医疗健康”发展的意见》，未来，互联网将与医疗和公共卫生服务、药品供应保障、家庭医生签约、人工智能应用等领域深度融合，中国的医疗服务模式和患者就医行为正在发生改变，“网订店取、网订店送”等“互联网＋药品”模式也将随之获得快速发展。

B.19
社会药房药师专业化发展趋势

聂小燕　史录文*

摘　要： 在新医改和大健康政策背景下，医疗机构门诊药房的定位与功能发生改变，社会药房和药师面临新的机遇与挑战。本文对社会药房发展现状以及中国药师队伍规模、结构、素质等现状进行了系统分析，以期为社会药店药师和药学服务发展提供借鉴和参考。

关键词： 社会药店　药师专业化　药学服务

一　社会药房的现状与发展趋势

（一）社会药房日益壮大、模式多元

社会药房，又称零售药店，是指经药品监督管理部门批准，取得《药品经营许可证》后直接面向消费者销售药品并且提供药学服务的药店。在中国，医院在药品销售中占据了80%的市场份额，社会药房规模受限。随着门诊药房社会化、医院处方外流等政策的实施，社会药房规模逐步壮大。据原国家食品药品监督管理总局统计，截至2017年11月底，全国共有零售连锁企业5409家，比2016年底降低3.6%；下辖门店22.92万家；零售单体药店22.45万

* 聂小燕，博士，北京大学药学院药事管理与临床药学系讲师，研究领域包括药物基因组学、个体化给药设计与研究、药学服务及其评估体系等；史录文，教授、博士生导师，北京大学药事管理与临床药学系主任，主要研究领域包括中国医药卫生事业发展与改革策略、药品公平可及合理使用、药学服务及其评估体系等。

家，零售药店门店总数 45.37 万家。从销售规模来看，2017 年零售市场销售额为 4003 亿元，同比增长 9.0%，增速同比下降 0.5 个百分点。

新医改背景下，药品新零售模式应运而生。零售企业积极参与医疗机构医药分开、分级诊疗等进程，开展处方外配、社会配药点建设、药房托管等院店业务，并试水网上药房、DTP（Direct to Patient）药房、药店联盟等多种形式推动行业创新发展。与此同时，以上市公司为代表的大型零售连锁企业兼并进程加快，零售连锁率持续提高，截至 2017 年底，零售连锁率已达到 50.5%，同比提高 1.1 个百分点。

（二）大健康战略对社会药房药学服务提出新发展要求

随着我国人均 GDP 的增长、人民生活水平的提高、健康需求不断升级，人们对健康相关产品的需求已经不仅仅是治病，而是开始追求更高层次的健康、保健。在全民健康的发展背景下，作为直接面向消费者的药店，保证消费者能够买到安全有效的药品只是其基本功能，能够提供与健康相关的产品、发展以健康为核心的服务产业才是推动零售药店升级的重要渠道，其中配备更多的专业化人才是关键。

目前，国内已有一些药店在进行大健康的尝试。国大药房开展慢性病专业服务，尤其在糖尿病会员管理上建立了一系列的服务体系；南京医药开展健康智慧园项目建设，打造以居民健康档案为核心、以电子病历为应用的医药信息化服务平台，实现药店与信息数据的有效结合，提供免费慢病检测、健康讲座与养生教育、免费中医问诊等。

门诊药房剥离对零售药店药学专业化人才建设提出了新的要求。2017 年 1 月 24 日颁布的《国务院办公厅关于进一步改革完善药品生产流通使用政策的若干意见》鼓励具备条件的医疗机构探索将门诊药房剥离。2016 年 12 月 29 日商务部颁布的《全国药品流通行业发展规划（2016～2020 年）》鼓励具备条件的零售药店承接医疗机构门诊药房服务和其他专业服务。目前，已有零售药店承接此部分业务，在此过程中，医疗机构门诊药房提供药品的功能逐步淡化，相应的职能将由社会药房来承担，社会药店需要加强药师队伍建设、提升药学服务水平。

二 药师的定位和作用

（一）药师的定位及发展规划

药师队伍是医药卫生人才队伍中重要的组成部分。药师队伍的素质和水平决定着药品质量、用药合理，以及用药安全。努力建设一支道德高尚、技术精良、专业扎实、行为规范、结构合理、依法执业的药师队伍，是贯彻落实《国家中长期人才发展规划纲要（2010～2020 年）》，实现深化医药卫生体制改革目标，保证人人享有基本医疗卫生服务的关键一环。《国家中长期人才发展规划纲要（2010～2020 年）》在“大力开发经济社会发展重点领域急需紧缺专门人才”任务中提到，医药卫生人才，包含医师、护士、药师，是社会发展重点领域急需的紧缺专门人才。《医药卫生中长期人才发展规划（2011～2020 年）》继续强化了对药师队伍的发展要求，在“紧缺专门人才开发工程”中指出，加强药师队伍建设。根据药师队伍发展规划的定位，药师队伍指直接为患者提供药学服务的药学（含中药学）专业技术人员队伍，结合我国实际情况，我国药师队伍具体指医疗卫生机构的药师和药品零售机构的药师，形成“一支队伍、两个阵营，统一标准，协调发展”的发展思路。

《国家药品安全“十二五”规划》指出，自 2012 年开始，新开办的零售药店必须配备执业药师；到“十二五”末，所有零售药店法人或主要管理者必须具备执业药师资格，所有零售药店和医院药房营业时有执业药师指导合理用药，逾期达不到要求的，取消售药资格。《国家药品安全“十三五”规划》强调执业药师服务水平显著提高的发展目标。每万人口执业药师数超过 4 人，所有零售药店主要管理者具备执业药师资格、营业时有执业药师指导合理用药。通过建设专业素质提升项目，健全执业药师制度体系，建立执业药师管理信息系统，实施执业药师能力与学历提升工程，强化继续教育和实训培养。近十年的规划，均强调对社会药店执业药师的配备要求，并且指出提高社会药店药师素质和服务能力。

（二）我国药师队伍数量发展概况

根据《医药卫生中长期人才发展规划（2011～2020 年）》药师队伍建设规

划的定位，我国药师队伍指的是在医疗卫生机构和药品零售机构，直接为患者提供药学服务的药学（含中药学）专业技术人员。截至2017年底，我国医疗卫生机构和药品零售机构共有药师80.1万名，包含医疗机构药师38.2万名和注册在社会药店的执业药师36.2万名。我国药师数量比2009年增加41.9万人，增幅109.7%，其中医疗机构药师增加9.7万名，增幅28.4%，增幅低于医疗机构床位数增幅以及卫生技术人员平均增幅（见表2），这表明医疗机构药师数量相对呈现下降趋势。

相反，我国注册在社会药店的药师（直接面向患者提供服务的执业药师）人数增幅明显，从“十二五”开始，我国注册在社会药店的执业药师由2009年的4万名增加至2017年的29.8万名，增幅645.0%，社会药店药师增幅明显。

表1　我国药师队伍数量及人口密度变化

项目	2009年	2016年	增幅(%)
医疗机构药师(万名)	34.2	43.9	28.4
执业药师(注册在社会药店)(万名)	4.0	29.8	645.0
药师总数(万名)	38.2	80.1	109.7
药师人口密度(药师/万人口数)	2.9	5.8	100.0
执业(助理)医师人口密度(医师/万人口数)	17.4	23.1	32.8
注册护士人口密度(护士/万人口数)	13.9	25.4	82.7

注：执业药师（注册在社会药店）数据截至2017年底；医疗机构药师数据截至2016年底。2016年底，注册在社会药店的执业药师为29.8万名，2017年底则为36.2万名。

表2　我国医疗机构药师队伍相关指标变化

项目	2009年	2016年	增幅(%)
医疗卫生机构数(万)	91.7	98.3	7.2
床位数(万张)	441.7	741.1	67.8
卫生技术人员(万名)	553.5	845.4	52.7
执业(助理)医师(万名)	232.9	319.1	37.0
注册护士(万名)	185.5	350.7	89.1
药师(士)(万名)	34.2	43.9	28.4
药师(士)数/医疗卫生机构数	0.37	0.45	21.6
执业(助理)医师数：药师(士)数	6.8:1	7.3:1	7.4
注册护士数：药师(士)数	5.4:1	8.0:1	48.1
药师(士)/卫生技术人员数(%)	6.2	5.2	-16.1
药师(士)/百床位数	7.7	5.9	-23.4

（三）社会药店药师发展现状

1. 数量

截至2017年底，全国注册执业药师40.8万名，注册在社会药店的执业药师为36.2万名，执业药师注册在社会药店的数量和比例逐渐上升，2017年底，注册在社会药店的执业药师达到88.6%。截至2016年11月底，全国零售药店数量为44.70万家，平均每家药店仅0.67名药师。2009年零售药店执业药师数量为4万名，2017年比2009年增加了32.2万名，涨幅明显高于医疗机构药师队伍涨幅。

2. 分布

截至2017年底，我国执业药师总注册为40.8万名，其中注册在社会药店的占88.6%，注册在医疗机构的占1.9%，另有8.6%和0.9%的执业药师分别注册在药品批发企业和药品生产企业。注册在社会药店的执业药师数量与比例均明显增加，药品生产企业和医疗机构执业药师注册数量占比减少，具体如表3所示。

表3　执业药师注册分布变化

单位：名，%

注册分布	2009年底		2016年底		2017年底	
	数量	比例	数量	比例	数量	比例
药品生产企业	5223	7.9	3346	1.0	3634	0.9
药品批发企业	15308	23.3	35434	10.4	35139	8.6
社会药店	40330	61.2	298016	87.1	361741	88.6
医疗机构	5000	7.6	5313	1.5	7917	1.9
总计	65861	100.0	342109	100.0	408431	100.0

3. 素质与结构

根据2016年12月执业药师注册简讯公布数据，执业药师学历分布方面，研究生学历占社会药店的1.9%，本科学历占29.4%，大专及以下学历占68.7%。本科及以上学历人员占执业药师注册总数的31.3%，而医疗机构药师队伍中本科及以上学历人员占比为27.1%，略低于执业药师注册人员中本科及以上学历人员占比。社会药店中执业药师专业背景方面，非药学（中药学）类专业人员占社会药店执业药师注册总数的38.7%，非药学（中药学）专业人员密集。《执业药师资格制度暂行规定》指出，我国执业药师职责包含处方的审核及监督调配、用药信息与咨询、指导合理用药、开展药物治疗监测及药品疗效的评价等药学服务工作。但是实际上，绝大部分零售药店执业药师并未真正提供上述药学服务职责。我国零售药店执业药师数量配备和能力的不足直接影响了服务质量。从我国注册执业药师学历结构和专业背景来看，低学历、非药学专业者还占较大比例，因此，提高我国执业药师专业素质与服务能力、促进社会药房药师专业化势在必行。

（四）药师队伍发展及作用的国际对比

医疗卫生机构和药品零售机构的药师，是直接与患者和医师沟通，并为患者提供药学服务的药学专业技术人员，主要任务是审核、调剂处方，提供用药信息与咨询、优化个体化给药方案，制定并实施用药监护计划等。在经济发达的国家和地区，从事药师工作的个体必须依法取得资格，并经注册登记才能执业。美国连锁药店协会对美国非营利性组织所作的一项民意调查结果显示，药师是美国消费者心中最值得信赖的药学信息来源。根据国际药学联合会全球药师人力资源报告数据，全球70%以上的药师分布在社区药房和医院药房，以社区药房为主，其他30%的药师主要分布在保险、教育、政府、企业等部门。权威调查表明，美国药师在公众认知榜上名列前三名，超过医生和护士，仅次于牧师和律师。国际药学联合会全球药师人力资源报告数据显示，各国药师资源的人口密度与经济发展情况密切相关，并且存在显著差异，经济发展水平高的地区药师人口密度大，另据2010年世界卫生组织公布的来自153个国家和地区的数据，全球药师人口密度平均为4名药师/万人，其中，高收入国家药师人口密度平均为10名/万人，尤其以日本、澳大利亚、加拿大、美国药师人口密度高，具体如表4所示，中等收入国家为4名/万人，低收入国家为1名/万人。

在发达国家如美国、日本等，人口数量的增加、老龄化问题的出现等，促使人们对健康需求增加，对药师需求也随之增加，因此药师队伍数量也稳步增加。2000～2016年美国药师数量持续增长，从21.3万名升至31.3

万名。从1990年开始日本药师数量大幅增加，1990～2009年，从15.1万名增加至24.1万名，2014年药师数量为28.8万名，药师人口密度为19.5名/万人口，成为药师人口密度最大的国家，远远高于全球平均水平，也高于高收入国家的平均水平。

表4　发达国家药师队伍及药师密度

国家	药师总数量(万名)		药师人口密度(名/万人)		医师与药师人数比例	
	2009年	2016年	2009年	2016年	2009年	2016年
美　国	25.0	31.3	9.1	9.7	3.2∶1	2.3∶1
加拿大	2.7	4.3	8.0	11.8	3.7∶1	1.9∶1
澳大利亚	1.5	3.0	7.5	12.4	1.3∶1	3.6∶1
日　本	24.1	28.8(2014)	19.5	22.6(2014)	1.1∶1	1.1∶1

注：2009年数据来源于WHO 2010年统计报告，2016年数据来自各国政府网站。

世界上很多国家的药师在医疗卫生领域的角色和职能正在发生巨大的变化，药师在医疗服务领域发挥着越来越重要的作用，药师职能的转变可以节省有限的医药卫生资源。很多发展中国家药师职能逐渐从以药物为中心的传统药品供应模式转为以患者为中心的新型药学服务模式，药师的职能不再是简单的调剂功能，而是在调剂基础上融入专业药学服务功能，如药物咨询服务等。发达国家药师的职能是以患者为中心的药学服务职能，提供高质量的专业药学服务成为发展趋势。医疗机构的药师则可以大量参与临床，为患者制订合理的药物治疗方案，成为医疗团队中不可或缺的成员，甚至某些地区的药师已经趋向专科化发展，某一专业领域的药师及其团队可以开设相应的药师门诊，如抗凝药师门诊、抗菌药学服务、预防接种药师门诊、骨质疏松药师门诊，以及很多不同类型的慢性病管理药师门诊，如慢性心功能不全药师门诊、高血压药师门诊、血脂异常药师门诊、糖尿病药师门诊等；也有不少国家或地区的药师与医师团队合作，开发多学科联合门诊，如精准用药门诊、老年疾病综合门诊等，这些药师门诊或包含药师在内的多学科联合门诊的药学服务项目包括与药物使用与评估密切相关的临床化验指标的检查、临床用药方案的再评估与给药方案调整、患者生活习惯干预和药物依从性评估与干预等服务。药师门诊主要由药师负责患者的就诊服务，主要就诊对象是慢性疾病或者长期服药的复诊患者。药师门诊以及药师参与的多学科联合门诊能起到减轻医师就诊压力、充分发挥药师专业技能作用、最大限度利用卫生资源促进公共健康、加强用药合理性的作用。社区药房的药师则可以承担患者的用药指导服务，特别是针对慢性疾病和一些简单的常见疾病如感冒等，药师可承担剂量调整与管理服务和用药选择指导服务，这在很大程度上减轻了医师的工作负担，节省了医疗资源。发达国家医院药师专科化和社会药店药师专业化的发展趋势是医药卫生发展的必然结果，也是我国药师队伍发展的趋势。

三　社会药房药师专业化

（一）社会药房药师专业化趋势

2009 年 4 月，中共中央、国务院印发了《中共中央国务院关于深化医药卫生体制改革的意见》，明确“推进医药分开，积极探索多种有效方式逐步改革以药补医机制，通过实行药品购销差别加价、设立药事服务费等多种方式逐步改革或取消药品加成政策。规范药品临床使用，发挥药师指导合理用药与药品质量管理方面的作用”。随着新医改的不断深入，药学服务在我国医疗机构中的定位进一步发生改变。药师工作职责与重点将逐渐从“以药品为中心”向“以患者为中心”转变、由传统的“保障供应药品”向提供“专业技术服务”和合理用药管理双重职能定位转变。随着我国医疗体制改革的不断深入，民众和行业对社会药房药学服务提出了更高的要求。

现代药学服务不是单纯的保障药品供给，破除以药养医后，传统药品调剂已难以满足医院药学的需求，想要在医疗机构、社会药房中充分发挥药学人员的作用，应该从传统的药学服务模式转向现代药学服务模式，即以患者为中心，依托互联网技术，引进先进的设备，解放药师的低技术服务，发展与医疗团队的多学科合作，更多地参与到患者药物治疗相关的医疗工作中。

药师是药学服务的主体，随着医改的推进，医疗机构将逐步剥离门诊药房，更多患者用药需求转向药店，势必促使对药店的药学服务需求增加，推动社会药房药师转型。以往我国医院药学部门，特别是社会药店，单一的药品调剂供应模式，甚至是简单的销售员模式限制了药师在医院和社会药店发挥自身价值，也在很大程度上影响了药师对自身职业价值的判断。破除以药养医、药房逐渐剥离医疗机构后，药师从“以药物为中心”转向“以患者为中心”势在必行，这要求药师具备更高的职业素养和更扎实的知识体系，要求社会药房药师专业化，利用药学专业知识和技能为患者提供药学服务。对于药师实现职业价值来说，是莫大的机遇，同时也是对自身素养的一种挑战。社会药店药师势必将从单纯的销售员转为提供专业药学服务的药师，针对社区常见病用药、慢性病用药及健康管理等社会药店可提供专业药物服务的切入点，为保障患者用药安全贡献其应有的专业力量。

（二）未来社会药房承担现在门诊药房职能的趋势

2016 年 12 月 29 日商务部颁布的《全国药品流通行业发展规划（2016 ~ 2020 年)》鼓励具备条件的零售药店承接医疗机构门诊药房服务和其他专业服务，随着越来越多的零售药店承接医疗机构门诊药房服务，医院门诊药房药师的职责逐渐由社会药店药师承担势必成为趋势。

社会药房专业化/医院门诊药房岗位职责：①销售处方药应依法调配、核发处方，严格执行“四查十对”，避免差错事故的发生；②收到处方时应对处方的合法性和适宜性进行审核，发现不合理用药应进行干预；③调配处方时，标注药品使用方法，并签字确认；④发药时向患者进行口头用药交代，遇有特殊条件储存的药品应给予特殊交代，并签字确认；⑤发现药品不良反应及时填写不良反应报表并上报；⑥开展药物警戒工作；⑦协助其他医务工作者进行慢性病患者用药教育和管理等。

门诊药房剥离对社会药店药学专业化人才建设提出了新的要求，医疗机构门诊患者分流到社会药店取药，社会药房逐渐承担门诊药房的职能，社会药店药师必须不断提升药学服务的专业化水平，才能适应未来发展的趋势。

B.20 中国特药专业药房发展研究报告

夏小燕*

摘　要： 大病防治是国务院《“健康中国2030”规划纲要》的重要目标，在国务院印发的《“十三五”卫生与健康规划》中也提出了具体举措，推广大病特药的广泛使用。在这样的大背景下，本报告通过广泛的国内外访谈和调研，评估中国医改针对大病防治的具体举措及其落地面临的挑战，分析中国特药药房发展现状及特药药房标准制定的现状，并通过对标国际领先实践，提出了符合中国国情的特药专业药房分级体系及相应的标准。

关键词： 特药药房　医保定点　标准

一　政策背景

2016年10月，国务院发布《“健康中国2030”规划纲要》，展现了国家对医疗体系的清晰愿景，其中包括大病防治的重要目标。《“十三五”卫生与健康规划》中也提出了具体举措，推动大病特药的广泛使用。为实现大病防治总体目标，相关部委出台了一系列相关医改政策。

医改提出的重要举措包括保重病、合理控费、促改革三大方面。保重病包括要“健全特大疾病保障机制”，“解决好‘救命药’和‘孤儿药’的供应问题”，人社部也首次通过谈判，创新地将36种药品纳入医保，其中许多是大病

* 夏小燕，波士顿咨询公司合伙人兼董事、总经理。

特药。合理控费是指医保基金应发挥“保基本、兜底线、可持续”的作用，对大病要“合理确定合规医疗费用范围”。促改革是推进分级诊疗和推动医药分家，以破除以药养医。这是医改的重要任务，也是大病特药管理的关键内容。

但改革措施在实际执行中也遇到了挑战。保重病方面，由于医院要控制成本（如药占比指标要求），许多医保列名药品，如肿瘤靶向治疗的“救命药”，在医院无法获取。合理控费方面，大部分医院未建立从药学专业角度确保高价药品合理用药的审核机制。即使有审核，也多采用“事后审核”，效率较低，并且缺乏集中化管理途径，骗保现象频发。促改革方面，在零售药房不能使用统筹报销的情况下，医药分开的改革推进缓慢。特药在许多二级及以下医院不可及，分级诊疗在肿瘤等大病上的作用受限。

二　中国特药专业药房的现状

（一）中国特药专业药房的发展现状

特药药房在国内处于起步阶段，市场集中度低，近几年受医药分开等一系列政策驱动，发展较迅速。国内药品零售的龙头企业已纷纷建立特药专业药房。国药旗下已有 80 多家特药药房，在行业内处于领先地位；而上药在 2017 年 10 月并购康德乐中国业务后，在原有数十家特药药房的基础上又增加 30 家左右。其他大型连锁药房，如老百姓、大参林等，也在大力发展特药药房。虽然特药药房不断涌现，但目前中国特药药房的发展尚不规范，缺乏准入标准。

（二）中国医保定点特药药房的发展现状

许多城市医保已通过定点特药专业药房进行特药统筹报销，在实践中验证了特药专业药房给医保带来的价值。目前，全国约 90 个地级及以上城市在特药专业药房开放部分特药统筹报销。

其中，青岛较早建立医保定点药房销售特药的标准，并成功通过特药专业药房保障安全运营、报销降低费用。青岛标准主要如下。

药品目录：32 种特药（截至 2017 年）通过特药专业药房进行统筹报销。

报销流程："三定"定点医院—定点（责任）医师—定点药房—限额报销，签约输注中心，优化输注地点。

服务内容：协助医保进行合理用药审核管理；药学和患者教育服务。

硬件与运营要求：连续三年大于 1 亿元营收的商业公司下属药房；冷链存储运输、IT 系统的要求。

监督管理：医保每个月审核各药房的报销是否符合计划。

三　国际对标

根据美国特药专业协会的定义，特药指高价、有特殊管理要求、针对重大疾病（如癌症与自体免疫疾病）的用药。特药专业药房指仅经营或主要经营特药的专业药房，提供完善的取药报销配送流程、合理用药审核和特药监护服务。目前，美国特药专业药房销售约 370 种药品，且特药在专业药房的销售比例在近 10 年有显著增长。

美国的药房及执业药师主要由各州的药房委员会（State Board of Pharmacy）监管，负责执照的颁发。州药房委员会对药房硬件设施做出规定，如单店规模和冷链设施，同时确立药品安全、合规经营、财务等方面的规范。基于药房委员会的基本规定，美国还有三大药房认证体系，对特药药房的临床药事服务、疗效管理、组织结构、患者权益保护、财务管理、风险管理、IT 标准等方面确立详细的标准，提供专业的认证。这三大药房认证体系为 ACHC（Accreditation Commission for Health Care，医疗认证委员会）、URAC（Utilization Review Accreditation Commission，利用审查认证委员会）和 CPPA（Center for Pharmacy Practice Accreditation，药房实践认证中心）。此外，SPCB（Specialty Pharmacist Certification Board，特药药师认证委员会）为有经验的药师（实践累计时长达 3000 个小时）提供特药药师的培训和认证。

美国的特药专业药房连锁化率高，CVS、Accredo、Walgreens、Optum 和 Diplomat 五大药房约占 81% 的市场份额（见图 1）。领先的连锁特药专业药房通常有多种形态的门店，以更广泛地覆盖终端消费者。

美国的特药药房主要依赖于五大支柱实现有效运营，即特药目录、流程、服务、基础设施与运营以及考核监督。

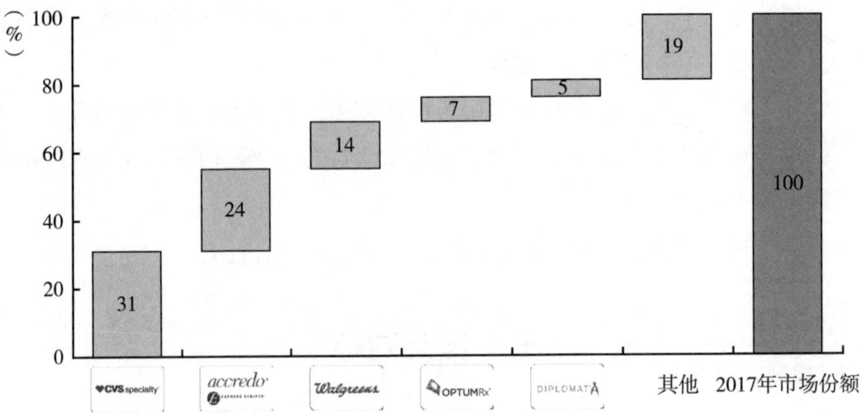

图1　2017 年美国特药专业药房市场份额

在特药目录方面，美国相关委员会有较为一致清晰的范围设定。其中 UHDA（US Healthcare Distribution Alliance，医药分销联盟）规定特药需满足以下五大标准：成本高昂，每月成本应在600 美元以上；目标疾病为严重的慢性病或罕见病；药物品类是除疫苗和胰岛素以外的生物医药制品；药品需要特殊的管理、存储或配送流程；患者需要全面的临床监测以实现合理用药监控。根据标准，目前特药药房可销售约 370 种药物。

在流程方面，确保患者在特药药房享受一站式服务。通过处方与审核、配送管理、护理反馈形成完整闭环。在处方与审核阶段，患者通过电子处方单向特药药房提出申请，药房根据申请进行支付预授权核查，再由专业药师进行处方临床合理性、药物相互作用等全方面审核。在配送管理方面，根据患者订单需求筛选合适的输注机构，再通过专业冷链配送直达机构为患者提供相应药物与服务。在护理反馈环节，持续为患者提供处方依从性、副作用监控等综合管理。

在服务方面，特药药房通过提供多种患者需要的增值服务以增加患者黏性和覆盖率。以美国最大的特药连锁 CVS 为例，专业的 ConnectTM 使得其特药药房零售网点覆盖面持续扩大。ConnectTM 项目核心在于建立了临床药师团队为患者提供处方验证、智能化配送、预后管理等增值服务，此项服务为 CVS 避免了约 30% 的专业处方流失。另外，市场上多家特药药房都增加了预后管理服务。

在基础设施与运营以及考核监督方面，特药药房的订单流程、配药以及一般运营流程通常有较为详细的规定，同时药房存在考核指标确保合理化运营。以URAC为例，在三大主要运营流程中都对标准进行了一定程度的提高，其中配药流程要求零污染、可追踪、实时控温。另外，在考核监督方面URAC共设计强制考核指标5个、非强制考核指标4个，为各特药药房建立了较为完善的考核制度。

另外，美国支付方通过特药专业药房管理特药，实现保重病、合理控费和推动特药医药分开的目标，给美国的医疗保险支付方创造价值。

保重病依靠规范化的配送要求，即通过冷链运送直接配送至患者或输注机构。各地患者均可以方便地使用特药药品并得到安全用药服务。

合理控费则包括三方面内容：一是专业药师事前审核处方，确保合理用药。通过药品合理使用、合理疗程、合理剂量降低成本。例如，Diplomat对某丙肝药品实施了疗程以及用量控制，通过合理缩短患者用药疗程并依据患者更换处方需求及时减少药物供给，实现人均3万美元的成本削减。二是选择更经济性的输注地点，比如CVS通过选择更经济的特药输注地点（如医师诊所和输注中心）可将整体用药支出降低10%～20%。三是改善依从性，降低长期医疗支出。OptumRx管理肾移植患者的依从性来改善预后，由药理学专家为患者提供专业的疾病教育与咨询服务，最终实现整体医保支出降低15%。

特药医药分开是由支付方主导推动的处方流出。特药专业药房的价值驱动支付方越来越多地在药房报销。目前基本所有支付机构都开放特药药房报销，且报销占比逐渐增大。在过去7年时间中，美国特药药房报销占整体报销的平均比例从46%增长至64%，其中免疫缺损综合症药物报销比例更是由原来的4%激增到68%，医药分开的趋势日渐明显。

四　中国特药专业药房的发展建议

建立中国的特药专业药房体系，要接轨国际特药标准，考虑中国实际需求，并兼顾地方可实践性。首先，特药专业药房体系有明确的价值主张，解决政府及市场的痛点。其次，三级递进的特药专业药房有各自的标准，充分考虑了不同发展阶段和需求。最后，五大支柱全面涵盖了特药药房标准所应满足的各项要求，并根据药房所属级别有所区别（见图2）。

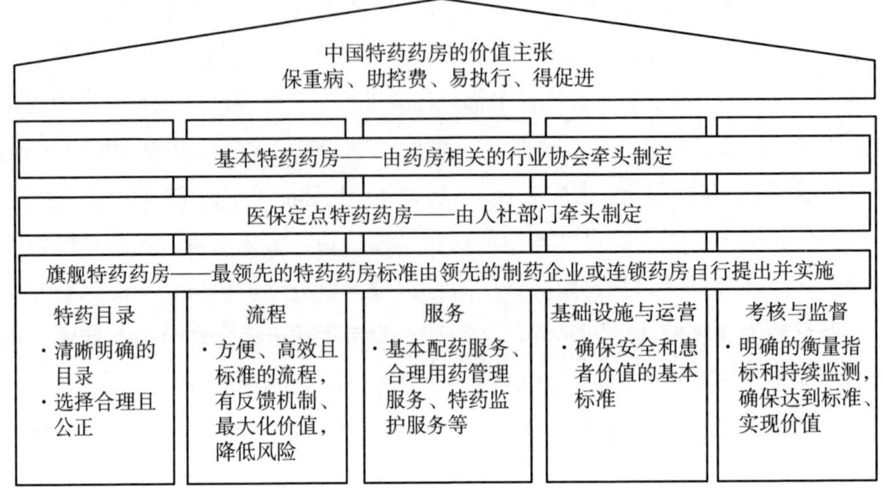

图 2　中国特药专业药房体系示意

（一）特药专业药房的价值主张

特药专业药房的价值主张由四部分组成，即“一个确保”保重病、“两项改革”得促进、“三条原则”易执行、“四大工具”助控费。

“一个确保”保重病：确保特药报销的政策能惠及病患，排除医院成本控制对用药的影响，并提升患者便利性，通过直送和输注中心服务。

“两项改革”得促进：一项是推动医药分开，以特药探索医药分开模式；另一项是推动分级诊疗，探索诊治医院与输注中心分级分开。

“三条原则”易执行：安全性原则基于中国实证的成功运作经验，确保基金安全和药品安全。公平性原则依据医保定点特药专业药房标准公平地设定药品目录和选择定点药房，透明公开。而专业性原则是由经过培训的专业药师进行特药管理。

“四大工具”助控费：一是流程控制，通过固定目录、定点医院—医师—药房、用药记录反馈等流程防止骗保；二是合理用药，通过事前合理用药管理控制支出，且直接管控药房；三是节省住院资源，发展社区输注中心；四是依从性改善，降低患者长期医疗费用。

这四大价值主张可以有效缓解或解决当前医改中预见的部分问题，助力相关政府部门开展工作，提升人民群众的医疗用药效果和体验。下面以医保部门为例，展开论述这些价值主张能如何解决或应对当前的监管痛点与挑战。保重病方面，通过施行标准化特药专业药房的解决方案，特药专业药房直接配送特药，不影响医院使用。即使未列名，特药专业药房也可以直接配送医院或输注中心，方便患者使用。

得促进方面，医保部门可以利用特药专业药房报销为杠杆，推动医药分开并接轨国际标准，结合国内各地大病医保药品和国家谈判目录，公平筛选出一定数量通用名药品作为推动医药分开改革的着力点。此外，在国家推动分级诊疗的同时，较低级别医疗机构（如二级医院和社区卫生中心等）在肿瘤分级诊疗中角色定位尚不清晰。许多特药品种在低级别医疗机构不可及，影响了患者在这些机构的治疗。所以较低级别的医疗机构可以作为特药专业药房集中配送的输注中心，承担肿瘤患者持续治疗的任务，明确这类医疗机构在分级诊疗体系中的角色定位。

易执行方面，安全性面临的挑战包括医院外购药安全性难以保障、药房购药难以防止骗保行为和保证基金安全。标准的实施可以规范化集中配送、输注，以确保安全。采用“三定”、用药记录反馈等流程设置能防止骗保行为，并且是基于国内实证成功经验、借鉴国际成熟模式，执行风险小。实现公平性的顾虑是在特药药房报销的药品目录设定和定点药房选择上都有被指不公平的风险。形成特药药房标准后，可以制定特药专业药房报销的医保通用名药品目录供地方选择，确保公平性，并且制定医保定点特药专业药房准入标准，按照透明公开的原则选择药房。专业性方面，当前药房药师专业性较差，难以承担合理用药管理的任务，而药房也以利润最大化为目标，不会专业地为医保降低费用。所以，需要通过相关部门组织药师专业协会进行专业药师培训认证，定期考核监管，确保药房协助控费的专业性。

助控费的四大工具也可以有效应对当前医保部门的各项挑战。针对流程控制中缺乏有效集中化管理流程控制、基金支出无法得到总体控制的问题，“三定”，即定点医院、责任医师、定点药房能确保处方流出合理合规。而设置总体限额可以控制药房的医保总支出。合理用药方面的问题则可以通过专业协会、相关部门培训专业特药药师进行合理用药审核，采用配药前“事前审核”将不合理用药拦在前面，并且对协议定点药房实现直接管控，效率较高。输注地点目前多为三级医院，且经常采用不必要的住院，浪费医疗资源，若签约更经济的二级或以下医疗机构作为定点输注中心，可减少三级医院的资源浪费。在依从性方面，患者未采用足疗程治疗，导致治疗效果不佳，后续治疗的费用增加。因此，通过依从性管理服务促进患者足疗程治疗取得更好疗效，降低后续医疗费用。

（二）特药专业药房的标准

特药专业药房分为基本特药药房、医保定点特药药房和旗舰特药药房三个层级。每一个层级都包括特药目录、流程、服务、基础设施与运营、考核与监督五大方面。根据特药专业药房所属类型的区别，其具体标准也有所差异（见图3）。

	① 特药目录	② 流程	③ 服务	④ 基础设施与运营	⑤ 考核与监督
基本特药药房	· 选取约120个特药分子在特药药房销售，与国际接轨	· 无定点医院 · 直接将药品送至开处方的医院，或由患者直接取走	· 基础特药取药服务（配药） · 基础用药管理和特药监护管理	· 与领先药企的实践相匹配（如冷链管理）	· 处方真实性、供应链管理和库存管理
医保定点特药药房（在基本之上）	· 初步选取约38个分子可使用统筹医保账户基金	· "三定"，定医院、定医生、定药房 · 事前审核认证 · 在输注中心注射	· 专业的特药管理服务以保证合理用药 · 基础特药监护服务	· 对经营者的营收、纳税及资历有更高的要求	· 用药管理和药房运营有全面的考核，加强资金运营和合理用药的监督
旗舰特药药房（在医保定点基础之上）	· 与医保定点特药药房相同	· 无定点医院 · 外包药品福利管理（PBM） · 可在独立输注中心注射	· 更全面和深入的用药管理和特药监护服务 · 更个性化和多样化的特药监护服务	· 与医保定点特药药房相同	· 额外对患者依从性和满意度进行考核监督

图3　中国特药专业药房分级体系建议标准

下面以医保定点特药专业药房为重点，介绍特药药房体系的五大支柱的设计思路及内容。

1. 特药目录

基于国际惯用定义及国内当前医保有支持的特药目录，特药指治疗重症、价格高的药品，并且通常需要特殊注射和监护管理，全程需要冷链存储运输的药品。特药药品目录的制定应结合国内外情况。国际产品包括已在中国上市的美国特药药房目录上的产品，而国内产品包括中国符合特药定义的一类创新药。两类产品相加共有约 120 个通用名药品。

对于医保定点药房的药品目录，短期无法全面放开。所以地方医保部门目前可在地方大病或人社部谈判药品中按特药定义筛选，确定 38 种通用名药品（见表 1）。地方医保部门可根据实际情况，选择在医保定点特药专业药房中进行统筹报销。

表 1　中国医保定点特药药房的建议药品目录

治疗领域	药品通用名	剂型	治疗领域	药品通用名	剂型
肿瘤	醋酸阿比特龙	口服	肿瘤	来那度胺	口服
	阿帕替尼	口服		尼罗替尼	口服
	贝伐单抗	注射		尼妥珠单抗	注射
	硼替佐米	注射		紫杉醇酯质体	注射
	西妥昔单抗	注射		利妥昔单抗	注射
	克唑替尼	口服		甲苯磺酸索拉非尼	口服
	达沙替尼	口服		舒尼替尼	口服
	地西他滨	注射	免疫	Beta－1b 干扰素	注射
	内皮他丁	注射		依那西普	注射
	埃罗替尼	口服		阿达木单抗	注射
	依维莫司	口服		英夫利昔单抗	注射
	吉非替尼	口服	凝血因子	凝血因子Ⅸ	注射
	盐酸埃克替尼	口服		凝血因子ⅦA	注射
	甲磺酸伊马替尼	口服	心血管	波生坦	口服
	曲妥珠单抗	注射		托伐普坦	口服
	兰瑞肽	注射	代谢	伊米苷酶	注射
	拉帕替尼	口服		沙丙蝶呤	口服
			眼科	雷珠单抗	玻璃体腔注射
				康柏西普	玻璃体腔注射
			抗肝炎	替诺福韦酯	口服
			激素	特立帕肽	注射

2. 流程

在医保定点特药专业药房中，基于“三定”，完成配药事前审核、特药专业药房配送、用药记录反馈和持续患者服务，形成闭环（见图4）。

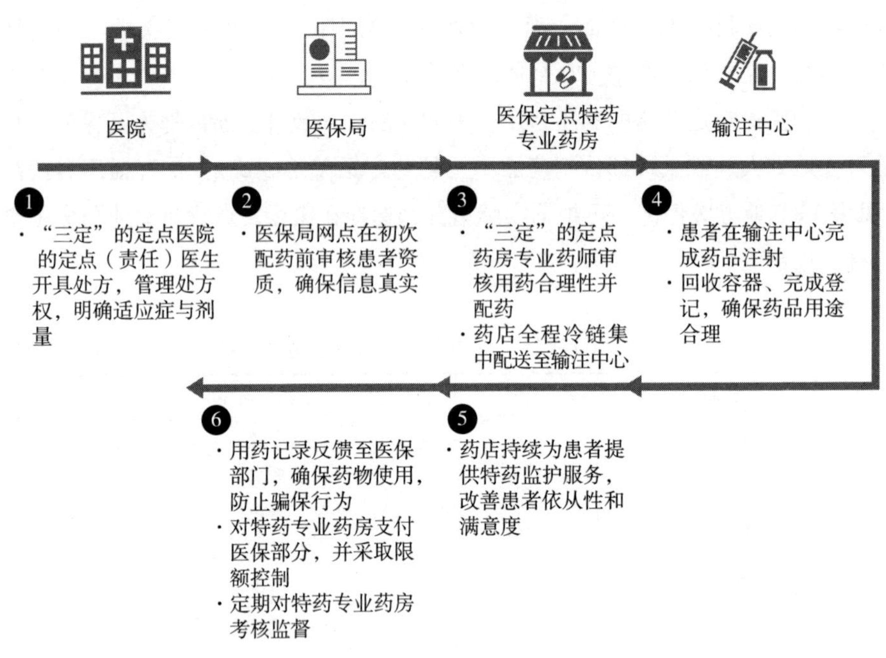

图4　中国医保定点特药药房的药品获取建议流程

基础特药药房的流程仅包括药房配药和回到医院输注。同时，基于上述建议的流程，医保定点特药药房、旗舰特药药房也可在各步骤尝试其他流程。第一，外流处方可以换成其他具体的要求，如必须三级或以上医院的肿瘤科医生开处方抗癌药。第二，事前审核的工作可外包给商业保险公司或由药品福利管理（PBM）机构帮助确保医保资金的使用。第三，输注可以选择单体输注中心以提升效率和服务体验。第四，在配药过程中，药店可以提供更加个性化的服务，并帮助患者衔接医院和药店的流程。

3. 服务

特药药房的服务包括特药取药服务、合理用药服务与临床支持、特药监护服务。特药取药服务无须药师，而合理用药与临床支持和特药监护服务都需由药师提供。基本特药药房应提供简单的患者信息核实与录入、配药以及处方核实，并在到店时提供有针对性的患者教育手册。

医保定点特药药房需提供专业的特药管理服务以保证合理用药，并且有基础的特药监护服务（见图5）。旗舰特药药房应具备更个性化和全面的服务能力。特药取药方面，在患者自取药品时配备冰袋；合理用药服务与临床支持方面，必要时能根据临床依据提供处方修改建议；特药监护服务方面，应协助建立电子档案，能全面评估用药风险，能定期回访确认服药依从性、副作用，评估是否对用药方案作出调整，协调医院医护人员的服务，并收集和分析数据以提高临床疗效和医疗费用运用效率。

标准类别		具体内容
特药取药服务（不需要药师）	客户登记	· 登记患者信息，向患者介绍获取医保定点特药专业药房服务的方法 · 提供取药及后续事宜的帮助与指导
	配药和取药提醒	· 推荐、选择输注中心 · 直接配送给患者或集中配送至输注中心
	支付援助	· 患者支付自费部分 · 提供财务援助 · 协调报销流程
合理用药服务与临床支持（需要药师）	确保合理用药	· 与医保部门就处方审核办法达成统一 · 评估患者状况及先前用药量 · 处方审核，如通过体重计算判断用药剂量是否过大等
	临床支持	· 提供基本的药物使用咨询服务 · 同步建立诊所或与医院合作，满足患者的临床需求
特药监护服务（需要药师）	初评/患教	· 初步咨询和疾病科普 · 每月短信/微信推送患者教育材料
	定期回访	· 通过电话随访调查副作用及不良反应情况 · 停药自动提醒 · 每月进行短信/微信推送
	数据分析	· 随访了解不良反应，并记录用药依从性情况

图5　中国医保定点特药药房的建议服务内容

4. 基础设施与运营

基础设施方面对硬件与软件提出全面的要求，而运营方面确保药房符合政策要求的经营基本条件。基于以下框架，详细的标准需要征求主要行业参与者和医保专家意见。

标准类别		具体内容
公司规模/资质	执照	·营业执照、税务登记证、组织代码、GSP（或按现行国家政策多证合一，如适用）、商务部评级药房
	经验	·≥2年的特药经营经验 ·曾是制药企业赠药项目的合作药房
	商业规模	·所属公司过去3年的收入≥1亿元人民币（待定） ·所属公司过去3年的税收贡献≥1000万元人民币（待定）
药房规模（面积/药物种类）	运营范围	·≥实际经营面积100平方米 ·专用药品领域，用于仓储、药品销售、病人服务、顾客休息、员工休息等
	药物种类	·覆盖≥60%当地医保报销的特药药品
设备	冷藏设施	·恒温冷库、冰箱、冰包（如维持在2℃~8℃）
	冷链运输设备	·冷链运输的各种必要设备
	病人服务设备	·基本医疗设备（如血压计、体温计和血糖监测仪）
员工	员工数	·≥2名执业药师，此外，≥1名药师（待定）；允许药师多点执业 ·接受过药学教育的技术人员≥药房总人数的60%（待定）
	员工资质	·专业技术人员参与相关部门与协会主办的继续教育，包括在医院的2个月培训 ·药师至少具有本科学历
IT系统	药学IT系统	·基础的药房系统，包括完整的合理用药模块及基础的特药监护模块
	与医保系统对接	·与医保的系统全天候联网 ·患者信息电子化并且能实时更新

图6　中国医保定点特药药房对基础设施的建议要求

各层级的特药药房在基础设施与运营方面的标准类似。医保定点/旗舰特药药房对经营者的营收、纳税及从业资历有更高的要求。

5. 考核与监督

基础特药药房强调处方真实性和对供应链实时监测，医保定点特药专业药房需制定特药管理与药房运营的监测指标，确保符合监管要求（见图8）。而旗舰特药药房额外对患者依从性和满意度进行考核监督。

标准类别		具体内容
订单流程	处方获取与审核	· 收集病人信息、病历和重症证明 · 核实真实性，并将数据输入系统
配药	备药和配药	· 现场发放，或电话、网上下单 · 保持最小库存量，以确保供应
	直接向病人运送的冷链运输系统	· 工作日提供端到端冷链运输（药房存储点到指定输注中心）
	仓储	· 稳定的储存条件（如维持在2℃~8℃），并且有对环境的连续监测 · 药品无污染
一般运营操作	采购与供应	· 采购和供应符合政府法规/行业标准
	设备维护	· 定期检查设备状况，确保运营（例如储藏温度与湿度） · 若无快速解决方案，及时更换设备
	付款	· 赔付过程符合医保部门监管规定 · 患者支付共付部分

图7　中国医保定点特药药房对运营的建议要求

标准类别		具体内容
特药管理衡量	连接到医保系统	△ 与医保系统全天候联网
	预算控制	□ 实际医保额与预算的比率
	处方真实性	□ 处方真实率 □ 患者完整病例档案保存2年及以上的比例（参照国家相关规定）
	合理用药	□ 审核通过的处方中，不合理用药的处方占比
运营衡量	运输安全与效率	△ 同步供应链监控数据 □ 运输准时性
	药师资质	□ 参加药师继续教育课程并通过课程评估
	库存管理	○ 药物供应中断

○ 发生次数　□ 发生比例　△ 是/否发生

图8　中国医保定点特药药房对考核与监督的建议要求

五　总结

随着医改的不断深入，继续落实“三定”、推动分级诊疗和医药分开改革将成为我国未来特药发展的必然趋势。总体来看，目前我国特药药房体系的建设与发展仍处于起步阶段，在规范药品目录、完善用药闭环流程、优化基础服务、完善设施和提高运营水平、加强考核监督等方面与发达国家相比仍存在一定差距。

为了解决这一现状，各利益相关方的协作是推动转型的必要条件。其中，政府部门应为完善特药药房体系提供政策保障；医疗机构应全力配合转型，提供必要的平台渠道；特药药房应积极响应号召，对标国际领先企业，不断完善运营与服务体系。只有通过各利益相关方的协同和共同推动，才能实现特药药房体系更快更好地落地建设，并逐步实现“一个确保，两项改革，三条原则，四大工具”的价值主张。

未来中国应持续接轨国际标准，结合我国地方各级实际情况，为终端消费者提供更规范的特药购取渠道，更完善的特药报销体系，以及更优质的配药、管理和监护服务，以期全面提高患者的医疗用药效果和体验，助力解决人民“害怕生大病、不敢生大病”的困境，为人民生活的健康与福祉增砖添瓦。

B.21
建立处方信息共享平台 探索医药分开新模式

百洋医药集团有限公司

摘　要： 百洋智能科技旗下易复诊基于医改实际需求，建立以患者为核心，联合医院、国家卫生健康委员会、国家药品监督管理局、国家医疗保障局等政府部门及社会药店共同实现医疗机构处方信息、药品销售信息、医保结算信息互联互通、实时共享的平台，并为医生、患者提供专业的诊后管理工具，为促进医疗、医保、医药三医联动改革和推进医药分开创造新模式。

关键词： 百洋智能科技　易复诊处方信息共享平台　医药分开

百洋医药集团是一家专注于健康产业投资运营的资产管理公司，在移动互联时代，集团已完成了公司的生态化布局，发展为集国际品牌生态圈、互联网应用生态圈、健康服务生态圈、金融服务生态圈于一体的健康产业资源优化平台。作为互联网应用生态圈主体的百洋智能科技是中国新兴医疗信息的领航者，致力于科技改善健康，率先实现了软件 SAAS 化、移动 HIS 化、智能决策化。与国际先进一流大公司合作，采用“组建引进 + 方案集成”的策略，以 AI 为突破点，搭建“三端两云一平台”，为政府、医院、药企、药店、医生、患者提供智能化解决方案。公司旗下的易复诊团队自成立以来，致力于研究医药分开、处方院外化流转的合理模式。在国家医改政策的引导下，百洋智能科技易复诊于 2017 年初开创了处方信息共享平台，实现医疗、医保、医药三方信息互联互通、实时共享，并探索零售药店分类分级管理，为社会药店医保支付探寻可行性政策。

一　处方信息共享平台有助于完善区域人口健康信息平台

2017 年 1 月 24 日国家卫生计生委发布的《“十三五”全国人口健康信息化发展规划》提出，“大力加强人口健康信息化和健康医疗大数据服务体系建设，推动政府健康医疗信息系统和公众健康医疗数据互联融合、开放共享，消除信息壁垒和孤岛，着力提升人口健康信息化治理能力和水平”。“到 2020 年，基本建成统一权威、互联互通的人口健康信息平台，实现与人口、法人、空间地理等基础数据资源跨部门、跨区域共享，医疗、医保、医药和健康各相关领域数据融合应用取得明显成效”。

区域人口健康信息平台是人口健康信息化建设的重要构成和重点领域，是实现人人享有基本医疗卫生服务的技术保障。根据 2015 年国家卫计委在全国范围展开的区域人口健康信息互联互通建设情况的调查，“十二五”期间，全国各省、市、县三级平台建设初具规模，互联互通效果初步显现。但是，各地区域人口健康信息平台在信息实时共享、创新服务模式等方面仍存在诸多问题，如医疗机构接入较少、数据实时交换率低、诊疗信息难以互联互通。

百洋智能科技易复诊打造的处方信息共享平台打通了医疗机构、医保部门以及当地零售药店系统，实现行业间的信息互联互通、实时共享，可有效补充区域人口健康信息的数据来源，落实平台功能，探索政府主导、多方参与、互联共享的平台建设机制，实现处方信息规范、有效、可控地流转，成为区域健康信息平台的重要组成部分。

二　处方信息共享平台“梧州模式”试点案例

根据《关于进一步改革完善药品生产流通使用政策的若干意见》（国办发〔2017〕13 号）、《深化医药卫生体制改革 2017 年重点工作任务》（国办发〔2017〕37 号）等文件内容，医院不得限制处方外流，应主动向患者提供处方，患者凭处方在零售药店购药将成为常态。但通过纸质处方的方式流转，存在院外处方合理性无法监管、患者无从选择购药药店、处方真实性无法溯源、院外处方数据难以积累等问题，故上述文件也共同提及了应通过“探索医疗机构处方信息、医保结算信息与药品零售消费信息互联互通、实时共享”的方式来实现处方信息的流转。

深化医药卫生体制改革工作，必须坚持医保、医药、医疗“三医联动”的方针。依据《处方管理办法》，处方合理性的责任主体在医院，医药分开后医院对外流处方的合理执行应承担监管责任；处方药需根据医生处方进行销售，零售药店处方药的销售源头还是在医院；医保干预处方生成过程进而达到控费目的，并依据处方结果进行报销，处方的真实性是医保控费的关键。三医联动以处方进行串联，以信息化为切入点，用改革的方法在破除以药养医、完善医保支付制度、推动医药分开等方面迈出更大步伐。以梧州市红十字会医院为试点的“梧州模式”成为首个实践处方信息共享体系的项目。

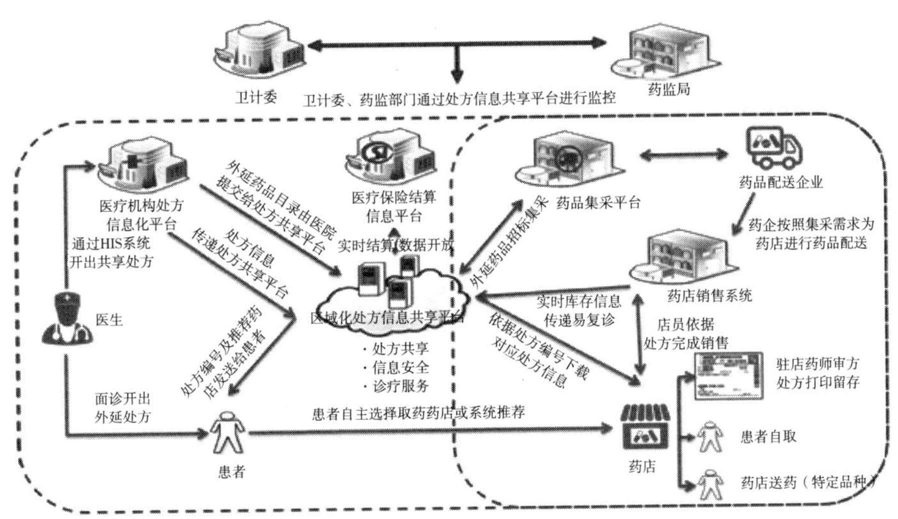

图1　梧州市处方信息共享平台模式

区域处方信息共享平台是以患者为核心，联合卫健委、药监局、医保、医院等部门以及社会药店共同建设的，实现医疗机构处方信息、医保结算信息、药品销售信息互联互通、实时共享的信息化平台。系统由 14 个关联模块组成，主要目的是实现医药分开政策在医院落地，解决如何管理医生处方合理性、如何为患者提供便捷可及的购药服务等一系列问题。平台由“医院处方信息共享平台”、“区域药品集采平台”和“医保零售结算平台”组成。“医院处方信息共享平台”旨在以处方信息为主线，串联处方来源、处方执行、处方支付流程，完成处方信息的互联互通，为区域患者提供便利的处方信息服务；“区域药品集采平台”旨在推动区域药品集成采购，提升区域内药品价格的谈判筹码，进而降低区域内药品采购、销售价格，为区域患者提供优惠的药品价格；“医保零售结算平台”的建设将医保结算在零售药店端部署，处方共享的同时，医保支付实现终端部署，为患者区域内处方药购买提供便捷。

业务流程：医生处方—合理用药—药师审方—患者引导—处方执行—满足GSP管理，完整的业务流程。

流程监管：满足卫健委、药监、医保、医院不同部门的业务流程监管。

患者服务：多渠道信息通知、自主选择购药渠道、智能化购药路径引导。

系统支持：合理用药监管、短信平台、角色化多终端应用等系统支持，保障平台合理化支撑业务开展。

（一）平台通过与医院HIS系统对接确保处方来源真实性

处方信息共享平台与医院HIS系统进行对接，通过单信息通道的方法获取且仅获取患者处方相关信息。医生需首先通过各电子认证手段登录医院HIS系统才能开出院内处方及院外处方，故可确保处方来源的真实性和可溯源性。医生开出的处方只有首先经过合理用药检测系统及医院药剂师审核（人工智能加药师复核）后，平台方可获取对应处方信息。

（二）平台通过多种形式主动向患者提供处方信息

平台获取处方后，会向患者手机发送服务短信。短信内容为：“【医院】患者姓名，您的处方编号为×××，取药验证码为×××，您可通过APP、医院官网等多渠道下载您的处方。您可自主选择以下渠道完成购药：某药店、某药店、某药店等。您可点链接以查看所有购药渠道。”通过发送此短信，可为患者提供以下服务。

（1）患者可凭借处方编号和取药验证码自主下载自己的处方信息，下载

门诊医生工作站 - [门诊医生工作台]

增处方+　删处方K　增细目　删细目F2　同组拆开F6　保存F5　完成F9　查询　诊间预约　预览　诊断证明录入　帮助文档　打印P　取消就诊

查询类型　号码000066752800　次数　ID号：667528　状态：接诊　正常发药

病人ID号　000066752800　健康卡F11　次数：1 日期：2017-05-19 科室：急诊科　开始 2017-05-19　结束 2017-05-19

姓名 杨西川　性别 女　年龄 21岁　体重：(KG)　身份 自费　病人类型　体征　其他信息...

处方 外延处方　后取整　调用模板　药物咨询　保存为模板　复制处方

处方1：外延处方

项目 ◉全 ○西 ○草 ○诊疗　规格　每次用量　次数　用法　天数　数量 0　单位　付数　单价 0　配伍用药

自定义码	名称	规格	包装规格	说明	医保分类	农合分类	基药分类	价格	执行科室
03160418	香丹注射液	10ml/支	10ml*5支/盒		甲类	公费		3.2	门诊药房
05090104	氢氯噻嗪片	25mg/片	25mg*100片/瓶		甲类	公费	国基	0.026	门诊药房
05090107	(进口)去氨加压素片	0.1mg*30片/盒	0.1mg*30片/盒		甲类		国基	180	门诊药房
03100403	(进口)(诺和灵R笔芯)生物合成人胰	300u:3ml/支	300u:3ml/支		乙类			53.5	门诊药房
02031002	氯硝西泮片	2mg/片	2mg*100片/瓶		乙类	公费	国基	0.147	门诊药房
05070501	盐酸洛哌丁胺胶囊	2mg/粒	2mg*6粒/盒		乙类	公费	省基	0.725	门诊药房
05050606	盐酸贝那普利片	10mg*14片/盒	10mg*14片/盒		乙类	公费		25.94	门诊药房
05130107	维生素E软胶囊	50mg*60丸/瓶	50mg*60丸/瓶		自费	公费	省基	6.85	门诊药房
31100204	芪苈强心胶囊	0.3g*36粒/盒	0.3g*36粒/盒		乙类	公费		32.74	门诊药房

图 2　医生工作站外延处方界面

渠道包括易复诊 APP、官方网站等。根据政策要求，医疗机构需主动向患者提供处方，通过编号和验证码的方式确保患者处方信息的安全性。

（2）所有入驻平台的药店均已对接进销存系统。借助处方信息共享，平台向患者推荐有确切实时库存的购药渠道。患者可自主选择在医院药房购药或在平台推荐的药店或其他渠道完成购药。

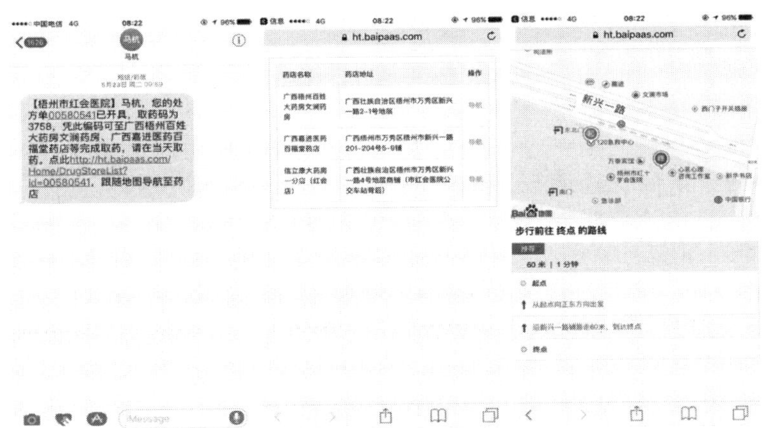

图 3　患者短信及导航信息

（三）平台与药店的库存及销售系统对接确保处方购药便捷可及

平台结合医院要求设定严格的药店入驻标准，包括资质审查、服务要求、品牌要求、系统对接要求以及库存要求等。平台将对接药店的实时库存，以确保只向患者推荐可以同时满足整张处方的购药药店，无需反复。平台对药店的库存进行监管，确保主要用药的库存储备。药店还需满足悬挂统一的“处方信息共享平台药店标识”、驻店药师不少于一名、设置专门处方取药窗口等要求。同时，部分药店可以后续开展“网订店取、网订店送”等业务。

为进一步提升零售药店的处方承接能力，平台还为入驻药店提供“明镜营销云”服务，利用大数据及人工智能技术快速提升药店服务水平。

图4　处方共享平台药房

（四）平台为药店提供药事服务培训

为进一步提升入驻平台药店的药事服务能力，平台拟与中国医药商业协会等合作为药店提供培训，通过培训课程、远程课件、线上教程等多种方式为药店提供可及的药店药师培训，并作为平台入驻标准及药店分级分类标准，落地实施。

（五）平台为政府智能部门设置运营监管与数据管理端

平台的实际运行受到卫健委、药监部门、医保部门的监督管理，由医院和平台公司分别执行对医生和药店的监督责任。医生开出的所有处方均需通过医院执业药师或平台执业药师借助合理用药系统进行处方审核，医院将对医生的处方进行监督管理，确保合理用药。平台将对接入的药店进行严格的资质核查和过程监管。对药店销售的处方药品进行严格的药品溯源，药品价格及药品质量把控，对药店销售处方药进行专区划分，保障药品销售、储存安全。职能部门及运营方可不定时对药店进行管理，对药品和处方行为进行抽检，并对不满足管理要求的药店进行整改，甚至对不满足管理要求的药店可作出退出平台的处置。

平台公司将会永久保留处方流转的数据记录，并承担数据管理责任。患者处方一旦被下载，将无法再次下载。其开方源头、销售药店、医保记录等信息均会被及时记录并永久储存。平台拥有金融级别的安全防护体系及数据保密管理体系，严防数据泄露，从根本上杜绝统方抄方等违法行为。

三　处方信息共享平台可有效解决医药分开改革难题

由于各种历史原因，我国“以药补医”痼疾已经到了相当严重的程度，公立医疗系统和医生的收入严重依赖药品，造成药占比高、药价高、利益输送、医药贿赂等问题。从数据上看，2015 年我国公立医院总收入为 2.08 万亿元，药占比为 36.2%。《深化医药卫生体制改革 2017 年重点工作任务》（国办发〔2017〕37 号）提出，“2017 年 9 月底，全国所有公立医院取消药品加成（中药饮片除外）”，“同时 2017 年前四批 200 个试点城市公立医院药占比总体降到 30% 左右”。

严控药占比、取消药品加成之后，药房将从医院的利润中心转化为成本中心。由此带来的主要挑战如下。第一，医生依赖药品所获得的收入远大于服务性收入，即使服务性收入提升一倍以上仍不能弥补其来自药品的收入。第二，对于医院来说，药占比是硬性指标，现有合理手段无法短期内迅速达标，而且随着药品加成的取消，医院没有办法依赖药品增加营收。因此，一些医院通过药房托管、开零售药房来应对医改政策。政府部门对此是明令禁止，如《安徽省“十三五”深化医药卫生体制改革规划》（皖政〔2017〕

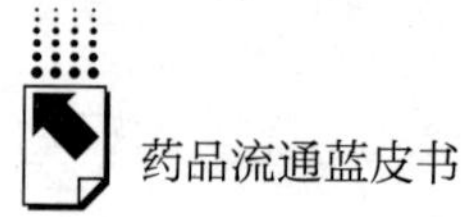

114号）中提到“彻底切断医院和医务人员与药品、耗材间的利益链”，《浙江省深化医药卫生体制改革2017年重点工作任务》（浙政办发〔2017〕54号）中更是明确规定“加强公立医院自办药店治理整顿，逐步取消公立医院自办药店，严禁公立医院医生不开处方、私自让患者到特定场所购买药品、耗材等行为”等。

处方信息共享平台作为医院信息化建设的一部分，是可以有效控制药占比的可操作性平台。利用医院信息系统对药品的采购、价格、规格、品种、消耗、供应商、金额、数量进行统计分析，快速反馈，联合零售药店，落实院外药事服务，通过信息化渠道不断完善合理用药措施，监管院外处方；依托信息化系统降低药占比，合理解决医改难题。

此外，在处方信息共享平台的基础上还可为医院拓展多层次的信息化服务，建立家庭医生与医联体服务平台、患者诊后管理服务体系等，基于健康服务站的铺设，患者可享受入户检测、接诊咨询、健康教育及慢病续方等服务，并可由有条件的对接药店、社区医院提供药品的“网订店取、网订店送”等服务，医院作为健康服务站的主建者，需提供必要的药事服务、咨询服务等，在延伸医疗服务半径的同时实现营收。

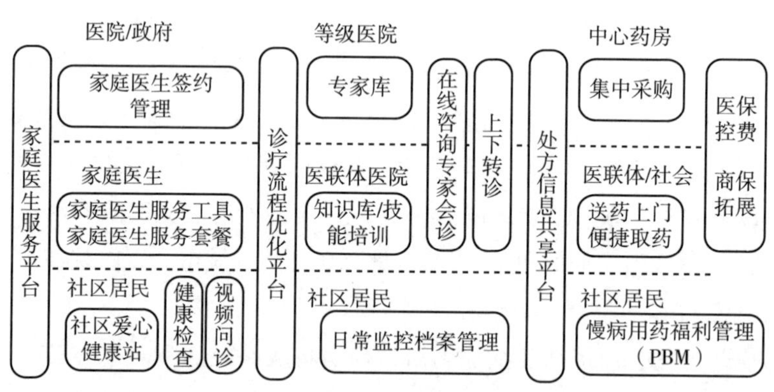

图5　医院拓展服务

四　推进医药分开，探索院外处方药销售新模式

2016年全国药品销售总额达到1.8万多亿元，其中，药品零售总额约为

3679 亿元，同比增长为 10% 左右。其中处方药和 OTC 销售额分别占 85% 和 15%。目前处方药主要的销售终端在医院，零售药店占处方药市场的 10%。预计近两年处方药院外交易市场容量约 3500 亿元。

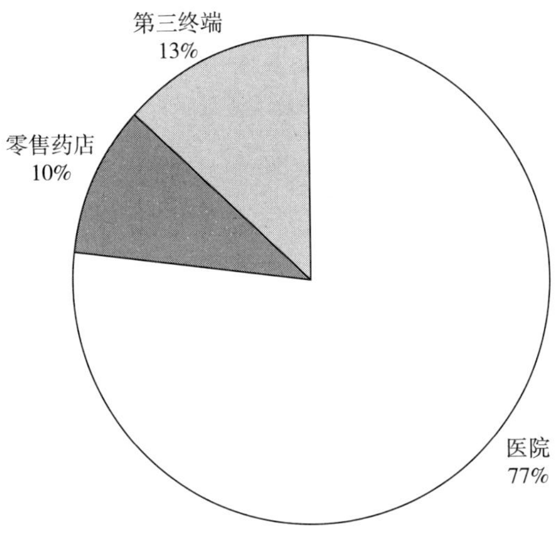

图 6　2016 年中国处方药市场各渠道销售份额

资料来源：中国产业信息网，智研咨询。

医药分开带来的处方外流将为院外处方药市场带来新的增量，在处方外流趋势下，零售药店、医药电商、处方信息共享平台等都将迎来新的机遇，但是在具体落地的过程中，由何种渠道来承接这部分增量，也需要设置一些门槛，包括处方来源的真伪辨别、患者意愿及购药便捷性、医保统筹账户对接、药事服务能力、信息安全管理等。

院边店以其地理位置优势将优先享受处方外流的红利，开拓院边店，亦成为处方外流趋势下的首选布局。百洋医药集团专门成立了门店事业部，在各大医院周边布局门店。老百姓大药房则继续执行“根据地计划”和“拓展下沉”策略，加大医院店和乡镇店的开发力度，通过新开门店、加盟业务、新店型开发等多种渠道强化终端布局。随着改革的深入，各大零售连锁公司已开始在进行新一轮布局，以等待这一市场红利。

阿里健康、京东到家、好医师等医药电商模式满足了患者便捷购药、送药到家的服务需求，但目前主要品类还是集中于非处方药和健康产品，处方来源的真实性是重要的限制因素。

以易复诊处方信息共享平台为代表的第三方平台模式是在信息化助力下，实现的医疗机构处方信息、药品销售信息、医保结算信息互联互通、实时共享的信息化平台。可覆盖医院周边、居民社区等，根据其地理位置及服务能力，承接医院处方、慢病长处方（对诊断准确、病情稳定、需要长期服药的签约慢性病患者，可一次开具治疗性药物1～2个月药量），对符合条件的级别高的药店，除可承接医疗机构的处方外，还可对接医保，实现统筹账户报销。

表1　药店分类

类型	特点	关键需求	流量	供应链	服务
处方共享店	临近医院 高销售额	合法合理 获取处方	院外购 药人群	品牌处方药	专业 （药事服务、注射）
社区慢病店	临近社区 用户稳定	处方续方 统筹报销	慢病长期 购药人群	长慢病用药	方便 （治疗与用药指导）
商圈医美店	临近商圈 流量分散	会员管理 活动拉动	居民临时 消费需求	OTC及医美产品	亲切 （个性化服务体验）

五　处方信息共享平台助力探索零售药店分级管理办法

2017年11月，由商务部、国家食药监管总局等多部门联合起草的《关于推进零售药店分类分级管理的指导意见（征求意见稿）》标志着药店分类分级管理即将在全国推广。零售药店的分级管理应拒绝简单表面的分级形式，应从零售药店的服务能力、管理水平、经营状况、药品采购、设备配置等多方面进行考量，对具备条件的三级药店给予政策扶植，从而发挥社会药店在实现医药分开改革中的重大作用。

为确保处方外延后，零售药店品种的完整并保证药品质量，平台药店将推荐实行统一渠道采购。区域处方信息共享平台通过与医院和零售药店的系统对接，可获取外延药品目录，生成药品采购计划，通过招标采购的

方式选择最佳药品配送企业。中标企业可以通过集采平台查看药店对外延处方药品的采购需求，以及新增药品品种，实时配送，保证外延处方的落地实施。

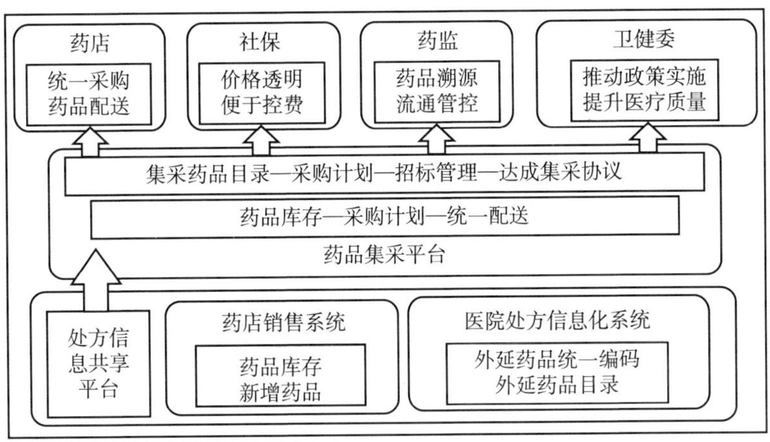

图 7　药品集采平台

基于处方信息共享平台处方来源的真实性，以及药店的服务能力提升，可开展“网订店取、网订店送”服务，提升居民购药可及性。《关于进一步改革完善药品生产流通使用政策的若干意见》（国办发〔2017〕13 号）要求规范零售药店互联网零售服务，推广“网订店取”“网订店送”等新型配送方式。区域处方信息共享平台为规范零售药店处方药的互联网零售服务提供真实性依据，基于患者自主需求后续可开展店取、店送服务，提升患者的实际获得感。

处方信息共享为零售药店的发展带来契机，“处方信息共享 + 药店分级”可以有效实现处方药院—店流通，承接医院处方将会带动药店加强自身建设，促进药店的分级健康发展。

六　处方信息共享平台有利于实现社会药店医保统筹基金支付

结合当前的医药分开改革政策，此前由医院药房所承担的药品供给、药事服务等功能将逐渐释放到以社会药店为主的其他药品流通渠道中，药店将迎来更多常见病和慢性病的患者。

随着医保对社会药店重视度的提高，全国医保定点药店数量呈现稳步增加态势，但是总体上看，医保对社会药店的支付仍有许多限制，以职工医保个人账户支付为主，仅少部分地区的统筹基金支付慢病和大病的用药。近年来，随着慢病管理和创新药谈判的推进，有更多的地区逐渐探索将社会药店纳入统筹基金支付。

医保统筹基金之所以对药店支付非常谨慎，主要是因为普遍面临药店“监管难”的问题：一是药店规模普遍较小，成立和注销频繁，违规行为多样，特别是盗刷套现、串换药品的行为较为常见。二是药店对统筹基金和个人账户（或现金）支付的药品实行不同价格，统筹基金购药时价格较高。三是监管难度大、成本高，既需要全程监管、智能监控系统与医保结算系统之间的互相配合，也需要药监等部门的联合监管。

建立药店基于“处方信息共享 + 药店分级”的慢病统筹报销体系，可以有效解决以上问题。处方信息共享平台保证医生真实、处方真实、患者真实。按照药店分级管理办法筛选符合标准的社会药店作为统筹账户报销定点单位，大大降低了因药店服务能力及管理水平而造成的相关困扰。在保障各方信息真实的前提下，医保统筹账号的接入可以为患者提供优惠的同时，便捷患者药店购药。

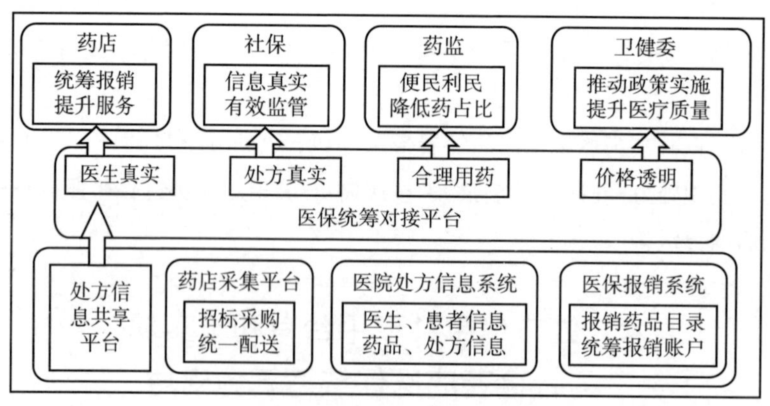

图 8　医保零售结算平台

平台建设为卫健委、药监、医保等部门设置管理对接接口，可根据管理、业务需求进行信息、业务流同步，做到全面可控。对于医保统筹账号报销，报销依据参照医生处方上传信息与药店处方药品销售信息两方面数据，处方药品在医生处方范围内进行统筹报销。

B.22

构筑专业药房新生态

深圳市麦德信药房管理有限公司*

摘　要： 麦德信药房成立之初，就把“为诊疗后患者提供专业的药事服务”作为企业远景，在医药分开的大背景下，潜心研究处方从医院流转到院外的几种可能路径，以及观察处方流转过程中阶段性成果。作为专业药房零售的一支新生力量，麦德信药房逐步构筑起适合企业自身发展的专业药房新生态。

关键词： 麦德信专业药房　批零一体　处方药零售新生态

在新医改政策的驱动下，医药零售行业迎来了发展的黄金十年。而在各项医疗体制改革的过程中，市场环境瞬息万变，国家医改新政频频出台，促使整个医药零售企业的生态格局随之调整，新企业、新业务模型不断涌现。

深圳市麦德信药房管理有限公司于 2015 年正式组建成立。作为新生的民营企业，麦德信药房利用创新机制，依托医药商业体系在全国范围内的网络布局，选定专业药房作为目标市场，塑造以处方药零售为核心业务的新业态，并携手医疗机构、医药工业共同构建专业化药房的服务体系，力争成为处方药零售新生态的领先者。

一　处方药零售的市场机会

继 2015 年国家推行公立医院药品零加成政策之后，2016 年国家又通过

* 本文执笔人：郑浩，硕士，深圳市麦德信药房管理有限公司副总经理。

“集中采购、医保控费、规范诊疗行为”等政策，对公立医院的药品和器械耗材进行整体控费，并采取多种形式推进医药分开——禁止医院限制处方外流，患者可自主选择在医院门诊药房或凭处方到零售药店购药，组织医疗机构处方信息、医保结算信息与药品零售消费信息共享试点。

目前，医疗体制改革已将公立医院置于首要位置，药占比、“两票制”、药品零加成、处方外流等一系列政策以推动医药分开为目标，“药改”逐渐成为撬动医改的杠杆，进而使医疗机构、医药工业、商业和零售企业出现了重大变革。随着院内处方的释放，处方药零售的红利时代也随之到来，顶层设计已传导至零售终端，相关实践及商业模式创新层出不穷。

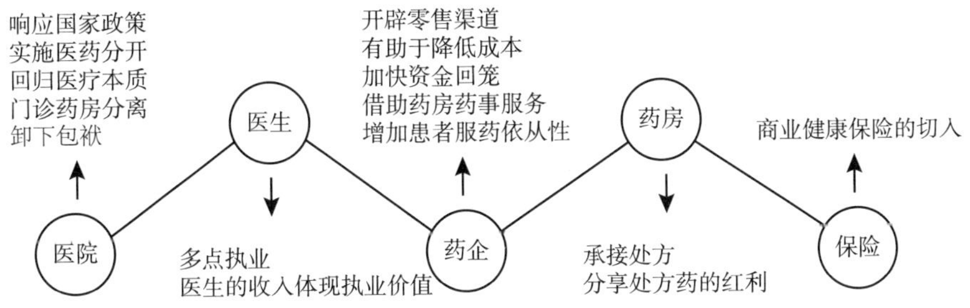

图1　处方流转各主体的机会

无论是从政策导向还是从行业动态来看，处方外流都是大势所趋，医院在积极寻求自我救赎的路径，药店也在主动拥抱“被挤压”出的处方药市场。在这一过程中，麦德信药房除了充分解读相关新政策之外，还在全国范围内对公立医院及相关科室的医生进行调研和访谈，预判门诊药房社会化的可能路径。

门诊药房托管在门诊药房所有权不变的基础上，引进社会零售连锁企业，对门诊药房进行管理和销售，并可能帮助医院承担一定的人员成本。此种模式下，处方还是在固有的体系内流动，药品继续在药占比的考核范围内，并非政策真正所鼓励的处方外流形式。不过，门诊药房托管却是批零一体化企业所需要的业务，它们借此来换取更多的医院市场份额。

院内自费药房作为医院门诊药房的互补形式，能够帮助医院降低药占比；同时，可以有效补充医院临床有需要但未进入招标目录的药品，医院对药房药事管理及销售药房有严格的要求，确保用药安全。此外，还可以给医院带来一定的场地使用费。

院内药房共管在零差率实施之后，门诊药房已经由利润中心转变为成本中心，医院经营药品的主动性的确在降低，但是它们依旧保有延期占用商业配送企业资金的优势，加上统筹定点并未开放给零售企业，因此其将门诊药房社会化的决心并不彻底。因此，在政策所规定的药占比范围内，医院允许批零一体的企业进入，并创造出一种新的零售业态，即院内药房共管。也就是说，医院的门诊药房由企业与医院共同管理，分为门诊统筹和门诊自费两个区间，医院的药师继续负责门诊统筹药品的审方和发药，自费药品由企业进行管理，共管药房的所有人员成本由企业负责。对医院来说，等于取消了门诊实体药房，建立了虚拟药库，由药品配送企业进行配送，由自费药房的零售企业进行经营和管理。此模式类似于药房托管，但产权关系发生了变化，整个药房更接近于社会药房，是门诊药房完全社会化的前一站。

门诊药房院外社会化是医药分业最理想化的场景。医院不设门诊药房，仅保留住院药房。医院的处方信息公开，患者凭医生处方在符合要求的院外处方药房或社区处方药房自主选择购药，处方完全释放。

在麦德信药房看来，未来处方药外流的最终场景是这样的：“处方信息共享——药店医保打通——商保社保结合”。在此状态下，所有符合条件的零售连锁企业都能享受到医改政策带来的更广阔市场。

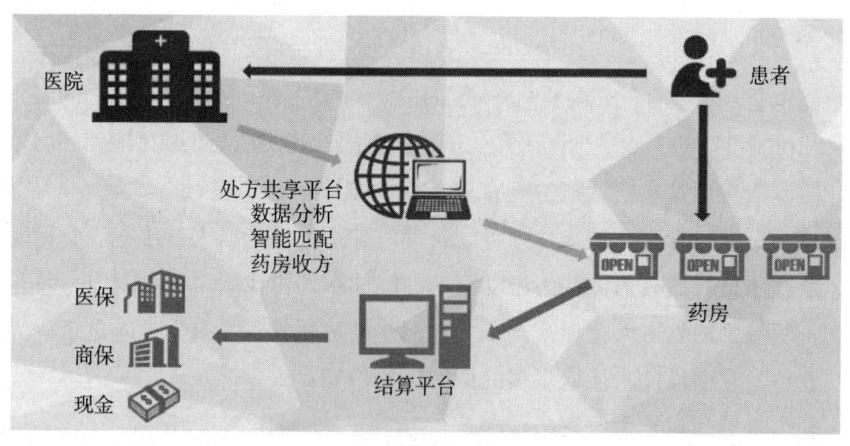

图 2　处方外流的场景

二 专业药房的实践

回顾麦德信药房的3年实践，我们在处方药零售这条道路上不断地探索，围绕几个可能的处方外流路径，将目标锁定在院内和院前药房的业务布局和开拓上，加强与工商间的战略合作，积极拜访医疗机构，了解它们在改革阶段的痛点，积极主动地帮助医生对患者进行病程管理。公司逐步建立以承接医院处方为主导的专业药房模型。随着企业规模的扩大，公司不断创新机制，吸收人才、组建执业药师团队、优化业务系统、完善管理工具，在运营管理、专业服务体系建设上形成标准作业手册，逐步确定了专业药房的业务模型和体系，在

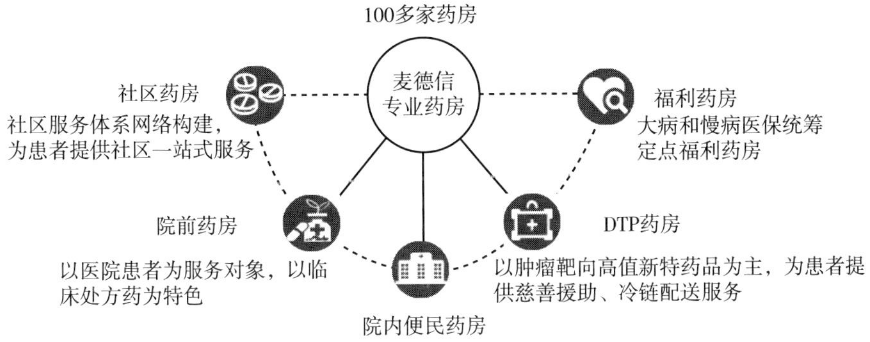

图3 麦德信专业药房——构筑零售药房新生态

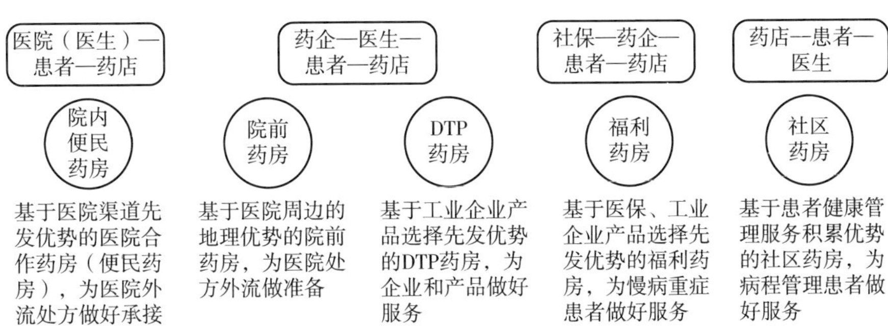

图4 新生态——专业药房

全国13个省份拥有近百家门店，并分为院内便民药房、院前药房、DTP药房、福利药房、社区药房五大类型。

具体来看，前述五种类型的处方药零售药房的特点如下。

（一）院内便民药房

院内便民药房是零售企业开设在医院内的社会化药房，通常是批零一体化企业在院店合作整体战略框架下，更契合当前形势下医院门诊药房社会化的政策导向，是推动处方外流改革成果的重要力量，所以各医药商业主体积极布局此类型药房。

经营院内便民药房，首先要和医院保持良好的协作性，满足医院阶段性的不同需求，保障与医院门诊药品之间的品种互补。同时，处方的信息化、药品的安全性以及为患者提供诊疗后的专业服务、保证患者的服药依从性等，也是考验院内便民药房经营企业的整体运营能力和专业服务水平等综合实力。

在医院及医生的补偿机制未完全到位之前，在医药分开改革的过程中，由于院内便民药房的处方来源于医院，价格遵循政府的药品招标定价，医院对扭转地处方进行点评，并相应为药房提供相关的药事服务支援，在院内便民药房的药品流通整个环节，接受医院的监督和管理，这也是零售企业承接处方从医院门诊药房流出的一种药房形态。

这种业务形态除了要求零售企业具备过硬的专业和服务能力以外，能否为医疗机构提供处方流转的技术工具和实现方式也显得非常关键。

目前，麦德信药房已经探索出一套信息化电子处方的建设和解决方案。将院内便民药房的信息系统与医院的HIS系统接口打通，院方可以实时查看院内便民药房所经营的药品信息、价格信息和处方信息。电子处方信息公开，使得医疗机构对院内便民药房的监管更加直观、有效。

（二）院前药房

近年来，很多零售企业抢占医院周边位置开设药房，医院周边商铺已是零售企业必争之地。随着药占比纳入各医院院长的考核指标，医院处方的自然溢出导致院外的商铺争夺日趋白热化。我们认为，院前药房在不久的将来一定会成为处方药外流的核心市场。

不过，在当前医疗机构各项补偿配套机制未完全到位前，加上正在推行的药店分级分类管理各项措施在更大范围内的全面实施，以及针对零售企业的规范经营、合规经营的整顿，外部和内生环境仍处在规范和净化过程中，处方药从医院向院外大量释放的风口时机还未形成。在此期间，院前药房要想更好地承接医院外流处方，的确考验企业的资源整合及经营管理能力，正在医院周边卡位的零售企业，必须依据企业当前能借助的工业资源和资金实力，先度过当下的严冬，才能等到明日处方药外配的春暖花开。

（三）DTP 药房

DTP 药房指经营高值新特药品的药房，通常是肿瘤、肝病、代谢类疾病的治疗药物，此类药房属于上游资源驱动型，准入门槛较高，其通过药企的销售代表促使处方定向流转到定点或关联的药房。零售企业药房一旦获得准入，销售业绩自然就能快速增长。基于这一特点，具备工业或者商业背景的企业因具有供应链的先发优势，能很快在这个领域取得突破。

DTP 药房属资源型药房，并且和政策的黏性更大，政府主导的高值药品价格谈判对 DTP 药房未来的走向影响很大，其宽度会进一步拓宽——会逐渐转化为包括普药、基药在内的泛 DTP 药房，并逐步演化成院前处方药房、社区药房和下面将要提到的福利药房。

（四）福利药房

这是我们根据自身业务模型设计出的新名词，其为患者提供福利药品，管理患者的健康状况，通过信息化工具和技术手段，在保障患者健康的前提下，帮助政府管理及节约医保资金。福利药房也将定位为药品福利管理的药房，针对慢病、特殊病、重大疾病等，使用政府统筹账户给患者提供药品供应保障的药房。

这类药房在开设之前必须获得医保部门的定点准入资格，所以属于政府驱动型。

福利药房通常会由医保部门制定标准管理报销病种范围、统筹报销比例、药品的品种和报销价格，甚至会对福利药房的经营场地、空间布局、设施设备提出规范性要求，并定期对药房进行监管。原先仅限于医疗机构使用统筹账户报销。后来，地方政府为了给患者提供持续的、系统的、个性化的专业用药指导和健康服务，在一些地区试点向医疗机构外有实力、有专业服务水准的零售企业授权开放福利药房定点，有的地区叫慢病定点、大病定点药房。

作为能开设这种业态的零售企业，除了自身的经营管理及市场地位有一定的影响力之外，在以处方和患者为中心的药物治疗管理方面，是否拥有专业的人才及水平、是否拥有先进的技术手段和工具、是否能真正实现政府医保控费的目标也显得非常关键。

在一些地区，它们正在尝试商业保险和社保的结合，以共同支撑起福利药房的生态，这也将是有实力的零售企业着眼于未来趋势而应该承担的责任和因此而构建的业务布局。

（五）社区药房

在过去的几十年中，全国各地的零售企业发挥各自的优势，在城市社区星罗棋布地建立起一个个的社区药房，一方面满足社区消费者药品和非药品的需求，另一方面积极谋划分级诊疗患者下沉基层医疗机构后，为社区患者提供药品和非药品的服务。社区药房属于市场化的竞争形态，社区的网点布局相当密集，竞争也呈白热化。近几年，全国各地不断有社会药房连锁企业进入资本视线，并推动社会药房企业的进一步整合、药品零售行业集中度的进一步提升。

而作为以处方药为主的专业药房，社区药房未来必将成为患者最有价值的服务地点和处方药零售的关键站位。多年来，在为患者提供慢病管理服务方面积累了优势的社区药房，在为患者提供续方药品以及病程管理服务的过程中，增强了与患者的黏性，这些都是社区药房的价值积累。伴随着各地处方信息共享体系的搭建，全国医药分开，处方外流的大幕真正拉开，门诊患者最终可以自主选择购药药房，一部分处方定会从医院流转到院前药房，一部分处方会向社区药房流转，这也使社区药房成为处方外流大潮中最大的受益方之一。

三　专业药房服务体系

专业药房与社会药房的区别在于：产品结构（处方药为主）、设施设备（冷链设施设备）、内部质量管控体系（处方调剂与审核、冷链药品全程温湿度管控等）、服务体系等；重点区别在于服务体系，专业药房的服务体系对象涵盖医院与患者。

对医院的服务：（1）了解医生的临床用药需求，保障药房的药品与医院门诊药品之间的品种互补，协助医院尽可能地满足患者用药需求；（2）护士站送药，对冷链药品温湿度进行严格管控，保障患者的用药安全与便携。

对患者的服务如图 5 所示。

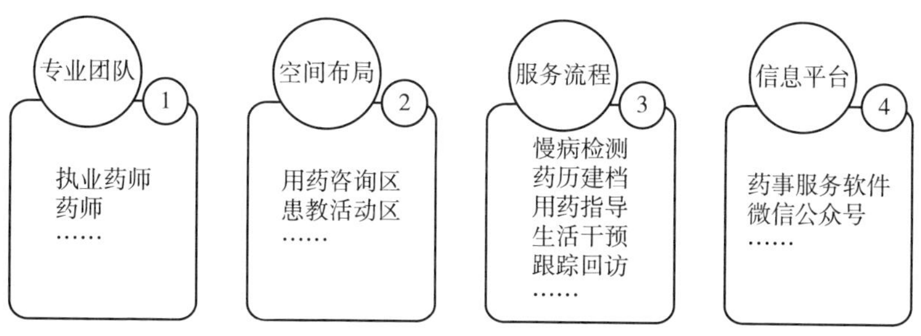

图 5　以患者为中心的服务体系

作为以销售处方药为主的专业药房，麦德信在承接医院处方的同时，在专业服务体系方面经过不断的探索和试点，逐步建立起“为诊疗后患者提供专业的药事服务体系”。目前麦德信在山东、辽宁等 13 个省份的百余家院内便民药房及 DTP 药房为几万名患者提供专业的药事服务，建立了药历档案；制定了不同储存条件药品交付等工作流程和专业术语。各地药房不定期邀请当地医院的专家与临床药师为药房员工开展病种及药事服务培训，通过与医师、临床药师交流，大大提高了麦德信药师大病慢病用药管理的水平；同时，药房开展的专业药事服务管理，也为医生对患者更好实施大病、慢病等长期疾病的治疗方案起到了重要的辅助作用

“为诊疗后患者提供专业的药事服务”，建立以患者为中心的药事服务体系任重而道远，麦德信目标明确，砥砺前行。

四　结语

医改不断深入，在处方药红利时代即将来临的窗口期，零售企业应夯实自

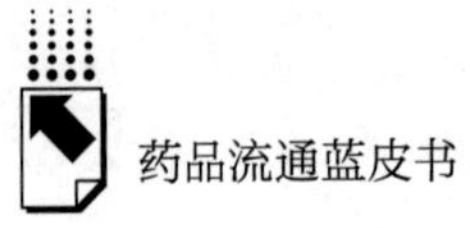

身基础，从布局、空间、人才、服务体系等方面厉兵秣马，以专业水准随时做好承接处方外流的准备。

对传统的零售企业来说，围绕着医院外流处方业务的模型搭建，一定是企业一把手的工程，在企业战略层面指引下，进行处方药房的布局。另外，在处方药品种资源对接、专业药房的运营人才和执业药师的团队人才培养、专业药房服务体系的建立等方面，也要提前进入系统化的筹备。

未来，麦德信药房将根据新医改的导向，在医药零售的新生态大势之下，夯实基础、健康成长，为广大患者提供专业化的健康服务，努力将公司打造成中国处方药零售新生态中最重要的一股力量。

B.23 药品新零售整体解决方案的创新探索与应用

曾 昶*

摘 要： 51健康提供的药品新零售整体解决方案是在国家全面推动新医改的政策背景下，通过互联网与信息化的手段，探索传统药品零售连锁企业转型成为新型连锁的整体解决方案。本文对药品新零售整体解决方案的提出、应用、成果、核心内容等情况进行了详细介绍，以期为行业发展提供借鉴与参考。

关键词： 51健康 药品新零售整体解决方案 连锁企业

一 药品新零售整体解决方案的创新应用与成果

“有痛点，就有商机”，有人曾总结过药品零售行业的痛点，可谓精辟：表面上缺客户，实际上缺与客户沟通的渠道；表面上缺人才，实际上缺合理利用资源的机制；表面上缺促销，实际上缺精准营销的大数据指导。51健康创始人与团队拥有丰富的行业经验，针对企业痛点，提出了切实可行的解决方案。

51健康利用互联网技术促进药品传统零售企业以零成本方式实现信息化和互联网化，让进店的消费者数据化，同时以大数据为核心对其进行精准营销，让门店运营更高效，为客户提供便捷、高效、贴心、全程、全时的服务，让企业更加专注于专业药房、中医（国医）馆等新型零售经营方式和一站式

---

* 曾昶，51健康董事长。

服务、个性化服务。51 健康新零售整体解决方案已经应用到全国各地 280 多家连锁企业。

51 健康获得了行业内的认可，推行的新零售整体解决方案也荣获了一系列的创新成果。截至 2017 年底，51 健康成为上海虹口区 2017 年“四新”企业之一，荣获上海经济信息化发展研究中心颁发的上海市智慧城市十大创新应用奖，荣获中国医药物资协会颁发的“医药互联星好项目优秀奖”、“VIP 战略合作伙伴”等多项荣誉。另外，51 健康的新零售整体解决方案也获得了上海市经济和信息化委员会的“软件和集成电路产业发展专项资金”支持。

2017 年初国务院公布取消对互联网药品交易服务资格 B 证、C 证的审批，逐步落实“医药分开”、“两票制”和“药品零差价”等政策，合法的药品流通企业都可以自由开展互联网药品的 B2B、B2C 业务，得益于此，连锁企业终端销售的比例将会有一个持续的上升过程。在上升的过程中，连锁企业需要运用信息化与互联网化的手段实现高效、科学的管理。51 健康为连锁企业提供硬件、软件、营销方案、流程制度、店内服务体验改造等全方位的解决方案，帮助连锁企业给当地的消费者提供更加专业、优质、及时、人性化的医药及相关服务。

二　新零售整体解决方案的核心内容

51 健康新零售整体解决方案主要包含搭建五大应用系统和提供落地实施服务。

（一）五大应用系统

1. 购物互动平台服务系统

解决连锁企业找不到消费者的问题。帮助连锁企业建立与消费者之间的双向互动平台，增加互动频率，减少沟通成本。随着各大互联网平台不断深入发展，连锁企业想要与消费者取得互动，需要与各大互联网平台对接，但与平台对接又会受到各平台规则的限制，无法真正做到自由互动。因此，要建立自有的沟通渠道，不仅可以自行制定规则，还能在与消费者互动的同时，吸引消费者购买连锁企业相关的产品与服务，降低消费者导入成本。51 健康提供的服务系统，帮助连锁企业建立多维度、多层级的流量入口，使连锁企业能接触和服务到不同层级的消费者。

对于运营能力比较弱、会员体量比较小的连锁企业，只需简单的操作，就能实现与各大平台一键对接，轻松在微信、支付宝等各大平台中建立自己的品牌商城，并与消费者产生互动。对于运营能力比较强、会员体量比较大的连锁企业，除了与各大平台对接外，51 健康还提供专属的 APP，帮助其建立独立的、自有品牌的服务入口，在系统中，消费者不仅可以购买商品，享受在线药师指导、各种优惠活动和获取资讯等，而且能购买线下服务。

2. 连锁门店内部协作系统

解决单店门店库存资源使用效率低的问题。消费者挑选合适的商品付款后，可以选择门店自提、送货上门两种收货方式。下单完成后，系统综合消费者的收货地址和连锁各门店的商品存货情况，智能匹配离消费者最近且有货的门店为其发货，让消费者可以轻松购买到连锁门店的任一商品，并且更快地收到商品。51 健康集成了第三方同城速递配送，解决了大量连锁门店因人力不足而无法自行送货的问题。对于需要自行上门取货的消费者，在完成订单后，系统会自动推送取货门店地址和最佳到达路线图。

解决单店门店服务资源使用效率低问题。消费者在线咨询药师时，系统会根据消费者咨询问题的类型，浏览、购买历史记录，上一次服务的药师等信息，自动匹配连锁体系内最适合的药师。这种方式突破了传统连锁中药师无法同时服务各门店消费者的局限，实现多门店之间的服务资源共享，提升消费者满意度、转化率，帮助有能力且愿意改变的药师提高收入，在连锁企业中形成良性循环。

3. 精准数据营销服务系统

解决连锁门店传统营销高投入、低转化的问题。连锁门店传统营销模式简单粗暴，只要制定活动，不分对象，铺天盖地地宣传，不仅费用高、转化率低，每次活动也无法积累有用的用户数据，对消费者是从哪个渠道了解活动信息、哪条促销信息打动了消费者、哪类活动对消费者最有效等信息无法进行统计分析。此外，推送的活动信息时常被消费者当成垃圾信息。

51 健康精准数据营销服务系统，先将消费者用不同的数据标签分类，建立消费者画像，再为每一类消费者量身定制营销活动并提供个性化服务。精准数据营销相比传统营销更加智能化与人性化，能对消费者进行全维度分析，推送给消费者需要的信息，将骚扰性降到最低。连锁的电子 DM 单、优惠活动和健康资讯等信息不再简单粗暴地进行群发，而是由系统智能地推送给匹配度最高的消费者，这样不仅能提高订单转化率，还能提高消费者对连锁的黏性和忠诚度。

营销服务系统可根据消费者的访问次数、停留时间、分享收藏、购买记录等，不断地优化和分析，提升订单转化率，找到待改善的运营环节，提高消费者满意度。营销服务系统还能预测消费者在某个时间点，需要哪种类型的产品，哪种营销活动会打动消费者并使其下单购买。通过对各种产品、技术手段和连锁门店的营销服务进行组合，不断提升营销活动的精准程度和订单转化率，从而为企业持续创造价值。

4. 智能管理培训服务系统

解决大型传统连锁企业内部责任不清、执行效率低下的问题。帮助连锁企业提高管理效率，增强对门店店员的管控力度，减少管理层级，降低人力成本。协助员工提高专业能力和服务效率，并使每个店员的服务能力和绩效完成情况能被各个管理层级实时可见。

智能管理培训服务系统提供在线学习和考试等工具，让店员在闲暇之余通过移动互联网的方式，学习国家药品流通规范、连锁企业管理规范、药学专业知识等，帮助店员快速提高专业技能，同时提高其服务消费者的能力。连锁企业也能通过系统直接了解每个店员对相关知识的掌握程度，并有针对性地制订培训计划与考核内容。

智能管理培训服务系统提供门店盘点、订单处理、回访服务等工具，帮助连锁企业更加精准、及时、高效地管理店员的日常工作，使连锁企业管理更加便捷高效，减少连锁企业对店长、区域经理等中层管理者的依赖，减少因竞争对手挖走店长而造成的管理真空。店员随时随地学习产品专业知识和内部管理规范，帮助连锁企业解决因快速扩张而导致的门店店员培训不及时进而影响消费者体验的问题。

5. 辅助决策支持服务系统

辅助决策支持服务系统包括针对 C 端消费者提升转化率的“会员分析”模块、针对连锁提升交易订单数据的“交易分析”模块、针对店员提升服务质量和专业能力的“服务分析”模块、针对门店加强企业监管的“门店分析”模块等。

（1）会员分析

51 健康辅助决策支持服务系统通过消费者的购买记录、产品设计、技术埋点等多种方式积累会员数据，帮助连锁门店全方位了解会员行为、挖掘会员需求，给出辅助决策建议。服务系统预测可能出现的问题，针对已出现的具体问题提供方案建议，方案包含的内容有：调整会员体系制度，如增加会员等级，调整会员享受的优惠内容；提升老会员享受的服务权限，如老会员可享受更大力度的活动折扣、享受免费送货上门等服务；建议会员参与到连锁制订的活动方案过程中，提出他们想要的活动内容。尽可能地增强与消费者互动。

（2）交易分析

51 健康辅助决策支持服务系统通过不断分析及处理订单交易数据，给出辅助决策建议。系统能分析显示出订单、交易额来自哪个门店、哪个店员、哪个渠道，显示消费者在哪一个页面停留时间最长、在哪个环节跳出等，在消费者从进入到离开整个过程中形成可视化的支付转化漏斗，让连锁企业、运营人员、店员都能清晰地了解自己想要知道和应该知道的数据。服务系统预测可能出现的问题，针对已出现的具体问题提供方案建议，方案包含的内容有：加强渠道的推广引流，如增加门店物料的宣传、增加与当地媒体的资源互换；调整商品结构，如增加具体某类畅销产品和某些高利润产品，减少哪些滞销及低利润、低质量的产品；优化购物流程，如消费者总是在商品详情页浏览过长时间，应减少商品详情页面的导航栏与跳转引导。掌握消费者的每一个行为，抓住任何可以让消费者下单的机会。

（3）服务分析

51 健康辅助决策支持服务系统通过累积服务数据，不断分析及处理服务数据并给出辅助决策建议。从系统中可以看到不同消费者在不同时间段的咨询量、每一位消费者的咨询时长、店员回复咨询速度等。企业及经营者也能够随时看到消费者对门店环境、产品品质、专业服务、药品质量等的评价，通过大数据分析，服务系统预测可能出现的问题，针对已出现的具体问题提供方案建议，方案包含的内容有：哪些方面亟待改进、改进方向及建议；当前服务质量水平评估及提升方向，如与同行业相比处于什么水平；当前服务内容的欠缺及补充方向，如门店店长一味为消费者推荐高价格商品；当前服务水平及改进方案，如高峰时段，某门店消费者付款要排较长的时间，建议使用门店助手购买支付等。

（4）门店分析

51 健康辅助决策支持服务系统通过累积门店服务数据，不断分析及处理连锁门店数据并给出辅助决策建议。在系统中可以详细地了解门店店员动态，每位店员服务了多少位消费者，连锁企业分配的任务是否按时、按要求完成。在跟踪的过程中发现问题，服务系统预测可能出现的问题，针对已出现的具体问题提供方案建议，方案包含的内容有：当前企业的员工水准及结构、门店数量及分布、店内布局结构、管理模式等是否合理及优化方案。

51 健康提供的五大应用系统是针对连锁门店已经出现的或者预计会出现的问题等，提出的一个解决问题的整体方案。

（二）落地实施服务

为帮助连锁企业更快、更深层次地理解并执行解决方案，依托五大系统的使用，安排专家参与到连锁企业方案的落地实施中，如改造商品结构、分析会员数据、指导营销策划、梳理内部流程等，全方位地实地推进项目建设。

51 健康新零售整体解决方案，增加了多条与消费者沟通互动的渠道；整合连锁门店内外、上下所有资源，提高连锁门店库存资源与人力资源的使用效率；通过大数据营销分析，提升营销转化率；通过互联网化手段，简化消费者购物流程，形成独特的竞争优势，从而带来更高的客户满意度与忠诚度。

此外，51 健康的服务模式区别于其他软件公司，创造性地将连锁企业与自身利益捆绑在一起，先服务后收费。51 健康提供的服务是在切实为连锁企业带来效益后，才收取相应的服务费用，只有坚持以连锁企业和消费者的价值为导向的方式，才能不断向连锁企业输出更专业、优质的服务，最终实现三者共赢。

三　新零售整体解决方案的展望

随着房价和用人成本的不断上涨、消费的不断升级、国家对药品价格的控制等，连锁企业原本只要开店就能赚钱的时代一去不复返了。如何提升自身的专业服务水平、如何利用互联网和信息化的手段降低运营成本、如何提升消费者的满意度和黏度、如何提升连锁企业单店门店的服务能力和盈利能力，是每个连锁企业当前无法回避的课题。今天，51 健康提供的新零售整体解决方案，就是帮助连锁企业在内外部环境不断变化的情况下，建立企业自有的、以大数据驱动的、专业的、线上线下相结合的药品综合服务平台，并为当地消费者提供更加丰富、专业、快捷、实惠的药品及相关服务。

因此，公司积极推广新零售整体解决方案。首先，不断加强与百强、区域龙头企业的合作，采取以点成线、以线盖面的方式，不断扩大影响力；其次，公司组建专业化人才队伍，先后引入互联网高科技术人员与经验丰富的落地实施人员，为新零售方案的实施提供保障。此外，公司借助药品零售行业大数据战略性资源，依托大数据服务促进药品流通行业转型升级、加速“药品 + 服务”新型业态的形成。医药零售大数据服务，帮助药品零售企业实现信息化、互联网化，同时打造“51 健康”高端服务品牌形象。

智能化医药电商篇

Intelligent Pharmaceutical E-Commerce Chapter

B.24 进化中的中国医药商业

付 钢*

摘 要： 中国的医药商业尚处于不成熟的发展阶段，近年来在国家的大力推动下，医药商业开始向规范化的方向发展。本文分析了中国医药商业存在的问题的根源，指出2017年是中国医药商业的“规范元年”，而规范首先来自政府一系列强有力政策的实施。同时，本文指出2018年将是中国医药商业“全面进化”的一年，主要体现为IT工具、品类、模式的进化。随着国家对健康产业的重视程度越来越高，政府各部门的监管思路越来越清晰，加上IT技术发展带来的科技红利，中国医药商业一定会走向成熟，达到国际一流水平。

关键词： 中国医药商业 IT技术 规范

* 付钢，百洋医药集团董事长。

中国的医药商业尚处于不成熟的发展阶段，具体表现在三个方面：一是分散，中国有13000多家医药批发企业，5000多家零售连锁企业，另外还有20多万家单体药店，企业数量众多，行业集中度低，不仅未能完成国内市场的集约化整合，而且难以在国外市场形成强大的竞争力；二是低效率，中国医药商业中，批发企业费用率超过5.4%，零售企业费用率超过25%，资金周转平均超过90天，库存周转平均超过60天，这些数据都远高于国际平均水平；三是不规范，在GSP执行、费用合规性和票据合法性方面时常暴露出许多问题。令人欣慰的是，近年来国家药品监督管理局推动了前所未有的大力度整改，2017年全国各地因飞行检查而被取缔经营资格的企业近千家，医药商业开始向成熟规范的方向发展。

第一，我们要正确看待中国医药商业存在的问题的根源。中国医药商业不成熟的根源之一在于准入门槛低，从20世纪80年代末一、二、三级站行业分工结构被打破开始，全国在很短时间内出现了16000多家医药批发公司和40多万家零售药店，在仓储条件、人员配备乃至管理系统等方面都非常欠缺。尽管国家局三令五申，但各地政府出于地方保护的考虑，仍然让众多低水平的企业留存了下来。中国医药商业不成熟的根源之二在于技术水平落后，WMS只记录出入库、ERP只有进销存、财务系统等于会计日记账以及CRM只能做大客户排名是大多数中小企业的常态，而现代医药物流基于IT技术的分布式库存、可视化管理和个性化服务仍少有应用。中国医药商业不成熟的根源之三在于中国医疗体系尚不规范，虽然国家近年来大力推动分级诊疗，但大医院的强势地位依然稳固，加上政府补偿机制不到位，医药商业企业成为医院索取资源补偿的首选对象。即使2017年全国各级医院取消了药品加成，但二次议价、以托管来变相输送利益等现象依然普遍存在。可以说，医和药的职责不彻底分清，运行中的模糊和不规范就无法根除。

第二，2017年是中国医药商业的“规范元年”。规范首先来自政府一系列强有力的政策实施，特别是药监部门以飞检代替认证制度，让企业的规范从一时应付转变为随时接受检查，这让那些通过不规范手段降低成本进而拉低全行业价格水平的企业难以为继。此外，“两票制”让药品流通渠道结构趋于扁平，“零差价”和“药占比管控”也迫使医疗机构从依靠药品赚收入转向依靠服务谋生存。随着医保部门全面启动按病种付费的成本管理，药品在医疗过程中回归到治疗工具的根本属性而失去“利益平衡”的功能。其次，规范来自企业的全面觉醒。无论是在中国发展良好的跨国制药企业还是国内主流医药企业都意识到“合规是生存之本”，合规基础上的经营是赚多赚少的问题，不合规是能否继续经营的问题。规范的更深层动力来自人才的优化，一大批受过良好教育、具备国际化视野和胸怀的政府官员和企业家成为行业主力。规范抬高了行业准入门槛，也许还会一过性抬高行业成本，但只有规范才能让整个行业走向成熟并实现可持续发展。

第三，2018 年将是中国医药商业“全面进化”的一年。首先，是 IT 工具的进化。动物的进化通常靠改变身体结构，人类的进化则是通过工具的改进。IT 技术作为人类认识世界和改造世界的重要工具近年来又有两个革命性的突破：一是用云技术替代传统的软件业，二是用人工智能处理人脑难以处理的海量数据。按照传统软件业的标准，医药企业上一套 WMS + ERP + BI 系统动辄上千万元且要历时一年，对于中小型企业来说往往难以承受，而云技术提供的系统解决方案不仅让企业初始投入降到十万元以内，并且迭代和延展都非常便捷；商务智能系统则可以通过客户标签化、过程数据化、异常可视化和反馈及时化促使企业的资源效率大幅提升，不仅改善内部管理，还能提升对客户的服务水平，更重要的是给政府部门的有效监管、异常追溯和成本控制提供了技术支撑。

其次，是品类的进化。中国药品行业二十年来的高速增长，其实是与一批“神药”的过度使用分不开的。随着卫生及医保部门对药品滥用的干预以及一致性评价后跨国制药企业原研非专利药面临的价格冲击，药品消费总额一定会增速放缓。而大健康产业总体的需求却在不断增长，从预防性保健品、医美产品到各种养护器具，特别是智能云技术支撑的家用医疗设备 H – BOX，会像电视机一样在所有家庭普及。可以说科技进步驱动的品类进化是商业企业快速发展最重要的外部机遇。

最后，是模式的进化。商业即服务，无论是美国最大的医药商业公司 McKesson 还是日本最大的医药商业公司 Alfresa 都是从单一的物流配送企业转型升级为“技术密集型服务供应商”，进而通过提高行业标准完成了行业整合，对于中国医药商业企业来说，转型升级之路必然也是借助于运营模式的进化升级。现阶段中国医药商业行业正面临着两个维度的整合发展：一是纵向整合，主流企业都会向批发零售一体化、线上线下一体化发展，整个行业会呈现出渠道扁平、效率提升的趋势；二是横向整合，即电商资讯一体化、自营合作一体化，特别是零售企业，通过“分布式”去中心化的联合体既能保证各自经营的独立性，又能达到以规模求效率的目的。

我国已经成为全球第二大经济体，无论是彩电、冰箱、洗衣机、空调还是手机与个人电脑都已经完成了国内的集约化整合并走出国门，相比之下中国的医药健康产业却还处在走向成熟的初级阶段。借鉴其他产业的成熟之路，这一过程绝对不是仅靠资本并购或者行政指令就可以顺利完成的，而以市场需求为导向、以科技进步为动力才是产业进化的必由之路。随着国家对健康产业的重视程度越来越高，政府各部门的监管思路越来越清晰，加上 IT 技术发展带来的科技红利，中国医药商业未来一定会达到国际一流水平。

B.25
2017年药品流通行业信息化应用情况调查分析报告

中国医药商业协会智能化应用分会

摘　要： 随着国家医药卫生体制改革的不断推进，药品流通行业环境发生了巨大变化，医药商业集团化和医药零售连锁化步伐明显加快，药品追溯体系和业务创新模式建设等急需信息化支撑。课题组通过企业访谈和调查问卷等形式收集企业信息化应用情况及其需求，了解企业在药品追溯系统建设、业务创新系统应用、移动化应用等方面的发展规划。希望能让企业决策者、信息化建设参与者，对标企业的应用情况，对企业的信息化建设策略做出修正和优化；让行政主管部门可以根据调查结果，予以相应的政策、技术和专项资金支持。

关键词： 药品追溯系统　业务创新系统　移动化应用

一　调研的基本情况

2018 年初，中国医药商业协会完成了对 96 家药品流通企业信息技术应用的有效问卷调查和重点访问，被访企业根据不同的营收规模进行分类，具体如图 1 所示。

在收回调查问卷的 96 家企业中，主营业务包含批发业务的 83 家，包含连锁零售业务的 36 家，包含第三方物流业务的 18 家，包含电子商务企业 13 家。此外，还有 12 家企业主营业务包含单体药店经营业务。

本次调查重点针对目前企业比较关注的方面做了详细的数据采样，包括企

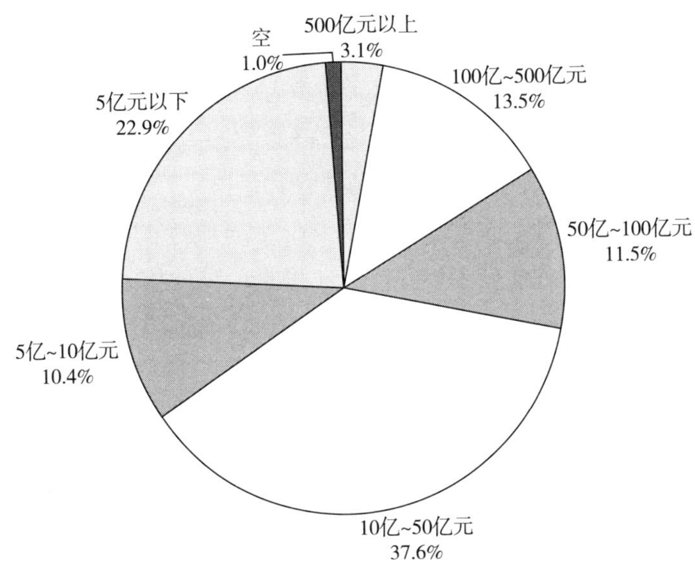

图1　被访企业营收规模分类

业信息化战略与投入情况、企业信息化规划与选型情况、药品追溯系统建设情况、业务创新系统应用情况、企业移动化应用情况。同时继续调查企业为新医改所做的准备工作、在未来三年信息化方面的投入及其希望政府和相关单位予以的支持。

本次调查数据汇总后，中国医药商业协会智能化应用分会与多位业内的信息化专家一起，对反馈的有效调查问卷内容进行了研讨，对数据进行了多维度的统计分析，最终撰写完成本报告。

二　调查数据分析

（一）企业信息化战略与投入情况

在信息化战略与投入方面，主要设置5个题目，从企业对信息化战略的理解、信息化人力资源投入、资金投入等方面进行调查。

在被访的96家企业中，有47家企业有明确的信息化战略，占总调查企业的

48.96%；比较明确的有38家，占39.58%，不明确的有11家，占11.46%。可以看出，将近90%的企业有较明确的信息化战略，也将信息化战略和企业发展战略密切结合，通过信息化建设提高企业竞争力。有明确的信息化战略的企业占比较2016年的调查结果（有明确信息化战略的占33.96%）多出15个百分点，这从侧面说明了企业在信息化战略层面在不断加强相关工作。

而在人力资源投入上，在被访企业中，有7家企业的信息化人员超过100人，超过50人的有15家，可见企业针对信息化工作的人力资源储备还是比较充足的。

而从信息化建设资金投入上，2017年约有30%的企业在信息化投入上超过200万元，超过1000万元的较2016年的调查结果（8.49%）要多出近3个百分点，具体数据参见表1。

表1　2017年企业信息化资金投入统计

单位：家，%

选项	小计	比例	选项	小计	比例
1000万元以上	11	11.46	50万~200万元	24	25.00
500万~1000万元	8	8.33	50万元以下	43	44.79
200万~500万元	10	10.42			

（二）企业信息化规划与选型情况

在信息化规划与选型环节，主要从企业对信息化规划情况、信息化选型情况、信息化选型主要依据、对国内外信息系统选型时的考虑因素等进行调查和访谈，归纳出企业对信息化规划的重视程度及其在选型时主要的考虑因素，希望可以为其他医药商业企业提供参考。

在企业信息化规划情况调查中，96家被访企业中，有44家表示有明确的信息化规划，占被访企业的45.83%；有46家企业表示根据企业业务情况来定；只有6家企业表示无明确的信息化规划。这说明大部分企业都对信息化规划比较重视，而6家无明确信息化规划的企业营收规模都在10亿元以下。

在信息化选型规划时主要考虑因素的排序情况：第一是根据企业战略进行规划；第二是根据业务需要进行规划；第三是方便实用。与2016年的调查结果对比可以得出，越来越多的企业开始根据企业战略进行信息化规划（见图2）。

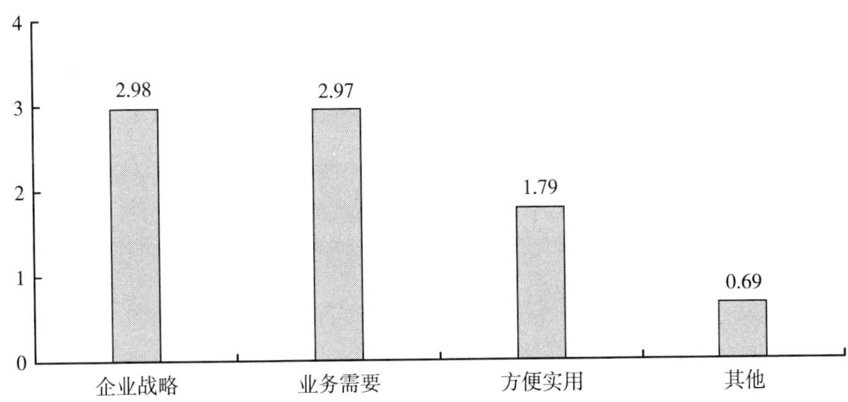

图 2　企业信息化系统选型原则排序

注：选项值计算方法为：选项平均综合得分 =（Σ 频数 × 权值）/本题填写人次。

在企业为信息化系统选型中，有 2% 的企业选择了国外厂商，有 7% 以上的企业选择了国内厂商 + 国外厂商的模式，超过 52% 的企业选择了国内厂商，有超过 7% 的企业选择了自主研发，超过 32% 的企业选择自主研发 + 厂商的模式。国内厂商还是企业首选，然而还有超过 39% 的企业保留有自主研发，可以看出企业在信息化资源上的配置情况。

企业在选择国内厂商和国外厂商时关注点是有所不同的，不管是选择国内厂商还是国外厂商，企业都更加关注系统平台的稳定性。可见，信息化系统平台稳定的重要性。选择国外厂商时排在第二的是更希望能给企业带来“管理的提升”，而选择国内厂商时更关注“良好的服务”，而国内厂商的产品线则排在第五名，具体数据参见表 2、表 3。

表 2　企业选型时选择国内厂商时主要关注点

单位：%

选项	排序	多选时比例	选项	排序	多选时比例
良好的服务	1	86.60	品牌	4	58.76
稳定的平台	2	83.51	完整的产品线	5	57.74
管理提升	3	69.07	价格便宜	6	55.67

表 3　企业选型时选择国外厂商时主要关注点

单位：%

选项	排序	多选时比例	选项	排序	多选时比例
稳定的平台	1	73.20	品牌	4	49.48
管理的提升	2	63.92	完整的产品线	5	43.32
良好的服务	3	56.70	价格便宜	6	31.96

（三）药品追溯系统建设情况

根据国务院办公厅《关于加快推进重要产品追溯体系建设的意见》（国办发〔2015〕95 号）、国家食药监总局《总局关于推动食品药品生产经营者完善追溯体系的意见》（食药监科〔2016〕122 号）、《商务部 工业和信息化部 公安部 农业部 质检总局 安全监管总局 食品药品监管总局关于推进重要产品信息化追溯体系建设的指导意见》（商秩发〔2016〕53 号）等文件的要求，中国药品流通追溯体系建设思路逐步清晰，企业的追溯主体责任也逐渐明确。本次主要从企业目前使用的追溯系统基本情况及其是否满足企业要求、企业在追溯体系建设中主要考虑的因素和遇到的困难等方面进行了调查。

在被访企业中，52.58% 的企业继续使用以前的中国电子监管网平台上传数据，32.99% 的企业自建追溯系统，14.43% 的企业上传到其他第三方平台。其中，只有不到 30% 的企业认为所使用的追溯系统可以完全符合企业的管理需求，超过 70% 的企业均表示使用的追溯系统部分符合需求但仍需完善，或者完全不符合需求但还没有找到可替代的系统。由此可见，目前市场上的追溯系统并不能完全满足企业的需求，药品追溯系统建设任重而道远，这也需要相关政策制定部门加快推动追溯的标准化建设。

在企业追溯系统建设过程中，70.1% 的企业认为追溯系统的建设成本过高，45.36% 的企业认为追溯采集效率低，28.87% 的企业认为追溯数据存储与上传存在安全问题，这说明企业在追溯系统建设中遇到的困难还比较多，希望能有较好的解决方案来辅助企业建设追溯体系。

未来，企业在选择追溯系统时，超过 52% 的企业希望使用第三方追溯平台，24.74%的企业选择企业自建追溯系统。在符合国家政策要求的情况下，企业使用追溯系统最首要考虑的因素是数据安全，其次是应用方便快捷和建设成本低。由此可见，虽然大部分企业都有药品追溯的需求，但并没有统一的选择标准。在追溯系统方面需要技术创新和技术投入，还需要政府以及商业协会对企业进行协助。

（四）业务创新系统应用情况

政府相关政策的不断调整和优化、市场需求的变化，以及“互联网+”“新零售”等创新模式不断发展，给药品流通企业带来了新的机遇与挑战。在政策市场环境导向下，企业纷纷开始着手多元化的业务创新，寻找新的突破口以提高企业的运营效率，促进企业的良性发展。

企业从自身管理和运营的角度出发，进行业务系统创新。具体创新系统应用情况如表4所示。

表4　企业创新应用系统情况

单位：%

选项	比例（多选）	选项	比例（多选）
供应链服务平台	63.78	处方外流平台	12.37
零售O2O	61.86	GPO（集团采购组织）	10.31
DTP药房	40.21	其他	23.71
国医馆（诊所）	18.56		

在企业供应链平台应用方面，25%的企业选择入驻市场上已有的供应链服务平台，39%的企业选择自己建立运营供应链服务平台。并且15%的企业已开展供应链金融服务，其中2/3的企业应用第三方的供应链金融服务系统。由此可见，简单且高效的药品供应链模式是目前医药行业迫切需要的。

在企业零售O2O业务方面，62%的零售企业已经开展了O2O业务，其中26%的企业选择自建系统（PC商城及APP），19%的企业选择与其他第三方平台合作，17%的企业选择通过微信商城或者微信商城小程序开展业务。

在DTP药房业务方面，仅有11.34%的企业有专业的信息化系统，28.87%的企业在开展业务的过程中使用现有的零售系统。所以，在专业的DTP药房系统使用方面，企业还需要进行大量的投入。

本次同时调查了企业的国医馆、处方外流平台、GPO系统的应用情况。部分企业已经有开展相关业务的计划，但是在信息化落地应用方面还很少。可见相关的信息化创新应用还有很大的发展空间。

（五）企业移动化应用情况

随着网络环境的日益优化，移动互联网技术的不断进步，各种移动互联网的需求逐渐被激发，也潜移默化地改变着医药行业的业务形态。据统计，被访问的企业中，近80%的企业表示在经营管理过程中有移动化业务的需求。其中，有72%的企业已建设使用移动化系统，有28%的企业的移动信息化系统需求还并没有被满足。可以看出，企业对于移动化应用有很强烈的需求，但在移动化信息系统应用方面还需要加强技术研发及资金投入。

在被访企业中，53%的企业在企业管理决策（移动报表及移动审批）方面存在移动化应用需求，48%的企业在业务流程管理（采购、销售外勤、储运）方面存在相应的需求，33%的企业在外部服务（如客户服务、会员服务等）方面同样有移动化应用的需求。在移动应用的形式上，大多数企业会使用手机APP，随着微信的普及，一半以上的企业比较关注微信应用，还有部分企业在使用RF应用，少部分的企业使用平板电脑及其他相关应用。

在移动系统的开发模式上，仅有8%的企业选择完全自主研发，90%以上的企业都选择外部采购或者“外部采购+部门自主研发”。由此可见，市场上移动信息化应用的市场前景广阔。

而在移动应用的投入方面，2017年约有9%的企业投入超过100万元，具体数据如表5所示。

表5　2017年企业移动应用资金投入统计

单位：家，%

选项	小计	比例	选项	小计	比例
1000万元以上	1	1.04	10万~100万元	22	22.92
500万~1000万元	3	3.13	10万元以下	65	67.71
100万~500万元	5	5.20			

由此可见，随着政府对医疗医药产业政策的放开，产业政策逐步完善、行业运作更加规范，再加上配套技术的日渐成熟以及新业务形态习惯的培养，互联网移动技术和医药产业的融合以及迭代将是不可避免的。

（六）企业信息化适应新医改情况

2017年的新医改重点工作主要是围绕基本建立分级诊疗、现代医院管理、全民医保、药品供应保障、综合监管等5项基本医疗卫生制度框架，而企业需要根据国家医改政策逐渐推进信息化改造。

被访企业积极改造自身信息系统，通过信息系统进行“两票制”强行控制。积极将自身信息化系统对接政府监管平台，如与药械采购平台、省招标平台等对接，实现信息透明、数据共享。企业对接上游供应商系统，在“两票制”规则下将业务作业数据和上游数据进行匹配。

区域级的分销企业积极和医院合作，为医疗机构提供SPD院内物流服务，通过SPD院内物流系统将自身ERP系统和医院HIS系统无缝连接起来，在减少医院工作量的同时，建立医院药品零库存并直接将药品和器械配送到科室的模式，降低医院成本，实现医院终端的高效服务。

部分企业完成了与社区卫生服务中心的系统对接，通过信息系统将社区卫生服务中心和家庭联系起来，实现家庭医生一对一服务，用全新技术手段支持新医改的落地。

在被访企业中，绝大部分开展零售业务的企业正积极为医院处方外配做准备，积极开设DPT药房承接医院处方，通过微商城等O2O解决方案实现线上购药、线下体验或取货等模式，同时从客户合理用药、安全用药的角度出发，建立药学服务系统、在线诊疗系统、远程诊疗系统等，将线下的医疗资源通过信息系统引入到门店，并逐渐加强和医院之间的联系，实现分级诊疗和快速转诊服务。

企业顺应分级诊疗政策，积极推进“国医馆”建设，以零售和诊疗为基础，积极推进药学服务、慢病管理，实现重病医保、社会医疗保险可以门店实时报销。通过可穿戴式设备实现慢病监控和用药提醒等功能。

（七）未来三年企业在信息化方面的重点投入

根据调查，企业对信息化的投入在逐年增加，投入方向也在逐渐发生变

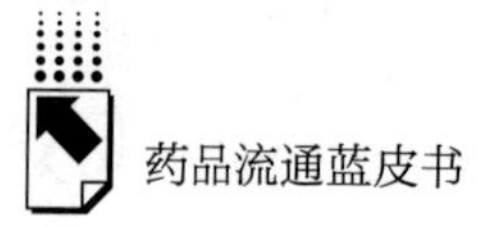

化，更多的是在电子商务、集团化业务整合、供应链创新服务、移动应用、新零售、大数据和云计算等方面进行投入。

1. 新零售

新零售在2017年一直是大家关注的话题，从调查结果看，企业也正在为更好地开展医药新零售工作做努力，整合线上线下，改变服务模式和营销模式。很多企业继续完善B2B、B2C电商业务，希望移动解决方案可以部分替代传统业务，如通过移动互联网方式实现移动门店管理。以CRM和大数据分析为基础，为顾客提供智能化的专业服务，包括线上用药提醒、用药咨询和跟踪、慢病管理、保健预防等。被访企业中，在传统电子商务的基础上，有零售业务的企业正准备逐渐开展O2O业务，通过微商城、微会员等手段实现针对会员的全方位服务和深度营销。

2. 集团化业务整合

延续2016年大家对企业集团化业务的需求，此次调查同样显示投入越来越大，这些变化不仅体现在集团化业务、集团化管控等传统管理层面，而且越来越多地体现为集团化业务和资源整合、批发和零售业务整合、内贸和外贸业务整合、线上线下业务整合、物流的多库联动与供应链服务平台整合。

中西部区域的企业已经开始着手区域化整合、集团化整合，逐步开始建设区域化的物流网络和供应链服务体系，希望通过整合区域资源，发挥区域优势，更好地服务供应商和客户。

3. 供应链创新服务

供应链创新包括供应链创新应用和供应链创新服务。

在被访企业中，希望实现的供应链创新应用有互联网+创新服务平台，包括电子处方社会化平台、DTP电商平台、数字化营销平台、医疗云等以及供应链金融等。

同样很多第三方金融服务公司如京东金融等开始逐步布局药品流通行业，希望通过系统平台为企业提供供应链金融服务。

4. 移动应用

在被访企业中，有79%的企业存在移动化业务场景的需求。企业希望未来加大在移动APP、微信衍生应用公众号和小程序方面的开发投入，完成整体移动化业务管理应用。

以移动互联网的高速发展为契机，越来越多的集团化企业开始注重移动业务场景的应用，未来还会出现更多多元化的移动应用，互联网移动技术正在推动行业跨界，并带动医药产业进入重构时代。

5. 全渠道会员服务

在被访企业中，几乎所有涉及零售业务的企业都希望在后期重点投入会员CRM系统，可见对于会员的服务，企业越来越重视。企业逐渐从传统的经营商品向经营会员转变，逐渐认可“会员是企业的第四利润来源”。

同样，企业开发的会员管理系统，统一管理线上线下会员，为会员提供多渠道的服务，如会员积分一体化、微会员等应用。

6. 大数据和云计算

企业经营过程中产生了大量的数据，尤其是在分销和零售过程中，企业积累了很多数据，如何让数据流动起来，发挥其应有的作用，医药商业企业开始考虑大数据应用，将信息化系统构架成云计算模式。

被访企业中，有38%的企业在未来三年的规划中希望建设大数据中心，对目前ERP大数据、内部客户大数据进行分析，规划建设BI系统，进行大数据分析和数据可视化建设。

大型互联网企业在“新零售”方面同样通过大数据给流通企业提供很多可行的解决方案。

（八）希望未来获得政府部门和相关机构的支持

1. 资金支持

本次调查的96家企业中，有85%的企业表示希望政府在信息化建设方面给予一定的专项资金支持，尤其是在建设药品追溯系统和创新应用系统方面给予相应的专项资金支持。

2. 政策支持

希望政府部门出台税费优惠政策，推动云计算的产品落地，鼓励云计算企业降低云服务产品价格，释放闲置云计算资源。希望政府部门做好商业电脑预装正版软件的监督工作，帮助企业避免微软强制性正版化的价格垄断敲诈。

3. 学习和交流

希望政府组织公益性质的行业会议，分享创新案例。政府或协会能够提供更多的向发达国家或者先进企业学习、交流的机会。

4. 参与和贡献

被访企业中，有企业希望能够参与标准化建设和贡献自己的力量，与政府机构共同对医疗服务电子化进行创新与标准化，促进公立医院和基础医疗卫生机构的信息化；提高病患在医疗机构和在家的电子化服务水平；同时也希望在医疗管理部门的监督和支持下，参与电子处方、医药上网等国家重点信息改革项目，为医疗单位和病患提供更好的服务。

5. 标准化

标准化方面涉及药品追溯体系标准化建设、处方外流标准化建设、首营资料标准化平台等。在相关部门的数据共享上希望政府部门之间建立桥梁，避免企业重复上报数据，或者政府部门间数据不对称。

6. 电子处方平台

随着处方外流政策的放开，大部分企业希望政府构建统一的电子处方平台。

三　结论

（一）企业信息战略和信息化规划相对明确

从调查结果可以看出，95%以上的企业有比较明确的信息化战略和规划。年销售额10亿元以上的大中型医药企业在信息化战略、信息化资源配置、信息化投入、信息化规划等方面明显优于中小企业。医药商业企业信息化逐渐出现了“战略驱动”特征，大型企业更多的是考虑如何发挥集团化优势，通过信息化手段对现有业务进行整合，个别企业希望通过产品和技术创新来寻找突破口；中小企业在满足GSP要求的信息系统基础上，努力做大做强，积极和第三方信息化服务商合作，实行区域化的信息战略。

（二）业务创新应用和移动化应用活跃

从调查结果可以看出，业务创新解决方案日新月异，企业对应的信息化需求旺盛，涉及供应链服务平台、供应链金融平台、处方外流服务平台、GPO

(Group Purchasing Organization，集团采购组织)、DTP 药房、零售 O2O、国医馆（诊所）等。

移动化逐步应用于企业的各个环节，移动办公、移动审批、移动业务、移动数据采集、移动会员服务、移动商城等移动化系统需求活跃，传统 ERP 和物流系统正逐步移动化。

（三）药品追溯系统建设还需努力

从调查结果可以看出，现有的药品追溯系统并不能完全满足企业的使用需求。全国性的龙头企业和区域性龙头企业都建设了自己内部追溯体系。大多数的中小企业继续沿用中国药品电子监管网，在使用过程中会出现成本、效率、安全等问题。为实现对药品的生产和流通环节的全程有效监管，如何建立统一的行业标准技术体系显得尤为重要。

（四）新零售业务创新需要政策、技术和资金支持

虽然企业都在考虑业务创新，并利用新技术增强自身竞争力，但是创新和创新力度还需加强。技术创新需要大量的资金支持，特别是需要政府的政策和资金支持。随着政策的放开，医院处方外流是大势所趋，探索“医药分开”、“慢病管理”、“处方外流”、“分级诊疗”等信息化创新应用意义重大。

（五）服务型信息系统需求量大

从数据分析来看，药品流通企业正逐渐转向“服务型”企业，在整合自身业务的同时，对服务型新系统的需求强烈，如上游供应商的服务系统、SPD 院内物流服务系统、DTP 服务系统、会员 CRM 服务系统、慢病服务系统、基于会员的多渠道营销服务系统等。

同样，企业在对外提供服务的同时，也积极和异业联盟一起服务自己的客户。企业在信息化过程中，逐步实现了电子化支持，上线了异业联盟会员一体化等系统，在服务上下游客户的同时，也需要大型互联网企业的赋能。

B.26
融贯电商打造知名医药全产业链整合服务平台

北京融贯电子商务有限公司

摘　要： 在国家不断加大力度推动“互联网+药品流通”线上线下融合发展的大环境下，融贯电商公司满足行业需求，致力于打造业内知名医药全产业链整合服务平台，以基于“B2B+SaaS”智能生态服务体系的“S2B2C”战略布局助推医药全产业链升级，并以“创盟”形式融合行业力量，助推大健康产业国际化发展。

关键词： 融贯电商　S2B2C　创盟

一　融贯电商打造重度垂直的医药全产业链整合服务平台

（一）融贯电商“S2B2C”再造产业价值链

当今，整个医药供应链条上，不论是行业产能过剩、产品同质化严重、渠道体系弱等问题，还是终端覆盖区域化、消费者黏度低等问题，均给工业、商业和终端带来不同程度的困扰。融贯电商凭借在医药互联网应用方面深厚的技术底蕴和较强的平台研发、整体规划与服务创新能力，构建了“我的医药网”、“菲加云－SaaS云药房系统”、“我的诊所”及“我的康康”四大业务体系，打造基于“B2B+SaaS”的智能生态服务体系，形成了服务医药全产业链的“S2B2C”新模式。

图1　融贯电商产业布局

截至2017年底，融贯电商共完成1500多家医药商业公司ERP的直连，通过提高商业信息运营的效率，改变生意模式，全部升级改造原来线下传统的定价模型、客户服务模型、促销模型以及订货会，进而间接整合国内二、三级商业公司的流通渠道资源，实现了15万家终端药店和诊所的广阔市场覆盖，为医药生产企业、大型商业公司扩容终端零售市场奠定了药品流通生态布局的基础。此外，运用SaaS方式、诊所服务APP为医药产业链下游的药店和诊所嫁接渠道的大数据和C端的整合营销服务，以便精准快速地为C端用户提供符合其需求的产品组合。

“S2B2C”将原本割裂的B2B和B2C紧密联系起来，一方面，简化供应链中的多余环节，运用大数据、云计算和商业智能等工具完成上下游企业的系统直连，更好地为工业提供渠道扁平化服务，实现工业对广阔基层市场的覆盖和对产品的渠道管控；另一方面，结合供应链金融服务，有效解决工业资金的回笼问题，同时，通过终端采购数据反映工业产品的市场接受度，在生产、流通及零售终端之间的多个环节进行“价值再造”，解决工业压货、滞销的问题，进而使工业客户在一个供应链平台上可以享受一系列完整闭环的产品代运营等延伸服务。

在国家政府部门“互联网+药品流通”线上线下融合发展的顶层设计下，传统流通企业亟须在“互联网+”时代探索转型升级道路，而融贯电商推出“S2B2C”战略布局，为实现产业价值链再造贡献了力量。

（二）“我的医药网”赋能供应链，助推全产业链整合服务

1. 打破信息壁垒，使信息流在产业链中直达目标

对客户、产品进行数字化管理，提高交易效率。“我的医药网”针对当前

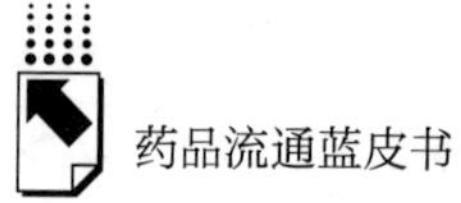

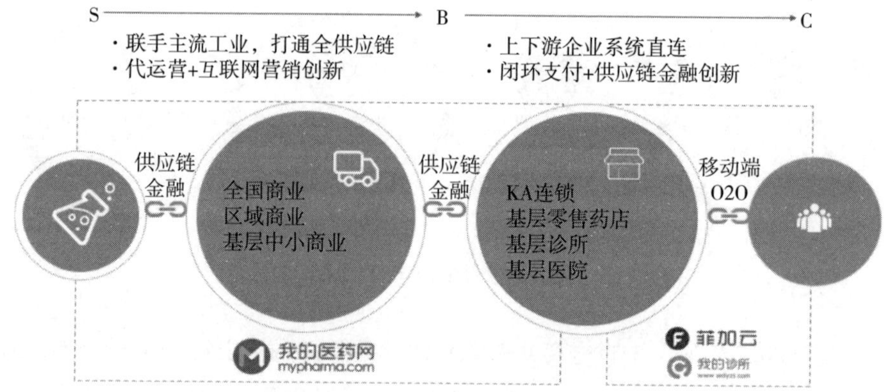

图2　融贯电商“S2B2C”医药全流通解决方案

医药市场存在的信息孤岛问题，通过平台的数据沉淀，在全国范围内广泛收集下游反馈的信息，便于入驻的医药工业企业及大型批发商及时了解市场动态，进而快速进行市场调整，精准地匹配产品组合，将原来需要数周的销售政策调整周期压缩到2～3天，在提高销售效率的同时节约了时间成本与费用。在大量交易数据沉淀的基础上，“我的医药网”开发了智能订单管理系统以及CRM（Customer Relationship Management，客户关系管理）系统，帮助上游供应商智能管理销售订单，精准管理下游客户，实现互联网控销。此外，基于平台系统对大数据的分析与挖掘，终端用户不仅能准确、及时地获取多家产品价格对比和活动信息的优选结果，降低采购成本，还可以获得消费者的需求信息，有效提升零售终端向消费者推荐的成功率，显著提升客单价。

2. 打破渠道壁垒，帮助工业、商业拓容市场

商业ERP直连，统一渠道管理。传统的医药交易大多是基于工业、商业及终端的人脉关系在线下完成，信息获取渠道相对较窄，且中间环节烦冗，区域化非常严重，由此限制了产品交易的市场布局。为辅助医药工业、药品流通企业管理和选择产品推广渠道，“我的医药网”利用平台整合全国市场，直连二、三级商业公司系统，建立了全国统一的渠道管理平台。一方面，帮助上游供应商打破区域限制，上游供应商从过去的面向层级批发商变成直接面向各基层区域的批发商乃至大量的终端药店和诊所；另一方面，提升平台企业的院外渠道能力，深耕基层市场，深度管理下游客户、销售人员，为基层非公立医疗机构和个人诊所提

供更多更好的产品，保障药品供应可及，满足消费者用药需求。

3. 创新运营方式，构建产品全渠道新营销体系

线上线下同步，实现个性化营销。“我的医药网”基于其互联网平台的技术性与专业性，帮助传统医药企业快速打造独立二级域名的线上营销新渠道，改变传统“点对点、人对人”的推广模式，助力企业完成从线下向线上的转型，构建线上线下同步的全渠道新营销体系。营销路径方面，拓展企业的线上营销渠道，通过在线活动发布与在线商学院等板块帮助工业、商业企业高效传播产品信息，使得品牌活动、产品促销及优惠信息直达下游客户，使信息更加透明。营销策略方面，提供完善的促销活动模板，使上游企业的被动销售升级为主动的数据营销，可实时获得平台活动的效果分析与改进建议，快速提升平台企业的数字化运营能力，根据个性化需求创新营销模式、提高营销效率。

4. 建立信用评价机制，维护医药线上交易诚信体系

规范资质审核，发挥协同治理作用。药品是特殊的商品，具有有效、安全、稳定和均一的质量特性，现阶段我国医药电子商务平台的运营模式还处在探索阶段，未能充分体现药品的特殊属性。“我的医药网”平台对线上交易用户进行严格的资质审核，通过交易数据管理体系，建立了基于线上行为的信用评价机制。平台的线上用户均需经过资质审核，并具有合法的药品交易资格，通过跟踪用户的交易行为数据做出系统性的信用评级。该信用评级体系可以帮助医药供应链中的多个交易环节突破信息壁垒，作为交易双方快速建立互信关系的桥梁，提高交易效率，降低交易成本，避免交易风险，一定程度上保障了药品的线上交易安全。

5. 打造百亿级金融产品，加快行业资金运转效率

闭环闪贷支付，加快资金回笼。“药金融”服务于医药全产业链，服务客群包含工业、商业、单体药店、诊所、民营医院，应用于从上游订单融资到下游应收账款融资等场景，是“我的医药网”为解决基层药品流通领域资金回转周期长等问题推出的供应链金融产品。首先，“药金融”拥有来自多家银行、上市公司和大型集团等金融机构的百亿元授信额度，基于多渠道的资金优势，针对不同服务对象，在不同交易环节、不同场景设立了多款供应链金融产品，药品供应链的上下游企业均可根据自身特点、需求选择合适的金融产品，有效缓解药品供应链各环节的金融压力，进而提高整个行业的资金使用效率。

其次，“我的医药网”实时记录并沉淀各用户的交易额、交易频次及采购品规数量等交易数据，通过平台数据监控，形成行业信用评估体系和风控模型，帮助资金方准确地掌握企业的财务结算信息及内控情况，以此作为贷款依据，很大程度上降低了借贷风险。此外，“药金融”实行银行存管、支付存管的资金监管方式，以保证资金流的及时回笼，有助于平衡医药供应链各方利益，搭建供应链金融网络闭环，更好地保持全产业链资金流的活跃性。

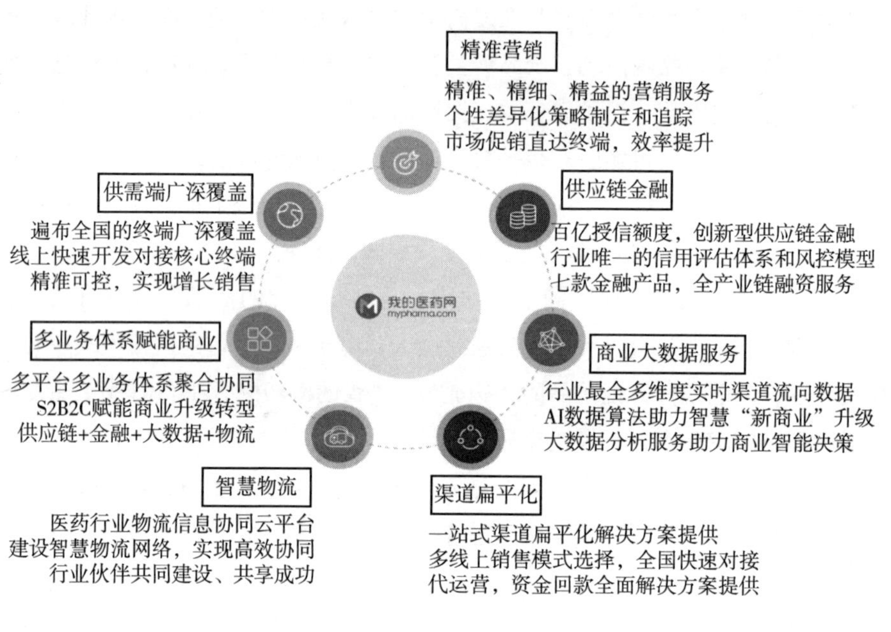

图 3　“我的医药网”生态服务体系

（三）“菲加云”助力药店新零售转型，布局产业稳步协同

1. 重塑业态结构与生态圈，优化“人本”价值服务

随着医药市场供求关系进一步重构，传统的医药零售流程从“货—场—人”转变为“人—货—场”，零售终端不再仅作为上游供应商和下游消费者交易的通道，而需通过转型升级承担起为消费者创造价值的责任，产业生态布局的作用日趋重要。在这由下而上的转型过程中，“菲加云 SaaS”依托于全产业链整合服务，为零售终端打通了工业和商业的资源渠道，改变原来由生产端至销售端层层推压的供应链模式，使供应商和零售商形成供需一体化的社群关

系。在此基础上，“菲加云 SaaS”以“人本”为出发点，帮助基层零售终端转型价值服务的新零售，提升多元化服务能力，满足下游消费者异质性的健康需求，进而实现产业生态的整体布局。

2. 专业系统服务升级，赋能基层零售终端

首先，零售药店的本质在于通过增值服务来提升药品的附加值，“菲加云 SaaS”通过增设线下体验区，为社区消费者提供急用、慢病用药及以部分器械的体验与宅配等服务。此外，构建“菲加健康”会员体系，通过第三方互联网平台整合医疗资源，提供专业的药事服务，帮助零售终端进行客情管理，实现高效沟通，提升消费过程为顾客带来的效益价值体验。

其次，相较医院而言，终端药店市场较为分散，上游议价能力弱，下游盈利能力不强，凭借传统的购销渠道难以满足所在区域差异化的医药采购和储备需求。“菲加云 SaaS”以“我的医药网”B2B 交易平台为依托构建智能采购系统，为加盟连锁、中小型连锁提供全品类药品在线供应，满足零售终端差异化的虚拟库存需求，保障药品的供应可及。

此外，“菲加云 SaaS”通过大数据分析帮助零售终端提高自身管理效率，包括：品类管理，如为消费者提供精准的药品和健康组合；货架管理，如根据数据分析摆放药品；采购及促销管理，如对药品的库存、销量进行智能化数据分析，合理预测补货周期，制订精准的促销活动方案等。

图 4　菲加云——转型价值服务的医药新零售解决方案

3. 保持药店独立性，转型“健康”新零售

在“菲加云 SaaS”的推广和使用过程中，合作药店始终保持着自主性和独立性，以所在社区的消费者为中心，集成医药供应链、互联网与大数据、智能服务等，发挥线上整合营销和线下增值服务的协同作用。同时，发掘消费者的个性化用药需求，基于平台数据形成适应所在社区消费水平的品牌集采订单，提高社区居民的健康管理水平，解决服务标准化与消费个性化的矛盾，协助打造定制健康服务，把效率提升带来的效益返还消费者。

传统的零售药店在人力、物流、房租以及客户维护等方面所支出的成本较大，“菲加云”不仅为其嫁接渠道的大数据，还将基本医疗保险、商业保险产品及金融融资嫁接入零售终端的转型过程中，提供全流程经营支持，很大程度上减轻了零售药店的成本负担，使药店及诊所转型为“健康 + 专业 + 便利”的社区医药与健康服务中心，实现基层终端零售的全渠道营销。

4. “菲加健康”打造全新消费者体验

从 2016 年起，融贯电商打造“国舞飞扬”全国大型活动，从广场舞角度成功切入大健康人群，强化大健康人群与终端药店的关系，为工业企业与终端药店成功打造大健康产品精准营销通路，建立线上线下融合的新媒体整合营销新模式。

首届“国舞风云榜 · 国舞飞扬”活动覆盖 12 个省份，吸引 3700 支舞队逾 50000 人参加，线下触达人群 150 万人次，400 家以上的全国或地方媒体进行了直播或报道，传播覆盖 1.5 亿人次，接连斩获中国广告营销界最高奖项——中国广告长城奖“2016 年度经典案例奖”、“2016 中国医药电子商务跨界创新奖”和“2016 中国医药营销年度创新奖”三项大奖。第二届“菲加云 · 国舞飞扬”已开启新篇章，采用升级的推广和运营模式增强终端药店与工业及消费者的黏度，打造“菲加健康”会员体系，通过新媒体运营活跃群体社区，持续影响精准受众人群，实现大健康产业营销模式创新，为社区医药与健康服务中心的建立打下坚实的基础。

（四）“我的诊所”服务基层非公立医疗机构及诊所

1. 打通商业、直连工业，提供一站式药品采购

传统的基层非公立医疗机构及诊所医药交易多是通过商业公司进行线下

采购，信息获取渠道相对被动，且中间环节冗赘。“我的诊所”依托自身B2B交易平台“我的医药网”，打通商业、直连工业，通过平台整合全国医药供应链优质资源，实时为基层非公立医疗机构及诊所提供优质的产品和优惠的价格，帮助其降低采购成本、丰富经营品类；与工业、商业合作，为基层非公立医疗机构及诊所开设专区，提供专属产品和专属资源。另外，“我的诊所”增设医疗器械租赁专区，并配合供应链金融，为基层非公立医疗机构及诊所提供设备支持，缓解基层医疗机构医疗设备采购压力，拓展医疗服务项目。

2. 创新运营方式，助推诊所高效拓展客流渠道

区别于大型公立医院的虹吸现象，现有基层非公立医疗机构及诊所多缺乏宣传手段，缺少推广模式，很难打开经营局面。“我的诊所”帮助基层非公立医疗机构及诊所树立自有品牌，扩大品牌影响；并通过嫁接“我的康康”（融贯另一款O2O产品）直抓消费端，将传统的线下运营转换为线上线下同时发展，助推基层非公立医疗机构及诊所拓展客流渠道。传统基层非公立医疗机构及诊所只有线下营销渠道，与电子商务的快速发展趋势不相符，独立建立线上营销渠道又受限于资金、人力的高昂成本，性价比较差。“我的诊所”凭借自身互联网平台的技术性与专业性，帮助传统基层非公立医疗机构及诊所快速打造线上营销渠道，助力基层非公立医疗机构及诊所完成“互联网+”的转型升级，实现线上服务。

3. 整合互联网医疗信息，提供优质学习资源

相比于大型公立医院，基层医疗卫生机构整体医疗水平有待提高，而提高基层医疗机构医疗水平是将患者留在基层的关键。“我的诊所”为解决基层医疗人才队伍建设问题，在平台上搭建了线上培训系统，为广大基层医疗卫生服务人员提供丰富的学习资源，帮助其提升自身业务能力，使其能更好地服务患者；并且不受时间、空间限制，可帮助基层医疗卫生服务人员利用碎片化时间进行自身业务能力提升，提高工作效率。另外，“我的诊所”整合了丰富的医疗及保健资源，拓展医养结合，帮助基层医疗卫生服务人员提升多元化健康服务能力，增强其相对于养生保健等机构的竞争力。

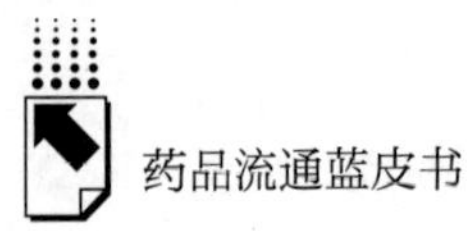

图5　我的诊所——基层医生与机构的一站式解决方案

二　“创盟”打造大健康产业国际化发展创新模式

（一）“医药＋互联网”，“创盟”打造产业升级朋友圈

2014 年，APEC 峰会在北京召开。会议期间国家卫计委提出《“健康亚太2020”倡议》，要求降低供应链成本、提高药品可及性，鼓励“政府引导＋工商界联合发展健康产业”的公私合作形式，促进政府及民间组织就健康问题开展双边、区域和亚区域的对话和交流，“创新大健康产业联盟”（以下简称“创盟”）响应倡议应运而生。

2016 年，“创盟”在北京钓鱼台国宾馆成立，由融贯电商携手行业协会、医药企业、互联网企业及科研机构等合作伙伴共同发起。“创盟”积极探索传统医药供应链、医疗服务与互联网服务的双向整合，以合作、互信、包容、共赢为原则，通过对医药互联网产业发展路径的不断探索、用户闭环服务体验的打造、大健康产品营销通路的革新以及对高端对话交流平台的持续构建，为中国传统医药供应链的产业升级探索一条实践路径，并促进大健康产业的创新发展。

如今，“创盟”已发展为涵盖 100 余家医药工业企业、1500 余家医药商业企业的大健康产业合作发展联盟。“创盟”成员伙伴通过融贯电商“我的医药网”已实现覆盖全国 30 个省份的 15000 余家终端药店与诊所的流通渠道。此外，“创盟”力争为医药工业、医药商业、终端药店、诊所与互联网服务伙伴（搜索引擎、互联网医院、医生问诊、慢病管理、创新服务产品）及垂直社群平台（母婴社群、垂直患者社群、亚健康人群）进行跨领域融合，从而满足全人群健康需求、提高全人群健康水平。

图 6 “创新大健康产业联盟”

（二）“创盟 + APEC”，力推大健康产业升级的“中国方案”

随着“健康中国”战略的推进，中国医药行业乃至大健康产业的创新升级正引领新一轮经济发展热潮。融贯电商发挥“创盟”协作精神，携手平台客户两度亮相 APEC 国际舞台并深度参与会议。

2016 年 11 月 11 日，亚太地区最高级别政府间经济合作论坛——亚太经合组织高峰论坛在秘鲁首都利马拉开帷幕，融贯电商创始人兼 CEO 姚晓菲女士在同期举办的 APEC CEO 峰会上分享了互联网在医药全产业链广泛应用对行业创新发展的重大意义，并同秘鲁国际通信公司 ENTEL 副总裁 Johnny Garcia、惠普公司美洲区总裁 Elaine Rivera 就“创新与企业可持续发展”展开高端对话。

会议期间，融贯电商及中国六家医药企业代表围绕创新与核心竞争力、互联网医药行业应用创新等话题进行了分享与深入交流，并代表“创新大健康产业联盟”正式亮相国际舞台。

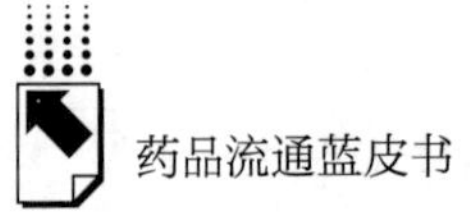

2017 年 11 月 7 日，亚太经济合作组织会议在越南岘港举行，本次会议以“为共同未来创造新动力”为主题，并同期举办 APEC 工商界领导人峰会，姚晓菲女士同来自亚太地区的商界代表与国家领袖共同参加了本次会议，发表了“价值链重构与创新变革”的主题演讲，并与越南科技部部长 Mr. Chu Ngoc Anh、可口可乐越南总裁 Mr. Sanket Ray 及 Alpha King 首席执行官 Mr. Jimmy Chan 就“初创企业参与经济全球化——新兴市场的机会”展开高端对话。

会议期间，融贯电商、辉瑞制药、阿斯利康、西安杨森、国药控股、广药白云山、北京润美康、沈阳三生制药及华盖资本九家“创盟”成员企业共同签署了《关于共同推进中国医药产业互联网 + 进程战略合作协议》，致力于在传统医药供应链、医疗服务与互联网服务等方面进行跨界整合。

未来，融贯电商将继续发挥其互联网技术及创新营销优势，携手更多领军企业紧抓大健康产业发展机遇，顺应新时代医药产业创新及供应链模式改革的趋势，共同打造具有国际影响力和中国特色的产业联合体，助力健康中国建设。

B.27
好药商网践行“互联网+药品流通”助力行业转型升级发展

康宁益生医药科技有限公司

摘　要： 在医药卫生体制改革和“互联网+”的叠加影响下，药品流通行业加快转型升级。好药商网在为医药企业提供“互联网+药品流通”解决方案的同时，通过商业模式的创新，开发针对医药企业的增值服务，并在全产业链、全流程、全场景方面布局，建立起以医药企业为中心、以数据为纽带的开放、共享的互联网大健康生态圈。

关键词： 好药商网　第三方医药电商平台　ERP+B2B定制服务

一　推动“互联网+药品流通”转型升级发展进程

“未来已经来临，并正在流行。”互联网已经渗透到传统领域的各行各业，“互联网+”更是一个无处不在的效率提升器，帮助企业实现增效和转型升级发展。随着与传统行业融合的不断深入，互联网将爆发出更大的正向推动能量。

随着“医药分开”“两票制”等医改措施的推进，以及“互联网+”对药品流通领域的深度影响，社会化的药品采购将给医药电商的发展带来前所未有的机遇与挑战，国内医药企业大都迫切希望整合供应链上下游资源，借助互联网、大数据信息技术的优势，提质增效，实现互联网化的转型升级。

康宁益生医药科技有限公司（以下简称“康宁益生”）旗下好药商网（以下简称“好药商”）应运而生，立足于“互联网＋大健康产业”，为上下游医药企业提供高效、便捷、安全的线上交易服务；同时为医药工业、商业公司提供“互联网＋药品流通”整体解决方案，帮助其转型升级，提高企业核心竞争力；扩大终端客户采购的寻源半径，减少采购供应链层级，降低采购成本，提高采购效率，实现采购的多快好省，并为其提供线上线下融合的O2O精准营销服务。

（一）ERP＋B2B定制服务，助力商业公司跨越式发展

互联网平台兼具技术性与专业性，平台的搭建需要互联网团队、互联网思维的强力支持，传统的医药商业公司拥抱互联网面临着现实困难。康宁益生（好药商）为商业公司打造专属的、独立二级域名的B2B电商商城提供技术支持，为其B2B平台的运营提供专业的培训与实时指导，并帮助其建立线上线下融合发展的营销推广体系。

企业专属的B2B电商平台，融入了销售管理模块，销售计划方案、销售订单管理和货款账期等PC端与移动端实时同步更新，为了实现数据共享，好药商团队致力于企业内部ERP系统与B2B的定制开发，通过技术攻关，成功实现ERP与B2B电商平台的无缝对接，实现数据信息的互通，完成了企业对内外数据的整合、分析。

创新是企业发展的动力源泉，康宁益生（好药商）由医药行业和互联网行业资深人士创建，其通过技术、运营模式的创新发展，缔造国内ERP＋B2B定制服务的典范。在帮助商业公司打造内部ERP数据与医药B2B电商商城无缝对接的同时为商业公司转型升级、跨越式发展铺平道路。

（二）实时控销系统，实现企业精细化销售管理

医药工业、商业公司根据自身的需求进行专属店铺和电商商城的装修、新品推荐、产品展示和活动推广等，线下控销体系互联网化的实现更是工业与商业公司业务的需求。好药商团队以客户为中心，夯实服务，解决了医药企业线上控销难的痼疾，实现了一店一价、区域控制和灵活设置的功能。一方面方便

医药企业对产品进行有效管控，同时也可以实时进行渠道产品的价格维护；另一方面，医药企业也可以对产品交易本身进行管控，轻松实现互联网化的精准控销。

实时更新升级在线控销功能，满足医药公司对控销业务的不同需求，解决销售人员、销售渠道发生变化，控销市场很容易受到影响的弊端，进一步帮助企业实现精细化管理销售市场。

（三）工业产品（非控销品）快速布局全国市场

工业企业方面，传统的药品销售流通区域化特征明显，致使工业产品的全国推广、跨区域渠道营销变得异常困难。工业企业入驻好药商网，建立品牌旗舰店，依托好药商平台面向全国市场开展广泛、高效的营销活动以及促销信息的传播，打破区域与信息壁垒，提高工业产品销售市场的曝光率，彻底改变了工业企业被动营销推广的局面。

好药商平台，深耕市场，整合优良的商业资源，突破地域限制，并帮助其高效拓展营销渠道，通过需求数据分析，实现商业公司（好药商网）平台集采，通过其全渠道销售，解决工业产品很难覆盖全国市场的痛点。

（四）集团化管理平台，提高集团企业核心竞争力

好药商通过对集团化企业的深入调研，开发出符合集团企业业务需求的集团管理平台，该管理平台支持集团化下多业态、多组织、多子公司的一体化运营，实现集团企业业务全过程管理，并向上下游扩展外部电子商务和供应链增值服务。

集团化企业运营管理平台，具备集团企业内部的行政管理、人力资源和集团的企划管理等功能。同时实现了集团企业总部、子公司间业务往来以及整体供应链业务整合管理，对数据的整合和业务的调度进行高效支配，连接仓储管理系统、电商平台 B2B 和 B2C 管理系统、医药供应链服务系统、零售连锁系统等，依托互联网、电子信息技术让信息高效流转，为集团的数据分析和营销决策提供支持，帮助集团企业快速了解外部市场竞争环境，提高企业的适应、应变能力，综合提高集团企业的核心竞争力。

（五）打造用药服务平台，加强科学用药管理

服务是好药商的不懈追求，“没有最好，只有更好”。服务下沉方面，好药商团队倾心打造用药服务平台，直接面向药店与个体消费者。

对于药店的店员，专业的药学知识是药店服务客户的基础，好药商用药服务平台整合了专业细分的健康用药知识，极大方便了店员的查询。同时，PC 端与移动 APP 具有专业的视频讲解，方便药店店员对健康用药知识的更新。

为了更好地服务个体用户，好药商团队用药服务部科学编辑每个药品说明书。根据药品和治疗病症，进行精准专业的解析，传递给顾客最佳用药方法、药师建议联合用药方案、日常生活中的营养处方、患病期间的食疗方案等，向用户提供动态、个性化的用药服务，全方位地进行用药管理，以便提高个体用户健康用药的意识。

（六）CRM 会员管理系统，全面提升客户体验

在互联网的今天，企业逐渐从传统的经营商品向经营会员转型，逐渐认可“基于会员服务等数据分析”是提升客户满意度的基础。好药商网创新的 CRM 会员管理体系，包括会员中心、企业（个体）积分、积分兑换、活动参与、历史消费记录等功能模块，满足了企业对会员资料以及采购习惯的数据分析，可以轻松定制有针对性的精准促销活动，如积分营销、采购充值赠送、电子优惠券、代金券、会员（企业或个体）等级权益等。

同样，企业可以通过会员管理系统，将线上线下会员统一管理，也可以按区域、交易规模对会员客户进行分组管理，为会员客户提供多渠道的服务，进行更深入、细致的客户管理，在全面提升客户体验的同时，也为企业带来了经济效益。

二　提供供应链金融服务，减轻企业运营资金压力

医药工业、流通商业一直存在“账期支付”的问题，部分终端客户也存在经营规模扩大的资金压力，整个行业资金使用效率低下，直接影响了医药产

业的发展速度。为了改善流通环境，增强市场活力，好药商通过对行业的深入了解，特别推出药品流通供应链金融服务体系。

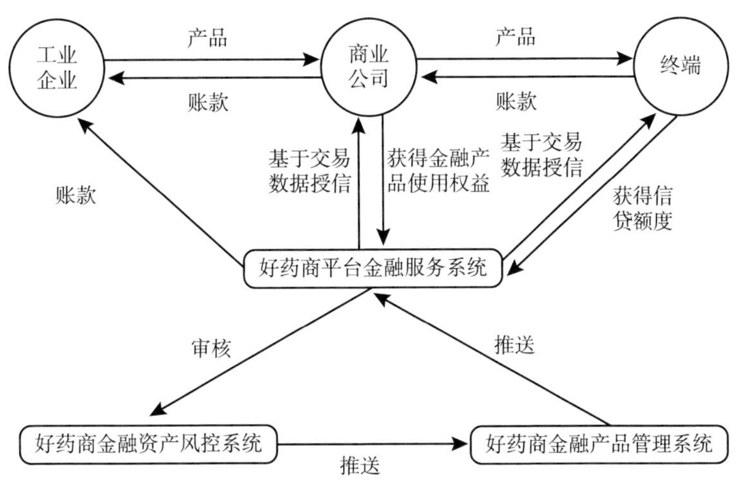

图1 供应链金融服务体系

好药商开发的金融服务系统，基于交易数据、交易规模和企业信誉进行授信服务，具有门槛低、审批快、额度高、随借随还的特点，且覆盖面广，大大丰富了药品流通供应链各环节的融资方案，有效缓解了医药企业的资金压力。

三 大数据解决方案，为企业经营管理创造价值

医药企业在经营过程中会产生大量的数据，特别是在分销和零售过程中，如何让数据流动起来，最大限度地发挥其作用，诸多医药企业需要这方面的技术支持与解决方案。

好药商团队凭借其技术优势和技术积淀，为医药企业提供大数据分析解决方案。帮助企业对各种系统和各类型数据进行收集，提升数据分析效率，结合实际业务场景和痛点，快速发现问题、定位问题、解决问题。通过敏捷的数据可视化+分析模型预制，能快速准确地帮助管理者了解商品销售的经营状况，深度探索销售中的问题根源及解决策略。通过帮助企业进行数据的挖掘和预测性分析实现其发展战略的准确规划。

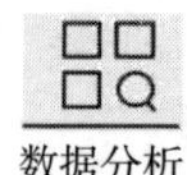

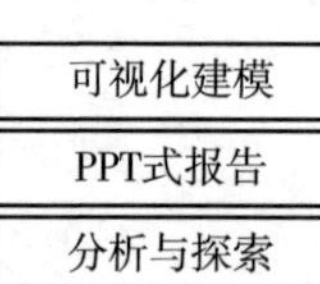

图 2　大数据分析服务系统

四　创新移动销售管理模式

在我国互联网的发展过程中，移动互联网呈现井喷式发展。随着移动终端价格的下降以及 WiFi 等设施的不断升级，移动网民呈现巨大的增长趋势。

移动电子商务可以随时随地为用户提供服务、应用、信息和娱乐，网民利用手机终端可以便捷地选择及购买商品和服务。医药行业也需要充分利用移动互联网的优势来提升行业效率。

工业企业和商业公司对销售员的管理是一件比较烦琐的事情，传统的管理方式更是效率低下。好药商团队推出移动应用“销售员—好药商” APP、“终端—好药商” APP 和“药店 APP”，为医药企业提供销售管理移动化解决方案，利用移动互联网为医药企业创造价值。

（一）提升工业以及商业销售管理效率

销售员—好药商 APP 适用于医药工业和商业公司，涵盖了销售员的日常打卡管理、工作日志的记载和代办事项的管理等，且上级主管有权查看这些管理项目，实现了管理的便利化、效率化；同时该销售员也可协助终端客户进行注册、下单等，方便销售员更好地服务终端客户。

为了方便销售员对商品信息的实时了解，APP 具备商品查询模块，商品销售库存、销售价格、销售状态和销售区域等信息实时更新。好药商平台进行的

图 3　销售员—好药商 APP 主要功能模块

促销活动，APP 端可以同步呈现，方便销售员对活动的查看、推送和针对会员客户进行销售设置。

销售员服务众多终端客户，特别是订单管理的工作，如果不能及时解决客户的订单问题，将直接影响服务的效率和质量，很容易造成既有客户的流失。为了解决这一问题，APP 融入了订单管理模块，销售员可以随时随地查看全部订单、未处理订单、已开票订单、退/换货订单等，解决了日常订单管理烦琐的痛点，极大便利了销售员与终端客户的沟通和对订单问题的解决，增加了平台黏性。

（二）创新终端采购移动办公模式

终端—好药商 APP 适用于终端医疗机构、终端连锁和终端单体，对于终端资质审核是否通过以及资质到期时间，好药商 PC 平台与此 APP 端都会同步提醒客户。订单管理可展示历史订单，而且未处理、活动参与、已发货和退货退款等订单信息实时更新，相应订单信息可以一览无余。

图 4　终端—好药商 APP 主要功能模块

APP 设有终端个人中心，包括会员积分、会员等级以及会员特权等。好药商平台营销活动实时同步到 APP 端，会员客户可以实时了解最新促销活动，并决定是否参与，在活动中心栏目也能方便地查看以往参加的活动记录。优惠券栏目汇聚了平台针对客户发放的各类优惠券以及使用条件，而购物车栏目，方便了终端客户对商品的添加、删除和货款支付。

（三）大幅提升门店销量，实时掌控销售信息

药店 APP 适用于连锁药店和单体药店，药店店员可以通过 APP 进行移动办公，功能栏目包括报表查询、数据分析、在线支付移动结账、请货、会员管理等功能；打破传统办公方式的束缚，为药店企业高效办公提供技术支持和工具设施，同时让业务管理模块在移动端随时随地进行，并与 PC 端保持信息同步，满足药店零售的业务需求。

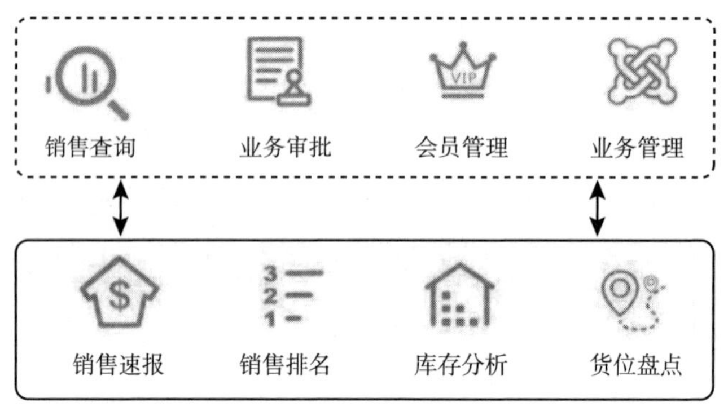

图 5　药店 APP 主要功能模块

在药店 APP 上，药店店员可以轻松实现移动结账、移动出入库管理、会员跟踪和培训学习等；门店经理更可以随时查看门店的销售总量、产品结构、库存总量、销售排行，轻松实现对药店店员的销售管理；企业老板可以实时获取企业信息，随时查看销售报表，快速行使审批管理。为了更好地服务药店与个体用户，帮助药店提高销量、增强药店移动平台的黏性，移动 APP 同时提供专业知识供药店店员学习，并增加健康资讯信息供个体用户获取。

好药商网服务流通性、控销性以及集团化医药企业，同时兼顾医药工业和终端零售领域，进行全产业链布局，不仅大幅度缩短药品到终端市场的时间和空间距离，降低药品流通成本，而且通过创新发展，持续开发符合医药企业发展需求的增值服务。好药商网为全国的医药企业敞开合作的大门，合作、创新、聚势多赢，为打造“互联网 + 大健康”的新生态携手努力！

B.28 “两票制”在企业中的智能合规管理与实践成果

崔 勇 李 晟*

摘 要： “两票制”是深化医药卫生体制改革、促进医药产业健康发展的重大举措，必将对药品和医疗器械价格虚高的问题产生深远影响。为落实国家和北京市对“两票制”工作的部署，国药控股北京有限公司组织精干力量成立“两票制”项目组，在规定时间内完成“两票制”平台搭建工作，打通医药供应链票据流转的上下游，高效完成政策中所提及的管理控制点，实现高度的信息化可控性，为新政策落地提供支持。实践证明，国药控股北京有限公司“两票制”系统能够满足“两票制”政策落地后各医院所提出的需求，有效降低成本、提高效率。

关键词： “两票制” 医药配送企业 国药控股

一 项目背景

（一）政策背景

2016年4月6日，国务院总理李克强主持召开国务院常务会议，会议审议的《深化医药卫生体制改革2016年重点工作任务》明确提出，在综合医改

* 崔勇，国药控股北京有限公司信息技术部部长；李晟，国药控股天津有限公司信息技术部部长。

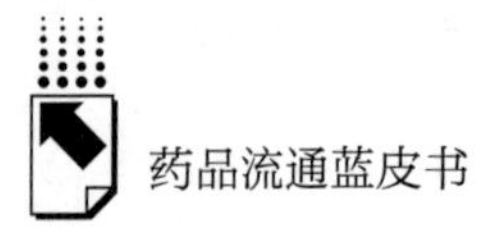

试点省份（11 个省、直辖市）和公立医院综合改革试点城市（200 个地级市）推行“两票制”。

2017 年 1 月 11 日，国务院医改办、国家卫计委、国家食药监总局、国家发改委、工信部、商务部、国家税务总局和国家中医药管理局等八部门联合印发《关于在公立医疗机构药品采购中推行“两票制”的实施意见（试行）》，标志着“两票制”在全国正式落地。

紧接着，2 月 9 日，国务院发布《关于进一步改革完善药品生产流通使用政策的若干意见》（国办发〔2017〕13 号）（以下简称《意见》），《意见》涉及药品生产、流通、使用三大领域共 17 条，并再次提出“推行药品购销‘两票制’，争取 2018 年在全国推开”。

5 月初，国务院办公厅印发《深化医药卫生体制改革 2017 年重点工作任务的通知》，要求 2017 年底前，综合医改试点省份和前四批 200 个公立医院综合改革试点城市所有公立医疗机构全面执行“两票制”。

2017 年 12 月 18 日，北京市食品药品监督管理局、北京市卫生和计划生育委员会正式发布了《关于北京市公立医疗机构药品采购推行“两票制”有关工作的通知》。各公立医疗机构、各相关药品生产、经营企业应于 2017 年 12 月 31 日前，通过“采购平台”完成“两票制”承诺书签订和资质材料提交工作，具体操作方式及要求“采购平台”另行通知。相关区食品药品监督管理局应于 2018 年 1 月 15 日前，上报《偏远、交通不便医疗卫生机构备案汇总表》。

（二）行业背景

随着中国医药市场需求的增加和基本医保体系的不断完善，中国卫生开支面临迅速增加的压力。中国医药行业政策逐渐转向引导行业合理成长和控制医疗费用。政府除了在定价方面，利用集中采购和医保控费机制对药价进行约束以外，在流通渠道方面，力推“两票制”来压缩流通环节、降低药价。

2017 年 1 月 11 日发布的《关于在公立医疗机构药品采购中推行“两票制”的实施意见（试行）》明确，“在公立医疗机构药品采购中推行‘两票制’是深化医药卫生体制改革、促进医药产业健康发展的重大举措，是规范药品流通秩序、压缩流通环节、降低虚高药价的重要抓手，是净化流通环境、打击‘过票洗钱’、强化医药市场监督管理的有效手段，是保障城乡居民用药安全、维护人民健康的必然要求”。

二 “两票制”在医药配送企业的现状

“两票制”意味着原有的生态系统将被重构，各个企业的运营流程将被改变。国家希望通过政策导向来减少中间环节，控制药品和医疗器械的虚高价格，从而降低医保总体费用。“两票制”的一个核心点是减少中间流通环节，让整个流通过程相对扁平化，压缩一些中间可能带来灰色地带的潜规则环节，有助于净化医药行业的环境。国家推行“两票制”最根本的原因在于想重塑行业新秩序，着重打击商业贿赂和潜规则，并且以“票、证、货”三位一体的方式对药品、医疗器械的终端去向增强管控，“全程留痕可控”，同时配合医保支付与市场准入等方向的改革。

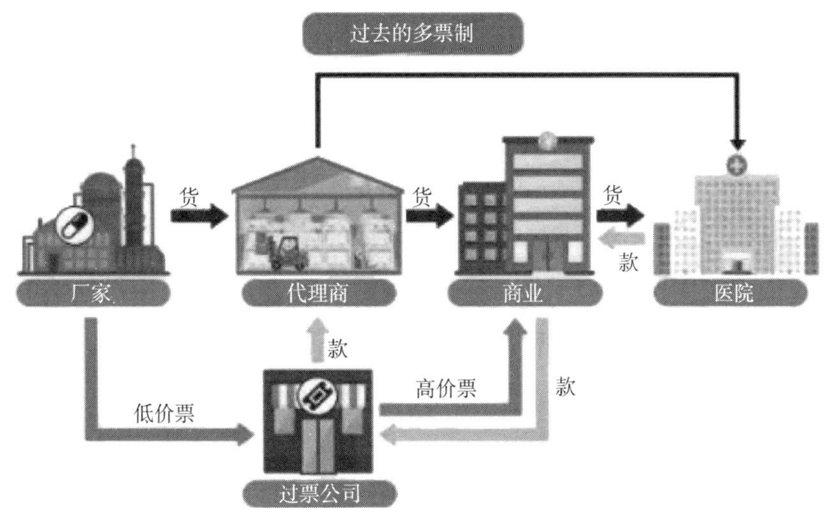

图1 “两票制”实施前的药品流通环节

当前北京医药领域信息化的覆盖程度还相对有限，医药配送企业所使用的信息化系统以进销存业务为主，当药品由厂家通过物流配送进入仓库后会根据批号进行管理，管理维度发生了变化，这意味着无法打通上下游票据的流转，

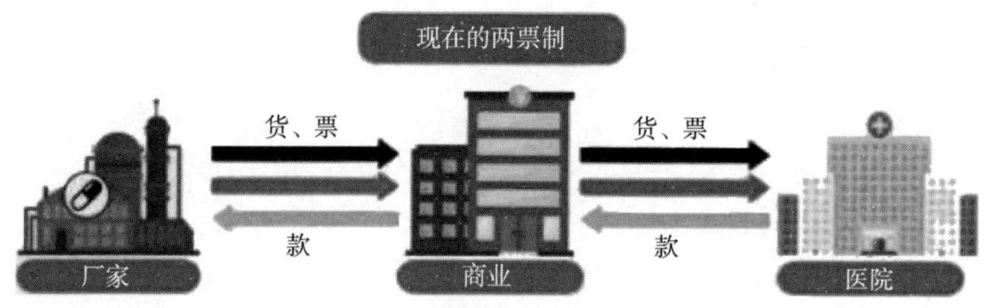

图2 “两票制”实施后的药品流通环节

而北京市卫生和计划生育委员会的《关于北京市公立医疗机构药品采购推行“两票制”有关工作的通知》强调，北京市公立医疗机构药品采购“两票制”实施后，在“采购平台”完成改造和升级前，药品配送企业向全市公立医疗机构销售药品时，除向医疗机构提供发票和随货同行单外，还应提供记录医疗机构采购药品名称数量、第一票和第二票发票代码、发票号、发票日期、发票开具方名称、发票接收方名称等信息不可修改的电子数据。在这种情况下能否合规并高度响应政府“两票制”的要求成为每个医药配送企业势在必行的重任。

国药控股北京有限公司成立了专门的“两票制”项目组，并组建了一支专业过硬、经验丰富的团队，内容涵盖了总体设计、现场实施、流程优化、运营管理等业务。高度响应北京市政府要求，并在预期时间内完成了系统平台的搭建。

三 “两票制”智能合规管理平台

（一）“两票制”平台服务模式

“两票制”的推行是国家医改方案中流通领域最重要的一个步骤，作为“两票制”推行过程中极其重要的一个关键环节就是要保证上下游的票据流转，借助信息化的手段，从战略到战术层面助力北京“两票制”政策，保障企业智能合规经营，降低企业运营风险，抢抓良机，顺利实现企业转型。

在信息化方面，药品流通企业应该从几个方面做好准备：基础档案要精细化管理，从组织、产品、客户、人员进行全生命周期管理，票据信息要数字化，销售业务协同化管理。

平台为支持企业智能合规经营，主要从以下两方面进行考虑和分析。首先是效率，人员劳效、流程效率、供应链效率，“两票制”政策要求下必然会增加药品流通企业的管理难度，信息化建设考虑的初衷就是对效率的提升，在不增加人员配置的前提下如何能智能化地完成政策中所提及的管理控制点，是本次信息化建设中面临的难点和挑战。通过分析政策对业务操作的要求，决定从以下两方面来予以解决：一是新增加的重复性工作通过票据机器人智能技术自动识别采集来完成，二是人工对机器人的操作结果进行审核，如发票的采集、发票内容的识别等。对于需要人工处理的流程，通过新系统的建设对原系统流程进行重构，提供更多的辅助人工处理的参考，同时系统根据人员操作的不同对象给予不同的信息提示。其次，“两票制”要求看似是针对药品流通企业的要求，但实际上是针对整个供应链上下游的要求，因此从供应链的角度进行智能优化效率将更高，对此“两票制”平台向供应商伙伴进行开放，发票的信息从供应商源头即可以第一时间上传至系统，做到票货同行。对于医疗客户可以通过平台随时访问相应的数据信息。

（二）两票系统框架

国药控股北京有限公司“两票制”平台的实施，显著扩大了公司内部信息化覆盖范围，实现了全程信息化管理，可以说创新性的信息化平台建设是两票系统的基础。同时项目组通过挖掘个性化需求，为其量身设计符合实际需求的信息平台、工作模式与流程。通过将现代化的信息技术与物流系统、公司内部的业务系统以及阳光采购平台有效对接，打通医药供应链票据流转的上下游，实现高度的信息化可控性。

1. 票据信息的数字智慧化

票据信息的数字化包括两方面的含义：一是指票据的影像化，将政策要求中所提及的采购发票和采购随货单的单据，随着企业业务流程进行影像的采集、命名、存储，方便后续的查找和分发。二是指针对采集的影像文件进行数字化，即对采集的影像文件进行自动的智能识别和自动处理。

每日智能采集约 3600 张供方发票以及随货同行单。每笔业务涉及 2 ~ 3 张

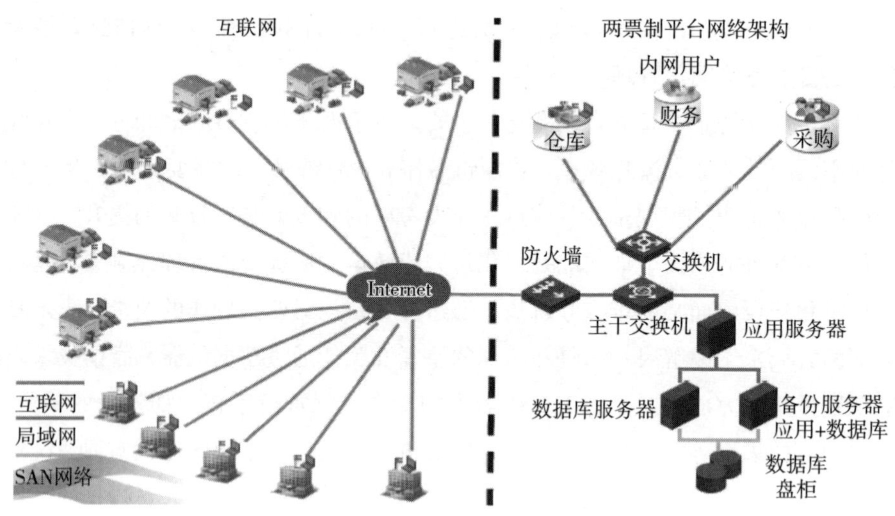

图3 “两票制”平台网络架构

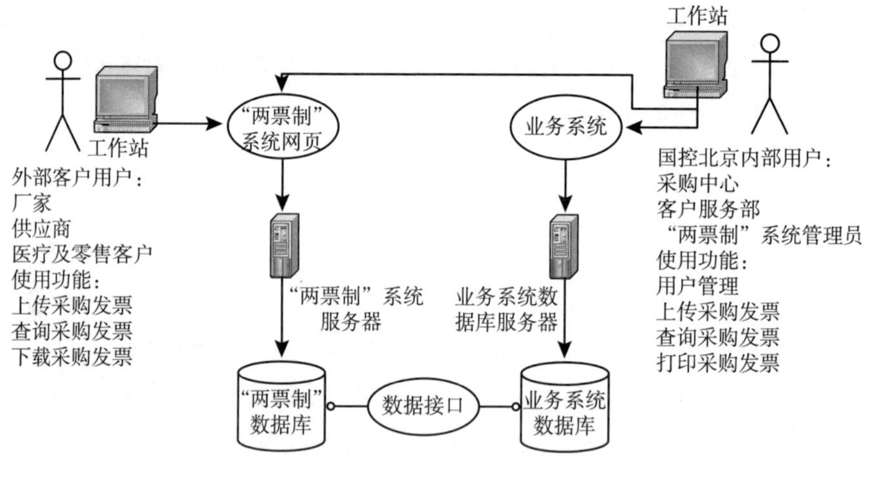

图4 “两票制”平台结构

映像文件。每张票据扫描并智能识别约2秒钟，识别率97%。通过建立企业内部的票据机器人，可以将业务人员从重复劳动中解放出来。只需要业务人员把增值税发票放入扫描仪中进行扫描，剩下的工作全部都由“票据机器人”完成。配合OCR（Optical Character Recognition，文字识别）技术，不到一分钟的时间，“票据机器人”已经成功将发票扫描采集并登记在系统，随后业务人员只需要根据刚刚登记的发票清单去匹配相关的业务数据，将业务数据与采购发票数据进行关联即可。票据信息的数字化还包括为所采集的票据进行数字签章，通过将数字印模备案在系统中，每一张系统采集的采购发票均可以直接进行数字章的合成，减少了人员盖章的重复劳动。

2. 平台业务智能合规管理

“两票制”中销售业务的合规和协同管理发挥了重要的作用，首先是医药商业自身采销业务的合规管理，针对每一笔销售订单通过信息化手段，为其匹配符合要求的采购发票和随货同行单。在系统中建立起批次库存与采购发票的扣减机制，严格控制每一笔采购发票数量，杜绝采购发票的随意分发。同时，通过建立采销业务的协同机制，系统可以为“两票制”提供透明、可视化的监督平台，可以直观看到每笔销售订单所对应的采购发票及采购发票的数量。

其次是供应链上游的合规管理。“两票制”政策要求药品流通企业的采购发票与实货必须票货同行，但在实际业务中很难做到票货同行，如何提高发票开具和到达的效率是摆在药品流通企业面前的一个问题，通过建立平台化的系统并开放给供应商的财务岗位，可以将药品流通企业的采购合同共享给上游供应商，供应商的财务人员可以根据采购合同的信息，经过确认后形成发票，建立发票与采购合同的对应关系，这样一来，发票信息不仅可以实现随货同行，甚至可以比货物更早地到达药品流通企业，货物一经验收入库后，立即可以找到该进货的发票信息。

最后是药品流通企业与下游客户的管理。“两票制”政策在执行的过程中需要打印大量纸质的采购发票和随货单，一方面这些打印出来的纸张，对于企业来讲是巨大的成本，对社会而言也不环保，存在巨大的浪费；另一方面，对于接收这些文件的客户而言，每天接收如此之多的资料，存储和管理好这些文件也面临巨大的挑战。一是，存储空间的挑战，要准备可以保存这些资料的房间，还要考虑防火等安全问题。二是，当有监管部门进行检查时，如果要查阅其中的一份文件，那么查找和调阅也面临着挑战。面对这些问题和挑战，“两票制”政策中也鼓励有能力的企业通过信息化手段来解决，建立平台与下游客户进行协同的意义就是尽量消除我们所能预知的问题，通过为客户提供所有销售需要核验的电子化数据，使得客户随时可以通过平台找到对应的电子票据信息。

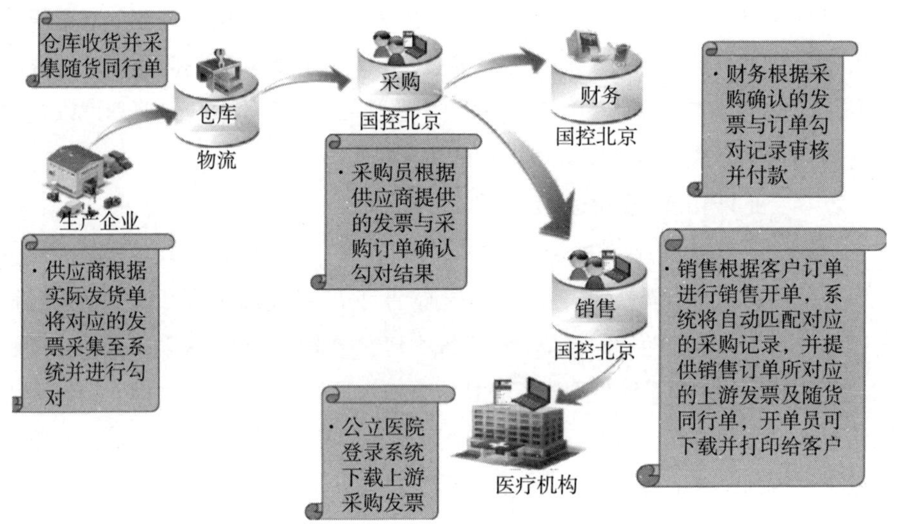

图 5　两票业务操作流程

四　实践成果

（一）项目落地

鉴于《北京市公立医疗机构药品采购推行“两票制”实施方案（试行）》的实施已迫在眉睫，为了尽快落实“两票制”政策，国药控股北京公司专门成立了项目组，因而能在现有系统的基础上快速实施，节省过渡时间，保障系统及时上线。

由于国药控股北京有限公司的药品配送由第三方物流来完成，在上游发票的对接上面临着巨大的难度。2017 年 11 月 30 日，项目组与国控物流（第三方物流）共同讨论扫描随货同行单以及数据接口对接事宜，最终达成共识，并于当日下午，项目组根据物流意见形成方案版本。在 12 月 22 日完成了接口调试，所有物流的随货通行单均顺利传入到“两票制”平台，实现了与第三方物流的信息化对接，实现了上游票据的顺利流转。2018 年 1 月 15 日系统正式在国药控股北京有限公司上线。

目前，“两票制”项目在国药控股北京有限公司有序推进，并逐步完善以满足北京地区“两票制”政策落地后各个医院提出的各种需求，同时在原设计基础上更进一步，率先突破原有模式，以适应更为复杂的业务需要，为以后平台化服务做好准备。

（二）实施效果

表 1　“两票制”项目实施效果

	项目	实施前	实施后
加强管理	票据上传	手动上传	定时自动上传
	票据内容识别	手动录入	自动识别
成本下降	票据管理	仓库存储纸质票据	票据电子化
	采集录入设备	采购员人手一台手机	三名采购员使用一台扫描仪
	减少采购员人力	3 人/天	1 人/天
提升效率	票据处理速度	1 张/1.5 分钟	1 张/2 秒
	票据展现	单张复印票据	批量打印票据
	订单发票信息汇总	手动补全订单发票信息	一键导出订单及发票信息

五　未来展望

“两票制”时代的到来为医疗行业价值链的各个环节均带来不同程度的影响。可以预见各级政府机关将不遗余力地推进“两票制”政策的实施，并在短期内根据“两票制”的要求，加大市场监管力度。无法满足“两票制”需求的企业，必将被市场所淘汰。因此企业需要在深入了解自身实际、洞悉政策实质的前提下，进一步优化内部运营，以应对这一变革，在变革中求生存，在探索中求发展。

国药控股北京有限公司“两票制”平台，开创了北京两票政策下的创新模式，释放了生产力，提升了服务质量，便医利民，带来了良好的社会效益。同时，国药控股北京有限公司不断创新，提质增效，在未来可以为政府提供“两票制”数据流转的监管平台。

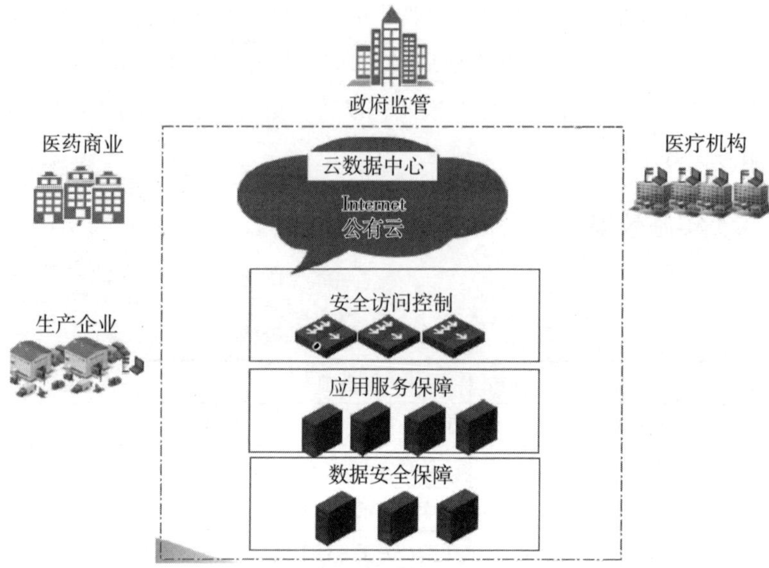

图6 “两票制”平台架构展望

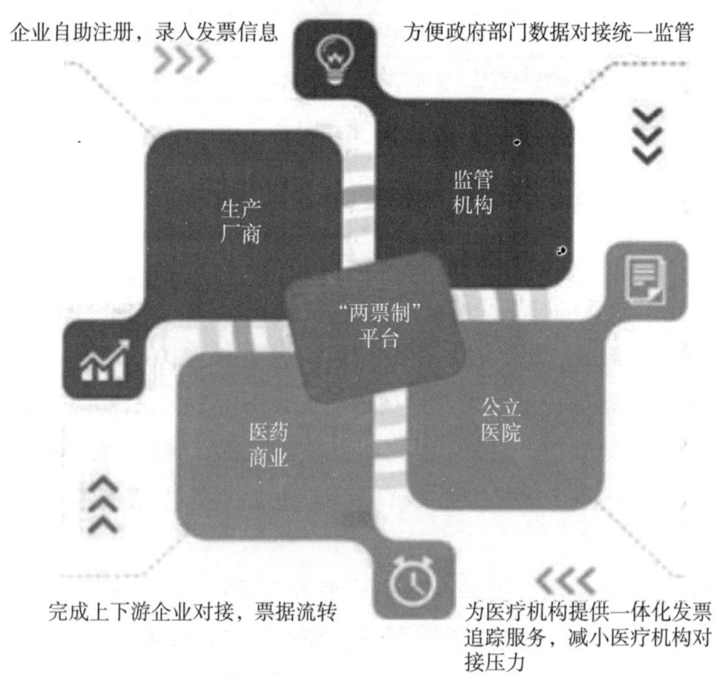

图7 “两票制”平台业务展望

区 域 篇

District Chapter

B.29

2017年上海市药品流通行业经济运行分析报告

上海医药商业行业协会

摘 要： 2017 年上海市药品流通行业兼并重组加快，行业集中度进一步提高，市场销售规模保持增长态势，批发市场销售增长压力加大，零售市场稳中有升。未来，在国家大健康战略的引领下，上海市药品流通行业将不断转型升级、积极进行模式创新，利用互联网技术向纵深发展。

关键词： 药品流通 大健康 上海市

一 上海市药品流通行业概况

2017 年是医药改革政策频繁出台之年。党和国家领导人分别就大健康事业发展相继发表了重要讲话，国家有关部门相继出台《关于进一步改革完善药品生产流通使用政策的若干意见》《关于印发深化医药卫生体制改革 2017 年重点工作任务的通知》等重要文件，对药品流通行业发展带来重大的影响，进入了行业加快结构调整、企业加快转型升级、供应链服务转变模式的新阶段。

（一）销售规模

2017 年上海市药品流通市场销售规模仍保持增长，但增幅大幅回落。数据显示，上海市医药商品销售总额 1614.06 亿元。受多种因素影响，上海市药品流通销售规模增速呈下降趋势，这是多年来未曾有过的，特别是下半年起实施“两票制”以来，商业之间的销售明显减少，加之上海市是以商贸为主的城市，影响之大不言而喻。预计到 2018 年下半年或年底增速可企稳回升。

（二）行业结构

上海市药品流通主要包括药品批发、零售连锁、单体药店、电子商务、医药物流等多种业态模式，形成以国有企业为主导，外商独资和中外合资以及民营、私营企业等多种经济成分并存的市场格局。

根据上海市食品药品监督管理局网站的数据，上海市药品批发企业 124 家（其中，3 家为非法人企业)，与 2016 年持平；药品零售连锁企业 47 家，比 2016 年增加 4 家；零售药店 3817 家，其中零售连锁门店 3411 家（直营店 1581 家，加盟店 1830 家），比 2016 年增加 229 家，药品零售连锁率达到 89.36%，连锁比例居全国首位；单体药店 406 家，比上年减少 40 家。医保定点零售门店 885 家，比 2016 年增加 171 家。

表 1　2017 年上海市零售药店区域分布

单位：家

区域	直营店	加盟店	单体药店	合计
浦东新区	367	390	161	918
闵行区	161	207	28	396
松江区	96	227	4	327
嘉定区	96	207	16	319
宝山区	109	166	29	304

续表

区域	直营店	加盟店	单体药店	合计
奉贤区	17	189	—	206
青浦区	47	121	9	177
普陀区	101	54	18	173
杨浦区	112	31	26	169
静安区	93	50	23	166
徐汇区	89	28	27	144
金山区	54	68	1	123
长宁区	79	16	16	111
虹口区	70	16	21	107
崇明区	26	54	10	90
黄浦区	64	6	17	87
小计	1581	1830	406	3817

（三）销售品类和渠道

按商品销售对象分类，对批发的销售 850. 07 亿元，同比下降 1. 48%；对医院终端的销售 570. 09 亿元，同比增长 7. 44%；对零售终端的销售 96. 94 亿元，同比增长 14. 29%；对居民的销售 91. 19 亿元，同比增长 1. 56%。

按销售品类分类，药品类销售 1420. 63 亿元，同比增长 0. 86%。其中，西

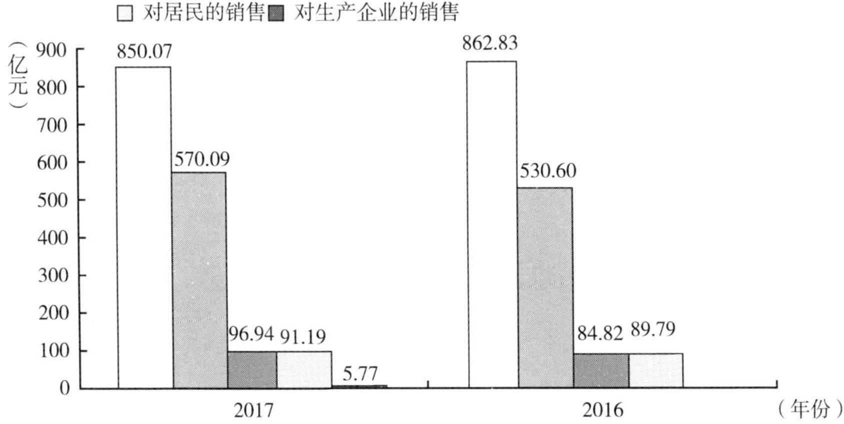

图 1　2017 年上海市医药商业商品销售

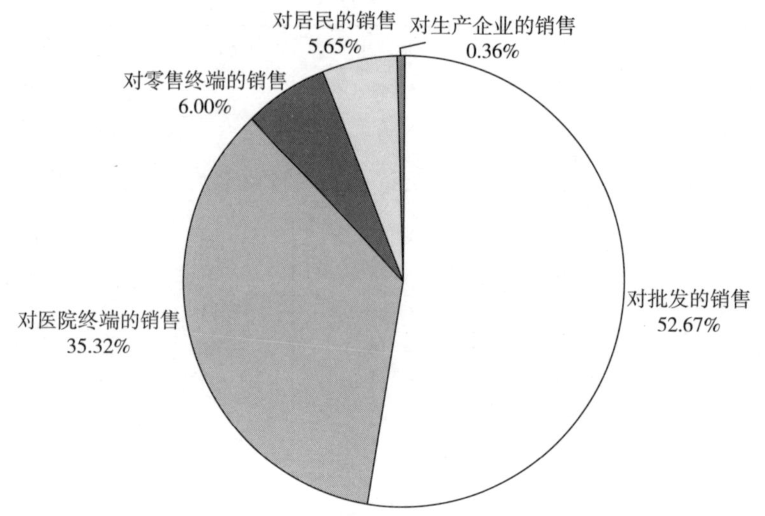

图 2　2017 年上海市医药商业商品销售对象构成

药类 1263. 81 亿元，同比增长 1. 40%；中成药类销售 156. 82 亿元，同比下降 3. 27%。非药品类销售 193. 43 亿元，同比增长 21. 27%。医疗器械类、化学试剂类和其他类销售额增长幅度较大。

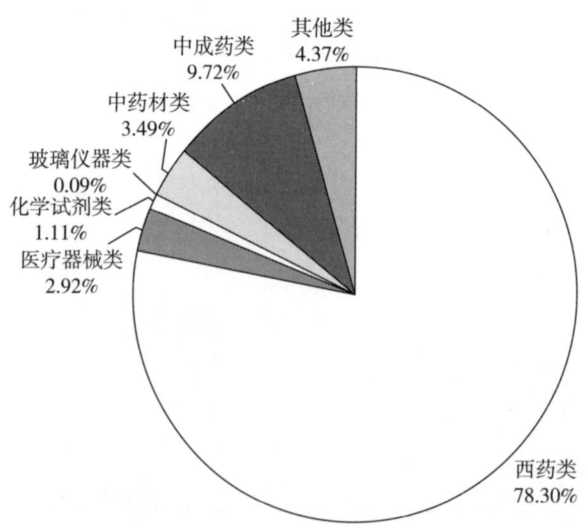

图 3　2017 年上海市医药商品销售大类构成

表 2　2017 年上海市医药商品销售按大类区分

单位：亿元，%

大类名称	本年累计	同比增长	大类名称	本年累计	同比增长
西药类	1263. 81	1. 40	中药材类	56. 27	3. 87
医疗器械类	47. 16	34. 80	中成药类	156. 82	-3. 27
化学试剂类	17. 91	20. 72	其他类	70. 59	30. 26
玻璃仪器类	1. 50	8. 89			

（四）医药物流

上海市 124 家药品批发企业中，有 96 家自设物流仓库。据商务部不完全统计，上海市 48 家样本企业中，共拥有物流中心 68 个，仓库面积 57. 77 万平方米，其中阴凉库 26. 84 万平方米，冷库 1. 91 万平方米，拥有配送车辆 572 辆，承担 4000 所医疗卫生机构、3000 多家零售药店的配送任务。

（五）企业效益

商务部直报企业统计上海地区数据显示，2017 年行业毛利率为 9. 13%，比上年同期下降 0. 59 个百分点；费用率为 6. 76%，比上年上升 0. 54 个百分点；利润率为 3. 12%，比上年上升 0. 38 个百分点。企业利润总额 36. 24 亿元，同比增长 9. 29%；净利润 28. 50 亿元，同比增长 4. 43%。企业平均利润总额 4865 万元，同比增长 18. 83%，站在平均线上的企业 13 家，2017 年亏损企业 6 家，另 3 家企业年内扭亏为盈。

2017 年上海市药品流通行业平均应收账款周转天数 51 天，存货周转天数 53 天，应付账款周转天数 81 天。

（六）从业人员结构

2017 年末上海市医药商业从业人员为 3. 93 万人，同比下降 2. 48%。从学历分布看，研究生及以上学历有 604 人，大学本科学历有 6353 人，大专学历有 13125 人，大专以下学历有 19213 人，学历层次有较大幅度提高。从专业技术职称看，据不完全统计高级技术职称人员 134 人、中级技术职称人员 1865 人；药学技术人员 13923 人，其中执业药师 6549 人，药师（中药师）、从业药师 7374 人；物流人员 2917 人，具有物流师资格的 24 人；电子商务人员 378 人。

（七）社会经济贡献

据上海市统计局公布，2017 年上海市社会消费品零售总额 11830.27 亿元，第三产业增加值 20783.47 亿元，药品流通行业总额占第三产业增加值的 7.77%，其中药品零售总额占社会消费品零售总额的 5.64%，占第三产业增加值的 3.21%。

2017 年上海市药品流通直报企业缴纳所得税额为 6.38 亿元、增值税为 8.12 亿元。

二　2017年上海市药品流通行业运行主要特点

（一）销售增长压力加大，批发零售有增有减

2017 年“两票制”的全面推开，对商业的药品批发销售造成冲击，上海市批发销售额为 850.07 亿元，同比下降 1.48%。市内批发销售额为 274.96 亿元，同比增长 3.59%；市外批发销售额为 554.48 亿元，同比下降 3.63%；直接出口销售额 20.63 亿元，同比下降 6.30%。由于上海市药品流通中药品批发销售一直占据较大的比重，批发销售额下降对行业总销售产生较大的影响，反映为当年上海市药品销售增速远低于全国平均水平。

受医院药占比控制、药品价格下降等因素的影响，对医疗终端销售增速放缓，销售额为 570.09 亿元，同比增长 7.44%，增幅比 2016 年下降 7.74 个百分点。其中，二级及以上医院销售额为 397.33 亿元，同比增长 7.80%，占医疗机构销售的比重为 69.70%；一级及以下医院销售额为 172.77 亿元，同比增长 6.63%。

零售市场方面，销售呈小幅增长，商品零售总额为 91.19 亿元，同比增长 1.56%，增幅比 2016 年下降 13.98 个百分点。药品网上销售受处方药禁止上网销售的监管政策影响，企业关注度下降，投入减少，销售大幅下降，2017

年全年网上药店销售3.49亿元，同比下降17.49%。在电子商务高速发展的形势下，上海市药品企业正探索运用互联网信息系统实现线上咨询线下售药（O2O）、医院处方延伸服务等模式，加强“互联网+医药”的结合。此外，实施“两票制”后集团企业间正探索B2B模式，B2B业务出现快速增长。

（二）药品流通行业兼并重组加快，行业集中度进一步提高

实施“两票制”后，药品流通集团企业加快并购步伐，面向全国进行布局。2017年上海市国药控股与控股股东国药集团签订股权转让协议，以现金方式收购浦东药材股权。至此上药和国药两大集团企业已经完成对上海市大部分区属公司的兼并重组。重组后行业集中度不断提高，其中上海医药（集团）股份有限公司和国药控股股份有限公司分别占了总销售额的39.45%和30.13%，比上年有所提高。另外，销售排前20名的企业销售额达1378.23亿元，占总销售额的85.39%。

上药集团收购康德乐马来西亚100%股权并间接控制康德乐中国全部业务，是近年来全国最大的药品流通收购案之一。通过此次收购，上药集团的销售规模将占据全国第二的位置，这对上海医药发展而言具有里程碑意义。上药控股与康德乐中国整合协同，不仅将显著增强上海医药分销的产业优势，还将进一步巩固上海医药在多个细分业务与创新领域的领先优势，加速整体战略目标的实现。同时，这两家企业分别拥有中国排名第一和第二的DTP网络渠道，随着两者整合工作启动，以上海医药“益药药房”为品牌的特大型新特药服务网络版图将进一步延伸。华润医药集团在上海市收购了国邦后，在全市已经拥有4家药品流通企业。

（三）零售市场稳中有升，注重结构调整

2017年上海市药品零售继续保持小幅增长，医保定点药店仍然是扮演零售药店销售的重要角色。经市、区两级医保经办机构组织评估，又有171家零售药店纳入医保定点药店，目前上海市的医保定点药店为885家，占零售药店总数的23.19%。医院控制药占比政策对零售药店带来利好，零售药店的处方药销售有增长的趋势，特别是医院周边的药店和DTP药店，抗肿瘤药、免疫抑制药、血液制品等药品销售均有不同程度的上升。

药店数量增长且继续向外环线周边及以外拓展。因受本市人口从中心城区向偏远辐射的影响，新建住宅区更多的是位于外环线及以外，越来越多的居民向中心城区以外迁移，作为便民服务的零售药店也随之远离中心城区发展。2017 年零售药店数量 3817 家，同比增长 5.21%。增加的零售药店多为外环线以外，而市中心因市政建设、原居民区改建等原因零售药店数量呈下降趋势。

上海市药品零售连锁率一直保持全国领先，近年来由于药店效益分化加大，药店的易手次数增加，这是连锁企业兼并扩张的有利时期，2017 年药品零售连锁率达到 89.36%。另外上海市连锁加盟率较高，也给连锁企业带来了管理方面的挑战。受网上药品销售必须是连锁企业的现行规定影响，药品零售连锁企业数量有所增加，2017 年底药品零售连锁企业达到 47 家。

大型医药商厦仍然保持稳步增长，但由于历年来积累的基数较高，发展速度减缓。部分商厦通过设立中医门诊带动门店取得不错的销售业绩，名医效应和便捷服务受到消费者的认同，中医门诊也受到更多企业的重视，2017 年上海市已有 24 家中医门诊取得医保定点资质。

提升药学服务不仅是药品零售安全合理用药的重要环节，也是药品零售企业竞争的重要手段。2017 年上海市在药学技术人员培养方面取得了进展，已取得执业药师资格的人数有 14829 人（不包括 2017 年考取的执业药师），注册的人数达 6549 人，处于全国领先位置。上海市还率先建立起由协会承接的药师备案和审核药师挂牌上岗制度，有 7374 名药师通过审核在零售药店挂牌上岗，从事药学服务工作。

（四）医药物流持续发展，仓储扩容效能提升

现代医药物流是衡量药品流通发展水平的标志之一，现代医药物流在上海市药品流通中发挥了提升企业周转效率、降低运行成本、提高药品储运安全的作用。企业在现代医药物流建设中，结合信息系统运用，广泛采用新技术，使现代医药物流上了新台阶。如国药物流完成二期建设后，康宁路库区面积达到 6.7 万平方米，在保税区建成 2.4 万平方米的现代化仓库，整个物流仓储中冷库面积达到 6370.5 平方米。物流采用 OSR 零拣系统，采取货到人的拣货方式，减少了人员行走时间，效率是传统拣货方式的 3 倍。公司自主开发赛飞云供应链管理云平台，打造安全、可及、可视、高效的信息平台，提供药品全程

可视化追溯服务以及供应链智能优化服务、商业咨询服务。上药物流仓库采用高位立体货架、穿梭式货架等符合国际标准的货架，以自动堆垛机、自动分拣机、数码拣选系统、电子标签和 RF 等现代化设备进行作业，引入先进的 WMS/WCS，与公司的 ERP 无缝对接，实现了药品验收、存储、分拣、配送等环节的自动化、信息化和实时化。2017 年完成嘉定区丰功库的改造建设，启动本部库区二期工程及新库区的规划工作，并深化冷链运营体系建设，实现对上海市冷链客户的全覆盖。九州通、康德乐等现代医药物流企业充分发挥各自的特长，在供应链配送服务以及第三方物流方面发挥积极的作用。

（五）创新业务模式，“互联网 + 医药”新突破

上药云健康与腾讯公司签署战略合作协议，双方在电子处方流转、医保在线支付、医疗金融创新支付模式及大健康管理等领域建立战略合作伙伴关系。上药云健康旗下的益药金融携手阿斯利康推出针对肺癌靶向创新药品泰瑞沙的金融分期服务，切实为患者及家庭减轻支付压力和治疗负担，帮助患者提高生活质量。国药集团零售转型战略的载体——国药健康在线通过执业药师团队提供一系列专业的在线用药咨询、医疗及健康管理咨询等服务，同时整合集团公司多方数据，通过多地的合作线下药房进行销售，充分利用国控分销零售药房和国大药房在全国各地的布局，形成品规齐全、物流便捷的 OTC、处方药零售网络。针对慢性病患者逐步完善患者服务平台，为医疗机构复诊续方互联网化提供一体化解决方案。2017 年完成 A 轮融资 1.2 亿元人民币。

三　药品流通发展展望

（一）大健康战略推进药品流通行业发展

2018 年习近平总书记在海南考察调研时强调要大力发展健康事业，并指出实现“两个一百年”奋斗目标，要坚持以人民为中心的发展思想，经济要发展，健康要上去，人民的获得感、幸福感、安全感都离不开健康，要大力发展健康事业，要做身体健康的民族。李克强总理在视察上海时指出，对外开放不仅是发展兴国之策，更是惠民之举。在全国人大会议上承诺降低进出口税

率，抗癌药品力争降到零税率。大健康事业必将给药品流通行业创造发展空间，社会办医、中医药发展、社会化医疗保险制度等政策利好将不断推进药品流通行业的发展。药品流通行业也面临新形势、新任务、新技术的挑战，企业在做大规模的同时，如何承担更多的社会责任，以消费者为中心提供优质服务，保障药品质量安全，降低药品价格；如何继续扩大服务领域，探索医疗、健康、互联网、金融与药品流通的融合，在提供更多优质服务的基础上赢得更大的市场。

（二）药品流通行业转型升级向纵深发展

《国务院办公厅关于进一步改革完善药品生产流通使用政策的若干意见》（国办发〔2017〕13 号）进一步就改革药品生产流通行业明确了方向。药品流通行业转型升级将进入快车道，批零业务一体化、信息技术广泛运用、多仓协同资源配置更趋于合理。分级诊疗、药品供应保障和监管制度等变化将对药品流通体制带来重大的影响。上市许可人制度、仿制药一致性评价、医保付费方式改革、医保总额控制等政策，颠覆了已有的药品流通供应链体系，加快了药品流通行业转型升级的步伐。“两票制”加快了企业兼并重组速度，同时也使重组企业面临药品配送到位、面向医疗机构的药事延伸服务以及应收款回笼等诸多挑战。

（三）资源整合模式创新医药供应链服务升级

医改带来新变化，分级诊疗、“两票制”等政策的推进，要求药品流通供应链也随之改变。医药分销渠道扁平化，企业需要改变内部和外部的信息孤岛状态，有效地规划和管理供应链上的供应、采购、运营、分销等活动，特别是强化供应链中上下游之间的协调和合作，以实现物流、信息流和资金流的有效整合。在医药企业重组兼并过程中，集团性企业内部的物流网络布局将进一步优化，多仓协同、跨区域配送将更有利于提升效率、整合资源、保障药品质量安全。在“互联网＋”背景下，医药供应链借助于互联网技术和云平台技术，通过产业供应链运营的可视化、智能化、自动化和集成化，提高了库存管理、装卸运输、采购、订货、配送、订单处理等方面的自动化水平。

国务院取消从事第三方药品物流业务的行政审批，鼓励拥有完整质量体系的大型药品流通企业向供应链各方开放其物流资源，提高医药物流效率。中国邮政等物流企业或将进入药品物流领域，通过合作或重组进一步促进医药物流行业优化升级、提高配送效率。

“批零一体化”将改变药品批发、零售分开许可的现有制度，有利于药品企业降低成本、提高效率。同时，也部分消除了长期以来集团购买批发、零售无法界定的政策障碍。此外，搭建的以企业为主体、第三方参与、政府监管的（药品、医疗器械）全程追溯平台，将成为供应链体系中保证药品安全的重要组成部分。

（四）药品零售服务传承与创新

零售药店正酝酿推行“分类分级管理”，随着医改的进一步深入，医保配套措施的出台，“医药分开”或将到来，药品零售企业如何提升药学能力来承接“医药分开”将是今后一个时期的竞争焦点。零售药店逐步细分化，如以专科新特药为特色的DTP药店、以慢病管理为特色的慢性病药物药店、以健康保健为特色的护理品药店、以母婴保健为特色的母婴产品药店，以及传统品牌中华老字号的中医门诊药店等，通过“消费者为中心”的药学服务理念，建立起可持续发展的业务模式。

（五）“互联网+医疗健康”推进药品流通发展

国家确定发展“互联网+医疗健康”，这为药品流通创造了良好的政策环境。药品流通将利用互联网、大数据、支付方式等技术提供增值服务，融合电子处方、医保在线支付手段实现线上线下融合发展。未来B2B将实现快速发展，特别是由于集团内企业间的信息畅通，B2B将成为企业间重要的交易方式。

B.30 2017年四川省药品流通行业发展报告

四川省医药商业协会*

摘　要： 2017年四川省药品流通行业市场销售规模稳步增长，批发市场销售额进一步提高，零售市场销售增速有所放缓。在国家供给侧结构性改革和医药卫生体制改革等政策的引导下，四川省药品流通行业加强结构优化、加速转型升级，在变革中得以不断发展。

关键词： 药品流通　市场销售　零售市场　四川省

2017年，四川省各级政府按照党中央、国务院决策部署，坚持稳中求进工作总基调，坚持以推进供给侧结构性改革为主线，加快推动医疗卫生改革与医药产业的结构调整和转型升级，极大地促进了药品流通行业在改革大局下新经营形式的优化重塑，使其在变革中得以不断发展。

一　经济和卫生资源概况

（一）经济和人口

2017年四川省国民经济和社会发展统计公报显示，四川省全年实现地区生产总值（GDP）36980.2亿元，比上年增长8.1%，增速比全国平均水平高1.2个百分点。其中，第三产业增加值18403.4亿元，同比增长9.8%，增速

* 执笔人：陈琳，四川省医药商业协会副秘书长、高级经济师。

比全国平均水平高1.8个百分点。

截至2017年9月底，全省总人口9207.74万人，65岁及以上老人占总人口的12.77%。共办理生育登记69.86万例，其中拟生育二孩31.99万例，占办理生育登记的45.79%。

（二）社会消费水平和医疗保障资源

2017年，四川省社会消费品零售总额17480.5亿元，比上年增长12.0%。全年居民消费价格（CPI）比上年上涨1.4%，其中医疗保健类上涨4.2%。居民消费水平16013元。批发和零售业增加值2138.45亿元。

2017年，四川省地方财政医疗卫生支出772.24亿元，城镇基本医疗保险基金支出567.18亿元，城镇基本医疗保险年末参保人数5056.8万人。

根据四川省卫计委统计信息报告，至2016年末四川省各类公立医疗机构总收入2275亿元，其中，医疗收入2042亿元，占总收入的90%。医疗收入中，药品收入总额为693亿元，占医疗收入的34%。

四川省统计局数据显示，2016年四川省医药零售限额以上企业的销售规模为227亿元。全省药品终端销售收入总规模为920亿元。其中，第一终端（县级以上公立医院）药品收入355亿元，占39%；第二终端医药流通零售限上企业销售收入227亿元，占25%；第三终端（公立基层医疗机构）药品收入合计338亿元，占37%。属于卫生医疗体系的第一和第三终端合计占全省药品终端销售收入的76%。各类医疗机构基本药物收入230亿元，占医疗机构药品收入总额的33%。

截至2017年底，全省医疗卫生机构80480个，比上年增长964个。其中，医院2219个，占全省医疗卫生机构的2.76%；基层医疗卫生机构77484个，占96.28%；专业公共卫生机构（含计划生育技术服务机构）710个，占0.88%；其他医疗卫生机构67个，占0.08%。

四川成为全国第一个全域推进分级诊疗和率先取消药品加成的人口大省，2017年因“取消药品加成”县级以上医院减少门诊药品收入7.65亿元，减少出院药品收入14.39亿元。医院平均药占比约32%，基层医疗机构平均药占比约47%。

二 行业发展概况

（一）整体规模

2017 年四川省药品流通行业实现销售总额 1215 亿元，扣除不可比因素，比上年同期增长 97 亿元，增长率 8.7%，增速与上年的 8.5% 基本持平。其中，批发销售 992 亿元，比上年同期增加 101 亿元，增长率 11%，增幅与上年持平，占总销售规模的 82%。零售限上企业销售 233 亿元，比 2016 年同期增长 7 亿元，增长率 3%，增幅回落 8 个百分点，占总销售规模的 19%。

行业销售总规模持续增长，但仍维持在连续两年两位数以下的增长，这和全国药品流通行业的增长速度一致。零售行业虽有所增长，但增速与同期比明显下降。

截至 2017 年末，全省共有药品流通企业 7275 家。药品批发企业 1026 家；药品零售企业 6249 家，零售连锁企业 430 家，下辖门店 22204 家；零售单体药店 5819 家。门店总数为 28023 家。

（二）企业效益

四川省医药商业协会通过对省内绵阳、德阳、乐山、宜宾四个城市的药品流通行业（按限额以上批发零售企业口径）运行情况进行调查分析，对其所提供的行业财务主要指标进行分析，对全省二、三级城市药品流通行业具有代表性，也较大程度上反映了四川省药品流通行业的经营效益状况。

表 1　四川省典型调查药品流通限上批发零售企业主要财务指标

单位：万元，%，次

主要财务指标	批发	零售	批零合计
医药企业主营业务收入	792173	296373	1088546
医药企业主营业务成本	709262	257348	966610
医药企业主营业务利润	21376	5011	26387
医药企业主营业务税金及附加	1458	1887	3345

续表

主要财务指标	批发	零售	批零合计
医药企业资产总计	384184	124958	509142
医药企业固定资产合计	23467	13164	36631
医药企业流动资产合计	323946	99360	423306
医药企业负债合计	233835	89366	323201
医药企业所有者权益合计	95348	35593	130941
主营业务毛利率	10	13	11
主营业务销售利润率	3	2	2.42
资产利润率	5.56	4.1	5.18
资产负债率	75	72	63.48
流动比率	138	111	130
年流动资产周转(次)数	2.4	2.9	2.5

由表1主要财务分析指标可观察行业经营效率。

（1）效益水平方面。①主营业务毛利率：批发为10%，零售为13%，行业平均为11%。②主营业务销售利润率：批发为3%，零售为2%，行业平均为2.42%。两个指标，一方面反映了行业收益的稳定性和抗风险能力；另一方面也反映了药品流通行业在全产业供应链中处于低利润位置运行。

（2）资产效率方面。①资产负债率：批发企业为75%，零售企业为72%，行业平均为63%。资产负债率是衡量企业财务风险程度的重要指标，此指标反映了行业经营规模和资产结构配比合理稳健，处于资产安全可控范畴，且还具有一定的负债空间。②资产利润率：批发为5.56%，零售为4.1%，行业平均为5.18%。由此表明企业资产的综合利用效率较合理，行业在增加收入、节约资金和发挥资产效能方面运行稳定。

（3）资金效率方面。①流动比率：批发为138%，零售为111%，行业平均为130%。流动比率是衡量企业短期资金风险的指标。该指标偏低，可知原因是应收账款、预付账款等资金数额增加，增大的资金压力未得缓解，进而拖累企业营运能力和短期资金周转能力。②年流动资产周转（次）数：批发为2.4次，零售为2.9次，行业平均为2.5次。反映出企业年资金周转次数偏低，周转天数过大，可知的主要原因是企业的应收账款、应收票据和预付资金过大，只有提高销售收入、降低资金占压，才能提高流动资金的周转次数。由此可见，“两票制”后企业垫付资金状况更加显著，资金周转紧张的问题更加突出。

（三）社会经济贡献和协同发展

表2　四川省药品流通行业相关情况

项目	数据
医药及医疗器材批发零售合计(亿元)	1215
对第三产业增加值的贡献率(%)	0.52
占社会消费品零售总额的比重(%)	7.7
对批发和零售业增加值的贡献率(%)	4.6
就业人数(万人)	36

2017年，四川省药品流通行业对第三产业增加值的贡献率为0.52%，对批发和零售业增加值的贡献率4.6%；占社会消费品零售总额的比重为7.7%；全行业从业人数约为36万人。

地方经济和卫生事业的发展是药品流通行业发展的基础，三者长期以来发展趋势协同一致。

表3　2012～2016年四川省行业与经济卫生协同发展情况

单位：亿元，万人，%

指标	医药批发零售合计销售	地方财政医疗卫生支出	城镇基本医疗保险基金支出	城镇基本医疗保险年末参保人数
2012年	630	424.26	276.82	2383.8
2013年	860	487.2	344.02	2486
同比增长	36.51	14.84	24.28	4.29
2014年	928	584.1	410.08	2576.5
同比增长	7.91	19.89	19.20	3.64
2015年	1030	686.42	490.68	2650.7
同比增长	10.99	17.52	19.65	2.88
2016年	1118	772.24	567.18	5056.8
同比增长	8.54	12.50	15.59	90.77

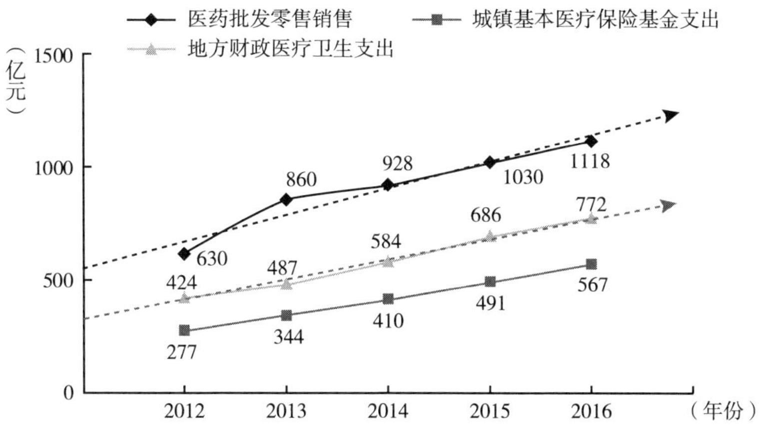

图1　2012～2016年四川省药品流通行业与卫生经济发展相关情况

以2012～2016年为观察区间，以四川省地方财政医疗卫生支出、城镇基本医疗保险基金支出、医药批发零售销售三种关系为参照，可见在5年区间三项指标的同步发展和依存关系。尤其是地方财政对医疗卫生的支持，保障了城镇基本医疗保险基金的收支平衡，从而也给药品流通行业提供了销售增长基础。

（四）与全国和其他地区发展水平比较

四川省药品流通行业在全国具有区域性代表意义，通过与全国及重庆、江苏、湖北同行业进行比较分析，一是可见地区规模差别，二是可见经营效益水平差别。①

表4　四川省药品流通限上批发零售企业主要效益指标与同行业对比

单位：亿元，%

主要财务指标		全国	四川	重庆	江苏	湖北
医药及医疗器材批发	批发主营业务收入	23204	891	838	1414	1250
	批发主营业务毛利率	10.93	10.68	8.46	16.11	7.76
	批发主营业务利润率	—	2.87	2.27	1.41	2.4
医药及医疗器材零售	零售主营业务收入	7101.99	226	271	916	610

① 注：数据以协会对绵阳、德阳、乐山、宜宾等四市行业调查为依据。

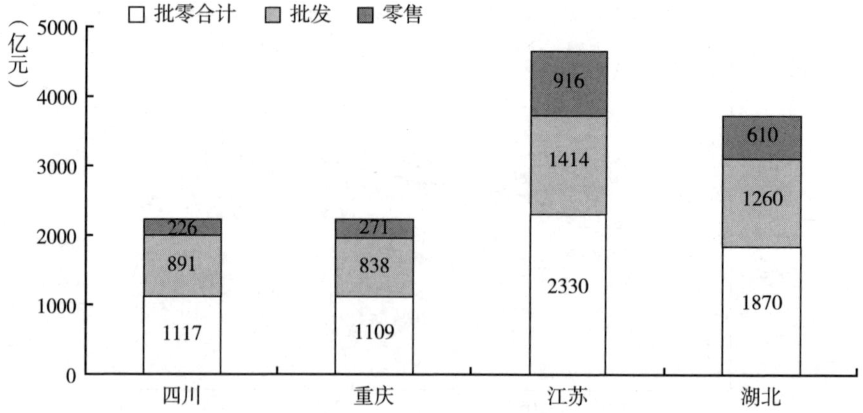

图2　2016 年四川省医药流通行业与省外同行业销售规模比较

注：若按 2017 年医药零售口径，四川省为 233 亿元、重庆市为 314 亿元、湖北省为 624 亿元、江苏省按全社会医药保健零售消费支出报告为 1574 亿元。

（五）经营品类结构

四川省医药商业协会对 2017 年上半年典型批发企业和零售药店的品类结构进行调查，批发企业经营品类结构中，化学药类占 76%，居主导地位，中成药占 21%。零售企业经营品种结构中，化学药类占 52%，中成药类占 20%，中药材类占 13%。

医疗机构药品结构继续变化。在 2017 年版的国家医保目录中新增 300 多个药品纳入报销范围，四川省也同步扩大用药目录，而中药注射剂和辅助用药的使用则受到了限制。零售企业在处方外流和大健康背景下，品种经营结构调整注重慢病常用药及辅助用药、医疗器械和家庭保健用品、工厂对药店直营药品种增加，中药和中药饮片类在零售药店中占有一定比重。

表5　药品批发零售企业经营品种分类结构

单位：%

品类	零售企业品种占比	批发企业品种占比
化学药类	52.00	76.00
中成药类	20.00	21.00
中药材类	13.00	1.90

续表

品类	零售企业品种占比	批发企业品种占比
医疗器械类	7.00	1.1
保健品食品类	6.00	
其他类(药妆等)	2.00	

三 行业运行特点

（一）深化医改全面推进，产业政策促进发展

2017 年，四川省各级政府全面落实国家深化医改和坚定推进经济供给侧结构性改革，统筹布局做好稳增长、促改革、调结构等各项工作，在促进医药产业和流通行业改革发展方面出台了一系列重要政策。

4 月，四川省印发了《关于在四川省公立医疗机构药品采购中推行“两票制”的实施方案（试行)》，这是药品领域的一项重要改革举措。在减少药品流通环节、降低药品虚高价格的同时，也加剧了药品流通行业的急剧洗牌和重组整合。同月，四川省发布了《四川省人民政府办公厅关于促进医药产业健康发展的实施意见》，明确了涵盖技术创新、质量升级、产业结构优化、医药物流体系建设等方面的主要任务，提出到 2020 年医药产业规模突破 5000 亿元，主营业务收入年均增速高于 15% 的目标。

年中，为继续深化全省药品生产流通行业的体制改革，省政府办公厅印发了《四川省进一步改革完善药品生产流通使用政策实施方案》，涉及完善药品产业政策、改革药品流通体制、加强医疗和用药监管三大领域，提出了支持药品流通企业转型发展、推行药品购销“两票制”、发展“互联网 + 药品流通”等相关政策。

2017 年，四川省各级政府和主管部门相继出台了促进药品流通行业改革发展的政策和措施。四川省发展改革委公布了《四川省城市公立医院取消药品加成补偿办法》，省、市、县三级公立医院全面取消药品加成。四川省商务厅召开了药品流通行业座谈会，落实国务院办公厅相关药品流通改革政策和四

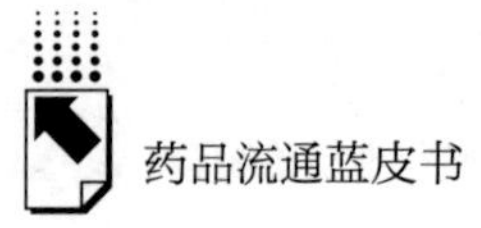

川省药品流通行业“十三五”规划，并交流了流通企业跨区开店与药品配送、企业兼并重组、药品零售企业多元化经营、“互联网+”、医疗机构回款拖欠等行业发展中面临的困难和问题，提出了促进行业发展的意见和建议、商务主管部门行使行业管理职能的着力重点，对进一步提高行业管理服务水平、推进全省药品流通行业持续健康发展明确了目标。

成都市食药监局在全国率先推进电子处方试点工作，落实对处方外流和“互联网+药店电子处方”的安全监管，为医药分开搭建新型安全用药交易平台。成都市政府出台了《推进中医药健康服务发展行动方案》，提出了一系列促进中医药相关产业发展的目标及措施。

（二）行业结构调整加快，推动企业转型升级

2017 年“两票制”对药品流通行业来说是前所未有的严峻挑战，四川省药品流通企业积极应对。一方面，药品流通企业进入全国性、区域性行业重组，实现强强联合，融入全国上下游资源共享的战略性大格局。省内企业的兼并重组也更广泛，工商、商商联盟抱团经营的新模式不断涌现。另一方面，企业更注重提升内涵品质，进一步加强企业精细核算实现有效销售，着力解决“两票制”下新的资金周转压力等新矛盾，围绕医院做好建立供应链新信息系统和助推药事医事等延伸服务。

四川省投资促进局与央企嘉事堂药业股份有限公司签订战略合作协议。嘉事堂完成了对成都蓉药集团旗下蓉锦医药贸易有限公司 51% 股权的收购，将其变更为四川嘉事蓉锦医药有限公司。嘉事堂药业计划总投资 50 亿元人民币，先期预计投资 20 亿元，大力发展蓉锦医药网 B2B 电商业务，旨在以嘉事蓉锦为西南区总公司平台，以成都为中心延伸四川及西南地区医药产业链，推动西南地区医院配送、医药电商等业务的发展。四川绵阳科伦医药贸易有限公司研发的“智慧医药供应链服务及智慧医药物流”系统，是与绵阳市中心医院共建共管的库房、便民药房及为医药物流服务的延伸项目，获得医院认可和好评。成都广药新汇源医药有限公司、四川贝尔康医药（集团）有限公司、四川神宇医药有限公司强强联手，组成了“联采联配新型联盟”，实现上游供应资源和下游客户资源的共建共享，这是对商商、工商联盟整合新型供应链的积极探索。

（三）零售经营模式创新，新兴市场三分天下

2017 年，由政府主导的医改任务配套清单中提出，拟试行零售药店分级管理，鼓励连锁发展，支持开展网上购药，支持处方外流和建设统一、开放的医保结算接口，开展相关大健康产品经营等，从而极大地推动了药品零售行业和医药电商进行经营模式的积极探索，药店 + 诊所、DTP 药房、药房托管、“互联网 +”、院外处方流转平台等多种新经营模式各具特色，互为补充，充满活力。而医院分级诊疗的推进，统一了基层医疗机构和二、三级医院用药目录，即将高血压、糖尿病等慢病常用药下放至社区医院，从而吸引了大量患者，直接分流了零售药店市场份额。

成都市药监局积极推进药品零售环节电子处方试点工作。截至 2017 年 11 月，全市有 103 家药品零售连锁企业共 4346 家门店开展电子处方试点工作，开具电子处方 504.3017 万笔而未发生一例纠纷。电子处方既有利于处方药监管和为患者服务，也对药店销售提供安全实用的平台。

全亿健康药房连锁有限公司年内再收购四川 5 家连锁药店，正式整合了四川巴中怡和药业、成都芙蓉大药房、宜宾天天康、成都乐源堂、成都宁丰堂等 5 家连锁药店，门店网络从华东地区延伸到了西南市场。

国内医药零售品牌企业云南鸿翔一心堂药业（集团）股份有限公司年内在资本市场发出三则公告，称拟斥资 1.58 亿元收购绵阳、广元等地共计 60 家零售药店。一心堂意欲突破 500 家直营连锁店，重点抢占成都市场。

（四）医药电商加速发展，协会引领共同发展

2017 年是医药电商稳健向好的一年，在政策方面迎来多轮“解禁”，先后取消了医药电商 B、C 证，以及“含金量”最高的 A 证，对网上药店予以放开，并鼓励“网订店取，网订店送”的新型配送方式，医药电商的门槛进一步降低，受到更多的资本青睐。

2017 年 10 月，国内首个省级医药电商分会即“四川省医药商业协会医药电商分会”在成都正式成立，开创了省级医药电商分会的先河，将带动行业电商企业加速提升电商发展速度。

作为四川省最具代表性的医药电商泉源堂增势迅猛，2017 年药品销售额

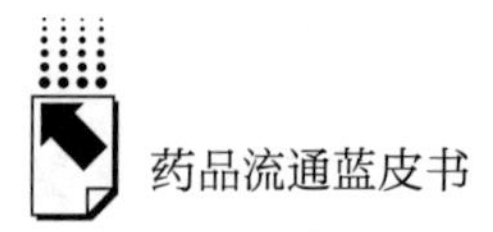

达7亿多元，与数百家国内外知名药企展开合作，经营药品及相关品种规格近2万个，线上成交用户超过500万，成为商务部发布的2017～2018年度电子商务示范企业。泉源堂发力于电商，却不止于电商，2017年医药新零售正式布局于成都天府新区，旨在打造为国内领先的一站式医药销售及服务平台。

（五）确立中药强省战略，资源优势蓄势崛起

2017年，四川省人民政府召开中医药发展大会，省长尹力和国家中医药管理局局长王国强等领导和专家出席会议。会议全面总结了全省中医药发展工作，对新时期加快中医药强省建设进行安排部署，确立了由中医药大省向中医药强省转变的战略目标。

全国第五届中药材基地共建共享交流大会暨国际中药健康产业（成都）博览会在成都举行，全球数百家产区基地、制药企业等业界知名代表参会，就推进中药材品种规范化规模化建设、探索药材质量产量和价格等内容进行交流。

（六）抓住机遇做大增量，开创行业发展新篇

2017年，在各级政府政策引领下，四川省药品流通行业呈现独特的活力和特色，在西南地区发挥了表率作用。展望未来5～10年，将是深化医改进程和配套改革的关键时期，医保投入和居民收入的增加将成为医药经济增长的新驱动力，为药品流通行业带来新的发展机遇。行业下一步的任务：一是，不失时机地抓住医改推进中分流的新增市场；二是，精耕细作第二终端零售药店市场，继续打造“互联网+”的O2O模式、品种专营的DTP模式、药店+诊所模式等新经营方式，加大对保健品、药妆产品、智能器械等大健康产品开发力度，培植承接处方外流和多元化经营增量的能力；三是，随着“两票制”的进一步实施，要在促进企业加强精细化管理和资金运作上下功夫，重新塑造全局供应链，切实抓住商商、工商新一轮大融合的机遇；四是，加快培育药事服务和线上线下融合能力强的医药电商企业；五是，四川中药和健康养生品及服务将成为四川经济重要支柱产业之一，药品流通企业要抓住这一发展商机；六是，在新的GSP质量监管方式下，企业要加强文化建设，更加严格自律。

说明：

数据来源：国家统计局数据库、四川省统计局和相关地方统计局相关公告文件和数据库、四川省卫生和计划生育委员会相关公告和统计资料、四川省食品药品监督管理局、四川省医药商业协会典型调查企业资料。

指标解释：限额以上批发和零售业统计范围从2011年开始包括年主营业务收入2000万元及以上的批发业和年主营业务收入500万元及以上的零售业统计单位。

附　　录

Appendices

B.31
2017年药品流通行业相关数据

中国医药商业协会

表 1　2012 ~ 2017 年药品流通行业销售统计

单位：亿元

年份	2012	2013	2014	2015	2016	2017
销售额	11174	13036	15021	16613	18393	20016

表 2　2017 年药品流通行业区域总销售排序

单位：万元，%

序号	地　区	销售总额	西药类销售占比	中成药类销售占比	中药材类销售占比
1	广　东	18702598	72. 24	17. 88	3. 04
2	北　京	17031004	67. 27	16. 87	4. 39
3	上　海	16177115	79. 83	8. 16	3. 66
4	江　苏	14882591	75. 21	17. 06	1. 53
5	浙　江	14513488	74. 73	15. 66	3. 70
6	山　东	11439902	74. 11	16. 95	0. 81

续表

序号	地　区	销售总额	西药类销售占比	中成药类销售占比	中药材类销售占比
7	河　南	11176306	73.61	11.12	1.63
8	安　徽	10975667	82.48	6.16	0.42
9	四　川	8101777	81.72	10.43	2.48
10	云　南	7610200	74.88	15.75	2.01
11	湖　北	7523394	77.38	10.79	1.19
12	湖　南	6841040	70.12	15.51	5.20
13	重庆市	6820411	47.71	27.83	17.22
14	河　北	5439688	76.06	12.88	3.11
15	天津市	5306277	48.13	17.68	0.65
16	辽　宁	4273159	76.06	20.24	1.03
17	陕　西	3886379	63.77	17.56	5.49
18	山　西	3807451	77.25	14.36	1.47
19	福　建	3736565	84.35	7.72	3.00
20	广　西	3329441	76.79	15.12	2.49
21	江　西	2836262	68.70	22.34	2.00
22	黑龙江	2708203	67.19	25.35	1.27
23	贵　州	2530016	64.44	20.86	2.89
24	吉　林	2285439	71.54	20.31	1.06
25	海　南	2039183	85.85	8.56	0.43
26	新　疆	1649973	80.40	16.44	0.11
27	宁　夏	1420326	74.28	15.41	5.30
28	甘　肃	1399345	62.42	20.86	10.18
29	内蒙古	920349	82.65	10.41	0.82
30	西　藏	494623	100.00	0.00	0.00
31	青　海	304369	74.92	17.30	2.69
	全国合计	200162539	73.17	14.97	3.05

资料来源：商务部药品流通行业统计系统。

表 3　2017 年西药类区域销售统计

单位：万元，%

序号	地　区	西药类销售总额	区域销售比重
1	广　东	13509979	9.22
2	上　海	12913804	8.82
3	北　京	11456275	7.82
4	江　苏	11192619	7.64
5	浙　江	10845910	7.41
6	安　徽	9052370	6.18
7	山　东	8477616	5.79
8	河　南	8227157	5.62
9	四　川	6620423	4.52
10	湖　北	5821487	3.97
11	云　南	5698518	3.89
12	湖　南	4797026	3.28
13	河　北	4137582	2.83
14	重　庆	3254005	2.22
15	辽　宁	3250308	2.22
16	福　建	3151689	2.15
17	山　西	2941414	2.01
18	广　西	2556624	1.75
19	天　津	2554129	1.74
20	陕　西	2478383	1.69
21	江　西	1948548	1.33
22	黑龙江	1819685	1.24
23	海　南	1750734	1.20
24	吉　林	1634918	1.12
25	贵　州	1630280	1.11
26	新　疆	1326579	0.91
27	宁　夏	1055021	0.72
28	甘　肃	873469	0.60
29	内蒙古	760685	0.52
30	西　藏	494623	0.34
31	青　海	228027	0.16
	全国合计	146459887	100.00

资料来源：商务部药品流通行业统计系统。

表 4　2017 年中成药类区域销售统计

单位：万元，%

序号	地　　区	中成药类销售总额	区域销售比重
1	广　　东	3343359	11.16
2	北　　京	2873666	9.59
3	江　　苏	2539070	8.47
4	浙　　江	2272457	7.58
5	山　　东	1938717	6.47
6	重　　庆	1898203	6.34
7	上　　海	1320859	4.41
8	河　　南	1242866	4.15
9	云　　南	1198983	4.00
10	湖　　南	1061064	3.54
11	天　　津	938046	3.13
12	辽　　宁	864832	2.89
13	四　　川	844905	2.82
14	湖　　北	811569	2.71
15	河　　北	700697	2.34
16	黑 龙 江	686591	2.29
17	陕　　西	682578	2.28
18	安　　徽	675785	2.26
19	江　　西	633571	2.11
20	山　　西	546893	1.83
21	贵　　州	527852	1.76
22	广　　西	503339	1.68
23	吉　　林	464202	1.55
24	甘　　肃	291905	0.97
25	福　　建	288476	0.96
26	新　　疆	271256	0.91
27	宁　　夏	218885	0.73
28	海　　南	174633	0.58
29	内 蒙 古	95816	0.32
30	青　　海	52646	0.18
31	西　　藏	0	0.00
	全国合计	29963719	100.00

资料来源：商务部药品流通行业统计系统。

表 5　2017 年中药材类区域销售统计

单位：万元，%

序号	地　　区	中药材类销售总额	区域销售比重
1	重　　庆	1174448	19.22
2	北　　京	747014	12.22
3	上　　海	591594	9.68
4	广　　东	568891	9.31
5	浙　　江	536361	8.78
6	湖　　南	355747	5.82
7	江　　苏	227267	3.72
8	陕　　西	213433	3.49
9	四　　川	200739	3.28
10	河　　南	182607	2.99
11	河　　北	169151	2.77
12	云　　南	153316	2.51
13	甘　　肃	142387	2.33
14	福　　建	112003	1.83
15	山　　东	92907	1.52
16	湖　　北	89790	1.47
17	广　　西	82821	1.36
18	宁　　夏	75216	1.23
19	贵　　州	73070	1.20
20	江　　西	56836	0.93
21	山　　西	56094	0.92
22	安　　徽	46254	0.76
23	辽　　宁	44169	0.72
24	天　　津	34538	0.57
25	黑 龙 江	34338	0.56
26	吉　　林	24208	0.40
27	海　　南	8868	0.15
28	青　　海	8195	0.13
29	内 蒙 古	7550	0.12
30	新　　疆	1815	0.03
31	西　　藏	0	0.00
	全国合计	6111627	100.00

资料来源：商务部药品流通行业统计系统。

表 6　2017 年医疗器材类区域销售统计

单位：万元，%

序号	地　区	医疗器材类销售总额	区域销售比重
1	河　南	1162377	12. 37
2	安　徽	1063697	11. 32
3	山　东	834630	8. 88
4	广　东	803137	8. 55
5	北　京	639472	6. 81
6	浙　江	551454	5. 87
7	上　海	502659	5. 35
8	江　苏	492055	5. 24
9	湖　北	384242	4. 09
10	陕　西	344728	3. 67
11	湖　南	272809	2. 90
12	天　津	263150	2. 80
13	四　川	260178	2. 77
14	贵　州	248199	2. 64
15	重　庆	215968	2. 30
16	山　西	186765	1. 99
17	河　北	149080	1. 59
18	吉　林	147154	1. 57
19	黑 龙 江	144196	1. 53
20	福　建	141346	1. 50
21	云　南	119601	1. 27
22	广　西	94283	1. 00
23	辽　宁	71273	0. 76
24	江　西	70069	0. 75
25	海　南	58233	0. 62
26	宁　夏	52652	0. 56
27	甘　肃	41698	0. 44
28	新　疆	41249	0. 44
29	内 蒙 古	30288	0. 32
30	青　海	10426	0. 11
31	西　藏	0	0. 00
	全国合计	9397070	100. 00

资料来源：商务部药品流通行业统计系统。

表7　2010～2017年药品流通行业企业数量统计

单位：家

年份	批发企业数量	零售连锁企业数量	零售单体药店数量
2010	13500	2310	262000
2011	13900	2607	277100
2012	16300	3107	271100
2013	14900	3570	274415
2014	13274	4266	263489
2015	13508	4981	243162
2016	12975	5609	226331
2017	13146	5409	224514

资料来源：国家药品监督管理局。

表8　2017年药品流通行业区域企业数量统计

单位：家

序号	区　域	企业数量		
		企业总数	其中:批发企业数	其中:零售企业数
1	北　京	5932	256	5676
2	天　津	4873	140	4733
3	河　北	24112	603	23509
4	山　西	11226	391	10835
5	内蒙古	13194	190	13004
6	辽　宁	21290	404	20886
7	吉　林	13451	479	12972
8	黑龙江	19947	517	19430
9	上　海	4094	162	3932
10	江　苏	26821	378	26443
11	浙　江	17698	428	17270
12	安　徽	16023	447	15576
13	福　建	9039	258	8781
14	江　西	11120	384	10736
15	山　东	37809	609	37200
16	河　南	22680	336	22344
17	湖　北	14301	736	13565
18	湖　南	19495	468	19027
19	广　东	57364	1615	55749

续表

序号	区　域	企业数量		
		企业总数	其中:批发企业数	其中:零售企业数
20	广　西	17352	342	17010
21	海　南	2189	334	1855
22	重　庆	14112	639	13473
23	四　川	29479	1026	28453
24	贵　州	7629	216	7413
25	云　南	18997	449	18548
26	西　藏	475	88	387
27	陕　西	11181	430	10751
28	甘　肃	7221	392	6829
29	青　海	2035	101	1934
30	宁　夏	2867	117	2750
31	新　疆	7323	211	7112
32	新疆兵团	964	0	964
合　计		472293	13146	459147

资料来源：国家药品监督管理局。

表9　2017年药品流通行业区域零售企业门店数量统计

单位：家，%

序号	区域	企业数		门店数				
		零售企业总数	其中:连锁企业数	门店总数	其中:单体门店数	其中:连锁门店数	门店同比增长	上年同期
1	北　京	5676	97	5579	3517	2062	1.00	5524
2	天　津	4733	57	4676	3444	1232	12.95	4140
3	河　北	23509	323	23186	11550	11636	14.04	20332
4	山　西	10835	128	10707	6690	4017	7.02	10005
5	内蒙古	13004	172	12832	5800	7032	6.99	11994
6	辽　宁	20886	262	20624	10316	10308	9.28	18872
7	吉　林	12972	193	12779	8247	4532	-3.71	13271
8	黑龙江	19430	201	19229	9503	9726	4.12	18469
9	上　海	3932	48	3884	469	3415	15.29	3369
10	江　苏	26443	290	26153	11612	14541	3.47	25277
11	浙　江	17270	259	17011	7342	9669	-10.81	19073
12	安　徽	15576	262	15314	8000	7314	-1.51	15548
13	福　建	8781	115	8666	5111	3555	9.20	7936

续表

序号	区域	企业数		门店数				
		零售企业总数	其中:连锁企业数	门店总数	其中:单体门店数	其中:连锁门店数	门店同比增长	上年同期
14	江　西	10736	110	10626	6201	4425	9.37	9716
15	山　东	37200	840	36360	9507	26853	1.09	35969
16	河　南	22344	—	22344	13102	9242	4.83	21314
17	湖　北	13565	173	13392	7416	5976	-2.42	13724
18	湖　南	19027	171	18856	8216	10640	7.29	17574
19	广　东	55749	446	55303	35547	19756	6.07	52137
20	广　西	17010	215	16795	6180	10615	4.32	16100
21	海　南	1855	42	1813	418	1395	2.20	1774
22	重　庆	13473	83	13390	3970	9420	-16.83	16099
23	四　川	28453	430	28023	5819	22204	-9.32	30903
24	贵　州	7413	110	7303	4478	2825	-30.04	10439
25	云　南	18548	52	18496	12645	5851	8.27	17084
26	西　藏	387	—	387	386	1	0.78	384
27	陕　西	10751	74	10677	7832	2845	12.82	9464
28	甘　肃	6829	63	6766	4773	1993	9.87	6158
29	青　海	1934	24	1910	512	1398	-44.46	3439
30	宁　夏	2750	65	2685	1128	1557	8.14	2483
31	新　疆	7112	92	7020	4346	2674	-8.59	7680
32	新疆兵团	964	12	952	437	515	21.58	783
合　计		459147	5409	453738	224514	229224	1.50	447034

资料来源：国家药品监督管理局。

表 10　2017 年典型药品零售企业门店及医保定点门店数量统计

单位：家，平方米

序号	企业名称	门店数			营业面积
		总数	直营店	医保定点门店	
1	重庆桐君阁大药房连锁有限责任公司	10050	1500	3045	804000
2	云南鸿翔一心堂药业(集团)股份有限公司	5068	5068	4012	571270
3	湖北同济堂药房有限公司	4841	229	4841	361025
4	国药控股国大药房有限公司	3834	2801	2605	401642
5	大参林医药集团股份有限公司	2985	2985	2331	275137
6	老百姓大药房连锁股份有限公司	2733	2434	2333	399125
7	中国北京同仁堂(集团)有限责任公司	2288	2288	436	376478

续表

序号	企业名称	门店数			营业面积
		总数	直营店	医保定点门店	
8	益丰大药房连锁股份有限公司	1979	1979	1353	339822
9	云南东骏药业有限公司	1890	422	996	473700
10	北京同仁堂健康药品经营有限公司	1652	1652	58	91598
11	四川太极大药房连锁有限公司	1467	87	1052	103856
12	云南健之佳健康连锁店股份有限公司	1308	1308	1005	189482
13	成都百信药业连锁有限责任公司	1258	0	1200	112130
14	漱玉平民大药房连锁股份有限公司	1252	1252	690	119090
15	辽宁成大方圆医药连锁有限公司	1218	1063	1005	247356
16	好药师大药房连锁有限公司	953	300	209	76240
17	河南张仲景大药房股份有限公司	749	749	400	167688
18	重庆鑫斛药房连锁有限公司	704	239	265	71275
19	天津天士力医药营销集团股份有限公司	696	565	552	81833
20	吉林大药房药业股份有限公司	676	676	495	94640
21	上海华氏大药房有限公司	671	396	253	60313
22	绵阳太极大药房连锁有限责任公司	643	48	47	36714
23	北京同仁堂商业投资集团有限公司	627	627	375	275096
24	湖南千金大药房连锁有限公司	623	93	620	—
25	山东燕喜堂医药连锁有限公司	595	595	552	70222
26	重庆和平药房连锁有限责任公司	564	537	534	69336
27	国药控股国大复美大药房上海连锁有限公司	526	62	80	51534
28	江西黄庆仁栈华氏大药房有限公司	521	521	274	33345
29	深圳市南北药行连锁有限公司	518	17	275	52141
30	山东立健药店连锁有限公司	490	490	6	45260
31	深圳中联大药房控股有限公司	485	485	294	37518
32	甘肃德生堂医药科技集团有限公司	466	466	398	97860
33	河北华佗药房医药连锁有限公司	451	451	428	38000
34	吉林省益和大药房有限公司	430	300	360	52500
35	广西一心医药集团有限责任公司	430	41	133	47574
36	石家庄新兴药房连锁股份有限公司	422	422	315	55084
37	赤峰雷蒙大药房连锁有限公司	415	77	415	10026
38	重庆市万和药房连锁有限公司	381	381	361	44760
39	天济大药房连锁有限公司	363	363	309	36300
40	南京医药国药有限公司	328	208	255	40000

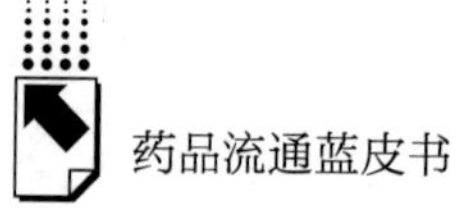

续表

序号	企业名称	门店数			营业面积
		总数	直营店	医保定点门店	
41	哈尔滨人民同泰医药连锁店	290	290	290	36059
42	北京金象大药房医药连锁有限责任公司	280	50	5	33215
43	中山市中智大药房连锁有限公司	268	268	241	32072
44	民生药业集团有限公司	267	267	74	11823
45	柳州桂中大药房连锁有限责任公司	265	265	146	41828
46	浙江瑞人堂医药连锁有限公司	253	253	51	30757
47	赤峰人川大药房连锁有限公司	242	—	214	25185
48	上海国大药房连锁有限公司	224	107	55	21543
49	杭州海王星辰健康药房有限公司	219	219	127	18615
50	嘉兴市万寿堂医药连锁有限公司	215	50	170	11120
51	四川圣杰药业有限公司	210	210	187	33390
52	上海益丰大药房有限公司	196	196	30	24000
53	十堰市用心人大药房连锁有限公司	190	190	177	15208
54	江西省萍乡市昌盛大药房连锁有限公司	180	180	82	14492
55	湖北独活药业股份有限公司	180	180	180	27600
56	海南永敬堂药业连锁经营有限公司	180	19	2	27000
57	陕西众信医药超市有限公司	176	176	112	32515
58	四川德仁堂药业连锁有限公司	175	175	170	16625
59	安徽丰原大药房连锁有限公司	173	173	96	24187
60	贵州一品药业连锁有限公司	167	167	156	18250
61	贵州芝林大药房零售连锁有限公司	163	163	163	18998
62	河北神威大药房连锁有限公司	162	162	120	25744
63	日照真诚大药房有限公司	160	160	80	11050
64	贵州一树连锁药业有限公司	160	160	105	23254
65	康泽药业连锁有限公司	158	158	135	20954
66	湖南国大民生堂药房连锁有限公司	152	123	148	24079
67	怀化怀仁大药房连锁有限公司	150	150	150	12580
68	山西荣华大药房连锁有限公司	146	146	127	20558
69	太极集团重庆涪陵医药有限公司	146	146	146	8420
70	江苏大众医药连锁有限公司	140	140	110	14500
71	西双版纳迪升药业有限责任公司	136	136	121	12376
72	廊坊市百和一笑堂医药零售连锁有限公司	132	132	63	38600
73	山东利民大药店连锁股份有限公司	125	125	125	16080

续表

序号	企业名称	门店数			营业面积
		总数	直营店	医保定点门店	
74	广西南宁朝阳大药房连锁有限责任公司	124	25	53	14874
75	福建惠好四海医药连锁有限责任公司	121	121	70	16032
76	淄博众生医药有限公司	121	121	51	12000
77	宁波彩虹大药房有限公司	120	120	71	8000
78	海南养天和大药房连锁经营有限公司	120	120	0	9600
79	宁夏国大药房连锁有限公司	119	119	116	13614
80	德州颐寿医药连锁有限公司	107	3	107	6995
81	云南白药大药房有限公司	106	106	106	18931
82	深圳市麦德信药房管理有限公司	105	105	88	12003
83	北京嘉事堂连锁药店有限责任公司	104	104	7	13534
84	宁波市正源大药房有限公司	101	46	45	9455
85	老百姓大药房连锁(浙江)有限公司	101	101	78	29318
86	武汉东明药房连锁有限公司	100	61	88	11490
87	甘肃同济药业有限责任公司	100	100	89	15000
88	老百姓大药房连锁(天津)有限公司	99	99	32	29744
89	东阳市爱心大药房连锁有限公司	99	18	17	12700
90	济宁新华鲁抗大药房有限公司	99	99	86	8800
91	湖北中联大药房连锁有限公司	98	71	98	11130
92	陕西医药控股集团派昂医药有限责任公司	98	98	53	12501
93	杭州九洲大药房连锁有限公司	97	97	80	27500
94	国药河北乐仁堂医药连锁有限公司	95	95	83	12331
95	国药控股国大药房内蒙古有限公司	95	95	95	13485
96	青岛国风大药房连锁有限公司	95	95	95	12000
97	浙江丽水便民药店连锁有限公司	94	1	—	—
98	云南省玉溪医药有限责任公司	94	86	85	9600
99	上海第一医药股份有限公司	90	90	40	—
100	金华市老百姓医药连锁有限公司	90	30	35	17000
101	国药控股湖北有限公司	90	90	51	16428
102	浙江华联医药连锁有限公司	89	89	79	9733
103	浙江华通医药连锁有限公司	86	86	74	11525
104	连云港康济大药房连锁有限公司	83	83	67	14200
105	浙江震元股份有限公司	83	80	61	14134
106	义乌市创世德医药连锁有限公司	83	83	2	8300

续表

序号	企业名称	门店数			营业面积
		总数	直营店	医保定点门店	
107	浙江震元医药连锁有限公司	83	80	61	14134
108	恩施市元昌医药有限责任公司	83	34	54	4950
109	福建国大药房连锁有限公司	80	80	72	8514
110	海宁市老百姓大药房有限责任公司	79	64	69	14550
111	浙江天天好大药房连锁有限公司	79	79	79	14062
112	国药控股国大药房广西连锁有限公司	79	71	50	7888
113	山西仁和大药房连锁有限公司	76	76	73	15826
114	金华市九德堂医药连锁有限公司	76	10	14	6550
115	上海养和堂药业连锁经营有限公司	73	73	26	10588
116	山东益寿堂药业集团有限公司	73	73	63	6100
117	苏州礼安医药连锁总店有限公司	71	71	54	7000
118	湖北天力医药有限公司	70	30	40	8855
119	河南佐今明大药房健康管理股份有限公司	69	69	69	19876
120	武汉马应龙大药房连锁有限公司	69	69	69	8445
121	黑龙江泰华医药连锁销售有限公司	67	67	36	5000
122	四川杏林医药连锁有限责任公司	67	67	67	9867
123	北京同仁堂连锁药店有限责任公司	65	65	11	19690
124	宁夏德立信老百姓医药有限责任公司	65	65	65	4500
125	上海余天成药业连锁有限公司	60	60	32	7777
126	云南昊邦医药销售有限公司	57	57	55	6000
127	开封市百氏康医药连锁有限公司	53	53	52	7960
128	嵊州市易心堂大药房有限公司	52	52	28	8772
129	宁波四明大药房有限责任公司	51	51	47	4918
130	国药控股浙江有限公司	51	25	34	4047
131	湖北天和堂医药有限公司	51	51	42	4900
132	华润昆山医药有限公司	50	50	48	12246
133	浙江江山百草堂医药有限公司	50	50	9	4500
134	上海医药嘉定大药房连锁有限公司	49	31	12	2612
135	苏州雷允上国药连锁总店有限公司	49	49	41	5780
136	宜宾市康健堂大药房零售连锁有限公司	49	21	43	5400
137	浙江洪福堂医药连锁有限公司	48	48	13	5230
138	桐乡市颐寿堂医药有限公司	48	48	16	2300
139	江南益寿堂医药连锁有限公司	46	46	25	6401

续表

序号	企业名称	门店数			营业面积
		总数	直营店	医保定点门店	
140	广西玉林市至真药业连锁有限责任公司	45	45	41	2739
141	哈尔滨市阿城区医药有限公司	44	44	23	4288
142	杭州华东武林大药房有限公司	44	44	44	—
143	金华市泰来医药零售连锁有限公司	42	20	4	3985
144	重庆浩丰药业有限公司	42	42	42	4800
145	桐庐桐君堂大药房连锁有限公司	41	41	12	3261
146	杭州天生堂医药连锁有限公司	40	8	31	2840
147	江苏省润天生化医药有限公司	39	39	15	4204
148	上海南汇华泰药店连锁总店	38	38	22	3562
149	上海一德大药房连锁经营有限公司	38	36	14	6892
150	上海得一大药房有限公司	37	37	13	3800
151	德阳市德园堂零售连锁药业有限公司	37	37	37	2220
152	银川美合泰医药连锁有限公司	37	37	33	2980
153	浙江三通医药有限公司	36	4	35	2000
154	广州健民医药连锁有限公司	36	36	29	5760
155	湖南同健大药房连锁有限公司	35	35	35	40093
156	广西梧州百姓大药房连锁有限公司	35	35	30	2800
157	成都瑞森药业连锁发展有限公司	35	35	35	3400
158	绍兴华虞大药房有限公司	34	34	27	5200
159	上海云湖医药连锁经营有限公司	33	33	22	3259
160	金华市尖峰大药房连锁有限公司	33	20	10	6958
161	浙江源生医药连锁有限公司	33	33	25	2470
162	内蒙古仁和堂医药连锁有限公司	32	32	29	10314
163	重庆医药北碚医药有限公司	32	32	32	2682
164	仁和药房网(北京)医药科技有限公司	31	31	9	5738
165	吉林省合兴健康药房连锁有限责任公司	30	30	25	2827
166	上海联华复星药房连锁经营有限公司	30	30	5	1852
167	遂川县医药公司	30	30	25	2280
168	广西嘉进医药连锁经营有限责任公司	30	30	30	1500
169	康德乐股份(香港)有限公司	30	30	12	4130
170	湖州康福药业有限公司	29	6	16	2640
171	大庆医药有限责任公司	28	28	28	—
172	宁夏同盛祥同济堂医药有限公司	28	28	21	6258
173	北京亚泰永安医药股份有限公司	27	27	4	7481

续表

序号	企业名称	门店数			营业面积
		总数	直营店	医保定点门店	
174	浙江延福堂医药连锁有限公司	27	27	22	3174
175	北京永安堂医药连锁有限责任公司	26	26	13	4624
176	重庆医药巴南医药有限责任公司	26	26	26	3048
177	四川遂宁市全泰堂药业有限公司	26	26	26	7500
178	北京市顺义医药药材公司	25	25	0	2762
179	浙江英特集团股份有限公司	25	23	16	2500
180	杭州华东大药房连锁有限公司	25	25	25	2750
181	浙江英特怡年药房连锁有限公司	25	23	16	2800
182	福州回春医药连锁有限公司	25	25	25	4789
183	嘉峪关康盛医药连锁有限公司	25	25	25	2010
184	北京医保全新大药房有限责任公司	24	20	1	3046
185	上海雷允上西区药品零售有限公司	24	24	8	2584
186	常州人寿天医药连锁有限公司	24	24	21	6300
187	金湖县医药有限公司	24	4	24	2450
188	浙江国药大药房有限公司	24	24	24	1971
189	大德浙江医药股份有限公司	24	24	17	3242
190	江西青春康源大药房连锁有限公司	24	24	20	4260
191	成都泉源堂大药房连锁股份有限公司	24	24	18	2376
192	云南省医药有限公司	24	24	24	—
193	上海雷允上北区药业股份有限公司	23	20	8	2800
194	海盐县健民大药房有限公司	23	23	23	2026
195	固原市医药有限责任公司	23	23	23	2500
196	河北神威圣诺大药房连锁有限公司	22	22	14	3000
197	上海药房连锁有限公司	22	22	6	2200
198	上海童涵春堂药业连锁经营有限公司	22	22	12	8211
199	湖州百姓缘药品零售连锁有限公司	22	22	16	4746
200	嘉兴市华氏兰台大药房连锁有限公司	21	21	20	1686
201	四川回春堂药业连锁有限公司	21	21	21	1435
202	贵州赤水黔北医药有限公司	21	21	21	4540
203	宁夏开元医药有限公司	21	5	13	2500
204	浙江信安慈恩堂医药零售连锁有限公司	19	19	17	1720
205	阿拉善盟医药有限责任公司	18	18	18	1305
206	辽宁雪松医药连锁有限公司	18	18	18	6100

续表

序号	企业名称	门店数			营业面积
		总数	直营店	医保定点门店	
207	浦江英特药业有限公司	18	16	18	1120
208	北京医保中洋大药房有限公司	17	17	0	2850
209	杭州三九医药连锁有限公司	17	17	17	2000
210	淳安健民药店连锁有限公司	16	16	14	1480
211	浙江万民大药房连锁有限公司	16	16	10	1580
212	嘉峪关市医药公司	16	16	16	1320
213	德清县老百姓大药房有限公司	15	15	13	2000
214	杭州胡庆余堂国药号有限公司	15	15	13	5000
215	宁夏百年益康大药房医药连锁有限公司	15	15	15	1600
216	上海市医药股份有限公司黄山华氏有限公司	14	14	14	3000
217	青岛百洋健康药房连锁有限公司	14	14	14	1555
218	宁夏永丰医药有限公司	14	14	13	1410
219	上海金石大药房有限公司	13	13	4	2466
220	华润湖南医药有限公司	13	13	13	1596
221	石嘴山市博康医药有限公司	13	13	13	1317
222	菏泽牡丹大药房连锁有限公司	12	12	12	1920
223	重庆市万州区医药(集团)有限责任公司	12	12	12	2531
224	吉林省中东医药有限公司	11	11	10	3033
225	余姚市宏济堂大药房有限公司	11	11	10	1430
226	安徽天星医药集团有限公司	11	11	11	1500
227	北京同仁堂福建药业连锁有限公司	11	11	8	6334
228	浙江省诸暨市人民药店医药连锁公司	10	10	1	580
229	上药控股青岛有限公司	10	10	9	1200
230	凉山州太极大药房连锁有限公司	10	10	8	1079
231	攀枝花市明生堂医药连锁有限公司	10	2	10	655
232	云南博泰药业有限公司	10	10	10	629

注：仅提取门店总数在10家以上的企业。
资料来源：商务部药品流通行业统计系统。

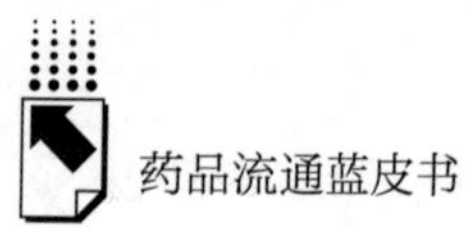

表11　2017年药品流通行业批发企业主营业务收入前100位排序

单位：万元

序号	企业名称	主营业务收入
1	中国医药集团有限公司	32143897
2	华润医药商业集团有限公司	12640246
3	上海医药集团股份有限公司	12178954
4	九州通医药集团股份有限公司	7372645
5	广州医药有限公司	3839291
6	中国医药健康产业股份有限公司	3010396
7	华东医药股份有限公司	2783182
8	南京医药股份有限公司	2738438
9	康德乐股份(香港)有限公司	2630251
10	重庆医药(集团)股份有限公司	2110848
11	瑞康医药股份有限公司	2059221
12	安徽华源医药股份有限公司	2022620
13	浙江英特集团股份有限公司	1886421
14	四川科伦医药贸易有限公司	1593472
15	民生药业集团有限公司	1520781
16	云南省医药有限公司	1449400
17	嘉事堂药业股份有限公司	1415696
18	山东海王银河医药有限公司	1300106
19	石药集团河北中诚医药有限公司	1153210
20	中国北京同仁堂(集团)有限责任公司	1123541
21	天津天士力医药营销集团股份有限公司	982655
22	广西柳州医药股份有限公司	923254
23	鹭燕医药股份有限公司	832747
24	哈药集团医药有限公司	795570
25	江西南华医药有限公司	702880
26	同济堂医药有限公司	692486
27	江西汇仁集团医药科研营销有限公司	583761
28	陕西医药控股集团派昂医药有限责任公司	582774
29	江苏省医药有限公司	553343
30	重庆桐君阁股份有限公司	550677
31	天津中新药业集团股份有限公司医药公司	538631
32	回音必集团有限公司	530522
33	浙江省医药工业有限公司	512130
34	湖北人福医药集团有限公司	510793

续表

序号	企业名称	主营业务收入
35	天津医药集团太平医药有限公司	501994
36	修正药业集团营销有限公司	411590
37	重庆长圣医药有限公司	406584
38	创美药业股份有限公司	406047
39	广州采芝林药业有限公司	391998
40	江苏先声药业有限公司	385706
41	辽宁省医药对外贸易有限公司	358082
42	云南东骏药业有限公司	341842
43	葵花药业集团医药有限公司	323233
44	罗欣医药集团有限公司	316774
45	江苏康缘医药商业有限公司	313369
46	青岛百洋医药股份有限公司	308172
47	江苏省润天生化医药有限公司	283391
48	贵州康心药业有限公司	274261
49	海南鲁海医药有限公司	271264
50	齐鲁医疗投资管理有限公司	266178
51	浙江震元股份有限公司	256401
52	江西五洲医药营销有限公司	253901
53	海尔施生物医药股份有限公司	250872
54	安徽省医药(集团)股份有限公司	245384
55	上海康健进出口有限公司	242966
56	河北金仑医药有限公司	235359
57	康泽药业股份有限公司	234041
58	福建省医药集团有限责任公司	232777
59	昆药集团医药商业有限公司	232040
60	湖南博瑞药业有限公司	226401
61	吉林省天和医药科技有限公司	211708
62	安徽乐嘉医药科技有限公司	211489
63	浙江恩泽医药有限公司	200214
64	浙江来益医药有限公司	198110
65	礼来贸易有限公司	197354
66	山东康诺盛世医药有限公司	191861
67	东北制药集团供销有限公司	190008
68	浙江瑞海医药有限公司	189821

续表

序号	企业名称	主营业务收入
69	湖南达嘉维康医药有限公司	186839
70	山西亚宝医药经销有限公司	186824
71	上海外高桥医药分销中心有限公司	186018
72	泰州医药集团有限公司	180289
73	山东康惠医药有限公司	180217
74	北京双鹤药业经营有限责任公司	179781
75	重庆市万州区医药(集团)有限责任公司	176460
76	兰州强生医药有限责任公司	171532
77	浙江嘉信医药股份有限公司	168790
78	厦门片仔癀宏仁医药有限公司	167136
79	云南医药工业销售有限公司	164609
80	山西康美徕医药有限公司	162787
81	浙江华通医药股份有限公司	160318
82	辽宁汇明医药有限公司	159950
83	云南同丰医药有限公司	157205
84	江苏恩华和润医药有限公司	153771
85	河南东森医药有限公司	153182
86	山东新华医药贸易有限公司	151789
87	广西柳州百草堂药业有限公司	151582
88	西安藻露堂药业集团有限责任公司	150264
89	沈阳铸盈药业有限公司	149860
90	牡丹江博搏医药有限责任公司	147522
91	西藏神威药业有限公司	145637
92	南京华东医药有限责任公司	144268
93	海南天祥药业有限公司	143596
94	河南省国药医药集团有限公司	142516
95	四川本草堂药业有限公司	142115
96	海南康宁药业有限公司	139089
97	宁波市鄞州医药药材有限公司	137430
98	上海海吉雅医药有限公司	136830
99	兰州西城药业有限责任公司	135870
100	上海亿安医药有限公司	135581
合　计		120875685

资料来源：商务部药品流通行业统计系统。

表 12　2017 年药品流通行业零售企业销售总额前 100 位排序

单位：万元

序号	企业名称	销售总额
1	国药控股国大药房有限公司	1107951
2	中国北京同仁堂(集团)有限责任公司	912020
3	云南鸿翔一心堂药业(集团)股份有限公司	850891
4	老百姓大药房连锁股份有限公司	833313
5	大参林医药集团股份有限公司	830838
6	重庆桐君阁大药房连锁有限责任公司	725001
7	益丰大药房连锁股份有限公司	560087
8	上海华氏大药房有限公司	416633
9	湖北同济堂药房有限公司	382051
10	辽宁成大方圆医药连锁有限公司	362584
11	漱玉平民大药房连锁股份有限公司	286120
12	云南健之佳健康连锁店股份有限公司	257215
13	贵州芝林大药房零售连锁有限公司	243527
14	甘肃德生堂医药科技集团有限公司	186902
15	河南张仲景大药房股份有限公司	179520
16	河北华佗药房医约连锁有限公司	150000
17	吉林大药房药业股份有限公司	146174
18	南京医药国药有限公司	139805
19	重庆和平药房连锁有限责任公司	138992
20	成都百信药业连锁有限责任公司	137821
21	哈尔滨人民同泰医药连锁店	135106
22	浙江瑞人堂医药连锁有限公司	108925
23	石家庄新兴药房连锁股份有限公司	102516
24	贵州一树连锁药业有限公司	101331
25	深圳中联大药房控股有限公司	101136
26	重庆鑫斛药房连锁有限公司	97730
27	柳州桂中大药房连锁有限责任公司	96071
28	好药师大药房连锁有限公司	92370
29	江西黄庆仁栈华氏大药房有限公司	88490
30	天济大药房连锁有限公司	86118
31	重庆市万和药房连锁有限公司	81143
32	山东燕喜堂医药连锁有限公司	78550
33	上海第一医药股份有限公司	76981
34	湖南千金大药房连锁有限公司	76552

续表

序号	企业名称	销售总额
35	杭州九洲大药房连锁有限公司	74000
36	安徽丰原大药房连锁有限公司	65668
37	四川太极大药房连锁有限公司	64399
38	廊坊市百和一笑堂医药零售连锁有限公司	62643
39	吉林省益和大药房有限公司	58402
40	赤峰人川大药房连锁有限公司	56600
41	浙江震元医药连锁有限公司	56012
42	怀化怀仁大药房连锁有限公司	55498
43	苏州礼安医药连锁总店有限公司	54883
44	云南白药大药房有限公司	52051
45	广州健民医药连锁有限公司	50583
46	中山市中智大药房连锁有限公司	50487
47	贵州一品药业连锁有限公司	46640
48	陕西众信医药超市有限公司	46625
49	江苏大众医药连锁有限公司	44862
50	山东立健药店连锁有限公司	44619
51	康泽药业连锁有限公司	44607
52	杭州胡庆余堂国药号有限公司	40775
53	仁和药房网(北京)医药科技有限公司	40580
54	青岛德信行惠友大药房有限公司	40467
55	宁波四明大药房有限责任公司	39741
56	上海养和堂药业连锁经营有限公司	38323
57	宁波彩虹大药房有限公司	36191
58	深圳市麦德信药房管理有限公司	36009
59	山西荣华大药房连锁有限公司	34966
60	上海余天成药业连锁有限公司	34721
61	河北神威大药房连锁有限公司	33547
62	浙江天天好大药房连锁有限公司	33037
63	连云港康济大药房连锁有限公司	32188
64	广西一心医药集团有限责任公司	29846
65	四川杏林医药连锁有限责任公司	29475
66	杭州华东大药房连锁有限公司	29176
67	四川圣杰药业有限公司	28196
68	杭州全德堂药房有限公司	27987

续表

序号	企业名称	销售总额
69	四川德仁堂药业连锁有限公司	27986
70	福建惠好四海医药连锁有限责任公司	27163
71	常州人寿天医药连锁有限公司	27043
72	北京医保全新大药房有限责任公司	27023
73	浙江华通医药连锁有限公司	26507
74	上海童涵春堂药业连锁经营有限公司	24903
75	湖南达嘉维康医药产业股份有限公司	24563
76	海宁市老百姓大药房有限责任公司	23815
77	深圳市南北药行连锁有限公司	23796
78	上海医药嘉定大药房连锁有限公司	22045
79	苏州雷允上国药连锁总店有限公司	20505
80	武汉马应龙大药房连锁有限公司	20162
81	上海南汇华泰药店连锁总店	19410
82	山东利民大药店连锁股份有限公司	19264
83	黑龙江泰华医药连锁销售有限公司	19222
84	武汉东明药房连锁有限公司	19003
85	江西省萍乡市昌盛大药房连锁有限公司	18618
86	绵阳太极大药房连锁有限责任公司	17800
87	上海药房连锁有限公司	17636
88	河南佐今明大药房健康管理股份有限公司	16820
89	济宁新华鲁抗大药房有限公司	16666
90	浙江华联医药连锁有限公司	16665
91	北京嘉事堂连锁药店有限责任公司	16169
92	上海得一大药房有限公司	16140
93	杭州华东武林大药房有限公司	16013
94	浙江英特怡年药房连锁有限公司	16005
95	山西仁和大药房连锁有限公司	15923
96	青岛国风大药房连锁有限公司	15648
97	西双版纳迪升药业有限责任公司	15625
98	上海一德大药房连锁经营有限公司	15297
99	上海云湖医药连锁经营有限公司	14782
100	嵊州市易心堂大药房有限公司	14454
合　计		12316937

资料来源：商务部药品流通行业统计系统。

表 13　2017 年药品销售总额前 100 位零售企业门店统计

单位：家，%

序号	企业名称	门店总数	直营门店数量	直营门店占比	加盟店数量	加盟店占比
1	国药控股国大药房有限公司	3834	2801	73	1033	27
2	中国北京同仁堂(集团)有限责任公司	2288	2288	100	0	0
3	云南鸿翔一心堂药业(集团)股份有限公司	5068	5068	100	0	0
4	老百姓大药房连锁股份有限公司	2733	2434	89	299	11
5	大参林医药集团股份有限公司	2985	2985	100	0	0
6	重庆桐君阁大药房连锁有限责任公司	10050	1500	15	8550	85
7	益丰大药房连锁股份有限公司	1979	1979	100	0	0
8	上海华氏大药房有限公司	671	396	59	275	41
9	湖北同济堂药房有限公司	4841	229	5	4612	95
10	辽宁成大方圆医药连锁有限公司	1218	1063	87	155	13
11	漱玉平民大药房连锁股份有限公司	1252	1252	100	0	0
12	云南健之佳健康连锁店股份有限公司	1308	1308	100	0	0
13	贵州芝林大药房零售连锁有限公司	163	163	100	0	0
14	甘肃德生堂医药科技集团有限公司	466	466	100	0	0
15	河南张仲景大药房股份有限公司	749	749	100	0	0
16	河北华佗药房医药连锁有限公司	451	451	100	0	0
17	吉林大药房药业股份有限公司	676	676	100	0	0
18	南京医药国药有限公司	328	208	63	120	37
19	重庆和平药房连锁有限责任公司	564	537	95	27	5
20	成都百信药业连锁有限责任公司	1258	0	0	1258	100
21	哈尔滨人民同泰医药连锁店	290	290	100	0	0
22	浙江瑞人堂医药连锁有限公司	253	253	100	0	0
23	石家庄新兴药房连锁股份有限公司	422	422	100	0	0
24	贵州一树连锁药业有限公司	160	160	100	0	0
25	深圳中联大药房控股有限公司	485	485	100	0	0
26	重庆鑫斛药房连锁有限公司	704	239	34	465	66
27	柳州桂中大药房连锁有限责任公司	265	265	100	0	0
28	好药师大药房连锁有限公司	953	300	31	653	69
29	江西黄庆仁栈华氏大药房有限公司	521	521	100	0	0
30	天济大药房连锁有限公司	363	363	100	0	0
31	重庆市万和药房连锁有限公司	381	381	100	0	0
32	山东燕喜堂医药连锁有限公司	595	595	100	0	0
33	上海第一医药股份有限公司	90	0	0	90	100

续表

序号	企业名称	门店总数	直营门店数量	直营门店占比	加盟店数量	加盟店占比
34	湖南千金大药房连锁有限公司	623	93	15	530	85
35	杭州九洲大药房连锁有限公司	97	97	100	0	0
36	安徽丰原大药房连锁有限公司	173	173	100	0	0
37	四川太极大药房连锁有限公司	1467	87	6	1380	94
38	廊坊市百和一笑堂医药零售连锁有限公司	132	132	100	0	0
39	吉林省益和大药房有限公司	430	300	70	130	30
40	赤峰人川大药房连锁有限公司	242	0	0	242	100
41	浙江震元医药连锁有限公司	83	80	96	3	4
42	怀化怀仁大药房连锁有限公司	150	150	100	0	0
43	苏州礼安医药连锁总店有限公司	71	71	100	0	0
44	云南白药大药房有限公司	106	106	100	0	0
45	广州健民医药连锁有限公司	36	36	100	0	0
46	中山市中智大药房连锁有限公司	268	268	100	0	0
47	贵州一品药业连锁有限公司	167	167	100	0	0
48	陕西众信医药超市有限公司	176	176	100	0	0
49	江苏大众医药连锁有限公司	140	140	100	0	0
50	山东立健药店连锁有限公司	490	490	100	0	0
51	康泽药业连锁有限公司	158	158	100	0	0
52	杭州胡庆余堂国药号有限公司	15	15	100	0	0
53	仁和药房网(北京)医药科技有限公司	31	31	100	0	0
54	青岛德信行惠友大药房有限公司	1	1	100	0	0
55	宁波四明大药房有限责任公司	51	51	100	0	0
56	上海养和堂药业连锁经营有限公司	73	73	100	0	0
57	宁波彩虹大药房有限公司	120	120	100	0	0
58	深圳市麦德信药房管理有限公司	105	105	100	0	0
59	山西荣华大药房连锁有限公司	146	146	100	0	0
60	上海余天成药业连锁有限公司	60	60	100	0	0
61	河北神威大药房连锁有限公司	162	162	100	0	0
62	浙江天天好大药房连锁有限公司	79	79	100	0	0
63	连云港康济大药房连锁有限公司	83	83	100	0	0
64	广西一心医药集团有限责任公司	430	41	10	389	90
65	四川杏林医药连锁有限责任公司	67	67	100	0	0
66	杭州华东大药房连锁有限公司	25	25	100	0	0
67	四川圣杰药业有限公司	210	210	100	0	0

续表

序号	企业名称	门店总数	直营门店数量	直营门店占比	加盟店数量	加盟店占比
68	杭州全德堂药房有限公司	1	1	100	0	0
69	四川德仁堂药业连锁有限公司	175	175	100	0	0
70	福建惠好四海医药连锁有限责任公司	121	121	100	0	0
71	常州人寿天医药连锁有限公司	24	24	100	0	0
72	北京医保全新大药房有限责任公司	24	20	83	4	17
73	浙江华通医药连锁有限公司	86	86	100	0	0
74	上海童涵春堂药业连锁经营有限公司	22	22	100	0	0
75	湖南达嘉维康医药产业股份有限公司	35	35	100	0	0
76	海宁市老百姓大药房有限责任公司	79	64	81	15	19
77	深圳市南北药行连锁有限公司	518	17	3	501	97
78	上海医药嘉定大药房连锁有限公司	49	31	63	18	37
79	苏州雷允上国药连锁总店有限公司	49	49	100	0	0
80	武汉马应龙大药房连锁有限公司	69	69	100	0	0
81	上海南汇华泰药店连锁总店	38	38	100	0	0
82	山东利民大药店连锁股份有限公司	125	125	100	0	0
83	黑龙江泰华医药连锁销售有限公司	67	67	100	0	0
84	武汉东明药房连锁有限公司	100	61	61	39	39
85	江西省萍乡市昌盛大药房连锁有限公司	180	180	100	0	0
86	绵阳太极大药房连锁有限责任公司	643	48	7	595	93
87	上海药房连锁有限公司	22	22	100	0	0
88	河南佐今明大药房健康管理股份有限公司	69	69	100	0	0
89	济宁新华鲁抗大药房有限公司	99	99	100	0	0
90	浙江华联医药连锁有限公司	89	89	100	0	0
91	北京嘉事堂连锁药店有限责任公司	104	104	100	0	0
92	上海得一大药房有限公司	37	37	100	0	0
93	杭州华东武林大药房有限公司	44	44	100	0	0
94	浙江英特怡年药房连锁有限公司	25	23	92	2	8
95	山西仁和大药房连锁有限公司	76	76	100	0	0
96	青岛国风大药房连锁有限公司	95	95	100	0	0
97	西双版纳迪升药业有限责任公司	136	136	100	0	0
98	上海一德大药房连锁经营有限公司	38	36	95	2	5
99	上海云湖医药连锁经营有限公司	33	33	100	0	0
100	嵊州市易心堂大药房有限公司	52	52	100	1	2
合　计		58355	36968	63	21388	37

资料来源：商务部药品流通行业统计系统。

Abstract

This book is the annual report of *Blue Book on Pharmaceutical Circulation*, namely, *Report on the Development of China Pharmaceutical Circulation Industry (2018)*, and is divided into eight chapters, separately the *General Report*, *Industrial Development Chapter*, *Special Reports Chapter*, *Intelligent Pharmaceutical Supply Chain Chapter*, *Chinese Pharmacies Chapter*, *Intelligent Pharmaceutical E-commerce Chapter*, *District Chapter* and *Appendices*, to conduct key point analysis and study by centering on drug circulation industry development and relevant hot issues. The *General Report* analyzes the development and main operating characteristics of the pharmaceutical distribution industry in 2017, looks forward to the future development trend of the industry, and studies the regulatory policies that promote drug circulation industry develop. Besides the *General Report*, other chapters discuss relevant policies of domestic and overseas drug circulation industries, intelligent development situation of each form of industry, and enterprise transformation and innovation trends, etc.

The *Industry Development Chapter* mainly discusses the direction and countermeasures of the transformation and development of pharmaceutical distribution industry under the new pattern and studies major policies and industry development trends including the medical reform dynamics, social value realization and transformation development of drug wholesale enterprises, etc. that the industry is concerned about, and also analyzes the industry reform and innovation development situation and listed companies' operation situation in 2017. The *Special Reports Chapter* separately analyzes and summarizes hot issues that the market is concerned about such as drug traceability system construction, shortage of clinical pharmaceuticals, and sales categories of drug wholesale enterprises through research and data acquisition and statistics, and introduces emergence, cultivation and regulation of independent third party, PBM business model and the "One Body with Two Wings" new business model of Sinopharm Group Tianjin Co., Ltd. The *Intelligent Pharmaceutical Supply Chain Chapter* focuses on studying pharmaceutical supply chain as well as current development situations and future trends of pharmaceutical logistics and traditional Chinese medicinal material logistics, and shares the efficient logistics supply chain of Jointown Pharmaceutical Group Logistics Co. , Ltd. driven by technology and the application of the drug transportation visualization of SF Express Co. , Ltd. *Chinese Pharmacies Chapter* analyzes the development situation, characteristics and trends of the overall drug retail market of China, studies the professionalization of community pharmacist, specialty pharmacy, and prescription information sharing platform, and explores the total solution for new retail of drugs. The *Intelligent Pharmaceutical E-commerce Chapter* analyzes Chinese pharmaceutical distribution in development, explores the enterprise informatization development level through research, and introduces the smart compliance management and practical achievement of "Two-invoice System" of Sinopharm Group Beijing Co. , Ltd. and Sinopharm Group Tianjin Co. , Ltd. , the well-known pharmaceutical industry chain integration service platform built by Beijing Rogrand E-Commerce Co. , Ltd. , and the innovation case of KangNingYiSheng Pharmaceutical Technology Co. , Ltd. practicing "Internet + drugs circulation" and promoting the industry transformation and upgrading. *District Chapter* analyzes the development of pharmaceutical circulation industry in 2017. *Appendices* of this report is about the relevant statistical data of the drug circulation industry.

This book is a series of annual reports reflecting the development of China's Pharmaceutical circulation industry, has authoritative, comprehensive, systematic, forward-looking and practical characteristics, etc. , features rich data, full and accurate content, and accurate data, and combines closely with current industry situations and international frontiers, being an important document for studying and guiding the drug circulation industry development, with a higher reference value.

Keywords: Drug Circulation; "Two-invoice System"; Clinical Pharmaceuticals of Shortage; Pharmaceutical Supply Chain; Professional Pharmacy

Contents

I General Report

B. 1 Statistical Analysis Report on Operation of Drug Circulation Industry in 2017

Ministry of Commerce of the People's Republic of China Department of Market Supervision / 001

Abstract: Sales scale in drug circulation market saw a steady-state growth, sales growth of large wholesale enterprises has slowed down, and total sales in retail market had a further growth, in 2017. As various national medical reform policies have been implemented step by step, and in-depth development of "internet + drugs circulation", new technologies, new forms of industry and new patterns constantly emerge, drug circulation industry will prove a broad prospects for development, it is anticipated that industry sales volume in 2018 will remain a steady growth state.

Keywords: Drug Circulation Market; Sales Scale; Retail Market

B. 2 Regulatory Policy Study on Improving the Development of Pharmaceutical Circulation Industry

Research Group of China Association of Pharmaceutical Commerce / 014

Abstract: with the deep implementation of supply-side structural reform in the medicine economy and "Health China" Strategy, especially under the strong promotion by the further development of medical reform and the appearance of a

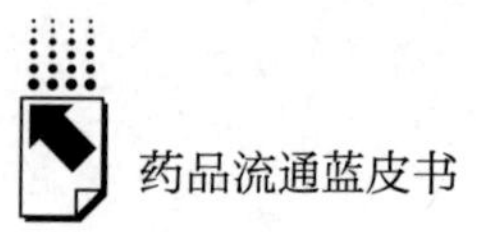

series of new policy portfolios, drug circulation industry has entered a new era of historic shift. This paper, by means of analysis on the status quo of Chinese drug circulation industry, development direction and regulatory policy obstacle, and reference to the development experience of international drug circulation industry, puts forward the suggestions on regulatory policies for the industry development in China, so as to provide references for relevant government departments in formulating regulatory policies.

Keywords: Off-site Warehouse; Classification; the Third Party Institution

Ⅱ Industrial Development Chapter

B. 3 The Direction and Countermeasures of the Transformation and Development of Pharmaceutical Distribution Industry under the New Pattern *Zhu Hengpeng*, *Cai Xueni* / 022

Abstract: This report starts from the important medical reform policies including the reform of medical insurance payment, the separation of pharmacy from medicine, and creation of imitation in this year, and discusses the comprehensive impact of the combination policy on the pharmaceutical industry and the practical constraints faced by the industry development. Based on this, this report proposes the opportunity for the transformation and development of the pharmaceutical distribution industry under the new pattern and the countermeasures for achieving long-term development.

Keywords: Medical Insurance Payment; the Separation of Pharmacy from Medicine; Pharmaceutical Industry; Supply Chain

B. 4 Summary of the Reform and Innovation of Pharmaceutical Distribution Industry in 2017

Wen Zaixing / 032

Abstract: Under the guidance of the State Council's introduction of deepening medical reform documents and the policy of further implementation of the reform and improvement of pharmaceutical production, circulation and use, the national pharmaceutical distribution industry accelerated the pace of reforms, promoted the adjustment of industry structure, innovated and developmented in the direction of the large health industry, and achieved certain effectiveness. This article reviews and summarizes the major achievements of the pharmaceutical distribution industry in 2017.

Keywords: Drug Distribution Industry; Innovation; Great Health Industry

B. 5 Progress and Prospects of the New Medical Reform in 2017 ~2018

Fang Lijie / 042

Abstract: 2017 mainly continued the work ideas of 2016 and continued to advance the more systematic reform, as seen from the 2017 documents. The four keys of 2017 were drug system reform, healthcare consortium construction, public hospital reform, medical insurance payment system reform, which are closely linked with each other. Whether substantial progress can be achieved largely depends on whether the "medical insurance" in the coordinated medical service, medical insurance, and pharmaceutical reforms can play the fundamental role of regulating medical institution behaviors and controlling drug prices in the following medical reform. And the new round of institutional reform in March 2018 shows the effort in this direction: the new founding of the "State Medical Insurance Administration", and it will largely increase the role of medical insurance. The new National Health Commision plays a strategic role of coordinating and pushing the "big health" strategy. And the cancellation of the Medical Reform Office, changes the medical reform from a campaign to a normal.

Keywords: Tripartite System Reform; Medical Association; Public Hospital; "Two-invoice System"

B. 6 An Analysis of the Operation of Listed Companies in the Pharmaceutical Circulation Industry in 2017

Li Wenming / 051

Abstract: The data of listed companies is an important index of industry development. This paper conducts an in-depth study of the 2017 annual data publicly disclosed by 24 listed pharmaceutical circulation companies, by analyzing their income growth, profitability, cost control, capital operation and strategy implementation, in a drive to find the direction of the development and change of Chinese pharmaceutical circulation industry.

Keywords: Listed Companies; Pharmaceutical Circulation; Operation Ability

B. 7 Social Value Realization and Transformation Development of Drug Wholesale Enterprises

Ye Hua / 064

Abstract: Drug wholesale enterprises played an indispensable role in guaranteeing drug quality and drug supply. This paper from the social demand for the pharmaceutical circulation, pointed that the pharmaceutical wholesale enterprises realize their own value by the way of servicing society. So it should improve the industry concentration, perfect the service function, adhere to implement "*Good Supply Practice*" and strengthen the construction of information. In addition, the government departments should actively guide the industry to achieve orderly development.

Keywords: Pharmaceutical Wholesale Enterprises; Modern Logistics; Social Value

Ⅲ Special Reports Chapter

B. 8 Emergence, Cultivation and Regulation of Independent Third Party: on One Entry Point of Drug Security Governance Model Transformation *Tang Minhao* / 075

Abstract: This paper points out that "single governance model" existing in the current China's drug safety regulation cannot deal with many new problems arisen, discusses the necessity of transformation on drug safety from "supervision model" to "governance model", and introduces the legal system design and practice of "independent third party" to participate in industry governance at home and abroad, as well as comes up with system design, primary form, development goals and other suggestions in cultivating the "independent third party" to participate in Chinese drug security governance.

Keywords: Single Governance Model; Multiple Governance Model; Independent Third Party

B. 9 Analysis Report on Category of Typical Pharmaceutical Wholesale Enterprises in 2017

China Association of Pharmaceutical Commerce / 083

Abstract: in 2017, the sales scale of typical pharmaceutical wholesale enterprise has further enlarged, but the growth speed is slowing down. Pharmaceutical chemicals enjoy the dominance among nine main categories of pharmaceutical products in statistics, followed by Chinese patent medicines and biological products, and the basic pattern of sales remains unchanged. The differences of manufacturing enterprises and channel structure are obvious. Due to the further implementation of "Two-invoice System" in drugs purchase, the circulation is compressed, and the allocation business is limited. Increase of patients suffering from chronic disease leads to the sustainable expansion of drug market for chronic disease. Along with the development of consistency evaluation for generic drug, the local generic drug enterprises will make further efforts to seize market share.

Keywords: Category; Channel; Pharmaceutical Wholesale Enterprises

B. 10 The Market Investigation Analysis of Clinical Shortage Drugs and Suggestions

Joint Research Group of China Association of Pharmaceutical Commerce and China Pharmaceutical University / 111

Abstract: To resolve or alleviate the shortage of pharmaceuticals, we need to make clear the actual circumstances, causes of pharmaceutical shortage on the market, and the risk factors leading to the changes of the degree of shortage. Based on a comparative analysis of trends in various conditions and factors in 2015 -2017, the research group put forward some suggestions on the establishment of information monitoring and release platform for shortage drugs.

Keywords: Clinical Pharmaceutical Shortage; Information Survey; Information Monitoring

B. 11 Research on Drug Traceability System and Pilot Results of Third Party Traceability Platform

Drug Circulation Regulatory Research Committee of the China Society for Drug Regulation / 132

Abstract: This article introduced related information about the research of the construction of drug traceability system by the Drug Circulation Regulatory Research Committee of the China Society for Drug Regulation in 2017, reviewed the policies of the state and the relevant ministries, coming out with some ideas and suggestions about the construction of drug traceability system, and showed the pilot achievements of organizing the third parties to construct the service platform of drug traceability.

Keywords: Construction of Drug Traceability System; Construction Ideas; Third Party Traceability Platform Pilot

B. 12 Innovate Chinese Version of C-PBM Model

Research Group of the Institute of Economic System and Management National Development and Reform Commission / 151

Abstract: Medical Welfave Management (PBM) promotes the improvement of welfare through the collaboration of technological innovation and institutional innovation and has become a successful model in the "Tripartite System Reform" field in many developed countries. This paper analyzes the obstacles and developmental feasibility of the Chinese version of PBM (C-PBM) in operation, and points out that C – PBM is an important way to deepen the reform of the supply side of the pharmaceutical circulation industry and one of the modes for the industry to explore innovative development. At the same time, this article puts forward policy recommendations for improving and upgrading the C-PBM medical reform achievements.

Keywords: PBM; Pharmaceutical Circulation; Supply Side Reform

B. 13 Create a New Model that Treat Doctor Group as Main Body, Medical Services and Health Management as Two Wings

Sinopharm Group Tianjin Co., Ltd. / 165

Abstract: The entry of Sinopharm Group Tianjin Co., Ltd. into the medical and comprehensive health industry took place under the background of the country's policy of promoting the construction of "Healthy China" and the New Medical

Reforms and the development direction of "comprehensive health + consumption escalation". Medical service is the entrance and core of the layout of comprehensive health industry, and high-quality doctor resources are the focus and core of medical services, so it is only possible to succeed by seizing these two cores, designing the business model, and constructing medical and comprehensive health industry ecosystems.

Keywords: Sinopharm Tianjin; Medical Services; Health Management; Doctor Resources

Ⅳ Intelligent Pharmaceutical Supply Chain Chapter

B. 14 Analysis Report on the Development of Chinese Pharmaceutical Logistics in 2017

Pharmaceutical Supply Chain Branch of China Association of Pharmaceutical Commerce / 171

Abstract: 2017 is a year that health reform and drug circulation reform policies are frequently introduced and implemented, especially policies on "Two-invoice System", and "cancellation of approval of pharmaceutical third-party logistics", etc. were implemented. The logistics statistical data of the pharmaceutical circulation industry were further improved, and the industry concentration was further increased. Under the impact of the "Two-invoice System", enterprises conducted the terminal-sinking merger and restructuring, actively embraced internet and new technology, and conducted "Internet + pharmaceuticals", and "Internet + efficient logistics" innovation and transformation. At the same time, the pharmaceutical third-party logistics market received much attention from crossover logistics and capital as affected by policies, and drug-related storage and distribution and drug-related transportation businesses were in urgent need of guidance and regulation of industry standards.

Keywords: Pharmaceutical Circulation; "Internet +"; Innovation and Transformation; Drug-related Logistics Standards

B. 15 Progress Summary of Modern Logistics System Construction of National Chinese Medicinal Materials in 2017

China Association of Warehousing and Distribution, *China Association of Traditional Chinese Medicine* / 185

Abstract: This article introduces that the former Food and Drug Administration, and State Administration of Traditional Chinese Medicine implement of the Notice of the General Office of the State Council Transmitting Protection and Development Plan (2015 －2020) for Traditional Chinese Medicinal Materials of Ministry of Industry and Information Technology, etc. , and guide China Association of Warehousing and Distribution and China Association of Traditional Chinese Medicine to organize companies to develop modern logistics system for traditional Chinese medicinal materials , and progress in 2017.

Keywords: Logistic Base of Traditional Chinese Medicinal Materials; Chinese Medicinal Material; Logistics System

B. 16 High －efficiency Logistics Supply Chain Driven by Technology

Jointown Pharmaceutical Group Logistics Co. , Ltd. / 191

Abstract: Under the background of the new national health care reform and the "Two-invoice System" totally implemented, Jointwon Pharmaceutical Group Logistics Co. Ltd. , as the strategic business section of Jointown Pharmaceutical Group, focus on explore the management mode of information interoperability, deep coordination and transparency in every segment of the pharmaceutical logistics supply chain. We through "Internet +Big Data" link with networking technology to achieve the logistics center of digital grid, centralized control, networked, platform and intensive management. This paper introduces the construction idea, technology structure and effect of the platform. The company hopes that the development of platform with practice experience will be a reference for pharmaceutical supply chain industry.

Keywords: Jointown; Jointown Coud Warehorse; Internet + Big Data; Intelligent Storage

B. 17 The Visualization Drug Transportation Network Based on "Two-invoices System"

the Pharmaceutical Division of SF Express Co. Ltd. / 203

Abstract: This article elaborates the challenges and development opportunities since the implementation of the "Two-invoices System" from the perspective of third-party logistics, and proposes the demand of visual application for pharmaceutical manufacturer and third party logistics, and proposes a vision for the future visual application, in conjunction with the visual case of SF Pharmaceutical.

Keywords: "Two-invoice System"; Pharmaceutical Transportation Visualization; Medical Logistics; SF

V Chinese Pharmacies Chapter

B. 18 Analysis on the Chinese Drug Retail Market in 2017

China Association of Pharmaceutical Commerce / 208

Abstract: The sales scale of the drug retail market overall showed growth, however, the growth was slightly slower than 2016, while the proportion of the total sales of the top 100 drug retail chain enterprises rose in 2017. The merger, restructuring and integration of the drug retail enterprises speed up, due to factors such as policy driving, capital involvement, market competition, and unannounced inspection. By the end of 2017, the chain rate reached 50. 5% . The application of "Internet +", new technology, and AI, etc. are promoting the drug retail industry to develop towards large-scale, intensification, standardization, modernization.

Keywords: Drug Retail Market; Chain Rate; New Form of Industry; New Model

B. 19 The Professionalization Trend of Community pharmacist

Nie Xiaoyan, *Shi Luwen* / 236

Abstract: The new medical reform and "big health" policies have been changing the positioning and function of outpatient pharmacies in medical institutions, which gives new opportunities and challenges to community pharmacies and pharmacists as well. This article systematically analyzed the present status of community pharmacy, as well as the current domestic status of Chinese pharmacist workforce, structure and education background, to provide reference for the development of community pharmacists and pharmaceutical service in community pharmacy.

Key word: Community Pharmacy; Pharmacist Specialization; Pharmaceutical Service

B. 20 Research Report of Development of Chinese Specialty Pharmacy

Xia Xiaoyan / 245

Abstract: Prevention and control of major disease is an important goal of the State Council's "2030" Outline of Plan for Healthy China. In the "Thirteenth Five-Year Hygiene and Health Plan" issued by the State Council, specific measures of promoting the widespread use of specific medicine for major disease are also proposed. With such a background, this report assesses the specific measures and practical challenges for the treatment of major diseases in the China's medical reform and analyzes the current status of the development and the standards of specialty pharmacy through extensive domestic and international interviews and research, and puts forward the specialty pharmacy grading system and corresponding standards according to China's national conditions through the comparison with the international leading practice.

Keywords: Specialty Pharmacy; Medical Insurance Fixed-point; Standard

B. 21 Establishment of Prescription Information Sharing Platform and Exploration of New Models for Separated Diagnosis and Medicine

BAHEAL Pharmaceutical Group Co., Ltd. / 259

Abstract: Baheal Intelligent Technology's Easy Appointment System is based on the actual needs of medical reform, it established a patient-centered system associates with hospitals, Health Commission, Drug Administration, National Health Insurance Agency and other government departments, and social pharmacies to realize the real-time sharing and connectivity, among prescription information, medical insurance settlement information, and pharmaceutical sales information, and provide a professional post-diagnosis management tool for doctors and patients, creating a new model for promoting the linkage reform of medical treatment, medical insurance, and medicine, promoting the separation of diagnosis and medicine.

Keywords: Baheal Intelligent Technology; Easy Appointment System Description Information Sharing Platform; Separated Diagnosis and Medicine

B. 22 Build a New Ecology of Professional Pharmacy

Shenzhen Medtrust Pharmacy Management Co. Ltd. / 272

Abstract: At the beginning of its establishment, the pharmacy of Medtrust took "provision of professional pharmacy services for patients after diagnosis and treatment" as a corporate vision. Under the background of division of diagnosis and medicines, the pharmacy of Medtrust studies the possible paths will be the transfer of prescriptions from inside hospitals to outside hospitals, and observe the periodical results in the process of prescription circulation. As a new force in the retail of professional pharmacies, it gradually builds a new ecology for professional pharmacies that suits the development of the company itself.

Keywords: Medtrust Professional Pharmacy; Wholesale and Retail as a Whole; New Ecology of Retails with Prescription Medicines

B. 23 Innovative Exploration and Application of the Overall Solution of Drug New Retail *Zeng Chang* / 281

Abstract: The overall solution of drug new retail provided by 51JK is the overall solution to the new chain through the internet and information technology under the policy background of the state promoting new medical reform comprehensively. This article introduces the production , applications, achievements, core content and other details of the drug new retail solution, in order to provide reference for the development of the industry.

Keywords: 51JK; Drugs New Retail Overall Solution; Chain Industry

Ⅵ Intelligent Pharmaceutical E-Commerce Chapter

B. 24 Chinese Pharmaceutical Distribution in Evolution *Fu Gang* / 288

Abstract: China's pharmaceutical distribution industry is still in an immature stage of development. In recent years, with the vigorous pushing forward by the national government, the pharmaceutical distribution industry has begun to develop in the direction of maturity and regulation. This article first analyzes the root causes of China's pharmaceutical distribution problems, and points out that 2017 is the "year of regulation" for China's pharmaceutical distribution industry, and the regulation comes first from a series of strong government policies. At the same time, the article points out that 2018 will be the year of "full evolution" for China's pharmaceutical distribution industry, which is mainly reflected in the evolution of IT tools, drug categories, and business models. As the country's emphasis on the health industry is getting stronger and the government's regulatory thinking is getting clearer, plus the technological benefits brought by the IT development, China's pharmaceutical distribution will certainly mature and evolve to a world-class level.

Keywords: Chinese Pharmaceutical Distribution; IT Technology; Regulation

B. 25 Investigation and Analysis Report on Informatization Application in the Parmaceutical Circulation Industry in 2017

Intelligent Application Branch of China Association of Pharmaceutical Commerce / 292

Abstract: With the unceasing progress of national medical and health system reformation, great changes have happened to the environment of drug circulation industry, collectivization of pharmaceutical business and chain-orientation of drugs retail are speeding up, drug tracing system and business innovation model construction are badly in need of support of informatization. The research group collect information of enterprise informatization application and requirement, and learn about the development planning on informatization aspects such as drug traceability system construction, business innovation system applications, mobile application, etc. , by the way of enterprise interview and questionnaire and so on. The research group hopes to enable enterprise decision makers and participants in informatization construction to make amendments and optimizations on informatization construction strategy of the company on the basis of benchmarking applications in the industry and enterprise; the administrative department could optimize policies and provide support on technologies and special funds based on the survey result.

Keywords: Drug Traceability System; Business Innovation System; Mobilization Application

B. 26 Rogrand Builds China's the Well-known Pharmaceutical Industry Chain Integration Service Platform

Beijing Rogrand E-Commerce Co. , *Ltd.* / 304

Abstract: In the macro environment that China has continued to put efforts to support "Internet +Drug circulation" to be online and offline operations, in order to fulfil industry needs, Rogrand has been devoted to make the well-known pharmaceutical industry chain integration service platform, with the strategy of "S2B2C" basing on the "B2B +SaaS" intellective ecology service system to promote the pharmaceutical industry chain upgrade, and in the form of HIIA to bring together industrial strength to boost health industry internationalization.

Keywords: Rogrand; S2B2C; HIIA

B. 27 HaoYaoShang Practices "Internet + Drug Circulation" to Help Industry Transformation and Upgrade Development

KangNingYiSheng Pharmaceutical Technology Co. Ltd / 315

Abstract: Under the superposed influence of medical reform and "Internet +", pharmaceutical circulation industry accelerates transformation and upgrading. While providing pharmaceutical companies with solutions of "Internet + drug distribution", HaoYaoShang is developing value-added services specific to these companies, by means of innovation in business mode, and will make an overall layout in full industry chain, entire process and whole scene in a bid to establish an open and shared Internet ecosphere on comprehensive health with data as the tie, centering on pharmaceutical companies.

Keywords: HaoYaoShang; E-commerce Medical Platform from a Third Party; ERP +B2B Customized Service

B. 28 Smart Compliance Management and Practical Achievement of "Two-invoice System" in the Enterprise

Cui Yong, *Li Sheng* / 323

Abstract: "Two-Invoice System" is a major measure to deepen the reform of the medical and health system and promote the healthy development of the pharmaceutical industry, and it will surely have a profound impact on the problem of high prices for medicines and medical devices. In order to implement the deployment of the "Two-Invoice System" in both the country and Beijing, Sinopharm Group Beijing Co., Ltd. organized a capable force to set up a "Two-Invoice System" project team to complete the construction of the "Two-Invoice System" platform within the prescribed time, open up the upstream and downstream circulation of the medicine supply chain, effectively complete the management and control points mentioned in the policy, achieve a high degree of information and controllability, and provide support for the landing of new policies. Practice has proved that the "Two-Invoice System" of Sinopharm Group Beijing Co., Ltd. can meet the demands put forward by the hospitals, after the "Two-Invoice System" policy is implemented, effectively reduce costs and improve efficiency.

Keywords: "Two-Invoice System"; Pharmaceutical Distribution Company; Sinoprarm Group

Ⅶ District Chapter

B. 29 Analysis Report on the Economic Operation of Shanghai Pharmaceutical Circulation Industry in 2017

Shanghai Pharmaceutical Profession Association / 333

Abstract: In 2017, the merger and reorganization of the pharmaceutical circulation industry in Shanghai was accelerated, the industry concentration was further increased, the sales scale of the market maintained a growth trend, the pressure of sales growth in the wholesale market increased, and the retail market increased steadily. In the future, under the guidance of the national great health strategy, Shanghai's pharmaceutical distribution industry will continue to transform and upgrade, actively carry out model innovation, and use Internet technology to develop in depth.

Keywords: Pharmaceutical Circulation; Great Health; Shanghai City

B. 30 Report on Sichuan Pharmaceutical Distribution Industry Development in 2017

Sichuan Association of Pharmaceutical Commerce / 344

Abstract: The sales scale of the pharmaceutical circulation industry in Sichuan Province grew steadily, sales in the wholesale market further increased, and retail sales growth slowed down in 2017. Under the guidance of policies such as the structural reform of the supply side of the country and the reform of the medical system, the pharmaceutical circulation industry in Sichuan province has strengthened structural optimization, accelerated transformation and upgrading, and enhanced development during the reform.

Keywords: Pharmaceutical Distribution; Market Sales; Retail Market; Sichuan Province

Ⅷ Appendices

B. 31 Relevant Data of the Pharmaceutical Circulation Industry in 2017

China Association of Pharmaceutical Commerce / 356

✤ 皮书起源 ✤

“皮书”起源于十七、十八世纪的英国，主要指官方或社会组织正式发表的重要文件或报告,多以“白皮书”命名。在中国,“皮书”这一概念被社会广泛接受，并被成功运作、发展成为一种全新的出版形态，则源于中国社会科学院社会科学文献出版社。

✤ 皮书定义 ✤

皮书是对中国与世界发展状况和热点问题进行年度监测，以专业的角度、专家的视野和实证研究方法，针对某一领域或区域现状与发展态势展开分析和预测，具备原创性、实证性、专业性、连续性、前沿性、时效性等特点的公开出版物，由一系列权威研究报告组成。

✤ 皮书作者 ✤

皮书系列的作者以中国社会科学院、著名高校、地方社会科学院的研究人员为主，多为国内一流研究机构的权威专家学者，他们的看法和观点代表了学界对中国与世界的现实和未来最高水平的解读与分析。

✤ 皮书荣誉 ✤

皮书系列已成为社会科学文献出版社的著名图书品牌和中国社会科学院的知名学术品牌。2016 年，皮书系列正式列入“十三五”国家重点出版规划项目；2013~2018 年，重点皮书列入中国社会科学院承担的国家哲学社会科学创新工程项目;2018 年,59 种院外皮书使用“中国社会科学院创新工程学术出版项目”标识。

中国皮书网

（网址：www.pishu.cn）

发布皮书研创资讯，传播皮书精彩内容
引领皮书出版潮流，打造皮书服务平台

栏目设置

关于皮书：何谓皮书、皮书分类、皮书大事记、皮书荣誉、皮书出版第一人、皮书编辑部

最新资讯：通知公告、新闻动态、媒体聚焦、网站专题、视频直播、下载专区

皮书研创：皮书规范、皮书选题、皮书出版、皮书研究、研创团队

皮书评奖评价：指标体系、皮书评价、皮书评奖

互动专区：皮书说、社科数托邦、皮书微博、留言板

所获荣誉

2008 年、2011 年，中国皮书网均在全国新闻出版业网站荣誉评选中获得“最具商业价值网站”称号；

2012 年，获得“出版业网站百强”称号。

网库合一

2014 年，中国皮书网与皮书数据库端口合一，实现资源共享。

权威报告·一手数据·特色资源

皮书数据库

ANNUAL REPORT(YEARBOOK) DATABASE

当代中国经济与社会发展高端智库平台

所获荣誉

- 2016年，入选“‘十三五’国家重点电子出版物出版规划骨干工程”
- 2015年，荣获“搜索中国正能量 点赞2015”“创新中国科技创新奖”
- 2013年，荣获“中国出版政府奖·网络出版物奖”提名奖
- 连续多年荣获中国数字出版博览会“数字出版·优秀品牌”奖

WWW.PISHU.COM.CN

成为会员

通过网址www.pishu.com.cn访问皮书数据库网站或下载皮书数据库APP，进行手机号码验证或邮箱验证即可成为皮书数据库会员。

会员福利

- 使用手机号码首次注册的会员，账号自动充值100元体验金，可直接购买和查看数据库内容（仅限PC端）。
- 已注册用户购书后可免费获赠100元皮书数据库充值卡。刮开充值卡涂层获取充值密码，登录并进入“会员中心”—“在线充值”—“充值卡充值”，充值成功后即可购买和查看数据库内容（仅限PC端）。
- 会员福利最终解释权归社会科学文献出版社所有。

社会科学文献出版社 SOCIAL SCIENCES ACADEMIC PRESS (CHINA) 皮书系列
卡号：586678199188
密码：

数据库服务热线：400-008-6695
数据库服务QQ：2475522410
数据库服务邮箱：database@ssap.cn
图书销售热线：010-59367070/7028
图书服务QQ：1265056568
图书服务邮箱：duzhe@ssap.cn

中国社会发展数据库（下设12个子库）

全面整合国内外中国社会发展研究成果，汇聚独家统计数据、深度分析报告，涉及社会、人口、政治、教育、法律等12个领域，为了解中国社会发展动态、跟踪社会核心热点、分析社会发展趋势提供一站式资源搜索和数据分析与挖掘服务。

中国经济发展数据库（下设12个子库）

基于"皮书系列"中涉及中国经济发展的研究资料构建，内容涵盖宏观经济、农业经济、工业经济、产业经济等12个重点经济领域，为实时掌控经济运行态势、把握经济发展规律、洞察经济形势、进行经济决策提供参考和依据。

中国行业发展数据库（下设17个子库）

以中国国民经济行业分类为依据，覆盖金融业、旅游、医疗卫生、交通运输、能源矿产等100多个行业，跟踪分析国民经济相关行业市场运行状况和政策导向，汇集行业发展前沿资讯，为投资、从业及各种经济决策提供理论基础和实践指导。

中国区域发展数据库（下设6个子库）

对中国特定区域内的经济、社会、文化等领域现状与发展情况进行深度分析和预测，研究层级至县及县以下行政区，涉及地区、区域经济体、城市、农村等不同维度。为地方经济社会宏观态势研究、发展经验研究、案例分析提供数据服务。

中国文化传媒数据库（下设18个子库）

汇聚文化传媒领域专家观点、热点资讯，梳理国内外中国文化发展相关学术研究成果、一手统计数据，涵盖文化产业、新闻传播、电影娱乐、文学艺术、群众文化等18个重点研究领域。为文化传媒研究提供相关数据、研究报告和综合分析服务。

世界经济与国际关系数据库（下设6个子库）

立足"皮书系列"世界经济、国际关系相关学术资源，整合世界经济、国际政治、世界文化与科技、全球性问题、国际组织与国际法、区域研究6大领域研究成果，为世界经济与国际关系研究提供全方位数据分析，为决策和形势研判提供参考。

法律声明